Urban Bacher

Deutsche Marschmusik

Hintergründe, Geschichte und Tradition
der Musik der Soldaten

2. erweiterte Auflage

Bibliografische Information der Deutschen Nationalbibliothek
Die Deutsche Nationalbibliothek verzeichnet diese Publikation in der Deutschen Nationalbibliografie; detaillierte bibliografische Daten sind im Internet über http://dnb.dnb.de abrufbar.

Zweite erweiterte Auflage 2019

Fotos und Abbildungen: siehe auch Abbildungsverzeichnis
Umschlaggestaltung und Satz:
satz & more, Sigmaringen, Markus Haile
Gesetzt aus der Minion Pro

HARTUNG-GORRE VERLAG KONSTANZ

ISBN-10: 3-86628-662-7
ISBN-13: 978-3-86628-662-7

Marschmusik ist in erster Linie ein friedliches Vergnügen

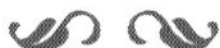

Kennen Sie das auch? Marschmusik im Tempo 114 auf offener Straße einer Stadt – Melodie und Rhythmen zurückgeworfen von den Wänden alter Stadthäuser.

Wenn Soldaten mit ihrer Musik durch eine Stadt ziehen, so freuen sich Jung und Alt über die Soldaten. Das war früher so und ist auch heute noch zu beobachten. Der Faszination, die von einer Kompanie im Gleichschritt eines Armeemarsches ausgeht, können sich auch »kühle Leute« nicht entziehen. »Ritsch – Mutter – die Landwehr kommt! Ritsch – Mutter – die Landwehr kommt!«, verkündet klar und deutlich der Parademarsch der Spielleute. Das »Spiel« erobert das Herz des Zuschauers. Die einzelnen Züge einer Kompanie in Paradeuniformen, die Büsche der Helme leicht wehend, vorne das Hämmern der Trommeln, rechts daneben das Spiel der Pfeifen. Dann: Abreißen – Locken – Musik! Und schon schmettern die Posaunen in der ersten Rotte der Musik den »Ruetz«. Dahinter folgen wohl geordnet die verschiedenen Hörner, die Trompeten, dann die Basstuben und das viele Holz. In der Mitte das Schlagwerk – die große und kleine Trommel, die Lyra und das chinesische Becken. Ganz vorne thront der Schellenbaum mit dem Adler oben an der Spitze, an der die gestickte »kleine Standarte« hängt. Der Schellenbaum repräsentiert die Truppe, die nach dem Musikzug folgt. Zuerst der Offizier, dann die Grenadiere, die gekonnt auf Befehl ihr Gewehr schultern. Neben den Zügen marschiert der Hauptmann, der mit kritischem Auge alles im Blick hat und lauthals die Befehle gibt. Beides, das Hören und Sehen, können gedruckte Buchstaben, können Worte nicht vermitteln. Bücher sind unfähig, diesen Eindruck zu vermitteln. Dessen bin ich mir bewusst.

Wenn ich dennoch über die Marschmusik schreibe, so deswegen, weil ich von früher Kindheit an vieles miterleben durfte, der musikalische Gleichschritt auf mich faszinierend wirkte und ich lange nicht wusste, warum die Abläufe so sind wie sie sind. Im Laufe der Zeit stellten sich Fragen und je mehr Antworten ich finde, desto erstaunter bin ich. Heute ist mir klar: Die Marschmusik ist ein Abbild der deutschen Geschichte und wie es E. T. A. Hoffmann einmal sagte: »Ein Spiegel der Kultur.«

Märsche begleiteten die Jahre der Deutschen, gerade die letzten drei Jahrhunderte. Und sie haben bis auf den heutigen Tag nichts von ihrer innewohnenden Kraft, Ursprünglichkeit und Schönheit verloren. Alle Welt bewundert diesen musikalischen Schatz Deutschlands, der in Vielfalt und Formenreichtum teils ernst und feierlich, teils fröhlich und mitreißend ist.

Der französische Philosoph Rousseau war ein großer Freund deutscher Marschmusik. Und recht hatte er: Keine Region der Erde verfügt über eine so umfassende und unterschiedlich geprägte Sammlung von Märschen wie die deutschsprachigen Länder. Grund hierfür ist die farbige Geschichte Deutschlands, dessen ausgeprägter Föderalismus. Die jeweiligen Regenten und Herrscher wussten um die Schönheit und Wirkungskraft von Märschen und förderten die Vielfalt der Marschmusik oft aus der Privatschatulle. Die Nationalsozialisten wussten das auch und haben die Marschmusik für ihre Propaganda genutzt und sie am Schluss fallen gelassen wie eine heiße Kartoffel. Seither ist Marschmusik etwas angekratzt. Auch das gilt es ins rechte Licht zu rücken, zumal Generationen unserer Vorfahren mit der Militärmusik bestens gelebt haben.

Die preußische Armeemarschsammlung liest sich wie ein »Who is who?« der Musikgeschichte: Verdi, Beethoven, Mozart, Weber, Donizetti, Wagner und viele andere waren sich nicht zu schade, herrliche Märsche zu komponieren. Die wenigsten Märsche sind kriegerisch, sondern meist fröhlich oder erhaben. Die meisten Märsche stammen nicht unbedingt aus einer ganz großen Feder, sondern sind aus der Seele des Volkes erwachsen und bewahren Stimmung und Lieder der

Völker. Wie Märsche entstanden sind, woher die Märsche kommen und wer sie geschrieben hat, was die Hintergründe der Melodien und deren Titel sind, ist nicht immer ganz klar. In vielen Fällen ist Mythos dabei – mehr Legende als nachweisbares Wissen.

Ich habe versucht, mit der »Deutschen Marschmusik« dem interessierten Leser ein anschauliches Gesamtwerk zu bieten. Als aktiver Lyraspieler einer historischen Bürgerwehr wollte ich mehr über das Militär und dessen Musik erfahren. Der 50. Geburtstag meines Bruders – Hauptmann der Bürgerwache Mengen – war Anlass für meine Recherchen. Eineinhalb Jahre später, zu seinem 40. Dienstjubiläum war das Werk endlich fertig. Meine Kernzielgruppe sind Spielleute und Musiker, die mehr über die Marschmusik wissen wollen. Meine These: Wer mehr über ein Musikstück weiß, ist besser im Ausdruck. Julius Kosleck hat das zum Prinzip gemacht: Jeder Schüler des Trompetenvirtuosen durfte erst ein Stück vortragen, wenn er dem Meister sagen konnte, wovon es handelt.

Beruflich habe ich schon viel veröffentlicht. Doch so viel Freude hatte ich an einem Buch noch nie. Anfänglich die (fast) vergebliche Suche nach Literatur. Schlussendlich schließen sich wie bei einem Puzzle die Lücken. Besonders gefallen hat mir das dreibändige Werk von Joachim Toeche-Mittler, das mir viele Anregungen für weitere Forschungen gab.

Mein Dank gilt der Bürgerwache Mengen, die mir seit Jahrzehnten als gutes Anschauungsbeispiel für Kameradschaft und gute Marschmusik dient. Besonderer Dank gilt deren Ehrenhauptmann Josef Kieferle und dem Dirigenten der Stadtkapelle, Erwin Welte, für deren Ratschläge sowie meiner Frau und meiner Tochter Julia für das Korrekturlesen. Ein Bild sagt mehr als tausend Worte! Den Fotografen unserer Stadt – Rüdiger Hartmann, Walther Paape, Reinhard Rapp, Markus Haile und Vera Romeu – besten Dank für die Überlassung ihrer Bilder. Bei Manfred Müller konnte ich aus einem reichhaltigen Fundus historischer Mengener Bilder auswählen. Markus Haile hat die umfangreichen Grafik- und Layoutarbeiten in professioneller Weise umgesetzt.

Für Anregungen und Verbesserungen bin ich jederzeit offen und dankbar. Unter meiner Mailadresse urban.bacher@hs-pforzheim.de bin ich stets erreichbar.

Zurück zum Thema: Die Signalgebung auf dem Gefechtsfeld, im Biwak und in der Unterkunft war die ursprüngliche Form der Marschmusik. Bald kündigte sich eine zweite Funktion an – die Hebung des Kampfgeistes. Heute hat die Marschmusik eher repräsentativen Charakter. Marschmusik soll den Soldaten und der Bevölkerung Vergnügen bereiten – gerade in Zeiten des Friedens. In der Geschichte der Marschmusik, des Militärs und der Bürgerwehren ist vieles unerwartet und merkwürdig. Lassen Sie sich überraschen!

Urban Bacher

Gedanken zur zweiten Auflage

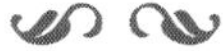

Vor Ihnen liegt die zweite Auflage meines Buches zur Deutschen Marschmusik. Ein Buch fast ohne Noten! Das ist nichts Außergewöhnliches: Das erste Musikinstrument des Menschen war seine Stimme. Tänze und Gesänge mit Klappern und Pfeifen gab es schon vor über 40.000 Jahren, lange also vor der Notenschrift. Und die Seele nährt sich von dem, woran sie sich freut. Genauso war es bei mir. Als ich vor acht Jahren begann, ein Buch über die Marschmusik zu schreiben, wusste ich nicht, ob ich mit meinem Wissen überhaupt ein Buch füllen kann. Die Suche nach Quellen war anstrengend. Heute stellt sich die Situation etwas anders dar! Sehr geholfen haben mir die Symposien des Militärmusikdienstes der Bundeswehr in Bonn, ergänzend österreichische Quellen und die Mitgliedschaft in der Deutschen Gesellschaft für Militärmusik. Viele Themen konnte ich erweitern, hunderte von Märschen konnte ich zusätzlich darstellen. Geschichtlich habe ich den Bogen auf Österreich, vor allem auf die Habsburger Monarchie, erweitert.

Musik begleitet den Dienst des Soldaten. Signale regelten lange Zeit seinen Alltag vom Weckruf am frühen Morgen bis hin zum Zapfenstreich am Abend. Marschmusik feuerte den Soldaten in der Schlacht an und half ihm, Angstgefühle zu unterdrücken. Militärmusik untermalte auch Triumph und Trauer. Da in den Mythen der Völker der Ursprung oft bei den Göttern lag, beleuchtet die zweite Auflage auch das Verhältnis des Militärs zu unserem Glauben und die Rolle der Musik im Gottesdienst.

Militärmusiker sind Kulturbotschafter – damals wie heute. Die Militärmusik setzte das Fundament für die zivile Blasmusik und verband Menschen über die unterschiedlichen Grenzen hinweg. E. T. A. Hoffmann sagt »Wo die Sprache aufhört, fängt die Musik an«. Viele

Musiker kennen diese wunderbare Eigenschaft der Musik und sind stolz auf deren völkerverbindendes Band. »Musik ist unsere Sprache und Ausdruck unserer Gefühle«, sagen Musiker es in ganz einfachen Worten. Etwas philosophischer kann man es wie folgt ausdrücken. Musik verbindet das »Ich» mit dem »Wir«. Marschmusik wurde lange Zeit instrumentalisiert. Heute dient sie der Repräsentation und Freude, dem Zusammenhalt und dem Zusammentreffen. Eine wunderbare Vision!

Die erste Auflage war schnell vergriffen. Viele Rückmeldungen haben mich angespornt, noch besser und ausführlicher zu berichten und noch mehr Quellen zu nennen. An der vorliegenden zweiten Auflage arbeitete ich in meiner Freizeit drei Jahre lang. Es war nicht Arbeit im eigentlichen Sinn, sondern eher Freude an Erkenntnis und an vielen Geschichten. Den Blick habe ich gerne auf das Menschliche gelenkt, was viele Bilder zeigen.

Man kann vieles allein darstellen. Richtig gut wird eine Sache aber nur gemeinsam. Ich danke meinem militärischen Verband, der Bürgerwache Mengen, für unzählige Auftritte und Begegnungen, auch an historischen Plätzen. Bleibende Eindrücke und starke Gefühle entstanden in einmaligen Situationen in Uniform, die ich nicht missen will und nur schwer in Worte fassen kann. Ein Versuch ist es allemal wert!

Ich danke allen Fotografen und Wissenschaftlern, auf deren Bilder und Quellen ich verweisen kann. Von Herzen danke ich Markus Haile für seine Ideen und die Perfektion in der grafischen Umsetzung. Ohne ihn wäre das Buch nur halb so viel wert.

Sommer 2019
Urban Bacher

Gewidmet der Bürgerwache Mengen
und deren Major Georg Bacher

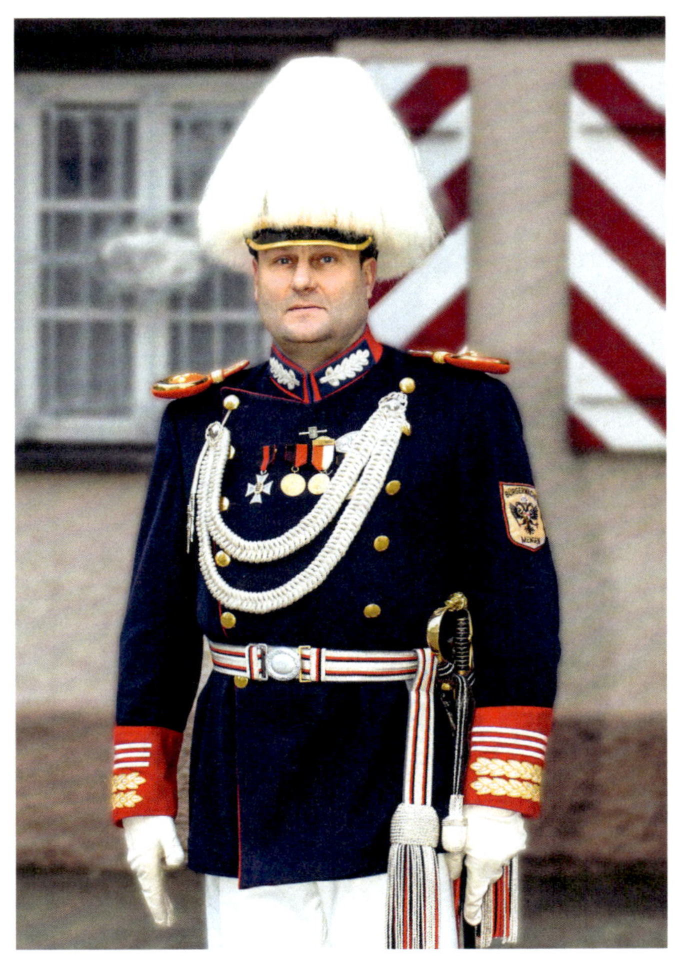

Gliederung

Teil 1 – Geschichtliches

Teil 2 – Märsche und deren Gesichter

Teil 4 – Die Bürgerwache Mengen

Teil 5 – Zu guter Letzt: Üben, Üben, Üben!

Teil 1

GESCHICHTLICHES

Die Militärmusik im Kontext der deutschen Geschichte

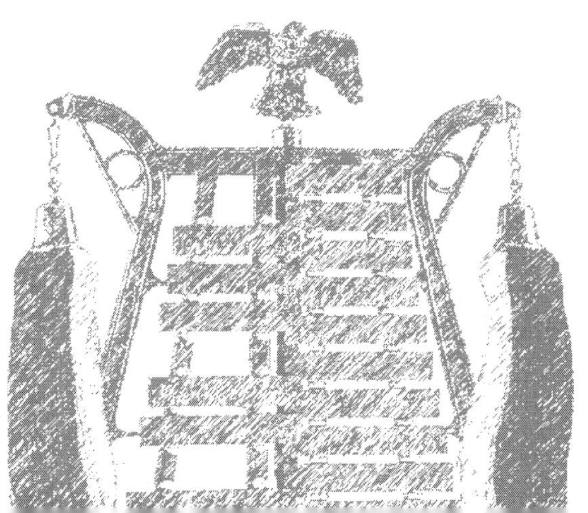

Die Antike und deren Musikkultur

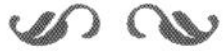

Marschmusik kann bis auf die Urvölker und Urreligionen zurückgeführt werden!

E. T. A. Hoffmann: »Die Musik eines Volkes ist der Spiegel der Kultur. Die Kultur aber ist der Spiegel seiner Seele.«

Theodor Fontane: »Man muss die Musik des Lebens hören.«

Musik zählt zu den ursprünglichsten Ausdrucksformen des Menschen. Mit der Sprache entwickelt sich zugleich die Fähigkeit, Töne nach Rhythmen und Klang zu variieren und damit Stimmungen auszudrücken. Musik umrahmte auch frühzeitig Kulthandlungen. Mehr noch: Musik ist eine ureigene Form der Kultur.

Musik im Leben von Kriegern hat es zu jeder Zeit und in jedem Volk gegeben. Zur Gefahrenabwehr und für Zwecke der effektiven Signalgebung baute der Mensch von jeher Musikinstrumente. Als Instrumente dienten Schnecken, Muscheln, Tierhörner oder andere Hohlkörper. Grabfunde, bildliche und schriftliche Quellen belegen, dass Trommeln, Gongs, Hörner, Pfeifen und trompetenartige Instrumente einen festen Platz in antiken Staaten hatten. Im Alten Testament wird vom legendären Schall der Trompeten von Jericho erzählt. Wie die biblischen Instrumente beschaffen waren oder wie sie genau aussahen, ist nicht bekannt. Sicher ist: Mit den heutigen Musikinstrumenten hatten sie wenig gemein!

Die Kernfrage »Ob Musik politisch ist?« hatte die antike Philosophie ausgiebig beschäftigt. Platon etwa widmete sich ausführlich den moralischen Wirkungen der Musik. Aus seiner Sicht haben Tonarten und Rhythmen unmittelbaren Einfluss auf die Seele und können deshalb in der Erziehung wirkungsvoll eingesetzt werden. Die Umgangssprache deutet auf den disziplinierenden und ordnenden Charakter von Musik hin. Jeder kennt die Bedeutung vom »Spiel der ersten Geige«, von »anderen Saiten aufziehen« oder vom »auf die Pauke hauen«. Das Militär bedient sich früh der Wirkung von Musik und der Macht der Töne.

In der Kriegsführung bestimmte der einzelne Krieger, oftmals dicht gedrängt und kaum diszipliniert, den Ausgang einer Schlacht. Im antiken Griechenland demonstrierte der Aufstieg Spartas, was eine koordinierte Truppe bewaffneter Infanteristen auch gegen zahlenmäßig weit überlegene Gegner ausrichten konnte. Alexander der Große galt als unbesiegbar. Später schufen die Römer eine professionelle und wirksame Armee. Ihre streng gedrillten, in dichter Formation vorwärts rückenden Kohorten gaben auf den Schlachtfeldern jahrhundertelang den Ton an.

Ausgeprägt war die Militärmusik bei den Römern. Eingebunden in die Gefechtsordnung spielten dort Musiker zu Fuß und zu Pferd. Nach den Überlieferungen war die »römische Tuba« eine etwa 1,2 Meter gestreckte Fanfare und das »römische Horn« (cornu) eine kreisförmige zylindrische Röhre mit einer Querstange aus Eibe. Über die Gestalt der »Bucina« und deren genaue Unterscheidung zum Horn ist wenig bekannt. Auf der Tuba konnten nur sechs Naturtöne geblasen werden, das Horn kannte 17, relativ weiche Töne. Damit konnten nicht nur Signale, sondern erste Melodien geblasen werden. Die Instrumente dienten nicht nur im Gefecht. Mit ihnen wurden Beginn und Ende einer Wache angezeigt sowie die Vollstreckung von Todesurteilen angekündigt. Die Instrumente dienten auch Repräsentationszwecken. So ertönten Signale bei Triumphzügen oder feierlich am Abend. Ähnlich dem Zapfenstreich bei uns, galt das feierliche musikalische Abendzeremoniell zum Abschluss eines Kampftages für den Feldherrn als hohe militärische Ehrung.

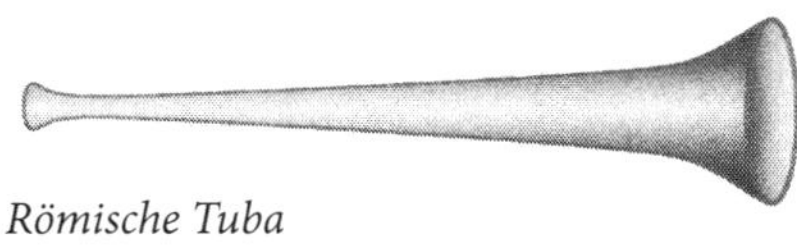

Römische Tuba

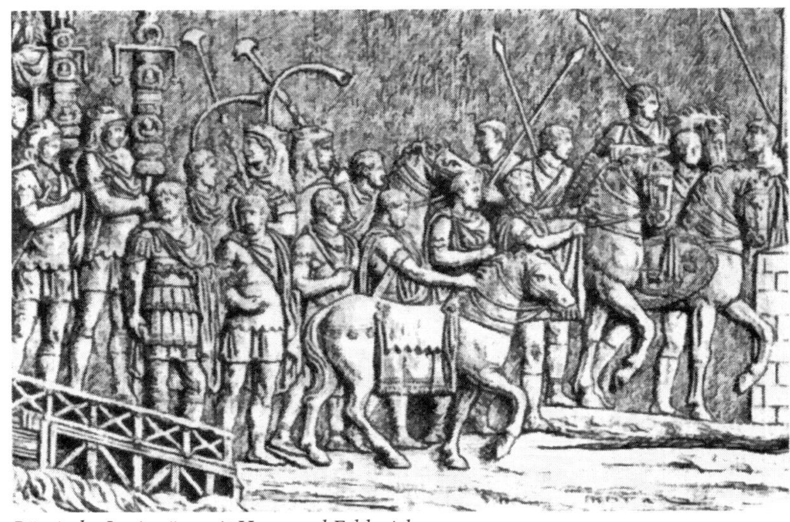

Römische Legionäre mit Horn und Feldzeichen

Im Süden Deutschland gab es 1.000 v. Ch. keltische Stämme, die in Europa gigantische Fernwegenetze unterhielten. Da die Kelten nur wenige schriftliche Aufzeichnungen hinterließen – sie waren schreibfaul – ist deren Struktur, Kult und Geschichte nur mittelbar greifbar. Die Römer nannten sie Gallier und beschrieben sie als trinkwütige und wilde Barbaren. Doch diese Charakterisierung ist einseitig und falsch: Die Kelten gründeten gigantische (moderne) Siedlungen, so in Manching bei Ingolstadt und im oberschwäbischen Hundersingen die »Heuneburg«.

Die Kelten waren begabt, kreativ und mutig und beherrschten die Kunst des Feuervergoldens. Funde belegen eine ausgeprägte Kunstfertigkeit der Schmuck- und Waffenschmiede. Um 385 v. Ch. belagerten die Kelten die Römer. Zwischen den beiden Kontrahenten gab es in der Folgezeit immer wieder kriegerische Auseinandersetzungen, die letztlich die Römer für sich entschieden. Typisch für einen Kelten war sein kunstfertig gedrehter Halsring (»Torques«). In der Schlacht kam bei den Kelten eine bis zu drei Meter lange Kriegstrompete (»Carnyx«)

zum Einsatz. Bei dem Instrument handelt es sich um ein Bronzehorn, das beim Blasen aufrecht gehalten wurde. Das Horn mündet in einen Trichter, der meist den Kopf eines Wildschweins oder einer Schlange symbolisierte und laut wie Donner sein konnte. Mit dem musikalischen Signal konnte man die eigenen Truppen anfeuern und zugleich den Feind einschüchtern.

Auch die germanischen Stämme, die sich gegen die römische Besatzungsmacht zur Wehr setzten, hatten ihre eigene Art der Militärmusik. Überliefert ist ein besonders eindringlicher Schlachtgesang. Als Instrumente aus dieser frühen Zeit sind bekannt: Trommeln, Pfeifen, das Heerhorn und die aus Bronze gefertigte, bis zu zwei Meter lange Lure (»Kriegstrompete«).

***Militärmusiker erstmals im Bild verewigt**: Im Pergamonmuseum in Berlin gibt es ein Palastrelief aus Ninive mit Soldaten und Musikanten. Das Relief stammt aus dem Palast des assyrischen Königs Sanherib (704 bis 681 v. Chr.). Dargestellt sind sechs Soldaten mit Schild und Speer, gefolgt von Spielleuten: vier Trommler und ein Beckenschläger. Die viereckige Rahmentrommel mit Tragschnur ist hier zum ersten Mal bildlich belegt. Das Ende des Zuges bildet eine Frau, die (vielleicht) auch eine Trommel schlägt.*

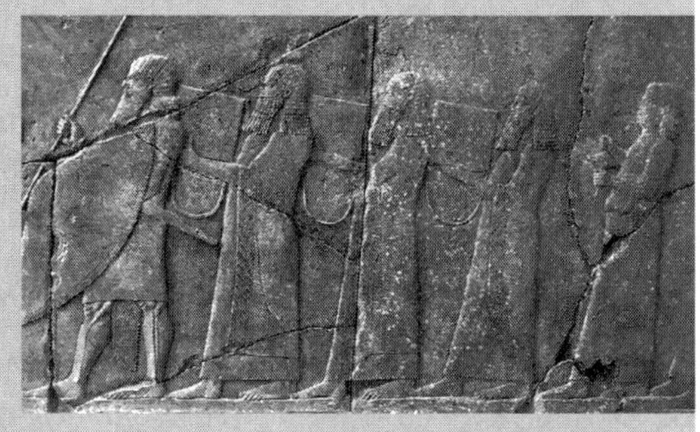

📖 *Höfele, S. 15 ff., Müller/Lochmann, S. 9/10.*

Deutsche Geschichte

Heiliges Römisches Reich Deutscher Nation: Mittelalter – Ein deutsches Reich formiert sich

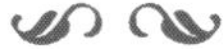

Die Römer waren besiegt und die germanischen Stämme formierten sich. Als mächtigster Fürst erwies sich Chlodwig I. aus dem Geschlecht der Merowinger. Er schuf das Frankenreich, aus dem später Frankreich und Deutschland hervorgingen. Das Reich wuchs, meist mittels Schlachten. Dem englischen Mönch Bonifatius gelang es im achten Jahrhundert, das Christentum durchzusetzen. Karl der Große hatte die Begabung, alle germanischen Stämme zu vereinigen. Sein Großvater Pippin wurde 751 schon als erster Karolinger König des fränkischen Reichs »gesalbt«, was ein Symbol dafür war, dass er von Gott legitimiert wurde.

An Weihnachten im Jahr 800 wurde Karl der Große in Rom als erster Kaiser vom Papst gekrönt. Durch Geburt oder Wahl wird man König, durch die Krönung durch den Papst, als Zeichen Gottes, Kaiser. Durch die Salbung in Rom erlangte ein Herrscher – wie der Papst selbst – die höchste, nämlich die göttliche Würde. Recht nahe lag damit auch die Anknüpfung an das Römerreich. Anders als im Nachbarland Frankreich gab es in Deutschland keine Erbmonarchie. Der Kaiser war in seiner Macht beschränkt und auf den Konsens der Großen im Land angewiesen. Die ältesten Söhne eines Fürsten hatten zwar die Chancen auf den Thron, aber eben keine Garantie. Und die Gunst des deutschen Königs (»Kaiser«) ließen sich die Fürsten gut bezahlen.

Kaiser, König, Fürst: *Der höchste Würdenträger im Staat war der König, dem allenfalls in einem Großreich ein Kaiser übergeordnet war. Herzog war bei den Germanen ein Heerführer, einer der vor dem Heer geht. Im frühen Mittelalter wurden die Stammherzogtümer erblich. Der Herzog übte in seiner Region stellvertretend für den König über die Grafen und Edelherren dessen Rechte aus. Ein Fürst (Erster, Vorderster, Prinz) ist ein eigener Adelstitel zwischen den Herzögen und Grafen. Allgemein ist der Fürst auch eine Sammelbezeichnung für den hohen Adel nach Kaiser und Könige, also für Herzöge, die gefürsteten Grafen (z. B. Pfalz- und Markgrafen, Fürsten). Nach den Fürsten kommen die Grafen, dann die Barone/Freiherren. Vereinfacht ergibt sich also folgende Rangfolge: Kaiser/König, Herzog, gefürsteter Graf, Fürst, Graf, Baron, Freiherr etc.*

Karl der Große reiste viel und lebte an vielen Orten in einem seiner vielen Paläste – damals Pfalz genannt. Lieblingsresidenz war die Kaiserpfalz in Aachen, in der bis 1531 alle deutschen Könige gekrönt wurden. Als Karl starb, wurde das Reich geteilt: in ein Westreich (Frankreich) und in das Ostreich (Deutschland). Gegenüber dem Römischen Reich war das Heilige Römische Reich militärisch eher rückschrittlich. Das Schwert des einzelnen Kriegers dominierte. Erst im 14. Jahrhundert bestimmten professionelle Armeen mit neuen Waffen das Geschehen und konnten auch den zahlenmäßig überlegenen Feind schlagen.

Mengen: *Mengen (Kreis Sigmaringen) liegt 560 Meter hoch an der Donau in Oberschwaben und hat heute knapp 10.000 Einwohner. Das Gebiet um Mengen war in vor- und frühgeschichtlicher Zeit bewohnt. Von Mengen etwa sieben Kilometer entfernt ist die Heuneburg in Hundersingen – eine keltische Befestigung der Hallstadtzeit. In Ennetach, heute Stadtteil von Mengen, bauten Römer* *kurz nach Christi Geburt ein Kastell, um einen Handelsweg zu schützen, der vom Mittelmeer zur Donau führte. Als im Jahr 70 n. Chr. der Donaulimes nicht mehr notwendig war, verlegten die Römer ihre Verteidigungslinie auf die Alb und später an den Neckar. Aus Mengen ist der »Mengener Wagen« (Bronzezeit) oder die »Medusa von Mengen« (Römerzeit) bekannt.*

Die Alemannen drangen ins Land ein und besiedelten das Gebiet. Aus dieser Zeit gingen die »-ingen« Orte hervor (Riedlingen, Herbertingen, Rulfingen etc.). Auch Mengen zählte dazu und hieß damals »Maingen« oder »Maengen« (Siegel von 1280).

Die deutsche Geschichte begann eigentlich 936, als die Stammesfürsten sich auf den Sachsenkönig Otto I. einigen konnten. Als Zeichen der Herrschaft dienten die Reichsinsignien – die Reichskrone, der Reichsapfel, das Reichszepter, das Reichsschwert und das Reichskreuz. Im 11. Jahrhundert kam es in Europa zum Kampf zwischen Kirche und Königtum. Im so genannten »Investiturstreit« ging es darum, wer das Recht zur Einsetzung von Bischöfen habe – der jeweilige Herrscher oder der Papst. Papst Gregor VII. exkommunizierte König Heinrich IV., der dann seinen Bittgang nach Canossa in Oberitalien antrat. Der Investiturstreit endete 1122: Das Wormser Konkordat billigte den Königen zu, bei Bischofseinsetzungen im Reich anwesend zu sein.

Heiliges römisches Reich deutscher Nationen (10. Jh. bis 1806): *Das Heilige Römische Reich (SACRUM IMPERIUM ROMANUM), aus dem sich die deutsche Nation entwickelte, war kein Staat, sondern ein Flickwerk aus zeitweise 300 Territorien. Es gab kein zentrales Heer, klare Grenzen fehlten ebenso wie eine Hauptstadt oder eine Verfassung. Es gab auch kein einig Vaterland. Kein Schwabe, Sachse, Franke oder Friese hätte auf die Frage nach seinem Heimat-*

land »Deutschland« gesagt. Man war seinen Stämmen verwurzelt, die wiederum zusammengewürfelte Haufen waren. Der italienische Mönch und Geschichtsschreiber Benedikt von Sant' Andrea hielt die deutschen Stämme einfach für »Barbaren – schrecklich war ihr Anblick, krumm ihr Gang, in der Schlacht standen sie jedoch wie Eisen.« Die germanischen Dialekte und Laute bezeichneten die Italiener als »theodisc« – also volks- oder umgangssprachlich. Daraus wurde später »tiutsch«, dann »deutsch«.

Die Stauferkönige – Kaiser Friedrich I. (»Barbarossa«) und sein Enkel Friedrich II. galten als überaus vorbildliche Herrscher, deren Regentschaften (1152 bis 1190 beziehungsweise 1212 bis 1250) zu den Höhepunkten des deutschen Kaisertums zählten. Städte formierten sich mit bürgerlichen Freiheiten, erster Wohlstand erwuchs. Nach dem Aussterben der Staufer verlor das Kaisertum an Ansehen, das Reich zersplitterte in viele Fürstentümer, Grafschaften und freie Städte. Die großen Fürsten erklärten sich selbst zu souveränen Herrschern.

Es folgte 1256 bis 1273 das »Interregnum« – die kaiserlose Zeit. Das Deutsche Reich war in eine schwere Krise geraten. Erst als die Kurfürsten Rudolf von Habsburg 1273 zum König wählten, wurden die unsicheren Zeiten endgültig beendet. Es gelang ihm, die alte königliche Macht rückzugewinnen. Rudolf verschaffte den Habsburgern ein großes Reich, das zuvor unter Machtkämpfen gelitten hatte. Auch der Machtkampf innerhalb der Kirche – ein Papst befand sich in Rom, ein anderer in Avignon – setzte dem Volk enorm zu. 1353 erließ Kaiser Karl IV. die »Goldene Bulle«, ein Gesetz, das die Unabhängigkeit der sieben Kurfürsten – die Erzbischöfe von Mainz, Trier und Köln sowie von vier weltlichen Fürsten (dem Herzog von Sachsen, dem Markgrafen von Brandenburg, dem König von Böhmen und dem Pfalzgrafen bei Rhein) – bei der Wahl des deutschen Königs bekräftigte.

***Mengen erhält 1276 Stadtrechte:** Mengen wird im Jahr 819 erstmalig urkundlich erwähnt. Kaiser Friedrich I. (»Barbarossa«) ritt öfters auf dem »Königsweg« von Ulm nach Konstanz durch Mengen und hielt am 11. Mai 1170 in Mengen einen Hoftag ab. 1257 wird zum ersten Mal ein freies Mengen dokumentiert (»Vrie Mengen«), 1276 erhält Mengen von König Rudolf von Habsburg die Stadtrechte. Später zählt Mengen zusammen mit Munderkingen, Riedlingen, Waldsee und Saulgau zu den so genannten fünf Donaustädten und wird vorderösterreichisch.*

Wörtlich heißt es in der Augsburger Urkunde vom 4. März 1276: »... die Bürger der genannten Stadt sollen sich desgleichen Rechts erfreuen, in welchem auch die Bürger von Freiburg in ihren Freiheiten und Rechten erhalten werden. Gleiches gewähren und gestatten wir aus besonderer Huld, dass in den einzelnen Wochen, nämlich am fünften Tag, ein Markt ... und darüber hinaus, in jedem Jahr ein Jahrmarkt in der Oktav von Ostern und am Fest des Seligen Martins gehalten werden.«

Mit der Stadterhebung wurden die Wehr- und Verteidigungsanlagen der Stadt ausgebaut. Die Stadtmauer bot Schutz und Sicherheit. Jeder Bürger war verpflichtet, die Stadt zu verteidigen. Die Bürgerwehr oder Bürgerwache war spätestens zu dieser Zeit geboren!

Es war einfach, eine Stadt von einem Dorf zu unterscheiden. Die Stadt hatte einen Marktplatz und war von einer Mauer umgeben. Die oft eindrucksvolle Mauer schützte die Bewohner wie eine Burg. »Burg« konnte auch Stadt bedeuten, die Stadtbewohner nannten sich dementsprechend Bürger. Viele Städte entstanden aus befestigten Handwerks- und Handelssiedlungen. Die Stadt als Ganzes unterstand zwar einem »Fürsten«, persönlich waren die Bürger der Stadt aber »frei«. Mit zunehmender wirtschaftlicher Bedeutung erkämpften sich ab dem 11. Jahrhundert zahlreiche Städte immer mehr Rechte bis hin zur Unabhängigkeit.

Bau und Unterhalt der Befestigungsanlagen übernahmen die Bürger. Die Stadtmauer schützte den Besitz und die Rechte der Stadtgemeinschaft gegen Angriffe von außen und begrenzte den Rechtsbezirk nach innen. Zur Verteidigung gründete die Stadt eine Bürgerwehr oder eine Bürgerwache. Dort musste jeder Bürger persönlich Wachdienste übernehmen und auf eigene Kosten eine Ausrüstung anschaffen. Reiche Bürger stellten Schwert, Schild und Pferd, arme Bürger bewaffneten sich mit einfachen Spießen – man nannte sie auch »Spießbürger«. Regelmäßige Schießübungen verbesserten die Verteidigungsbereitschaft und förderte das Zusammengehörigkeitsgefühl.

So einheitlich die Städte nach außen hin auch wirkten, so ungleich waren die Bewohner innerhalb ihrer Mauern. Als »Bürger« galten nur der einfache Adel, die Händler aus der kaufmännischen Oberschicht sowie die selbständigen Handwerker. Machtkämpfe zwischen den sozialen Gruppen waren an der Tagesordnung. Das Zusammenleben von Christen und Juden war lange Zeit friedlich und von kulturellem Austausch geprägt. Mit den Kreuzzügen gab es Ende des 11. Jahrhunderts erste gewaltsame Ausschreitungen gegen jüdische Minderheiten.

Das Mittelalter kannte keine stehenden Heere und keine festen Truppenverbände, die für militärische Belange ausgebildet und gerüstet waren. Die Fürsten kauften Truppen je nach Bedarf ein und ließen diese für sich kämpfen. Söldner und professionelle Landsknechte wurden hierzu teuer angeworben. Aus Landsknechten entwickelten sich schlagkräftige Fußtruppen. So geachtet wie sie waren, waren sie auch gefürchtet: Standen sie nicht im Dienst eines Fürsten, plünderten und raubten sie alles, was sie zum Leben und zur Freude brauchten.

Durch die Erfindung von Schießpulver, Gewehren und Kanonen im Laufe des 14. und 15. Jahrhunderts wandelte sich die Kriegsführung radikal. Das Vorderladergewehr, die Muskete, eignete sich für große Verbände, Ritter hatten auf einen Schlag ausgedient. Musketiere waren die Herren in der Schlacht. Für die Infanterie, also Soldaten die zu Fuß mit Handwaffen ausgerüstet sind, gab es neue Bezeichnungen. Der Musketier hatte ein langes Vorderladergewehr. Am hinteren Ende war eine Zündpfanne, auf die man Schwarzpulver schüttete. Man konnte jetzt aus der Distanz kämpfen, auch wenn man noch oft mit dem Bajonett direkt auf den Feind losging. Mit dem Bajonett war eine doppelte Angst verbunden: die Angst selbst mit dem verlängerten Arm töten zu müssen beziehungsweise die andere Angst, vom Gegner getötet zu werden. Im 17. Jahrhundert entwickelte sich ein Steinschlossgewehr, wofür keine Lunte notwendig war. Die Soldaten dieser flexiblen und leichten Infanterie nannte man Füsiliere. Als Grenadiere bezeichnete man Elitesoldaten, die neben dem Gewehr noch Granaten bei sich führten.

Wo liegt Oberschwaben? *Oberschwaben liegt zwischen der Schwäbischen Alb, dem Bodensee, Allgäu, Österreich und dem Lech. Seine Grenzen sind nicht genau bestimmt. Die Schwierigkeit, die schöne Landschaft »vor dem See« beziehungsweise die »Mitte Europas« exakt einzugrenzen, nutzte der Bad Wurzacher Pater Agnellus Schneider SDS, genannt der Vogelpater, zu folgender Beschreibung der »vom Herrgott geadelten Landschaft«: »Gott machte, ehe er die Welt erschuf, erst einmal ein Modell – mit Tälern und Bergen, Flüssen und Seen und Mooren, mit allem halt, was das Paradies auf Erden so ausmacht. Nach diesem Modell schuf er die Welt. Schnell hat Gott gemerkt, dass das Modell doch um einiges besser geraten ist. Weil er es nicht zerstören wollte, hat er es dann nach Oberschwaben gesetzt.«*

Oberschwaben lag in der Mitte des im Jahre 911 gegründeten und zum ostfränkischen Reich gehörenden Herzogtums Schwaben. Nach der Auflösung des Herzogtums Schwaben 1283 zerfiel Oberschwaben in eine Vielzahl kleiner, meist reichsunmittelbarer Territorien (Fürstentümer, Grafschaften, Reichsabteien, Reichsstädte, Ritterschaften und in die Landvogtei Schwaben).

Zu den großen Herrschaften gehörten die Habsburger (Vorderösterreich) sowie die Reichsklöster Weingarten und Salem. Vorderösterreich, auch Schwäbisch-Österreich oder österreichische Vorlande genannt, wurde maßgeblich von König Rudolf von Habsburg neu geordnet und direkt der Regierung in Innsbruck unterstellt. Weil die Vorlande so verstreut lagen, nannte man Vorderösterreich auch die »Schwanzfeder des Kaiseradlers«. Der Bussen wird mit seinen 767 Metern als »heiliger Berg Oberschwabens« bezeichnet.

In der Zeit der Gegenreformation wurden in Oberschwaben viele prächtige Barockkirchen gebaut. Oberschwaben wird deswegen auch das »Himmelreich des Barocks« genannt. Oberschwaben ist vorwiegend katholisch und wurde 1806 in das protestantische Königreich Württemberg eingegliedert. Dem württembergischen Unterland (Heilbronn, Ludwigsburg, Stuttgart) passte die freiheitsliebende und lebenslustige Lebensart der Oberschwaben nicht. Sie polemisierten Oberschwaben wie folgt: »Wo hoch die Kanzel und tief der Verstand, das ist das schwarze Oberland«. Hierauf konterte der Historiker Professor Peter Blickle: »Schwabe zu sein ist ein Verdienst, Oberschwabe zu sein ist eine Gnade«.

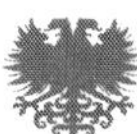

Die Macht der Habsburger
Teil 1: Rudolf I. begründet eine einzigartige Tradition

Zwischen 1273 und 1806 stellen die Habsburger 21 Herrscher des Heiligen Römischen Reiches. Rudolf von Habsburg wird als erster aus dieser Herrscherfamilie von den Kurfürsten zum König der Deutschen gewählt. Er hat keinen bedeutenden Stammbaum vorzuweisen, besitzt nur kleine Ländereien im Südwesten des Reiches. Scheinbar wird extra ein Schwacher zum Herrscher für das Reich auserwählt. Doch wer dies glaubt, wird eines Besseren belehrt.

Der Besitz der Habsburger liegt relativ unbedeutend und zerstreut zwischen den Alpen, im Schwarzwald und in den Vogesen.

Die »Habsburg« ist eine kleine Schweizer Festung im Aargau zwischen Zürich und Basel. Mit 22 Jahren tritt Rudolf I. das Erbe seiner Familie an. Es sind unruhige Zeiten: Am Ende der Stauferdynastie ist das Reich faktisch am Ende. Die alten Regeln gelten nicht mehr, immer wieder gibt es Unfrieden ohne ordnende Hand. Auch Rudolf hat Streit mit seinen Nachbarn. Er gewinnt Land um Land und kann sich gegen seine Rivalen durchsetzen. 1273 wählen die Kurfürsten ihn zum König.

Rudolfs Gegenspieler ist Ottokar II. aus Böhmen, der sich Hoffnungen auf die Königswürde ausmalt. Wie Rudolf nutzt auch der böhmische Herrscher das Machtvakuum im Reich, um seine Herrschaft auszudehnen. Gegen die Wahl Rudolfs zum König legt er Protest ein und weigert sich standhaft, den Habsburger als neuen Lehnherrn anzuerkennen. Unweigerlich kommt es daher zum Krieg, bei dem 1278 Ottokar oberhalb von Wien beziehungsweise Bratislava in der Schlacht von Dürnkrut fällt. Geschickt wandelt Rudolf den militärischen Sieg in einen politischen Erfolg um. Er überlässt Ottokars Sohn Böhmen und reicht ihm seine Tochter als Frau. 1282 belehnt er seine Söhne mit Österreich. Aus den Grafen von Habsburg werden jetzt Herzöge von Österreich. Im Laufe der Zeit gewinnen die Habsburger noch zahlreiche andere Gebiete hinzu. Bis zum Untergang der Monarchie 1918 blieb Österreich 600 Jahre im Besitz der Habsburger.

Im Jahr 1291 stirbt Rudolf I. und wird im Dom zu Speyer beigesetzt. Auch seinen Sohn Albrecht I. und dessen Erben Friedrich III. wählen die Kurfürsten zum König der Deutschen. Dann tragen die Wittelsbacher und Luxemburger die Krone, bis ab 1438 fast ausschließlich nur noch Habsburger die Krone erhalten. Mit der Redewendung »Felix Austria« oder »Tu felix Austria« wird den Österreichern eine besonders glückliche Veranlagung oder Lebensart nachgesagt. Die erfolgreiche Heiratspolitik der Habsburger wurde in einer lateinischen Weisheit festgehalten: »Bella gerant alii, tu felix Austria nube« (»Kriege lass andere führen, du, glückliches Österreich, heirat'!«).

***Der »Erzherzog« – ein erfundener Titel**: Sieben Kurfürsten wählen den deutschen König und die Habsburger gehören nicht dazu. Das schmerzt die neue Herrscherfamilie im Reich, ganz besonders juckt es Rudolf IV. (1339 bis 1365). Als Ausweg aus diesem Dilemma sieht Rudolf IV. nur eine Lösung: die Schaffung eines Ehrenranges. Drei Kurfürsten sind Geistliche, die Erzbischöfe von Köln, Mainz und Trier. So wie es unter Bischöfen den Metropoliten mit dem Titel »Erzbischof« gibt, so stellt er es sich auch vor. Er erteilt den Auftrag zu einer Fälschung von Privilegien. Dokumente sollen belegen, dass die Habsburger seit langem die gleichen Rechte wie Kurfürsten besitzen. In den Dokumenten ist zu lesen, dass die Habsburger hoch zu Ross sitzen dürfen, wenn sie vom König belehnt werden und den Titel »Pfalzerzherzog« beanspruchen können. Mit dieser frei erfundenen Rangbezeichnung sieht Rudolf IV. sich gleichrangig mit den Kurfürsten. Als König Karl IV. von den Dokumenten erfährt, wird er misstrauisch und der beauftragte Gutachter bestätigt den Verdacht: Eine glatte Fälschung – die Dokumente sind das »Werk eines Esels«. Als Rudolf IV. sich dann auch noch »Herzog von Schwaben« nennt, zwingt ihn der Kaiser zum Verzicht auf alles »fürstliche Gebaren mit Hut, Mänteln und Zierden, die einem Herzog angemessen sind«. Um weiteren Streit zu vermeiden, lenkt Rudolf IV. ein. Doch den Fantasienamen »Erzherzog« behalten er und seine Nachfahren bis 1918 bei, wenn auch ohne den Zusatz »Pfalz«. Nach dem gescheiterten Versuch, sich Vorrechte zuzulegen, sucht Rudolf IV. ein anderes Feld der Privilegierung. Er macht Wien zu einer Metropole. Wien erhält eine Universität, Sankt Stephan lässt er zum Dom erheben, die Chorherren erhalten rote Kappen, die eigentlich nur Kardinälen zustehen. Rudolf IV. wird nur 25 Jahre alt, er stirbt an Fieber. Etwa 100 Jahre später bestätigt Kaiser Friedrich III. die Privilegien der Habsburger als »echt«. Die Bestätigung der Privilegien verwundert nicht: Kaiser Friedrich III. ist selbst Habsburger und sichert mit der Entscheidung für Jahrhunderte seiner Familie Titel und Rechte.*

Militärmusik im Mittelalter

Spielleute, Hoftrompeter und Pauker

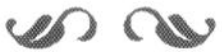

Ludwig van Beethoven: »Musik ist höhere Offenbarung als alle Weisheit und Philosophie.«

»Marsch« kommt vom romanischen »marche/marcher« (französisch) und bedeutet »mit den Füßen auf den Boden treten« beziehungsweise marcare (lateinisch) von marcus, dem Hammer.

Mit dem Ende der römischen Herrschaft und in der Zeit der Völkerwanderung geriet die Militärmusik in Vergessenheit. Im Mittelalter kannte man – bis auf das Spiel der Busine – keine Kriegsmusik. Nur Ritter hatten ein Instrument. Zu seiner persönlichen Ausrüstung gehörte das Horn oder – noch besser – eine Busine, eine langgestreckte Fanfare, die prächtig geschmückt sein konnte und die sich auch auf dem Pferd spielen ließ. Die Trompeten hatten keine Ventile und konnten nur Naturtöne spielen, also nur bestimmte Intervalle der jeweiligen Tonart (c – e – g – c – e etc.)

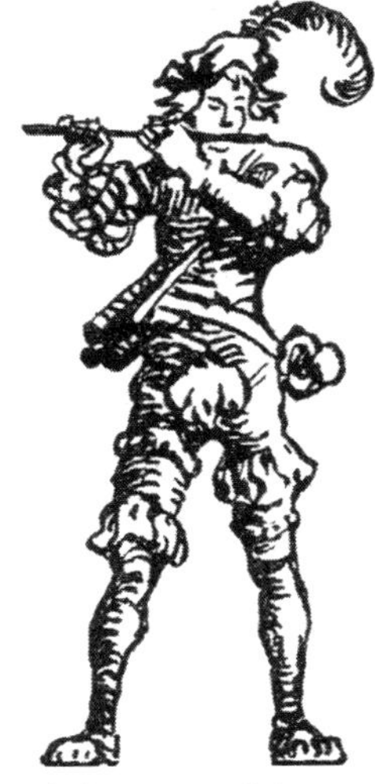

Pfeifer im Mittelalter

Hof- und Feldtrompeter genossen eine besondere Gunst. Ihr Musikgut bestand aus zeitgenössischer Kunstmusik wie Intraden, Sonaten oder Toccaten, wobei die Pauke gewöhnlich die Bassstimme zu der naturgebundenen Dreiklangmelodie der Trompeten darstellte. Das Klangbild der Trompeter war strahlend und festlich, nur talentierte Instrumentalisten beherrschten die Kunst. Im Feld bestand ihre Aufgabe darin, Signale zu blasen und den Kampfgeist der Ritter anzufeuern. Feldtrompeter durfte sich nur nennen, wer mindestens einen Feldzug aktiv begleitet hatte. Und erst dann durfte man einen Lehrjungen ausbilden. In Friedenszeiten spielten die Hof- beziehungsweise Feldtrompeter auf Turnieren.

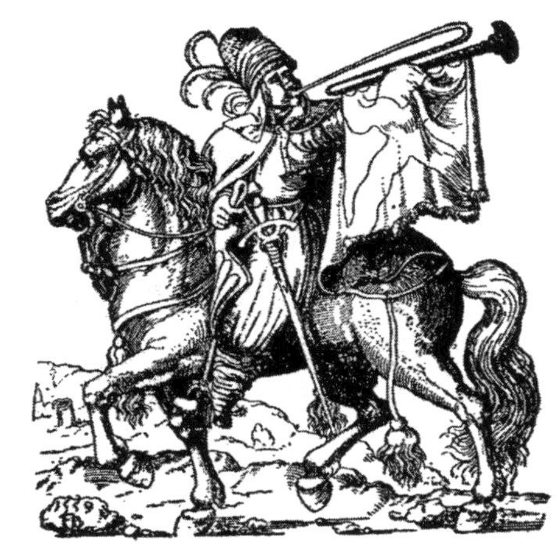

Regimentstrompeter (Kupferstich von Franz Brun, 1559)

1426 erlangten Feld- und Hoftrompeter das Recht, dass nur der Kaiser über sie Recht sprechen konnte, nur Fürsten war es überhaupt erlaubt, sich Trompeter und Pauker zu halten. Deren Musik erklang zu höfischen Festen, zu Turnieren, aber auch zu militärischen Triumphzügen. Das Auftreten der Musiker und das von ihnen gespielte Repertoire war ein Zeremoniell und diente vor allem der Überhöhung des Fürsten. Trompeten kündigten Feste, Boten und Gäste an, Trompeter bliesen Signale im Feld, etwa zum Satteln der Pferde, zum Ausrücken der Truppen oder zum Angriff, Sammeln oder Rückzug. So gab es beim Einzug des Herrschers Kanonendonner, Glockengeläut, Pferdegeklapper, Trompetenschall und Paukenschläge. Mit gesungenem oder gesprochenem Text verdichtete sich das zu einem überwältigen Klangteppich. Das Spektakel eilte zunächst dem Fürsten voraus, am Ende des Einzuges gab es gewöhnlich noch einen Nachhall.

Ein fürstlicher Hofstaat hatte mindestens vier Trompeter und einen Pauker. Strenge Zunftregeln regelten ihre Rechte und Pflichten, die sie vor allem gegenüber einfachen, städtischen Musikern auszuüben wussten. Im 17. Jahrhundert wurden Trompeter sogar Offizieren gleichgestellt.

Über Jahrhunderte hinweg gehörte der Pauker zu den Trompetern. In der Stellung war er den diesen gleichwertig. Jeder Pauker hatte seine persönliche Note und seine ureigene Schlagtechnik. Er bildete den Bass, und wer es am besten machte, wurde am meisten bewundert. Um die Pauken selbst gab es einen wahren Kult. Die Paukenkessel waren schwer, in Kupfer oder sogar in Silber getrieben, oft mit Reliefs von Personen oder Gefechtsdarstellungen verziert oder beschriftet, die Standfüße aus Messing, die Flügelschrauben aus Silber, manche Teile sogar vergoldet. Die Pauken wurden oft mit ungewöhnlich reich verzierten Behängen (»Paukenfahnen«) behängt. Alles in allem waren die Pauken ein wahrlich königliches Instrument!

Jedes Paukenpaar war anders, gewöhnlich wurden die Pauken vom Fürsten an seine Truppe verschenkt. Hinter so viel Wert war auch der Feind her. Die Eroberung der Pauken war im Kampf fast gleichbedeutend mit der Eroberung der gegnerischen Fahne. So zählten bei der Schlacht am Hohenfriedberg am 4. Juni 1745 acht Paar Pauken zu den Siegestrophäen der Preußen. Friedrich der Große inspizierte die erbeuteten Fahnen und Pauken und soll – einer Legende nach – in der Siegesnacht selbst noch den Hohenfriedberger Marsch komponiert haben.

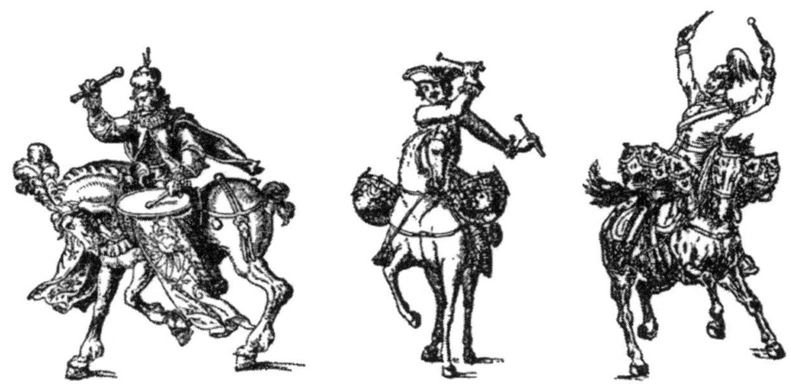

Skizzen von Paukern im Laufe der Zeit: um 1570, um 1730, um 1900

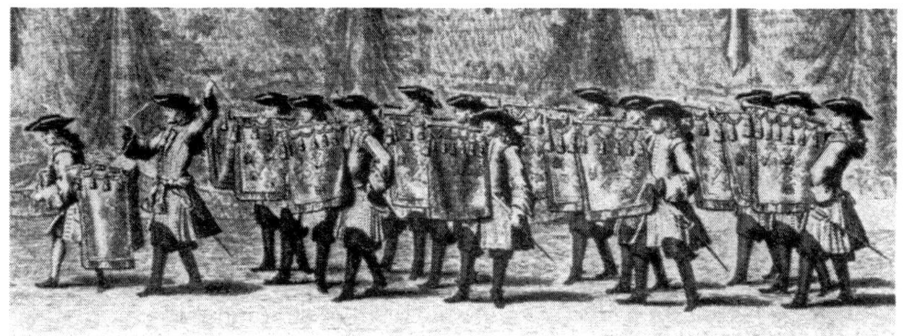

Preußische Hoftrompeter (Königsberg 1701)

Spielleutemusik als erste gemeine Soldatenmusik

Der Klang von Trompeten und Pauken im Mittelalter war ausschließlich dem Adel vorbehalten, dem Fußvolk blieb der Gesang. Wurden zusätzliche Musikinstrumente verwendet, waren es anfangs einfache Instrumente – Flöten und Trommeln. Die ersten Vorläufer der Marschmusik waren die Spielleute des Mittelalters. Bereits im 13. Jahrhundert wanderten diese durch Europa – von Burg zu Burg – überbrachten Neuigkeiten und erzählten singend Heldentaten. Halb Narr, halb Künstler wurden sie bewundert und belächelt, teilweise skeptisch betrachtet. Ihre Hauptinstrumente, die Trommel und die Pfeife, fanden sich auch bei den Landsknechten.

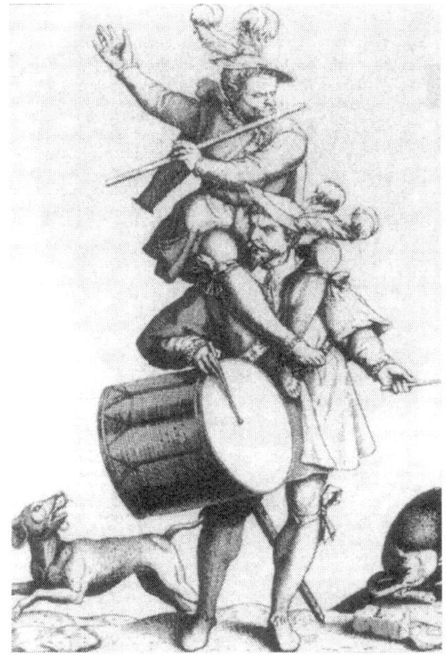

Spielleute im Dreißigjährigen Krieg

Die Spielleute, die dem »fahrenden Volk« zuzuordnen waren, wurden immer mehr sesshaft und schlossen sich zu Innungen zusammen. Mit ihrer einfachen Musik erfreuten sie das Volk in Stadt und Land. Spielleute spielten mit Flöten, Pfeifen, Fiedeln, Dudelsäcken, Hörnern, Zinken, Trommeln und anderen Rhythmusinstrumenten zu Festlichkeiten und zum Tanz auf, offiziell bliesen sie als Stadtpfeifer oder Ratsmusiker von den Türmen. Für die milizähnlichen Bürgerwehren in Städten stellten sie die Musik.

In der Nürnberger Kriegsordnung von 1449 finden Trommel und Pfeife als unzertrennliches Instrumentenpaar erstmals offiziell Erwähnung. Mitte des 16. Jahrhunderts erwähnt Fronsperger in seinem dreibändigen Werk »von kayserlichen Kriegßrechten« erstens das »Spil« (im Folgenden »Spiel« genannt) – also das Instrumentenpaar Trommel und Pfeife – und zweitens den doppelten Sold für jeden Spielmann.

Auch die Unterstellung der Spielleute war eindeutig geregelt. Ein »Fähnlein«, das war eine von einem Hauptmann geführte Einheit mit ungefähr 400 bis 600 Mann, hatte gewöhnlich zwei Spiele. Das eine Spiel blieb bei der Fahne, das andere war vorne zwischen den Schützen und Spießen platziert. Den Vorgesetzten der Fußtruppen (Hauptleute und Fähnriche) waren also jeweils eigene »Spiele« zugeteilt, die Befehle schnell und sorgfältig in rhythmische Signale umzusetzen hatten. Zu diesem Zweck mussten sich die zwei Spielleute stets in der Nähe ihrer Vorgesetzten aufhalten. Während des Marsches sollten sie die Ordnung aufrechterhalten und die Soldaten durch ihre Melodien ermuntern.

Bedeutung der Fahne: *Die Fahne war das Kampf- und Siegeszeichen, sie war einstmals Herrschafts- und Rechtssymbol. In der Schlacht stand die Fahne stets im Mittelpunkt. Sie gab Kraft und Orientierung sowohl für die Soldaten als auch für die Feldherren, da man Freund und Feind aufgrund fehlender Uniform schwer unterschei-*

den konnte. Der Verlust der Fahne machte den Soldaten orientierungslos im Getümmel der Schlacht und galt als größte Schmach, die eine Einheit treffen konnte. Deshalb hatte der Fähnrich eine besondere Verantwortung. Unerschrocken musste er die Fahne im Schlachtfeld verteidigen. Viele Fahnenträger bezahlten die Fahnenaufgabe mit dem Tod. Der Fähnrich unterlag also dem Dilemma, im Schlachtfeld mit der Fahne zu sterben, zuhause drohte für deren Verlust eine schwere Strafe. In ausweglosen Situationen band man beim Rückzug die Fahne dem schnellsten Soldaten um den Leib.

Da Römer und Germanen Feldzeichen übersinnliche Kräfte beigemessen hatten, lehnte die Kirche im frühen Mittelalter Fahnen und andere Feldzeichen als Heiden- oder Kriegssymbole ab. Ab Ende des 10. Jahrhunderts änderte sich die Einstellung der Geistlichkeit. Fahnen wurden geweiht und erhielten damit sakralen Charakter. Eine Fahne hatte in der Spitze meist das Monogramm des Herrschers und verkörperte auch rechtliche Symbolkraft. So wurden mit Fahnen Lehen übergeben. Waren Völker zerstritten, zeigte das Entrollen der Fahnen den Zustand der Feindseligkeit an. Die kriegerische Absicht war damit offenbar, die Schlacht stand unmittelbar bevor.

Preußische Fahnenspitze, 1740

Für Soldaten gab es noch keine Kaserne, man lag vor den Toren einer Stadt auf dem Feld. Da war es von Vorteil, wenn die Trommel nicht weit entfernt war. Sie nutzte als Tisch für das Kartenspiel oder konnte abends die Soldaten beim Singen begleiten. Spät abends hatte das »Spiel« eine ordnende Wirkung, es wurde der »Zapfenstreich« geschlagen. Der Soldat hatte nun ins Bett zu gehen – absolute Ruhe war angesagt.

Der Spielmann war auch der »Gesandte« seiner Truppe, der bei Feinden stets freies und sicheres Geleit erhielt. Für diese wichtige Aufgabe sollten Spielleute nach Fronsperger »keck und männlich sein,

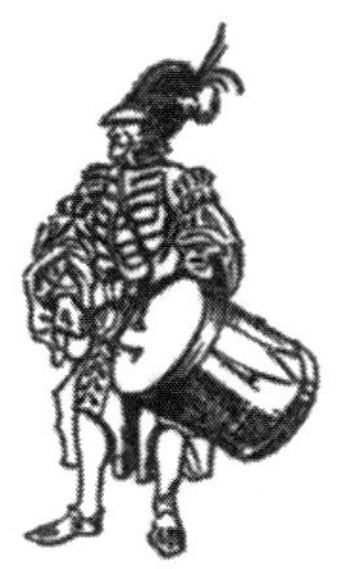 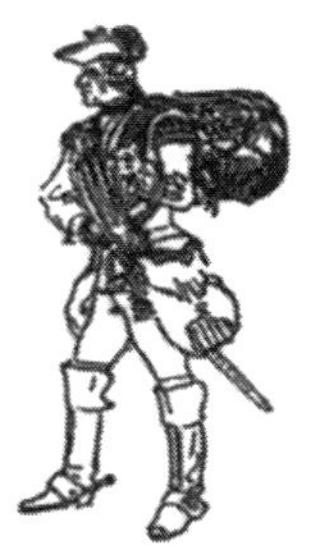 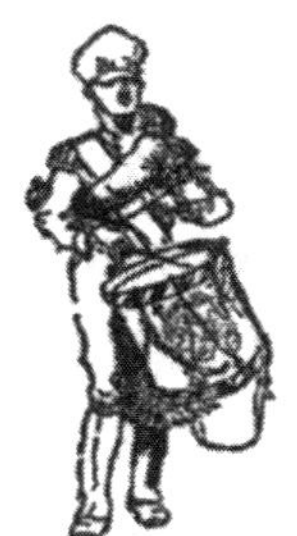 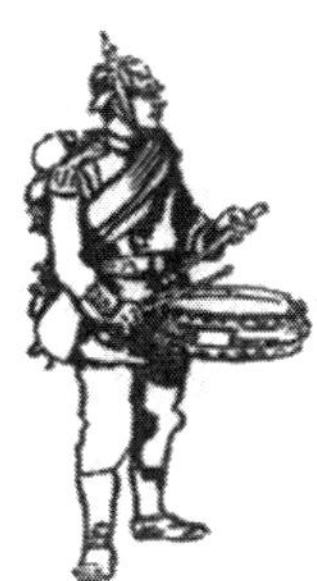

Skizzen von Trommlern im Laufe der Zeit:
um 1550 um 1730 um 1820 um 1900

auch verständnisvoll, wohl zu vertrauen, geschickt, fromm und redlich und nicht mehr oder weniger reden und handeln, als ihnen befohlen wird oder gut ist«.

***Flöten**: Flöten zählen zu den ältesten Instrumenten der Menschheit. Bereits vor dreitausend Jahren wurden Flöten in China erwähnt. Vor knapp zweitausend Jahren wurde der griechische Hirtengott Pan auf einem Mosaik mit einer Querflöte abgebildet. Diese stammt ursprünglich aus dem Orient. Die Pfeife ist eine Art Urform der Querflöte, wurde aus Holz (meist aus Buchsbaum) gefertigt und besaß eine zylindrische Bohrung mit sechs oder sieben Löchern. Der Schwegel, die Schweizer- oder Deutschepfeif, die Trommel-, Feld- oder Militärpfeife konnte unterschiedlich lang sein und hatte dadurch unterschiedliche Stimmungen. Da ein dynamisches Spiel mit der Pfeife schwierig ist, übernimmt die Trommel diese Aufgabe in besonderem Maß.*

In früheren Zeiten war die Pfeife in »b« gestimmt, heute ist die übliche Flötenstimmung »ces«. Die Ces-Stimmung entsprach praktischen Sparsamkeitsüberlegungen. Als die Stimmung für das hohe »a« von 892 auf 870 Hertz gesenkt wurde, klangen die bisherigen

Pfeifen in »b« alle etwa einen Halbtonschritt höher. Dies entsprach in etwa »ces«. Damit ein Zusammenspiel von alten und neuen Pfeifen möglich war, einigte sich das Militär schließlich auf die Ces-Stimmung.

Heute ist es zwar mit Hilfsgriffen möglich, auf einer Pfeife »chromatisch« zu spielen, doch stimmen nicht alle Töne mit der »temperierten Stimmung« überein. Gute Flötenstimmungen sind die Tonarten »G- und D-Dur«, von denen man sich nicht allzu weit entfernen sollte. Für das Zusammenspiel mit dem Musikkorps bedeutet dies, dass diese ihre Märsche in den hohen B-Tonarten spielen müssen – klingend also in Ges- oder Des-Dur.

Pfeifen ist ein urmenschliches Phänomen. Fast jedermann hat schon einmal einen Pfiff mit den Fingern oder ein Lied mit bloßen Lippen probiert. Mancher Mensch hat das so perfektioniert, dass er den Beruf als Kunst- oder Konzertpfeifer ausübt, wie etwa Geert Chatrou. Für das Konzertpfeifen mit bloßem Mund gibt es sogar eine Weltmeisterschaft. US-Amerikaner, Chinesen, Japaner und Holländer sind hier besonders engagiert.

In Deutschland trat die Pfeife im 12. Jahrhundert in Erscheinung und gelangte beim Militär zu großer Popularität. Seit Ende des 14. Jahrhunderts gab es in Städten so genannte Stadtpfeifereien, in denen Pfeifer ihre ein- bis zweijährige Lehrzeit absolvierten. Üblich war es auch, dass der Pfeifer zugleich der Spaßmacher seiner Truppe war.

Der andere Teil des Spiels war die kleine Trommel. Ursprünglich kam das Schlaginstrument im 13. Jahrhundert aus dem Orient über Ungarn in alle europäischen Landsknechtheere. Die Trommel der Landsknechte war ein hölzerner Hohlzylinder – der Sarg – über dessen obere und untere Öffnung dünn gegerbte Kalbsfelle gespannt wurden, welche wiederum durch Schnüre festgehalten wurden. Je nach Typus und Einsatz war der Sarg 50 bis 80 Zentimeter hoch und wurde außen heraldisch bemalt. Die Trommel wurde mit der Zeit immer

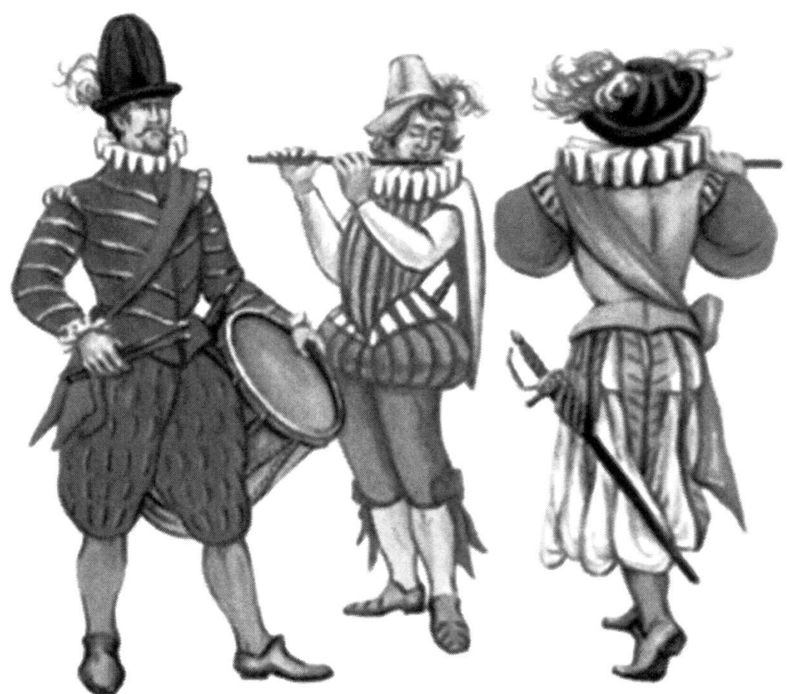

Landsknechte um 1580

niedriger, gespielt wurde sie mit Stöcken. Gerade die Trommel begleitete den einfachen Soldaten: Jede Wache, die gestellt wurde, hatte einen Tambour: die Lagerwache, die Torwache, die Kasernenwache, die Ehrenwache. Die Trommel schlug zum Alarm, zum Sammeln, zur Parade, zum Exerzieren, zum Sturm, zur Bestrafung und zur Trauer.

Des Trommlers Redlichkeit: *Die Trommel hatte eine stark hypnotische Wirkung und diente bald auch ein Stück weit der Mechanisierung des Krieges. Der Trommler war als Teil des Spiels dem Hauptmann oder Fähnrich zugeordnet und hatte besondere Eignungen* *zu erfüllen. Er musste auf Befehl Signale schlagen. Auch musste er als Sprachrohr des Chefs fleißig »ausrufen«. Für diese zweite Funktion waren Trommler mit hellen und verständlichen Stimmen besonders gesucht.*

Ein guter Trommler beherrschte mehrere Sprachen, so dass er Verhandlungen auch mit den Gegnern führen oder bei Belagerungen die Aufforderung zur Kapitulation überbringen konnte. Neben einem guten Gefühl und ausgeprägtem Talent für Sprache und Rhythmus mussten Trommler also besondere Charakterzüge wie Redlichkeit, Zuverlässigkeit und Treue zur Fahne vorweisen. Mit »geschickt, tapfer und redlich«, beschrieb der Militärschriftsteller Fronsperger bereits im 16. Jahrhundert prägnant die Anforderungen an einen Trommler.

Anfangs des 17. Jahrhunderts kamen stehende Heere auf. Es brach eine neue Zeit an, die Soldaten marschierten jetzt in Formation. Zucht und Ordnung kehrte bei den Soldaten ein, der einzelne war auf einmal Teil einer größeren Gemeinschaft. Das Gefecht wurde mechanisiert: Kriege waren weniger ein wildes Getümmel, sondern ein koordiniertes Zusammenwirken aller vorhandenen Kräfte. Dafür benötigte man einen gemeinsamen Rhythmus und für den wiederum sorgten die Spielleute. Unter den Landsknechten erlangten die Spielleute somit eine Sonderstellung und eine neue Funktion. Die Trommel mit ihrem lauten Klang sollte das Signal bis zum letzten Soldaten schlagen. Der Pfeifer war der Begleiter des Trommlers, dessen melodiöser Schmuck und Stütze. In anderen

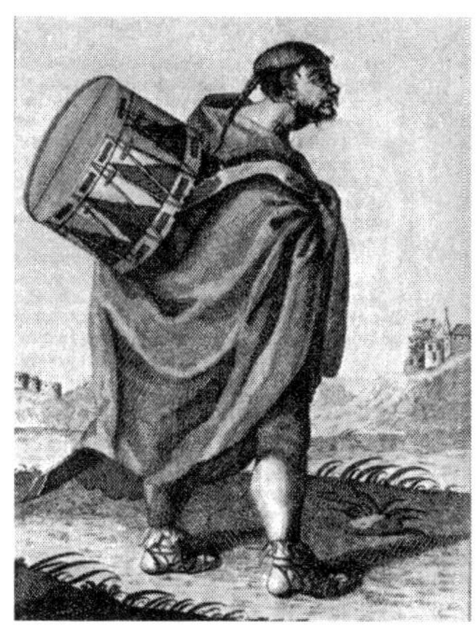

Ein südländischer Tambour auf dem Marsch

Worten: Für den Rhythmus sorgte die Trommel, die Pfeife brachte die Melodie.

Das, was später zur Marschmusik wurde, entstand im 17. und 18. Jahrhundert. Vorreiter war das französische Heer unter dem »Sonnenkönig« Ludwig XIV., wo die ersten Militärkapellen entstanden. Die Märsche waren kurz und überwiegend zweiteilig. Das Trio, meist eine liedhafte, eingängige Melodie, trat erst – beeinflusst durch die Sinfonik – nach 1750 hinzu. Der so genannte Feldmarsch hielt die Landsknechte in Bewegung, ohne dass ein Gleichschritt damals bekannt war. Oft sangen die Landsknechte zum Spiel ihre Lieder. Rückte das Regiment aus, wurden alle Spiele zu einem »Zug« zusammengefasst. Das war der Vorläufer eines Spielmannszugs, so wie wir ihn heute kennen.

Als eigene Truppe (»Zug«) wurden die Spielleute vom Tambourmajor angeführt. Er war derjenige unter den Trommlern, der das höchste Können hatte und das Exerzieren am besten verstand. Er musste auch zwischen den Fronten vermitteln können und deshalb mehrere Sprachen beherrschen. Der Tambourmajor symbolisierte auch den Bezug zur Fahne. Seine Stockzeichen imitieren den Fahnen schwingenden Fähnrich der Landsknechte. Der Stock hat an der einen Seite eine Spitze, am anderen Ende eine Kugel aus poliertem Messing. Die Kugel sowie die Verzierung des »spanischen Rohrs« mit Banderole und zwei Quasten wurde französischen und russischen Truppen nachempfunden. Der Tambourmajor trägt ein Schulterbandelier beziehungsweise Bandolier, das verziert den Trageriemen für die große Regimentstrommel symbolisiert.

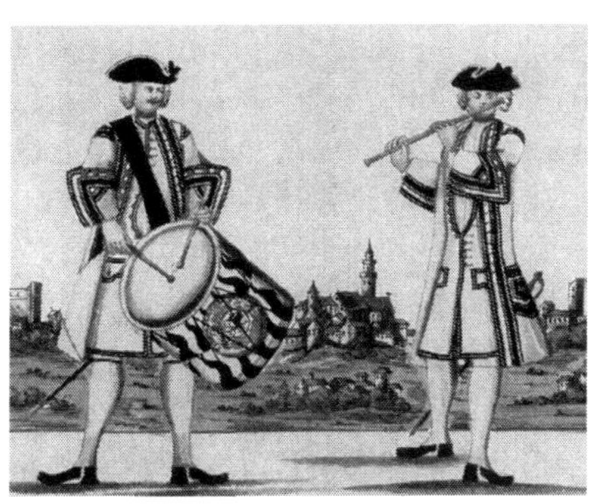

»Spiel« des österreich-ungarischen Infanterie-Regiments Graf Browne, 1717

Das Feldgeschrey der Schalmeien als Vorläufer der Regimentskapellen

Zu den Trommlern und Pfeifern kamen gegen Ende des 17. Jahrhunderts die »Schalmeyen«. Mit ihrem sehr schrillen Klang mussten sie vor dem Heer laufen, wo sie niemandem in die Ohren blasen konnten. Der Gegner sollte durch das besonders eindringliche Feldgeschrei abgeschreckt, das eigene Heer dadurch ermutigt werden. Die Schalmeien bildeten die Anfänge der eigentlichen Heeresmusik: Sie marschierten exklusiv vor dem Trupp, wie die späteren Regimentskapellen.

Ringkragen – ein Dienstabzeichen besonderer Art: *Im 16. Jahrhundert war es Mode, dass Adelige nicht mehr die Rüstung, sondern als Zeichen ihres Standes nur noch dessen Kragen trugen. Mit der Zeit verkleinerte er sich immer mehr zu einem halbmondartigen Schild. In Preußen wurde er bis 1806 getragen, in Bayern bis 1867.*

Badischer Ringkragen von 1806

📖 *Höfele, S. 14 ff.; Ramböck, S. 19 ff.; Töche-Mittler III, S. 15 ff., 30 ff., 37 ff.; Brixel u.a., S. 14 ff.; Deisenroth, S. 2 ff, 11 ff..; Findeisen, S. 9 ff.; Rudolph, Ahrens, Terne in: Schramm (Hrsg.), Bd. 8, S. 19 ff., 49 ff. und 71 ff.*

Deutsche Geschichte

Heiliges Römisches Reich Deutscher Nation: Die Neuzeit beginnt, das Reich zersplittert

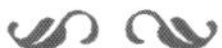

Augsburger Religionsfrieden 1555: »Cuius regio, eius religio«.
Luthers Kritik an Papst und Kirche spaltet das Reich,
sprachlich vereint er es.

Im 15. Jahrhundert endete das Mittelalter. Die Habsburger hatten ihren Länderbesitz durch Erb- und Heiratsverträge zu einer Großmacht in Deutschland, Österreich, Böhmen, Ungarn, Burgund und Spanien samt dessen Eroberungen in Amerika und Asien ausgebaut. Schiller beschreibt in seinem Roman »Don Carlos« die Blüte vom »großen Reich, in dem die Sonne nicht untergeht.«

Die Neuzeit brachte Europa tiefgreifende Veränderungen: Gutenberg erfand den Buchdruck, Kolumbus entdeckte Amerika, Kopernikus behauptete, dass sich die Erde um die Sonne dreht. Kurzum: Universalgelehrte der Renaissance (Wissenschaftler und Künstler) sowie die Kaufleute – wie die Fugger – beeinflussten das Weltgeschehen.

Bekannte Künstler
1452-1519 Leonardo da Vinci
1471-1528 Albrecht Dürer
1475-1564 Michelangelo

Bekannte Wissenschaftler
1469-1527 Machiavelli
1469-1536 Erasmus von Rotterdam
1493-1541 Paracelsus
1564-1642 Galileo Galilei

Das Reich zersplitterte, infolge der Reformation teilte sich die Kirche nach der Abtrennung der Ostkirche (Orthodoxen) zum zweiten Mal, was zu fürchterlichen Kriegen führte. Das Leben zu dieser Zeit war nicht einfach. Das Volk bestand in der Mehrzahl aus Bauern, die von den Oberen regelrecht ausgebeutet wurden. An vielen Orten war es üblich, dass man das Erbe teilte. Die Höfe wurden immer kleiner, so dass die Erträge nicht mehr das Überleben sicherten.

Gelernt von der Reformation, dass man sich auch wehren kann, kam es ab 1524 an vielen Orten in Süddeutschland, in der Schweiz und in Österreich zu Bauernkriegen. Georg Truchsess von Waldburg-Zeil – genannt der Bauernjörg – schlug mit 9.000 Landsknechten und 1.500 gepanzerten Reitern die nur mit Sensen und Dreschflegeln bewaffneten Bauern nieder. 100.000 Bauern hatte es das Leben gekostet, das Reich wurde dadurch weiter geschwächt.

***Uniform**: Eine einheitliche Kleidung trugen 1309 vierhundert Ritter, die Herzog Friedrich von Österreich nach Speyer begleiteten. Auch Soldaten in Frankreich hatten im 16. Jahrhundert »un habit uniforme«. Der Begriff Uniform kommt erst im 18. Jahrhundert nach Preußen. Vorher sprach man von »Montierungen« oder »Livreen«. Einheitliche Kleider gab es immer wieder, damit man sich besser versammeln konnte. Noch während des Dreißigjährigen Krieges trugen die Söldner ihre selbst mitgebrachte Kleidung. Freund und Feind wurden durch Feldbinden und farbige Zeichen auf den Kleidern und Kopfbedeckungen unterschieden. In Preußen führte der Große Kurfürst im 17. Jahrhundert einheitliche Kleidung ein.*

Reformation und der Augsburger Religionsfrieden, der nicht lange hält

Die Entdeckung und Eroberung neuer Länder wurde für die europäischen Länder zu einer Quelle unermesslichen Reichtums. Seide aus China, Gewürze aus dem fernen Osten, Gold aus Afrika, Kaffee aus

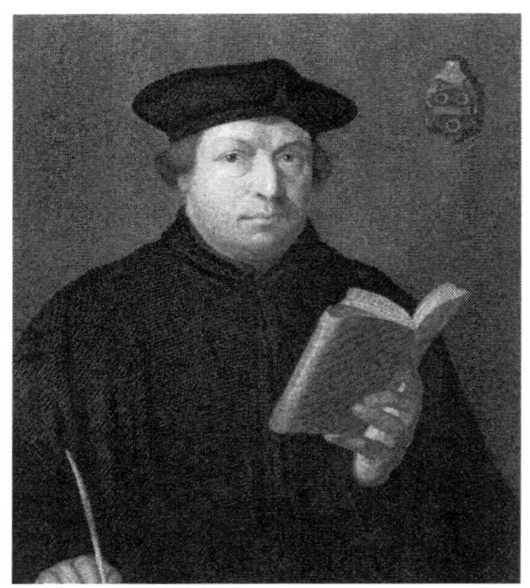

Martin Luther (1483 bis 1546) von C. E. Wagstaff

Südamerika waren zum Greifen nahe. Handel war Macht, Kaufleute und Bankiers hatten das Sagen. So bekamen 1514 die Fugger das Recht zum Ablasshandel.

Der Mönch Martin Luther war empört über die Missstände in der katholischen Kirche. 1517 gab er mit seinen Thesen wider den Ablass Anstoß zur Reformation, die letztendlich zur Kirchenspaltung führte. Mit seiner »deutschen Bibel« legte er zudem den Grundstein für die heutige deutsche Sprache. Die neue »evangelische Lehre« wurde an vielen Orten nun auch vom gemeinen Volk verstanden und verbreitete sich schnell – vor allem in Sachsen, Thüringen, Brandenburg, Württemberg und den Niederlanden fand sie Anhänger – die Spaltung wurde dadurch noch tiefer.

***Feuerwaffen lösen Stangenwaffen ab**: Bis in das 17. Jahrhundert hinein dominierten Stangenwaffen (Hellebarden) bei der Infanterie. Die Musketiere rammten ihre vier Meter langen Stangen in die Erde und richteten die Spitzen gegen die Brust der Pferde. Hinter dem »Stachelwald« konnten sich die Musketiere zurückziehen. Offiziere und Unteroffiziere führten kürzere Stangen, die wegen ihrer geringeren Länge Halbpike, Sponton oder Kurzgewehr genannt wurden. Während des Dreißigjährigen Krieges kam die Wende: Feuerwaffen dominierten das Kampfgeschehen.*

In Augsburg wurde 1555 der »Religionsfrieden« geschlossen. Beide Glaubensrichtungen waren nun anerkannt. Allerdings bestimmte der jeweilige Landesfürst, welchen Glauben seine Untertanen haben mussten. Die Formel lautete: Cuius regio, eius religio – wessen Gebiet, dessen Religion!

Doch der Wille zum Frieden hielt nicht lange an. Die katholische Kirche leitete eine Gegenreformation ein. Gegen Ende des 16. Jahrhunderts wurden die Gegensätze wieder schärfer, erste Bündnisse entstanden. Der »Prager Fenstersturz« löste in Böhmen einen Aufstand aus und war Auslöser für den Dreißigjährigen Krieg (1618 bis 1648). Als der »Westfälische Frieden« das Ende des Krieges besiegelte, war die Hälfte der Deutschen ums Leben gekommen, Städte und Dörfer verwüstet, Felder und Wälder zerstört. Im »Westfälischen Frieden« wurde die Unabhängigkeit der Niederlande anerkannt. Und für den Frieden brauchte es zwei Städte zum Verhandeln: In Münster sprachen die kaiserlichen Gesandten mit den Katholiken, in Osnabrück mit den Protestanten. Schweden ließ sich den Frieden teuer entlohnen. Es bekam fünf Millionen Reichstaler und Gebiete in Norddeutschland.

Rettung der Stadt Mengen: *Im Dreißigjährigen Krieg wurden die fünf Donaustädte von schwedischen Truppen hart bedrängt, Mengen sollte von den Schweden ganz eingenommen werden. In ihrer großen Verzweiflung versammelten sich die Einwohner von Mengen am 18. Mai 1632 zum Gebet in der Liebfrauenkirche und riefen die Gottesmutter Maria inbrünstig um Beistand an. Deren Antlitz soll sich daraufhin mehrfach farblich verändert haben. Der Legende nach gingen die Pferde der Schweden keinen Schritt mehr weiter, so dass die Reiter mit Schrecken umkehrten; einer anderen Legende zufolge zog dichter Nebel auf, so dass die Schweden nicht angreifen konnten. Unstrittig ist heute: Die Stadt wurde gerettet.*

Seither feiert die Stadt diese Errettung jährlich im Mai mit dem »Maifest«. Offensichtlich steht Mengen unter dem besonderen

Schutz der Gottesmutter: Auch zu Ende des Zweiten Weltkrieges wurde die Stadt nicht zerstört. Mehrfach konnten die Alliierten die Stadt und ihren Flugplatz nicht anfliegen.

Durch den Frieden wurde Deutschland »kleiner und schwächer«, Frankreich wurde zur vorherrschenden Macht in Europa. Einige in Frankreich und Schweden gewonnene Gebiete, die Niederlande und die Schweiz lösten sich ganz vom Reich. Die Zersplitterung Deutschlands war jetzt festgeschrieben. Das Kaisertum als übergreifende Herrschaftsidee hatte kaum noch Bedeutung. Neu war, dass Gefahr aus dem Osten drohte: 1683 drang ein türkisches Heer mit 200.000 Mann bis vor die Tore Wiens. Diese Türkenkriege dauerten 18 Jahre lang an. Einer vereinigten Streitmacht aus kaiserlichen, bayerischen, sächsischen und polnischen Truppen gelang es, den Angriff der Türken schlussendlich abzuwehren.

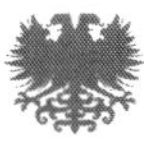

Die Macht der Habsburger
Teil 2: Ein Reich, in dem die Sonne nicht untergeht und dann zerfällt

Zum Ende des Mittelalters wächst die Macht der Habsburger unaufhaltsam. Maximilian I. (1459 bis 1519) ist auch ein erfolgreicher Heiratspolitiker: Durch seine erste Ehe erwirbt er das Anrecht auf das Burgund, zu dem auch die Niederlande gehören. Nach dem frühen Tod seiner Frau heiratet der Monarch die Tochter von Mailand, die eine riesige Mitgift in die Ehe mitbringt. Und seine Kinder vermählt er politisch voraus schauend mit den Erben der spanischen Königreiche Aragón und Kastilien. Sein Lebensmotto »plus ultra« (noch weiter) geht in Erfüllung: 1508 wird Maximilian I. Kaiser und in den folgenden drei Jahrhunderten folgen ihm 14 Habsburger auf dem Thron der Deutschen.

***A.E.I.O.U. – ein sagenumwobener Wahlspruch:** Kaiser Friedrich III. ließ eine Signatur auf seinem Tafelgeschirr, seinem Wappen und an Bauwerken anbringen. Immer mehr setzte sich das A.E.I.O.U. durch, es war ein nationales Symbol. Klar ist, dass es sich um eine Abkürzung handelt. Die genaue Bedeutung ist unklar, es gibt mehr als hundert Deutungen. Drei Versionen lauten wie folgt: Austriae est imperare orbi universo (es ist Österreich bestimmt, die Welt zu beherrschen), Austria erit in orbe ultima (Österreich wird bis ans Ende der Welt bestehen) oder auch in Deutsch: Alles Erdreich ist Österreich untertan.*

Maximilian verkörpert das Ideal des Rittertums. Er wählt den heiligen Georg zu seinem Schutzpatron, fördert Kunst und Wissenschaft und pflegt den Ruf, der beste Turnierkämpfer seiner Zeit zu sein. Der »letzte Ritter«, so der Beiname Maximilians, stirbt 1519 auf einer Reise von Innsbruck nach Linz. Wie andere Herrscher auch, inszeniert er seinen Tod. Seit Jahren schon lässt er seinen Sarg mitführen und ordnet Demut für sich nach dem Tod an: Seine Haare müssen geschoren, seine Zähne rausgerissen, sein Leichnam gegeißelt werden.

Karl V. (1500 bis 1558) hat ein Großreich, das weltumspannend ist. Mexiko war erobert, 1532 kommt das Reich der Inkas hinzu. Erstmals haben die Habsburger den Status einer Weltmacht mit extremer Weite, ein Reich, in dem Sonne nie untergeht. Karl selbst kann nur gebrochen Deutsch reden. Spöttisch soll er gesagt haben: »Ich spreche Spanisch zu Gott, Italienisch zu den Frauen, Französisch zu den Männern und Deutsch zu meinen Pferden.« Mehr als 70 Herrschertitel erbt er: ein Dutzend Königswürden und diverse Herzogs- und Grafentitel. Am wichtigsten ist 1526 das Erbe der böhmischen Krone. Mit diesem Erbe ist die Kurwürde verbunden. Karls Ziel ist Frieden, doch es bleibt beim Wunsch. Permanent führt er Krieg. Unter seiner Herrschaft spaltet Luthers Reformidee die Kirchen. 1556 dankt Karl als Kaiser ab. Das hat noch keiner seiner Vorgänger gewagt. Karls

Sohn Philipp II. (1527 bis 1598) herrscht über ein Weltreich, das Spanien und Italien, die Niederlande sowie weite Teile Amerikas und Regionen im Pazifik umfasst. Gold und Silber aus den Kolonien füllen die Schatztruhen, der Staatsbankrott tritt trotzdem mehrfach ein. Und als 1588 die englische Flotte und Stürme die Spanische Armada vernichten, beginnt der Abstieg Spaniens. 1640 erkämpft Portugal seine Unabhängigkeit, 1648 siegen die protestantischen Niederlande, 1659 gehen Flandern und Nordkatalonien an Frankreich. Philipp V. (1605 bis 1665) ist nur noch der Verwalter des Niedergangs, sein Sohn Karl II. ist der letzte Habsburger auf dem Thron Spaniens.

Im Reich verlegt 1583 Kaiser Rudolf II. (1552 bis 1612) seine Residenz von Wien nach Prag. Wissenschaftler, Alchemisten, also Goldmacher, und Künstler sammeln sich dort, Prag wird zur Metropole der Gelehrsamkeit. Anders als Wien, das in steter Angst vor den Türken lebt, liegt Prag geschützt tief im Reich. Während Kepler den Himmel erkundet, Astronomen die Sonne deuten und Mathematiker über die Mystik von Zahlen nachdenken, fällt es dem Monarchen immer schwerer, sich um seine eigentliche Aufgabe zu kümmern – ein Reich zu regieren. Rudolf II. leidet unter Stimmungsschwankungen und versucht sich umzubringen. Rudolfs Brüder mischen sich ein und tatsächlich wird sein Bruder Matthias 1611 zum König von Böhmen gewählt. Rudolf II. ist jetzt Kaiser ohne Land. Ein Jahr später stirbt er, sein Bruder wird auch Nachfolger als Kaiser.

***Inzucht – der Fluch des Hauses Habsburg**: Durch Heirat innerhalb der Familie bleibt die Krone in den eigenen Reihen. Doch diese Politik hat einen hohen Preis: Inzucht. Viele Kinder überleben die Geburt oder die ersten Lebensjahre nicht oder schwächeln. Besonders hart trifft es das spanische Königshaus. Karl II. von Spanien (1661 bis 1700) wird schon als Kind König, weil sein Vater stirbt. Doch Karl bleibt Zeit seines Lebens willenlos und offenbart einen erbärmlichen Anblick. Schläfrige Augen und die ty-*

pische »Habsburgerlippe« – eine Missbildung des Kiefers, die dazu führt, dass die unteren Zähne vorne vor die oberen beißen. Der König stirbt mit 39 Jahren ohne Kinder – der Startschuss zum spanischen Erbfolgekrieg.

1683 ist das Reich wieder einmal in Gefahr. Die Osmanen belagern Wien. Kaiser Leopold I. (1640 bis 1705) flieht vor den Türken aus Wien und überlässt es anderen, die Stadt zu befreien. Erst nachdem die Türken nach zwei Monate langer Belagerung fliehen müssen, kehrt er wieder zurück. Fünf Jahre später flammt erneut ein Krieg auf, denn Ludwig XIV. bedrängt das Reich im Westen. 1740 wird Maria Theresia Herrscherin. Erstmals bestimmt damit eine Frau die Geschicke der Habsburger.

***K-u-K-Zeit**: Bis zur Zeit Maria Theresias wurden alle Truppen des Kaisers als »kaiserlich« bezeichnet. Zur Wahl von Franz Stephan von Lothringen (Großherzog der Toskana), dem Ehemann von Maria Theresia, zum deutschen Kaiser führte das österreichische Heer die Bezeichnung »kaiserlich-königlich«. Das Attribut »königlich« bezog sich dabei auf das Königreich Böhmen und Ungarn.*

Militärmusik in der Neuzeit

Uniformen und die türkische Musik

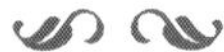

Feldmarschall Suworow: »Die Marschmusik ist notwendig und von großem Nutzen. Obendrein muss sie noch sehr laut sein.«

»Semper Talis! Immer gleich!«: Schlachtruf des 1. Garderegiments zu Fuß von 1688, heute Motto des Wachbataillons

»Gott schütze uns vor den drei Plagen – der Pest, den Heuschrecken und den Türken.« (Spruchbild vor dem Grazer Dom)

Bis weit in das 17. Jahrhundert galt folgende Regel: Söldner und deren Musiker wurden jeweils nach Abschluss eines Feldzuges entlassen. Dies änderte sich grundlegend mit dem Aufstellen von »stehenden Heeren«. Zur Festigung der Macht gingen die Landesfürsten dazu über, ständige Truppenformationen aufzustellen. Die bisherige Vielfalt und Buntheit wurde mehr und mehr durch Standardisierung und durch die Uniform ersetzt. Vorbild der Uniform war die zivile Kleidung, speziell der Leibrock. Den Mannschaften wurde die Uniform gestellt, Offiziere mussten ihre Uniform selbst beschaffen. Eine Tradition, die sich bis heute noch bei vielen Bürgerwehren hält.

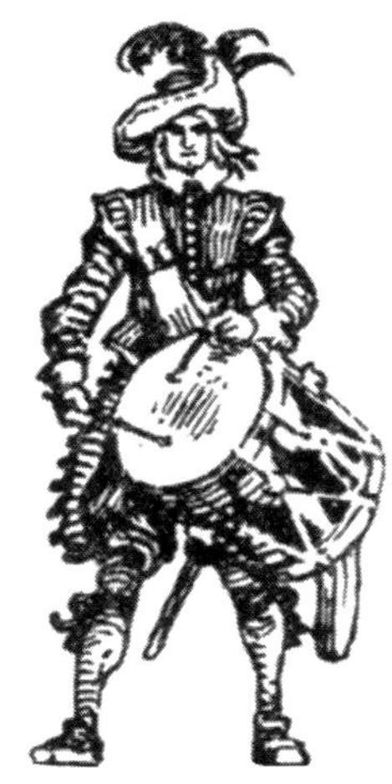

Trommler im Dreißigjährigen Krieg

Wie schon zur Zeit des »Sonnenkönigs« wirkte im Zeitalter der Revolution und Napoleons die französische Musikkultur europaweit stilbildend. In den zahlreichen Revolutionsfesten verschmolzen die Komponisten die militärische Musik mit der sinfonischen. Napoleon erkannte die psychologische Wirkung der Musik, förderte und verstärkte die Besetzungen der Spielleute und Hoboisten. Marschkomponisten griffen aktuelle Motive auf oder adaptierten Revolutionslieder für die Musikkorps.

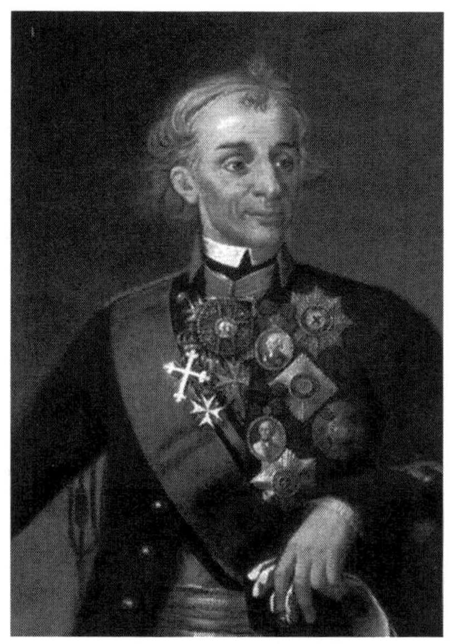

Feldmarschall Alexander Suworow

Im 18. Jahrhundert genoss die Militärmusik in ganz Europa die besondere Wertschätzung der Heerführer. Beispiel: Als dem russischen Feldmarschall Alexander Suworow einmal vorgeschlagen wurde, die russischen Militärkapellen im Gegenzug zu mehr Frontsoldaten zu reduzieren, lehnte dieser entschieden ab. Wörtlich soll er auf diesen Sparvorschlag wie folgt geantwortet haben: »Die Musik ist notwendig und von großem Nutzen. Sie erfreut das Herz des Soldaten und misst seinen Schritt. Nach ihr tanzen wir selbst in der Schlacht. Die Musik verdoppelt, verdreifacht die Armee.«

Anfangs gestand man den Spielleuten und Musikern noch Freiheiten bezüglich ihrer Uniform zu. Um das Jahr 1800 verschwanden jedoch die vielfältigen Verzierungen. Erhalten blieben – in Erinnerung an die Spielleute der Landsknechte und an die Feldtrompeter und deren weiten und bunten Ärmelbesatz – die Schwalbennester. Schwalbennester sind halbmondartige Abzeichen für Spielleute und Musiker auf dem Oberarm, die oben den Uniformrock abschließen. Sie sind gestreift und verziert, entweder einfarbig, zum Beispiel goldfarben für den Musiker, oder zweifarbig, beispielsweise rot und weiß, für den Spielmann.

Ein Regiment besaß etwa 20 bis 36 Tamboure (Trommler) sowie vier bis zwölf Pfeifer. Auf zwei bis drei Trommler kam also ein Pfeifer. Heute ist die Relation eher anders herum. Besonders gut ausgestattet in puncto Menge und Qualität waren die Garderegimenter. Ein Garderegiment stand in einer besonderen Beziehung zum jeweiligen Fürsten und hatte daher auch besondere Repräsentationspflichten zu erfüllen. Deren Uniformen waren prachtvoll und aufwändig gestaltet und hoben sich deutlich von den Monturen der Linientruppen ab.

Im Marsch befanden sich die Spielleute an der Spitze der Kompanie oder des Regiments. Zur Parade standen sie am rechten Flügel. In der Gefechtsordnung waren die Spielleute in Zweiertruppen gefasst (»Spiel«), meist an den Flügeln der Einheiten oder zwischen zwei Einheiten positioniert. Zudem begleiteten die Spielleute alltäglich den Wachaufzug und schlugen dabei die »Vergatterung«. Die Vergatterung ist die für den Wachdienst notwendige Unterstellung des Soldaten unter einen (neuen) Wachvorgesetzten, meist nur für einen Tag. Die Trommelschläge gaben auch den Exerzierdrill vor. Vor allem aber leisteten Spielleute den Signaldienst in der Kaserne, im Feldlager und im Gefecht. Von den damaligen, sehr zahlreichen Signalen und kleinen Märschen sind heute viele vergessen, zumal sie meist nur mündlich überliefert wurden und durch ihr recht langsames Tempo heute arg fremd wirken.

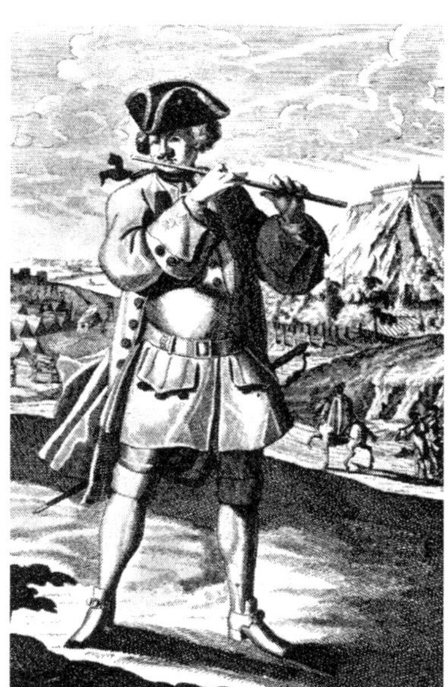

Pfeifer der Füsiliere, Anfang 18. Jahrhundert

Janitscharen, die Musik der islamischen Elitetruppe

Im südlichen Reich hatte man große Angst vor den Türken. Nach der Eroberung des bis dahin christlich geprägten Konstantinopel im Jahre 1453 drangen die osmanischen Türken vom Südosten her nach Europa vor und unterwarfen Teile des Balkans und Ungarns. Ab dem 16. Jahrhundert war Österreich betroffen. Osmanische Heere und deren Eliteeinheit, die Janitscharen, belagerten Wien. Die hochdisziplinierte Einheit bestand im Kern aus geraubten oder verschleppten »Christenknaben«, die in Istanbul zu verbissenen Vorkämpfern heranwuchsen.

Immer wieder waren diese waghalsig ins Reich eingedrungen, plünderten und belagerten die Städte. Die türkischen Verbände setzten gezielt ihre Musik als Waffe ein. Die fanatisch kämpfende Eliteeinheit des osmanischen Reichs – die Yeni-Tscheri, Jeni-Dscheri oder Janitscharen (zu deutsch: Die »neue Truppe« des islamischen Bektaschi-Derwisch-Ordens) – verfügte über eine schrille Musik, die aus europäischer Sicht geradezu sensationell gewirkt haben muss. Ein solches Janitscharen-Musikkorps (»osmanische Musik« oder »Mehter Musik«) schepperte laut und schrill, besaß eine Stärke von 30 bis 40 Musikern und hatte das Ziel, den Gegner zu verwirren. Es war besetzt mit Schalmeien, Trompeten (Zinken), Flöten, Becken (Cinellen), Trommeln, Tragpauken, Triangeln und Schellenbäumen. Auch Kesselpauken fehlten nicht, die auf Kamelen oder Paukenwägen transportiert wurden. Die Janitscharen waren hinsichtlich ihres Instrumentariums und der Organisation also bestens aufgestellt. Es gab es eine genaue Gliederung nach Blas-, Schlag- und Schüttelinstrumenten mit genau festgelegten Chargen. Das Getöse brachte in das soldatische Musikwesen ein neues Element: Die Dynamik. Ein Anschwellen bis hin zum Fortissimo kannte man bisher in Europa nicht.

Gespielt wurde zum Konzert, auf dem Marsch und in der Schlacht. Das monströse Klangbild verbreitete beim Gegner Angst und Schrecken. Besonders wirkten im Gefecht die Rhythmusinstrumente. Zum ersten Mal ereignete sich das im Reich 1529 bei der Eroberung der Stadt Wien. Ein österreichischer Offizier trug in sein Buch ein: »Heute nach dem Nachmittagsgebet begann die Heeresmusik des Großwesirs in seiner Schanze zu spielen …, so dass von dem gemeinsamen Schall der Trommeln, Pfeifen, Oboen, Cinellen, zu dem sich das Gedröhne der Geschütze und Flinten gesellte, Erde und Himmel erbebten.«

Die Türken sind da – ein Furcht erregendes Spektakel: *Am 14. Juli 1683 zieht das osmanische Heer die Donau entlang um die Stadt. Prächtig in Samt und Seide gekleidete Paschas reiten voran. Dann folgt der Großwesir, umrahmt von Würdenträgern, alle gehüllt in Brokat und Pelze, die Turbane geschmückt mit Reiherfedern und Edelsteinen. Ihre Rösser tragen Schabracken aus Samt und vergoldetem Zaumzeug. Dahinter die Eliteregimenter der Kavallerie, an ihren Säbeln und Pfeilköchern funkeln Juwelen. Ihnen folgen Lanzenreiter, Bogenschützen, die Kamel-Artillerie und Fußtruppen mit geschulterten Musketen. Türken, Griechen, Serben, Kurden, Araber, Ägypter und weitere Völker, insgesamt etwa 200.000 Mann bilden einen Halbkreis von etwa 15 Kilometern um die Stadt. Die Urkunde zur Kapitulation wird übergeben. Dort heißt es: »Wenn ihr Muslime werdet, geschieht euch nichts. Auch wenn ihr nicht Muslime werdet, die Festung aber kampflos übergebt, so wird der Befehl Gottes auf diese Weise ausgeführt: Euch allen geschieht kein Leid, sondern wird Gnade und Pardon gewährt. Solltet ihr aber halsstarrig sein und Widerstand leisten, so wird keinem einzigen Gnade und Pardon gewährt.« Wiens Stadtkommandant Starhemberg befehligt nur 11.000 Soldaten und einige Tausend Bürgermilizionäre. Aufopferungsvoll verteidigen sie die Stadt zwei Monate lang. Ende August kommt der Herzog von Lothringen mit 13.000 Reitern zu Hilfe. Am 12. September treffen endlich kaiserliche Befreiungstruppen ein. Die Türken ergreifen die Flucht. Der Großwesir begibt sich nach Belgrad. Auf Befehl des Sultans wird er dort mit einer Seidenschnur erdrosselt. Und wo ist der Kaiser? Er beobachtet alles von der Ferne und kommt erst wieder nach Wien, als der Ausgang klar ist.*

In mehreren Schlachten eroberten die westlichen Verbündeten die fremdartigen Instrumente und feierten ihre neuen Trophäen. Der Schellenbaum – auch Mohamedsfahne genannt – war besonders begehrt. 1697 eroberten die kaiserlichen Truppen unter dem Oberbefehl von Prinz Eugen von Savoyen eine komplette türkische Militärkapelle – ein perfekter Siegesruhm!

Türkische Musik setzt sich auch bei den deutschen Truppen durch

Für die Militärmusik setzten die Türkenkriege im 17. Jahrhundert wesentliche Impulse. So ließ der polnische König nach der türkischen Belagerung von Wien 1683 eine Janitscharenkapelle formieren. In türkischen Kleidern und mit den erbeuteten Instrumenten erregte die »türkische Banda« großes Aufsehen. Rasch wurde diese Formation zum Statussymbol der Fürsten. So ließ August der Starke, Kurfürst von Sachsen, eine 27 Mann starke Instrumentalbesetzung nach türkischem Vorbild aufstellen.
Die türkische Musik, richtig müsste sie »osmanische Musik« heißen, befruchtete auch Kompositionen. Am bekanntesten ist wohl der »Türkische Marsch« von Wolfgang Amadeus Mozart. 100 Jahre nach der Belagerung komponierte er 1778/1783 in Wien sein »Rondo alla Turca« (KV 331).

Die türkischen Instrumente fanden nach und nach Aufnahme in die Militärmusik und verhalfen ihr zu jener Ausgewogenheit von Melodie und Rhythmus, die sie heute auszeichnet. Die Janitscharenmusik ersetzte mit ihren starken rhythmischen Akzenten die filigranhafte Struktur der barocken Märsche – und bildete auch die musikalische Grundlage für den Gleichschritt. Der halbmondförmige, später mit Rossschweifen, Adler und Feldzeichen geschmückte Schellenbaum verwandelte sich vom ursprünglichen Rasselinstrument zu einem Wahrzeichen der deutschen Musikkorps. Oben thront ein Adler, Löwe oder eine Lyra. Heute ist der Schellenbaum ein äußeres Zeichen preußischer beziehungsweise deutscher Fußtruppen. Obgleich

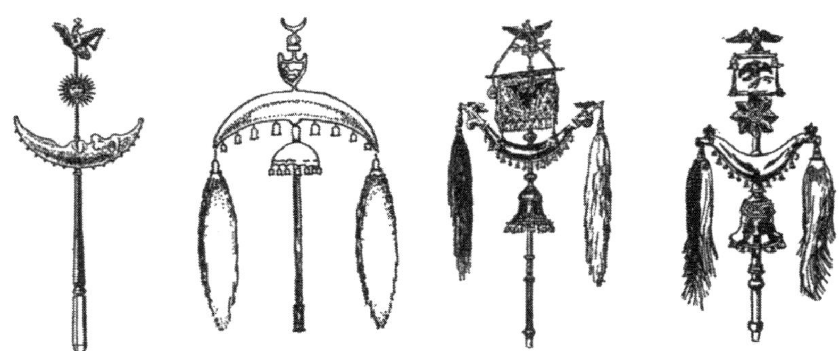

Skizzen von Schellenbäumen

der Schellenbaum über Österreich in die europäischen Heere getragen wurde, wurde er dort in den Zwanziger Jahren des 19. Jahrhunderts abgeschafft. Getragen wird der Schellenbaum nicht von einem Musiker, sondern von einem Kameraden der Truppe, neuerdings bei einem Musikkorps sogar von einer Frau. Ohne selbst ein Instrument zu sein, läuft der Schellenbaum bei Bürgerwehren meist voraus, beim Militär üblicherweise nach dem Spielmannszug vor dem Musikkorps. In diesem Zusammenhang sei ein weiteres Kuriosum der Marschmusik genannt. Obwohl die deutschen Fürsten nicht zu den Kolonialmächten gehörten, erfreuten sich farbige Musiker besonderer Beliebtheit. Zigeuner und Türken, besonders aber aus Afrika stammende Musiker wurden gerne in den Musikdienst aufgenommen, verkörperten sie doch eine fremde Welt und standen für Exotik, Extravaganz und Innovation.

🕮 *Höfele, S. 67 ff.; Ramböck, S. 39 ff.; Deisenroth, S. 7 ff.; Findeisen, S. 25 ff.; Töche-Mittler I, S. 79-80; Brixel u.a., S. 19 ff., 42 ff.; Ceavhir, »Janitscharenmusik«, in: Heidler (Hrsg.), Bd. 13, S. 1 ff.*

Deutsche Geschichte

Preußen erwacht: Vom Großen Kurfürsten, dem »Schiefen Fritz« und dem Soldatenkönig

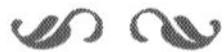

Mangels Nachkommen fiel Preußen dem Brandenburger Kurfürsten zu, und als Friedrich Wilhelm im Jahr 1688 Kurfürst von Brandenburg wurde, regierte er viele kleine und über ganz Deutschland verstreute Landstücke. Seine größten Gebiete – Brandenburg und Hinterpommern – waren dünn besiedelt. So versprach er niederländischen Bauern (»Ausländern«) freies Land und sechs Jahre Steuerfreiheit. Als Frankreich die Hugenotten verfolgte, das waren französische Protestanten, die sich nach der Lehre Calvins richteten, bot er ihnen Glaubensfreiheit an. Durch die Zuwanderer wuchs die Bevölkerung sprunghaft an, das Land erlebte einen großen Aufschwung. Was dem Land fehlte, hatte es jetzt durch Humankapital wettgemacht – durch Disziplin, Tüchtigkeit, Sparsamkeit und Zähigkeit, durch Sekundärtugenden also. Der spätere König Friedrich II. brachte es mit seinem Lebensmotto »ich bin der erste Diener meines Staates« gut auf den Punkt.

Im 17. und 18. Jahrhundert wurden die Musketen handlicher, leichter und zielgenauer. Auf dem Schlachtfeld standen sich dichtgedrängte Reihen gedrillter Schützen gegenüber, die sich auf kurze Distanz mit Musketen und Kanonen beschossen. In diesen Gefechten konnten gute Schützen und gezielte Salven den Ausgang einer Schlacht bestimmen.

Friedrich Wilhelm legte besonderen Wert auf ein großes und schlagkräftiges Heer. Werber zogen durch das Land und warben – oft mit schmutzigen Tricks – junge Soldaten an. Erstmals entstand so auf deutschem Boden eine Berufsarmee. Nach dem Vorbild Frankreichs organisierte er eine starke Zentralgewalt. So schuf Friedrich

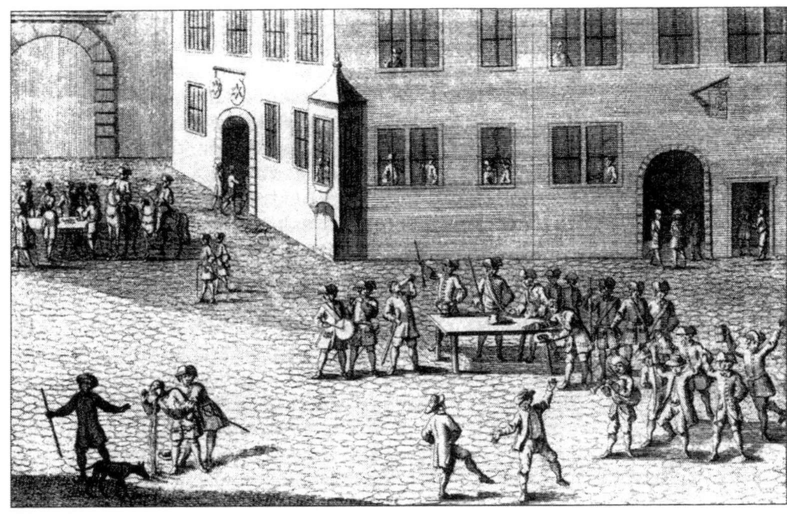

Soldatenwerbung Anfang des 18. Jahrhunderts mit Trompeten für die Kavallerie (hinten links) und mit Spielleuten für die Infanterie (vorne rechts).

Wilhelm die Grundlage für die spätere Großmacht Preußen und erhielt später den Beinamen »Der Große Kurfürst«. Doch der Erfolg war ihm nicht in den Schoß gefallen. Obwohl Zuwanderer die Wirtschaft stärkten und die Armee für Ordnung sorgte, galt das Land im Kreise der anderen Fürsten als »zerrissen und arm«, letztlich als »zweitklassig«. Friedrich Wilhelms Sohn, Friedrich III., Kurfürst von Brandenburg und Hohenzollern, hatte ein Ziel: Er wollte König werden. Es gelang ihm schließlich 1701: Friedrich zahlte an die anderen Kurfürsten eine halbe Million Taler und versprach dem Kaiser, dass die Hohenzollern bei künftigen Kaiserwahlen immer für die Habsburger stimmten. Als Gegenleistung bat er den Kaiser, das Herzogtum Preußen in ein Königreich umwandeln zu dürfen. Die Bitte wurde gewährt. Allerdings durfte er sich nur König »in« und nicht »von« Preußen nennen, weil der ihm unterstellte Teil Preußens – Ostpreußen – weder Teil des Deutschen Reiches noch Teil des Königreichs Polen war. Friedrich war jetzt unabhängig und souverän im Kreis von Europas gekrönten Häuptern. So legte er das Fundament für den Aufstieg zur

Großmacht: Aus Friedrich III., dem Kurfürsten, wurde Friedrich I., (erster) König in Preußen. Weiteres Kuriosum: In Königsberg setzte er sich die Krone selbst aufs Haupt. Seiner Frau Sophie Charlotte beeindruckte die Krone nicht. Ihr Interesse galt der Musik. Die Krönung empfand sie als langweilig. Unbekümmert nahm sie während der Zeremonie eine Prise Schnupftabak und musste anschließend heftig niesen. Der verärgerte König soll danach ein Jahr lang nicht mehr mit ihr geredet haben.

Der junge König führte ein Leben in Saus und Braus. Sein luxuriöser Hofstaat kostete ein Vermögen, so dass Preußen nur knapp dem Bankrott entging. Da der König körperlich gebrechlich war, erhielt er den Beinamen »Schiefer Fritz«. Er litt unter Asthma, hatte eine Wirbelsäulenverkrümmung und Klumpfüße. Die bucklige Haltung kaschierte er durch Äußerlichkeiten, durch besonders aufwändige Perücken, hohe Absätze und kostspielige Kleider.

Sein Sohn Friedrich Wilhelm I. übernahm im Jahr 1713 die Amtsgeschäfte. Er war genau das Gegenteil seines Vaters. Luxus und Prunk interessierten ihn nicht. Er war fromm, sparsam und extrem pflichtbewusst – der geborene Organisator. Er erkannte sofort Fehler und Schwachstellen im System und hatte auch Lösungen und Verbesserungen parat. Ab sofort durfte der Staat keine Schulden mehr machen. Für alle Behörden wurde »Sparen« als oberstes Ziel angeordnet, Geld durfte nur noch für die Armee ausgegeben werden.

Eine Epoche europäischen Friedens erleichterte das Sparen. Nur einmal – zu Beginn seiner Regentschaft – führte er einen Krieg gegen Schweden. Im Gegensatz zu seinem Vater war er davon überzeugt, dass allein die militärische Schlagkraft den Staat mächtig macht. Ordnung, Fleiß, Gehorsam und Disziplin waren seine Tugenden, die er rigoros auch von seinem Volk und seinem Sohn Friedrich einforderte. Er erhielt den Beinamen »der Soldatenkönig«, zumal Preußen am Ende seiner Herrschaft eine der größten Armeen besaß, mit der er aber so gut wie keinen Krieg geführt hatte. Ab 1720 trug er ständig Uniform – ein Novum für jene Zeit. Damit zollte er seiner Armee Respekt und gab den Soldaten und den Untertanen das Gefühl der Zusammengehörigkeit. Alle Fürsten eiferten ihm bald nach und trugen als Alltagskleidung die Uniform ihres Landes.

Der König wollte in Uniform begraben werden. Als ihm der Feldprediger versicherte, dass es im Himmel wohl keine Soldaten geben werde, wollte der König das gar nicht glauben. »Wie«, rief er erstaunt und fragte nach: »Sapperment, wieso denn nicht?«. »Weil man dort keine braucht!«, antwortete der Geistliche ganz gelassen. Am 31. Mai 1740 stirbt Friedrich Wilhelm I. Fritz, sein Sohn, sagte über die Regentschaft seines Vaters: Gerechtigkeit war seine Politik, stets zur Verteidigung des Besitzes, aber niemals zum Unheil Europas. Das Nützliche zog er dem Angenehmen vor. Er baute im Überfluss für seine Untertanen, bescheiden war er für sich selbst. Von der Menschheit hatte er eine so hohe Meinung, dass er von seinen Untertanen das gleiche verlangte wie von sich selbst. Preußen hatte damit seine Konturen.

Friedrich Wilhelm I. hatte eine Vorliebe für besonders hoch gewachsene Soldaten. Er rief deshalb das »Lange Potsdamer Königsregiment Nr. 6« ins Leben. Die Soldaten mussten mindestens 1,88 Meter groß sein und wurden überall die »Langen Kerls« genannt. Die Elite-

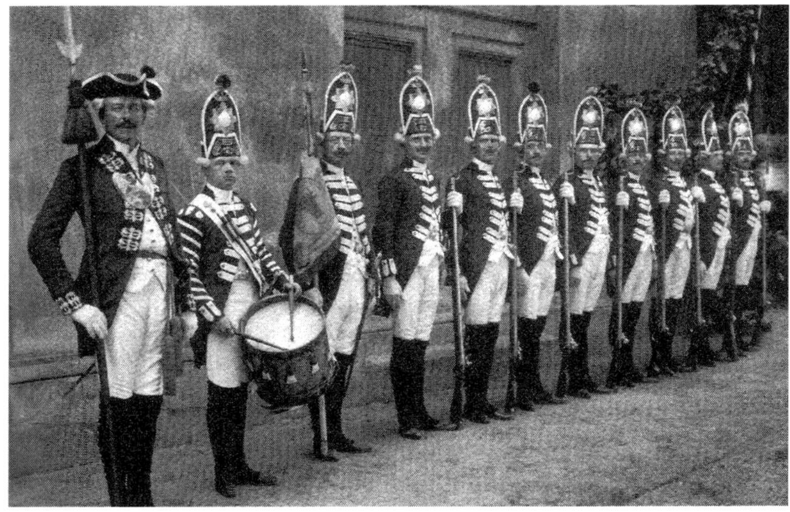

Infanterie des 18. Jahrhunderts, nachgestellt 1904

truppe hatte blaue Röcke mit scharlachroten Aufschlägen, gelbe Hosen und blütenweiße Gamaschen, die so lang waren, dass sie normalen Leuten bis zur Hüfte reichten. Im Volk war die Truppe äußerst populär. Besondere Beachtung fand der Flügelmann der ersten Rotte – der »Riese Hohmann« – der Längste von allen Soldaten. Anlässlich eines Staatsbesuchs gelang es dem Sachsenkönig August dem Starken nicht, dem preußischen Soldaten Hohmann an den Kopf zu fassen. Alle Beteiligten hatten an diesem Schauspiel offensichtlich die größte Freude.

Militärmusik

Der Hoboist war namensgebend, Trompeten erobern die Kasernen

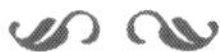

In der Militärmusik waren auch Schalmeien bekannt. Kurfürst Friedrich Wilhelm von Brandenburg erlaubte seinen Dragonern, neben Trommlern und Pfeifern auch vier Schalmeien zu führen. In Frankreich wurden die Schalmeien zu Oboen weiterentwickelt. Mit dem Rohrblatt konnte ein warmer und differenzierter Klang erzeugt werden. Das Holzblasinstrument wurde auch »Pommer« oder »Bombart« genannt. Die Franzosen nannten diese Instrumente und deren Spieler »Hautbois«, die Engländer »Hoboyen«. Bald wurden überall die Schalmeien durch Oboen abgelöst. Aus der Jagd war das Waldhorn zur Militärmusik gekommen. Oboen, Hörner und das Fagott bildeten damals die Besetzung eines Musikkorps – die Feldmusik, die der Regimentsinhaber privat bezahlen musste. Ohne Rücksicht auf das Instrument wurden alle Musiker »Hoboisten« genannt. Dieser Begriff blieb für einen Marschmusiker noch lange Zeit namensgebend.

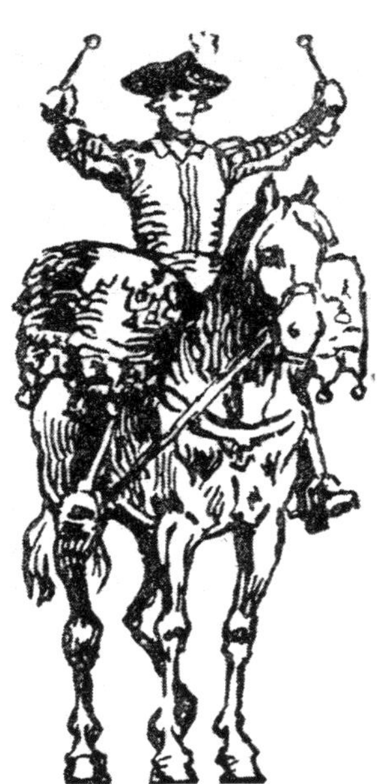

Kesselpauker des Regiments »Garde du Corps«

Der Soldatenkönig erlaubte die Entstellung und Verwendung von Trompetern für die Infanterie. Das war revolutionär, da Trompeter den Fürsten und allenfalls der Kavallerie vorbehalten waren. Die Ausbildung war bis dato auf einen elitären Nachwuchs ausgerichtet und

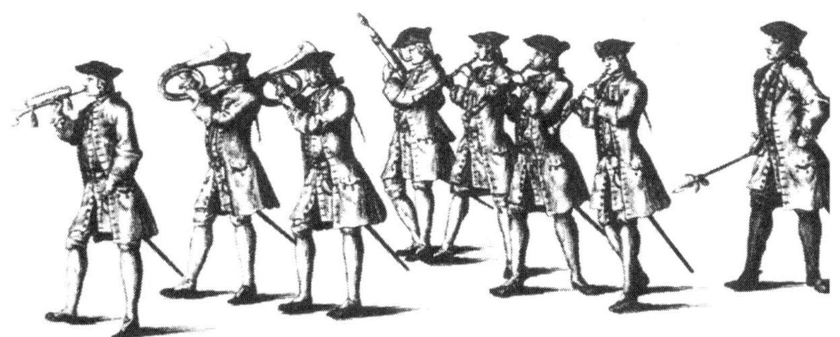

Klassische Feldmusik (Hobisten um 1720 nach einem Stich von Ch. Weigel)

nicht auf eine Massenproduktion. Der Protest der Zünfte half nichts. Im Gegenteil: Die Pauker- und Trompeterzünfte zerfielen und wurden zu Beginn des 19. Jahrhunderts aufgelöst.
Spielleute und Musiker hatten auch die traurige Pflicht, Kameraden musikalisch das letzte Geleit zu geben. In Flemings Schrift vom »vollkommenen teutschen Soldat« von 1726 heißt es: »Vor dem Leichnam gehen die Musiker mit gedämpften Instrumenten und blasen ein Sterbelied. Ist der Vers geblasen, spielen ein oder zwei Tamboure nebst einem Querpfeifer den Leichenmarsch. Alle Instrumente sind weich und gedämpft zu spielen.«

***Bürgerwache Mengen**: Bei einer Beerdigung oder beim Volkstrauertag geben bei der Bürgerwache Mengen allein die gedämpften Trommeln den Takt an. Beim Erreichen des Friedhofstores wird der Trommlermarsch abgerissen und allein ein Trommler der ersten Rotte schlägt den Takt.*

Am Grab ertönt bei gesenkter Fahne das Lied vom »guten Kameraden«. Dieses Lied wurde 1809 vom Tübinger Ludwig Uhland gedichtet und von Friedrich Silcher – ebenfalls Tübinger – 1825 vertont. Während des Liedes grüßen die Offiziere und es wird der Ehrensalut geschossen – eine besondere militärische Ehrerweisung.

Den letzten Gang eines Bürgerwachsoldaten beschreibt auch die dritte Strophe des Mengener Bürgerwachliedes. Nach dem Lied kennt Petrus die Bürgerwache genau, mag die wehrhaften Soldaten und öffnet nach deren Tod schnell die Himmelstüren. Wörtlich heißt es im Lied: »Und wenn der letzte Trommelklang erklingt im Friedhofsgarten, da braucht der Wehrsoldat nicht lang vor Petri Türe warten. ›Tritt ein Du Bärenmützenmann‹, spricht Petrus voller Freuden, ›Du bist ein Kerl, ich seh Dir's an, ich kann Dich bestens leiden – valleri, vallera, valleri, vallera – ich kann Dich bestens leiden.«

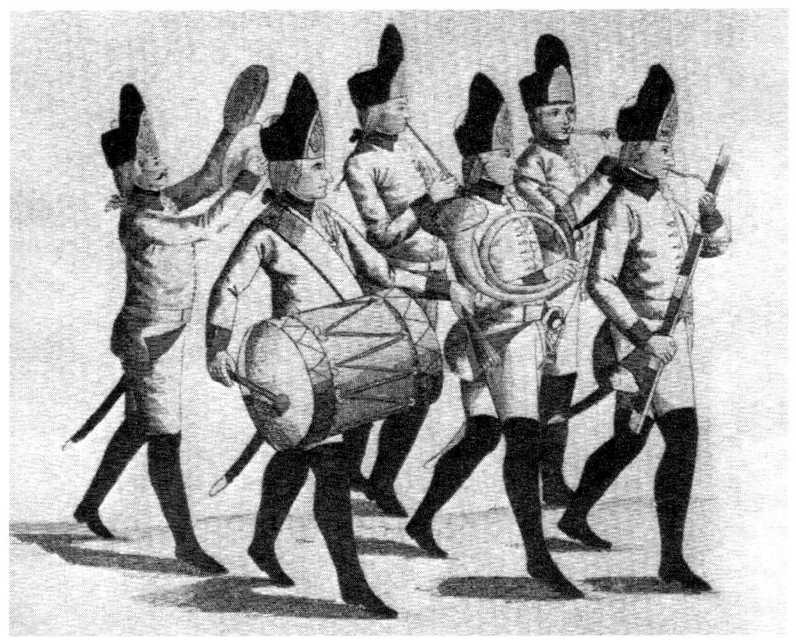

»Türkische Musik« bei der ungarischen Krönung Kaiser Leopolds II. in Preßburg 1790 (Auszug aus einem Stich von H. Löschenkohl)

🕮 *Höfele, S. 67 ff., 73 ff.; Deisenroth, S. 7 ff: Keubke, S. 15 ff.; Ahrens in: Schramm (Hrsg.), Bd. 7, S. 34.*

Deutsche Geschichte

Preußens Blüte – Friedrich der Große

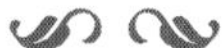

Der Soldatenkönig an seinen Sohn: »Halte immer eine gute und große Armee. Du kannst keinen besseren Freund finden und Dich ohne sie nicht halten! Armee und Geld. Darin besteht die Ruhe und Sicherheit eines Fürsten.«

Friedrich der Große: »Das schönste Mädchen ist mir gleichgültig. Soldaten, das ist meine Schwäche!«

Friedrich der Große: »Auf Murren gegen Vorgesetzte steht der Tod, denn die geringste Lockerung der Disziplin würde zur Verwilderung führen.«

Preußische Dienstanweisung von 1763: »Überhaupt muss der gemeine Soldat vor dem Officiere mehr Furcht als vor dem Feinde haben.«

Der Sohn des Soldatenkönigs, Friedrich der Große (1712 bis 1780, auch der »Alte Fritz« genannt), der Enkel des ersten preußischen Königs, wollte sich dem militärischen Drill seines Vaters nicht beugen. Als Fritz fünf Jahre alt war, schenkte ihm sein Vater zu Weihnachten Bleisoldaten, die er aber kaum beachtete. Unter den Geschenken befand sich auch eine Blockflöte. Das Instrument begeisterte ihn und führte zu einer unzertrennlichen Verbindung. Schnell lernte er, darauf die kompliziertesten Melodien zu spielen. Fritz war Flötenspieler, verstand sich als Musiker, Künstler und Philosoph. Er verachtete die Frauen, dichtete Verse und komponierte einhundert Flötensonaten. Der junge Friedrich litt unter dem Drill und Spott seines Vaters und der König verzweifelte an seinem Querpfeifer und Poeten, der weder reiten noch schießen konnte. 1730 ergriff Friedrich im Alter von 18 Jahren mit seinem Freund Katte die Flucht. Sie wurden verraten und bald wieder eingefangen. Das Kriegsgericht verurteilte Katte zu lebenslanger Haft. Dem König reichte das nicht und so musste das Kriegsgericht erneut entscheiden. Jetzt wurde die Todesstrafe verhängt und der Prinz musste bei der Vollstreckung zusehen – das wirkte! Friedrich unterwarf sich fortan und beteuerte seine Liebe zur Uniform. Die Liebe zur Maskerade und zur Heuchelei wurde sein Markenzeichen. Zeit seines Lebens verwirrte er Freund und Feind, wechselte eiskalt die Fronten und verriet Verbündete. Aus Frauen machte er sich nichts, nur seine Schwester Wilhelmine war ihm ans Herz gewachsen. Geheiratet hatte er auf Geheiß seines Vaters. Ob die Ehe jemals vollzogen wurde, wird bezweifelt. Als er nach sieben Jahren Trennung von den Kriegen seine Frau erblickte, waren seine erste Worte: »Madame sind korpulenter geworden«. Friedrich starb kinderlos.

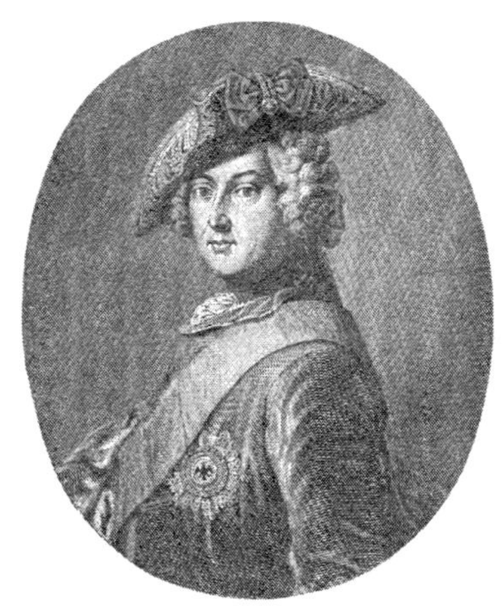

Friedrich der Große

Den Beinamen »der Große« bekam er für seine Siege in den Schlesischen Kriegen (1740 bis 1763). Rein körperlich ist er gerade einmal 1,65 Meter groß, sein Rücken schief vom vielen Flötenspiel. Mehr als zehnmal wird ihm sein Pferd unter dem Leib weggeschossen, einmal wird er selbst getroffen. Doch die Kugel prallt an seiner Tabakdose ab. Seine Armee rüstete er mehrmals auf – von 76.000 auf 190.000 Mann. Man spottete: Preußen sei kein Staat, der eine Armee, sondern eine Armee, die einen Staat besitze. Was die preußische Armee auszeichnete, war eine besondere Härte: Stundenlang mussten die Soldaten in pfeilgeraden Reihen marschieren, schnelle Bewegungen auf Kommandos und Signale ausführen und die blaue Uniform fleckenlos halten.

»Auf Murren gegen Vorgesetzte steht der Tod«, verfügte der König, »denn« – so die Begründung des Herrschers – »die geringste Lockerung der Disziplin würde zur Verwilderung führen«. 200 Jahre später sind sich die Historiker einig: Die Angriffslust in starren Linien, Mann neben Mann, im Gleichschritt mit Trommelschlag und Disziplin – das war das Geheimnis des preußischen Erfolgs. Seinem Feldmarschall, dem Alten Dessauer, erklärt er, dass allein er, an der Spitze seiner Truppe stünde. 1741, bei der Schlacht bei Mollwitz (Nähe Breslau/Schlesien) hadert Friedrich mit seiner Kavallerie. Volles Lob gab er der Infanterie. »Vom Alten Dessauer ausgebildet, bewährt sie sich bestens. Die Kavallerie hingegen«, so Friedrich unverhohlen, »sei es nicht einmal wert, dass sie der Teufel hole«. Er wusste, woran es lag: Die schweren Rösser sind zu langsam und im Kampf zu unflexibel. Schnell wurden sie durch schlankere ersetzt und besser trainiert, und bald war die Kavallerie sein Stolz – das gefürchtete Angriffs- und Entscheidungsmittel der Preußen.

Friedrichs Märsche – der Marsch von 1741 und von 1756 und der Mollwitzer Marsch: *Friedrich der Große war äußerst musikalisch, gab Flötenkonzerte und komponierte Märsche und Sonaten. Friedrich komponierte den »Marsch 1756« in Lobositz in Böhmen – 60 Kilometer südöstlich von Breslau, und auch den Mollwitzer, angeblich im Lager von Mollwitz, 38 Kilometer südöstlich von Breslau. Beide Märsche wurden von Wilhelm Wieprecht neu arrangiert. Den »Marsch 1741«, Friedrich nannte ihn »marsch in es« komponierte er für Oboe und für Fagott. Beide Stimmen übersandte er an seinen Konzertmeister Franz Benda mit der Bitte, keine Mittelstimmen und nur die Trompeten zuzusetzen und es abschreiben zu lassen. Der damaligen Zeit entsprechend war der Marsch auf drei Stimmen ausgelegt, in der die Oboe die Melodie führte, das Fagott den Bass, während die Füllstimme durch eine oder mehrere Trompeten gebildet wurden. Der Marsch wurde nachweislich noch 1789* *bei I. Bataillon Garde gespielt. Danach geriet der Marsch in Vergessenheit. König Friedrich Wilhelm III. ließ ihn feierlich am 25. Dezember 1816 spielen, 1871 arrangierte Wilhelm Wieprecht den Marsch, 1926 nochmals der Armeemusikinspizient Oskar Hackenberger. In dieser Fassung steht der Marsch heute in den Marschbüchern der Bundeswehr – damals wie heute an erster Stelle.*

Mit Anfang Fünfzig war Friedrich der Große bereits »der Alte Fritz«. Er litt an Koliken, Gicht, faulen Zähnen, Hämorrhoiden. Überall im Land war er geachtet, überall hing sein Porträt. Seine Markenzeichen: Der hängende Mund, seine stahlblauen Augen, der Krückstock, die Kanonenstiefel und der dreieckige Hut. Mit zunehmendem Alter verwahrloste der König, zunehmend schikanierte er seine unmittelbare Umgebung. Mit 74 Jahren starb Friedrich der Große am 17. August 1786 in seinem Arbeitssessel auf Sanssouci, sein Neffe Friedrich Wilhelm II. wurde sein Nachfolger.

Auch an seinem Nachfolger ließ Friedrich kein gutes Haar. Wörtlich sagte er einmal: »Mein Neffe wird den Staatsschatz verschwenden und die Armee ausarten lassen. Die Weiber werden regieren und der Staat wird zu Grunde gehen.« Vieles davon entpuppte sich später als wahr. Zunächst gab sich der neue König aber bürgerlich. Untertanen wurden nicht mehr mit »Er«, sondern mit »Sie« angeredet. Bei der Hochzeit seines Sohnes durften sie sogar ins Schloss. So wurde er anfangs der »Vielgeliebte« genannt. Doch bald schon kamen Korruption und Günstlingswirtschaft auf. Seine Beliebtheit war bald schon im Sinken begriffen.

Übersicht über die preußischen Könige und deren Regierungszeiten
Friedrich I. in Preußen (»Schiefer Fritz«), erster König in Preußen, regierte 1701 bis 1713
Friedrich Wilhelm I. (»Soldatenkönig«), regierte 1713 bis 1740
Friedrich II. (Friedrich der Große - »der Alte Fritz«), regierte 1740 bis 1786

Weggefährten anderer Fürstenhäuser
Leopold I. Fürst von Anhalt-Dessau, Feldmarschall (»der Alte Dessauer«, 1676 bis 1747)
Katharina I., Zarin von Russland (1684 bis 1727)
Maria Theresia, Erzherzogin von Österreich, Königin von Ungarn (1717 bis 1780)

Weitere preußische Könige/Kaiser bis zum Untergang der preußischen Macht
Friedrich Wilhelm II. (Neffe von Friedrich dem Großen), regierte 1786 bis 1797
Friedrich Wilhelm III., regierte 1797 bis1840
Friedrich Wilhelm IV., regierte 1840 bis 1861
Wilhelm I. (deutscher Kaiser), regierte 1861 bis 1888
Friedrich III. (deutscher Kaiser), regierte 1888
Wilhelm II. (letzter deutscher Kaiser), regierte 1888 bis 1918

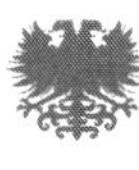

Die Macht der Habsburger
Teil 3: Maria Theresia – Einzige Frau auf dem Thron der Österreicher

Kaiser Karl VI. (1685 bis 1740) wünscht sich einen Sohn, denn nur ein Sohn gilt als würdiger Erbe der Habsburger Lande und nur ein Mann darf die Krone des Heiligen Römisches Reichs Deutscher Nation tragen. Karls Ehe bleibt lange kinderlos. Er erlässt ein Gesetz, die »pragmatische Sanktion«, das die Habsburger Ländereien für »untrennbar und nicht teilbar« erklärt. Und weiter heißt es dort: »Stirbt ein Herrscher ohne männlichen Nachkommen, so übernimmt die älteste Tochter als Erzherzogin von Österreich und Königin von Ungarn und Böhmen. Am 13. Mai 1717 wird Maria Theresia geboren. Während der Kaiser weiterhin auf die Geburt eines Sohnes hofft, erhält das «Resel» eine erstklassige Ausbildung. Sie wird in Geschichte und in den Naturwissenschaften unterrichtet, lernt Latein, Spanisch und Italienisch, Französisch kann sie fließend. Geschickt und selbstbewusst stellt sie sich ihren künftigen Aufgaben und verliebt sich in Franz Stephan, den Herzog von Lothringen. 16 Kinder bringt Maria Theresia zur Welt und setzt diese in der Tradition der Habsburger gezielt ein, um Beziehungen mit anderen Dynastien zu verknüpfen. 1740 stirbt ihr Vater und Maria Theresia wird Österreichs Herrscherin. Noch am Todestag muss der Hof huldigen, am nächsten Morgen erklärt sie dem verdutzten Ministerrat, wie sie die Politik fortführen will. Im gleichen Jahr kommt Friedrich der Große an die Macht und überfällt Schlesien. 1745 stirbt Kaiser Karl VII., ihr Mann Franz Stephan wird dessen Nachfolger.

Doch der Kaiser hat wenig zu sagen, an Maria Theresias Seite hat er nur eine Nebenrolle. Auch der Name Habsburg bleibt und wird vorangestellt Habsburg-Lothringen, später fällt der hintere Teil wieder weg. Der Erziehung ihrer Kinder widmet sie viel Zeit und bereitet diese für ihre Aufgaben sorgfältig vor. Die wichtigste Aufgabe sieht die Erzherzogin in der Modernisierung des Staates. Sie regiert fromm, klug und überlegt. Sie hört auf ihre Berater und zentralisiert die Verwaltung, reformiert die Finanzen und die Armee. Erstmals müssen auch Adelige und Geistliche Steuern bezahlen, ein stehendes Heer mit 108.000 Soldaten wird aufgebaut. Die Jahre 1763 und 1765 sind einschneidend: 1763 endet der Siebenjährige Krieg. Drei Kriege werden um Schlesien geführt. Die wohlhabende Provinz geht endgültig an das verhasste Preußen verloren. 1765 stirbt ihr Mann. Lebenslang trauert sie. Die Regentin lässt die langen Haare abschneiden und trägt fortan nur noch schwarze Tracht. Ihr ältester Sohn Joseph ist mittlerweile erwachsen und wird – wie der Vater – Kaiser des Reiches und will mitregieren. Es kommt zum Generationenkonflikt. Joseph will modern sein und ist inspiriert von den Ideen der Aufklärung, seine Mutter – konservativ und fromm – lehnt die neuen Gedanken ab. 1780 stirbt Maria Theresia an den Folgen eines nasskalten Jagdausfluges im Kreise ihrer Familie. Friedrich der Große notiert in Potsdam: »Sie hat ihrem Thron und ihrem Geschlecht Ehre gemacht.« Recht hatte er: Während Maria Theresia mit ihres Volkes Segen »Frieden macht«, überlebt der Preußenkönig sie um sechs Jahre – einsam, kalt und abstoßend. Thomas Mann schrieb: «Sein Lebensabend war ausgebrannt, öde und bös. Er liebte niemanden und niemand liebte ihn.«

Militärmusik in der Neuzeit

18. Jahrhundert – Hörner blasen die Signale

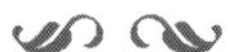

Julius Kosleck: »Haben Sie schon einmal einen Engel mit einem Fagott gesehen? Alle blasen die Trompete!«

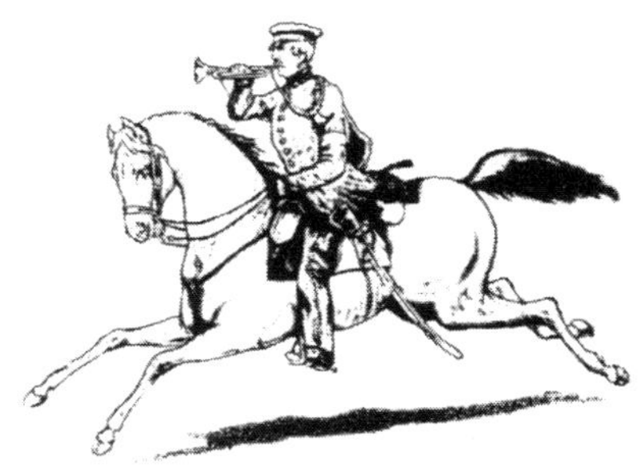

Signalhornist zu Pferd

Im 18. Jahrhundert änderte sich die militärische Taktik. Aus dem nordamerikanischen Unabhängigkeitskrieg (1775 bis 1783) wurde auch in Europa die Idee der leichten Infanterie übernommen. Zur Signalübertragung für die relativ zerstreute Gefechtsart eignete sich die Querpfeife nicht mehr. Schnell setzte sich das halbmondförmige Horn durch, das am Koppel befestigt war oder mit einem Riemen über die Schulter getragen wurde. Dieses ursprünglich zur Jagd benutzte Instrument wurde zuerst in Großbritannien eingesetzt und kam über das Hannoversche Fürstenhaus auf den Kontinent. Preußen erließ 1788 ein Reglement mit acht Hornsignalen, die jeder Soldat beherrschen musste. Anfang des 19. Jahrhunderts wurden dann alle Infanterieregimenter mit Hörnern ausgestattet.

***Das Horn des Postillons:** Lange bevor es Signalhörner aus Metall gab, nutzen Hirten, Jäger und Wächter ein Naturhorn. Im Mittelalter hat sich das Blasen des Hifthorns auch für Metzger und die*

Post durchgesetzt. Ende des 15. Jahrhunderts beauftragte der Kaiser die aus Italien stammende Familie Torre e Tassis (Thurn und Taxis), eine Postlinie einzurichten. Die Postreiter trugen ein Posthorn bei sich und kündigten mit Signalen die Ankunft an. Im Jahr 1507 hatten sie sogar ein Monopol auf die alleinige Verwendung des Posthorns. Im 18. Jahrhundert hatte das Posthorn bis zu drei Windungen und mehrere Öffnungen. Nun konnten Postillone ganze Melodien blasen.

Die Militärkapellen waren bis zum 18. Jahrhundert unvollkommen und bestanden allein aus Hörnern, Oboen und Serpent – auch Zinken genannt – allenfalls ergänzt durch das Fagott. Die Oboen führten zweistimmig die Melodien, das Serpent beziehungsweise das Fagott spielte die Bassstimme dazu und übernahm teilweise auch die Melodie. Durch die Hereinnahme einer Trompete oder eines Waldhornes wurde der Klang voluminöser und der Rhythmus gestützt, gerade zu jener Zeit, als das Schlagzeug noch fehlte. Ab 1770 kamen dann die Klarinetten hinzu, zweistimmig, anfangs in Ergänzung, dann als Ablösung der Oboe. Wie der Name Klarinette schon andeutet, soll sie die Tonlage der »Clarinbläser« übernehmen. Neben der Kapelle stand das Spiel, also Trommeln und Pfeifen, mit seiner besonderen Aufgabe der Signalübertragung.

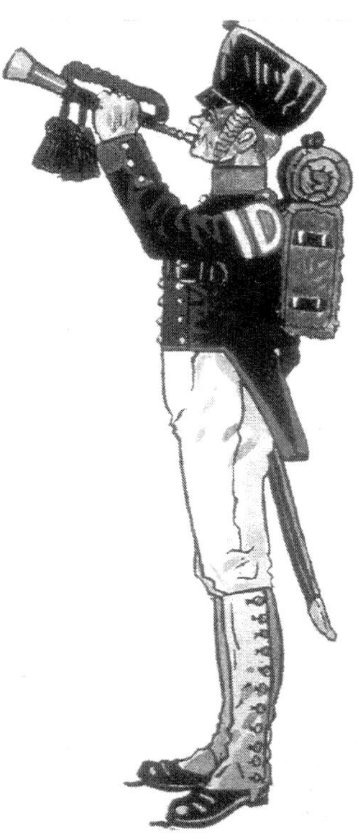

Hornist der »Leichten Infanterie« um 1830 nach einer Zeichnung von Ludwig Scharf

Julius Kosleck (1825 bis 1905)*: Er war ein Trompetenvirtuose und genialer Komponist. Sein Markenzeichen war die Einbindung von Pauken und Trompeten im Naturtonumfang in die Marschmusik. Schon als Achtjähriger kam er zur Annaburger Militärerziehungsanstalt im Kreis Torgau und lernte dort das »Entsagen« und die »Selbstüberwindung«. Nach der Ausbildung als Trompeter trat er in das 2. Garderegiment ein. Zudem war er Kammermusiker.*

Mit 31 Jahren wurde er als Lehrer an die königlichen Hochschule für Musik für mittelalterliche Trompeten- und Paukerkunst bestellt. Der strenge Professor lebte und starb für die Blechmusik, speziell für seine Trompete, deren unerreichter Meister er war. Bezeichnend war sein derbes Urteil. So sprach er der Violine nur zur Hälfte einen Ton zu, die andere Hälfte bestand nach seiner Ansicht nur aus Nebengeräuschen – einem steten Gekrätze und Gequietsche. Kritisch war er auch zu den Holzbläsern. So musterte er einmal einen Musiker beim Vorspiel und fragte ihn nach seiner Instrumentenwahl. »Fagott, Herr Professor«, antwortete der Schüler. »Fagott«, wiederholte Kosleck kopfschüttelnd. »Sagen Sie junger Mann, wie kann einer Fagott studieren? Dieses Grunzen und quäkende Näseln.« Dann drückte er stolz die Brust heraus und rief stolz: »Haben Sie schon einmal einen Engel mit einem Fagott gesehen? Alle blasen die Trompete!«

🕮 Höfele, S. 76 ff.; Müller/Lachmann S. 14 ff.; Toeche-Mittler III, S. 61-62; Findeisen, S. 43 ff.; Brixel u.a., S. 62 ff.; Tarr u.a. in: Mit klingendem Spiel 3/2010, S. 4-7; Ahrens in: Schramm (Hrsg.), Bd. 7, S. 34.

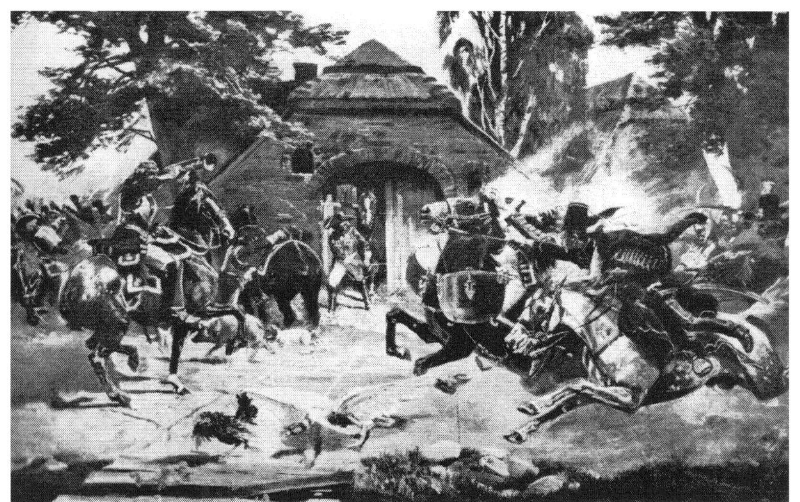

Preußische Husaren überfallen 1758 bei Kleve französische Kürassiere

Deutsche Geschichte

Heiliges Römisches Reich Deutscher Nation: Französische Revolution – das Ende der alten Ordnung

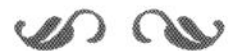

Friedrich der Große über Maria Theresia (1780): »Sie war eine Zierde ihres Throns und ihres Geschlechts. Ich führte Krieg gegen sie, doch ich war nie ihr Feind!«

Losung der französischen Revolution: Freiheit, Gleichheit und Brüderlichkeit«

Ludwig van Beethoven über Napoleon: »Wenn ich so viel von Kriegskunst verstünde wie von der Tonkunst, ich würde ihn besiegen«.

1776 erklärten die englischen Kolonien in Amerika ihre Unabhängigkeit. Ihr Grundsatz war: »Alle Menschen sind gleich und haben das Recht, ihre Regierung selbst einzusetzen.« 13 Jahre später, im Jahr 1789, wurde in der französischen Revolution »Freiheit, Gleichheit und Brüderlichkeit« vom Volk gefordert. Was war das für eine Idee? Das Dienstmädchen, der Bauer, der Pfarrer und der König sollten alle gleich sein! Auch in Deutschland sprang der revolutionäre Funke über. Doch Deutschland hatte keine Hauptstadt und Preußen konnte die Lage im Griff halten.

Schnell zeigte sich, dass die Menschen überall gleich machthungrig sind. Das revolutionäre Frankreich erklärte 1792 Österreich den Krieg und brachte auch Preußen gegen sich auf. 1793 wurde der französische König Ludwig XVI. und seine Frau Marie Antoinette hingerichtet, die Schreckensherrschaft der linken Jakobiner in Frankreich begann. Napoleon Bonaparte, der erfolgreiche Feldherr, stürzte das französische

Revolutionsdirektorium und ergriff 1799 selbst die Macht. Mit seiner Armee eroberte er in unzähligen Schlachten fast ganz Europa. 1804 krönte er sich selbst zum französischen Kaiser. Kurzerhand nahm er dem Papst die Krone aus der Hand und setzte sie sich eigenhändig auf den Kopf. Drei Tage nach der Krönung erklärte er den Adler zum Symbol seines Kaiserreichs und als Symbol für die französischen Fahnenspitzen. Dies war ein bewusster Rückgriff auf die Antike. Die römischen Legionen führten die Adler im Feldzeichen und Napoleon empfand sich als Erbe der römischen Cäsaren.

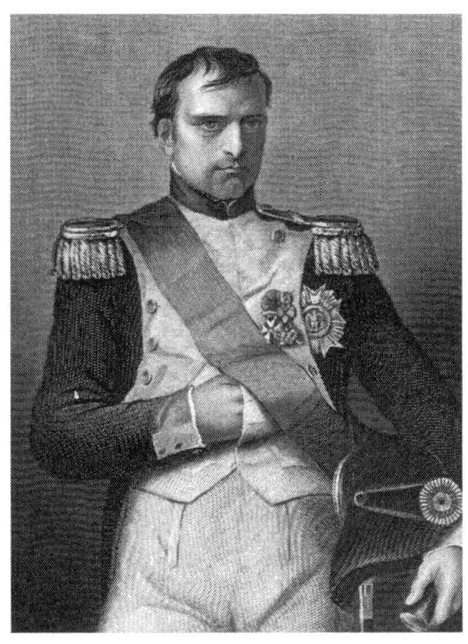

Napoleon Bonaparte

Napoleon ordnete auch Deutschland neu. Er nahm der Kirche große Gebiete weg und löste hunderte von Fürstentümer und Reichsritterschaften auf (»Regensburger Reichsdeputationshauptschluss von 1803«). Um Österreich zu schwächen, vergrößerte er Baden, Württemberg und Bayern. Bayern und Württemberg machte er zu Königreichen, Baden zum Großherzogtum. Diese drei Staaten sollten als »Puffer« zwischen Frankreich und Österreich dienen. Er zwang Kaiser Franz II., die Krone des Deutschen Reichs niederzulegen. Damit war das Heilige Römische Reich deutscher Nation 1806 beendet. Der Weg zu modernen Staaten war damit offen.

***Napoleon Bonaparte**: 1769 wurde er in Ajaccio auf Koriska geboren. Mit neun Jahren besuchte er die Militärschule von Brienne und sorgte schon früh durch sein militärisches Verständnis für Auf-*

sehen. Im Zuge der französischen Revolution wurde er bereits mit 24 Jahren zum Brigadegeneral befördert. Schon drei Jahre später gelang ihm als Oberbefehlshaber des Italienfeldzuges der Durchbruch: Er eroberte ein Land um das andere und besiegte Österreich. Dadurch gewann er zunehmend auch politischen Einfluss – Armee und Volk lagen ihm zu Füßen. Im Staatsstreich von 1799 gelang es ihm, die Revolutionsregierung zu stürzen und ließ sich selbst zum obersten Konsul auf Lebenszeit wählen. Er setzte weitreichende Reformen in Militär, Justiz und Bildung durch. Getrieben von der Vision, wie Karl der Große Herrscher über Europa zu sein, setzte er seine Kriege fort und eroberte Europa Stück für Stück – von Spanien bis nach Russland. In der Pariser Kathedrale Notre Dame wurde er zum Kaiser gekrönt. 1812 geht seine Unbesiegbarkeit verloren, 1815 wurde er in Waterloo vernichtend geschlagen und auf die Insel St. Helena verbannt. In seinem Vermächtnis sagt er, dass er nie etwas anderes als die Neuordnung Europas im Sinne einer friedlichen Koexistenz aller Völker beabsichtigt hatte. Vielen Menschen gilt er bis heute als Vater Europas. So attestierte Heinrich Heine: »Napoleon ist nicht von dem Holz, woraus man Könige schnitzt – er ist von jenem Marmor, woraus man Götter macht.«

Auch Preußen wurde größer, hatte es doch 1795 endlich Frieden mit Frankreich geschlossen. Dieser Frieden hielt ganze zehn Jahre an. Preußens Staatsgebiet war fast so groß wie heute Deutschland, davon lag mehr als die Hälfte jenseits von Oder und Neiße. Die Einwohnerzahl explodierte von 5,4 auf 8,7 Millionen. 1806 erklärte Friedrich Wilhelm III. Napoleon den Krieg. In der Doppelschlacht von Jena und Auerstedt wurde das preußische Heer vernichtend geschlagen. Preußen wurde besetzt und musste jetzt große Gebiete abtreten. Preußens Territorium halbierte sich, sämtliche Gebiete westlich der Elbe gingen verloren.

Tiroler, die vergessenen Rebellen des Kaisers: *Napoleons Armeen überrennen Europa. 1805 fällt Tirol an Bayern. Montgelas, der bayerische Außenminister, will das Bergland umkrempeln, zentralisieren und neue Steuern erheben. Er mischt sich auch in die religiösen Bräuche ein. Sein Motto: Ein aufgeklärter Staat habe sich der Vernunft zu unterwerfen. Prozessionen, Wallfahrten und Feiertage haben da keinen Platz mehr und werden gestrichen, selbst die Christmette soll abgeschafft werden. 1808 setzt der Bayerische König noch eins drauf. Steuern werden angehoben, von Oktober an soll der Name »Tirol« in »Südbayern« aufgehen, Tiroler Burschen werden für die Armee eingezogen. Dabei gilt doch ein altes Versprechen des Kaisers: Kein Tiroler muss außerhalb Tirols ins Feld ziehen! Unter Führung von Andreas Hofer, einem Gast- und Landwirt, den immer mehr die Schulden drücken, kommt es im April in Sterzing zum Kampf, den die unterdrückten Bauern gewinnen. In Innsbruck geht der Kampf weiter – und wieder obsiegen die Tiroler. Ende April ist ganz Tirol – bis auf Kufstein – befreit.*

Immer mehr mischen sich die Franzosen ein. Der Gegenangriff erfolgt Mitte Mai völlig überraschend. Kaiser Franz taktiert, Napo-

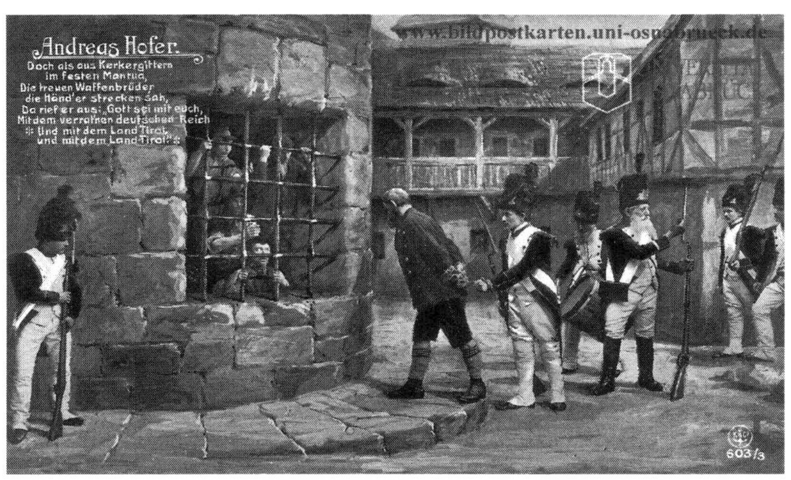

leon tobt und Bayern soll endlich gegen die widerspenstigen Bauern ein Exempel statuieren. Halbherzig kämpfen jetzt auch die Österreicher, die besiegt werden. Schnell wird in Wien die weiße Fahne gehisst und die österreichischen Truppen verlassen Tirol. Immer mehr Unrecht und Verbrechen geschehen und Napoleon will ein Denkmal der Rache. Erneut greift Hofer ein und mobilisiert seine Schützen. Ende Mai formieren sich 5.000 Schützen in Innsbruck. Wieder können die Schützen feiern. Im Juli kommt es erneut zum Kampf und wiederrum obsiegt Hofer. Hofer darf jetzt eine neue Tiroler Regierung anführen, doch dieser Aufgabe ist er nicht gewachsen. Kaiser Franz ist in Not und lässt Tirol endgültig fallen, der Treueschwur an Tirol wird den Habsburgern unwichtig. Schritt für Schritt verzweifelt Hofer. Sein Land ist unorganisiert, sein Volk hungert. Währenddessen unterzeichnen Frankreich und Österreich einen Friedensvertrag, in dem Tirol aufgeteilt wird und die rebellischen Bauern eine Amnestie erhalten sollen.

Hofer kann oder will die politische Lage nicht erfassen, agiert ungeschickt und gibt widersprüchliche Anweisungen. Zunehmend lösen sich seine Truppen auf, viele Bauern gehen auf ihre Höfe und zu ihren Familien zurück. Und von allen Seiten rücken Bayern, Franzosen und Italiener heran – 50.000 Mann. Ende November bricht der Widerstand der Tiroler. Jetzt regieren in Innsbruck die Bayern wieder, Hofer ist ein Gehetzter und wird gegen Auslobung eines Kopfgeldes am 27. Januar 1810 verraten. Sein Prozess findet am 19. Februar 1810 auf der Festung in Mantua statt, das Todesurteil wird am folgenden Morgen vollstreckt – er wird standrechtlich erschossen. Julius Mosen schreibt eine Ballade über Hofers letzten Gang. Die vertonte Version (»Zu Mantua in Banden«) ist heute die offizielle Landeshymne Tirols. Sepp Tanzer komponierte 1952 die Suite »Tirol 1809« für Blasorchester. Die drei Sätze »Aufstand – Kampf am Berg Isel – Sieg« münden anti-französisch nach einem wuchtigen Bass-Thema in einem Grandioso für die Tiroler Sache. Die wirkliche Geschichte endete 1810 anders.

Ohne Reformen konnte Preußen die Kriegsforderungen Napoleons jedoch nicht erfüllen. So beendete der preußische Minister Freiherr vom und zum Stein an Martini 1810 die Leibeigenschaft, sein Nachfolger Freiherr von Hardenberg setzte die Gewerbefreiheit durch. Erstmalig gab es jetzt Freizügigkeit und Wettbewerb, freien Grunderwerb und freie Berufswahl – der Zunftzwang wurde aufgehoben, Güter der Kirche wurden eingezogen. Der Militärrat wurde halbiert, Gehälter von Beamten und Offizieren um die Hälfte gekürzt, der Hofstaat verkleinert, Ballett und Oper aufgelöst. Bürgerliche konnten jetzt auch Offiziere werden, befördert wurde nach dem Leistungsprinzip. 1813 erfolgte die Einführung der allgemeinen Wehrpflicht.

***Die Ideen von General Scharnhorst**: Chef der Militärreform war Generalleutnant Gerhard von Scharnhorst (1755 von 1813). In Preußen waren zahlreiche Bevölkerungsschichten im Militärdienst privilegiert oder sogar davon befreit. Scharnhorst strebte ein Bündnis von »Nation und Regierung« an, sein Ziel war eine grundlegende Umgestaltung und Modernisierung des Militärs, verbunden mit einer Stärkung dessen Ansehens. Konkret plädierte er für eine allgemeine Wehrpflicht und verbesserte die Bildung und Ausbildung der Soldaten. Jeder Bürger sollte mit Stolz Soldat sein – also ein »Mann mit Ehre«; für jedermann war ab sofort der Weg zur Offizierslaufbahn geöffnet. Scharnhorst starb im Juni 1813 nach einer Verwundung bei der Schlacht bei Großgörschen/Lützen. Seine visionären Vorstellungen haben gefruchtet und sind bis heute Beispiel gebend. So wurde die Gründung der Bundeswehr auf Scharnhorsts Geburtstag gelegt.*

Preußen und Österreich waren geschlagen und gedemütigt. Doch die Niederlage war auch eine Chance. Die Adeligen begriffen, dass sie den Wandel des Volkes nach mehr Gerechtigkeit ernst nehmen mussten. Viele Vorrechte für Adelige und Geistliche wurden abgeschafft, der

»Code Civil«, ein neues Gesetzbuch, regelte das Miteinander. Doch von der neuen Freiheit spürten die Menschen nur wenig. Der Revolutionär Napoleon forderte von den besetzten Gebieten viel Geld und zwang die Männer, für ihn – den Franzosen – in den Krieg zu ziehen. Das passte den Deutschen nicht.

Vordergründig ging es darum, die verhassten Franzosen los zu werden. Doch bei vielen Menschen wurde zu jener Zeit auch der Wunsch geweckt, endlich einer Nation anzugehören. Eine patriotische Volksbewegung wuchs heran. So wie die Engländer, die Franzosen oder die Spanier wollte man endlich auch ein gemeinsames Land haben.

Blau für Preußen, weiß für Österreich: *Die Uniformierung der Armeen erfuhr um 1800 eine grundlegende Neugestaltung: Als Grundfarben haben sich »blau« für Preußen, »scharlachrot« für Großbritannien, »dunkelgrün« für Russland, »weiß« für Österreich sowie »weiß/blau« beziehungsweise die Farben der Trikolore blau/weiß/rot für Frankreich herauskristallisiert. Zur Unterscheidung der Regimenter dienten Regimentsnummern auf Knöpfen und Kopfbedeckungen. Ausnahmsweise trugen Jäger weiterhin grün, ebenso blieben die Husaren bei den Ursprungsfarben ihrer Regimenter. Die Infanterie trug Leinenhosen, die Kavallerie Überknopfhosen mit Lederbesatz. Die beim Militär eingeführte Bekleidung fand auch ihren Weg in den zivilen Gebrauch. Die Konfektionsgrößen des Militärs wurden allgemein übernommen, typische Farben wie olivgrün, grau und marineblau finden sich heute in der Gebrauchsmode. Auch führte die im 19. Jahrhundert entwickelte Militärunterhose dazu, dass Männer Unterwäsche trugen.*

Wichtigste Kopfbedeckung wurde der Tschako, der den bis dahin gebräuchlichen Hut ablöste. Zunehmend kam auch der Helm – spitz oder mit Raube – zur Anwendung. Rückten die Truppen ins Feld, war es mit dem Zauber einer schönen Uniform schnell vorbei.

Die Stoffe waren minderwertig und hielten der starken Beanspruchung durch Hitze, Regen und Schnee sowie der Belastung im Gefecht nicht stand. Besonders das Schuhwerk wurde in Mitleidenschaft gezogen. In Preußen wurden die Schuhe aus Kostengründen nicht an die Fußform des Soldaten angepasst. Rechter und linker Schuh wurden aus dem gleichen Leisten geformt. Beide Schuhe waren also identisch, was zahlreiche Fußleiden nach sich zog. Nicht selten absolvierten Soldaten daher große Märsche barfuß oder in Holzschuhen.

Als im Jahr 1812 Napoleons Armee in Russland vernichtend geschlagen wurde, ergriff man endlich die Chance. Der Aufruf des preußischen Königs stieß auf eine unglaubliche Begeisterung. Patrioten um Scharnhorst, Gneisenau und Blücher sowie Dichter und Philosophen schürten den Widerstand gegen die Fremdherrschaft, Künstler schufen Werke gegen den Welteroberer. Das von Theodor Körner geschaffene Lied von »Lützows wilder Jagd« war das meistgesungene Kriegslied, Carl Maria von Weber vertonte es 1814. Körner, von Eichendorff oder Jahn (der Turnvater) traten in das Freikorps des Majors von Lützow ein, um mit dem Schwert für die Freiheit zu kämpfen.

So wie die Lieder begleiteten auch neue Militärmärsche die Kämpfer der Befreiungskriege auf ihren Feldzügen. Bekanntestes Beispiel hierfür ist der Yorck'sche Marsch von Ludwig van Beethoven. Beethoven war einst ein großer Bewunderer von Napoleon, avancierte aber nach dessen Kaiserkrönung zu einem seiner erbittertsten Gegner. Beethovens 1813 geschaffene »Schlachtensinfonie« und »Wellingtons Sieg beziehungsweise Schlacht bei Vittoria« sind Ausdruck seines Aufstandes. Beethoven warf Napoleon den Verrat an der Revolution und die Unterdrückung der Völker vor. »Wenn ich so viel von der Kriegskunst verstünde wie von der Tonkunst, ich würde ihn besiegen«, pflegte Beethoven zu sagen.

***Friedrich Wilhelm III. unschätzbare Vermächtnisse:** Seit Friedrich dem Großen war klar: Die Preußenkönige waren nicht nur exzellente Feldherren, sie besaßen auch großes musikalisches Geschick. Unter allen Fürsten stechen die musikalischen Talente und Verdienste um die Marschmusik von Friedrich Wilhelm III. (1770 bis 1840) heraus. Politisch galt Friedrich Wilhelm III. als trocken, schüchtern, zurückhaltend und unentschlossen. Er regierte 43 Jahre lang – von 1797 bis 1840 – und nicht immer glücklich. Von Napoleon wurde er geschlagen. Seine Frau, Königin Luise (1776 von 1810), schenkte ihm zehn Kinder. Luise galt als besonders schön und anmutig, war vom Temperament her aber das genaue Gegenteil ihres Gatten und richtete ihn stets auf. Nach der Niederlage 1807 traf Luise am 6. Juli 1807 Napoleon in Tilsit und bat um Gnade für ihre Soldaten und ihr Volk. Die Friedensbedingungen blieben weiterhin hart, doch zeigte das Treffen eine persönliche Wirkung: Luise hielt Napoleon fortan nicht mehr für einen Satan, Napoleon behielt Luise als tapfer in Erinnerung und verzichtete künftig auf Schmähungen. Schon zu Lebzeiten fand sie daher Bewunderung als Heldin. Da sie im Jahre 1810 früh an Herz- und Lungenversagen starb, wurde ihr nach ihrem Tod beinahe kultische Verehrung zuteil. Schon damals galt: Wer früh stirbt, hat ein langes Nachleben!*

Für seine Soldaten stiftete Friedrich Wilhelm III. das Eiserne Kreuz, für die Marschmusik hinterließ er musikalische Schätze mit höchstem Wert: Er schuf den Preußischen Präsentiermarsch, der heute bei jedem Staatsempfang in Deutschland gespielt wird, er komponierte wohl auch den Marsch aus der Zeit Friedrich des Großen, der beim Staatsbankett erklingt, vielleicht auch den Marsch Bataillon Garde. Und Friedrich Wilhelm III. gab den Befehl aus, alle »guten Regimentsmärsche« zu sammeln und aufzuschreiben und verlieh dem Zapfenstreich eine erste Grundstruktur. Zudem ordnete er an, beim Zapfenstreich ein »Gebet« zu verrichten.

Endlich brach der Befreiungskrieg los. Junge Dichter schwärmten vom Vaterland und besorgten sich Waffen. Für die Finanzierung der Heere gaben Frauen ihr Gold für Eisen. Ehrwürdige Professoren stürmten mit den Soldaten. Frieden und Freiheit in einem gemeinsamen deutschen Reich, das war ihr Ziel. 1813 erlebt die französische Armee in der »Völkerschlacht« bei Leipzig die entscheidende Niederlage.

Das Scheitern des Russlandfeldzuges zerstörte den Mythos von Napoleons Unbesiegbarkeit und gab das Signal zum Kampf gegen die drückende Fremdherrschaft. General Yorck fasste den Entschluss, sich vom Zwangsbündnis mit Frankreich zu trennen und verbündete sich mit den Russen. Im April stand Napoleon in Mainz zum nächsten Feldzug bereit. Zur ersten Schlacht kam es bei Großgörschen/Lützen südlich von Leipzig, die Napoleons Übermacht für sich entschied. Doch die Verbündeten konnten geordnet abziehen und verschanzten sich bei Bautzen. Auch dort konnte sich Napoleon am 20./21. Mai durchsetzen. Wieder gelang den Verbündeten ein geordneter Rückzug und sie konnten sogar einen Waffenstillstand durchsetzen. Während der Waffenruhe traten Österreich, Großbritannien und Schweden dem Bündnis gegen Napoleon bei. Auf Sankt Helena bezeichnete Napoleon sein Nachgeben auf diese Waffenruhe als seinen größten Fehler.

Am 16. Oktober 1813 verschanzten sich 190.000 Mann unter dem Kommando von Napoleon. Mit den Franzosen kämpften Sachsen, Badener, Württemberger, Schweizer, Italiener und Polen. Napoleons Heer war von über 200.000 Mann des Bündnisses von Preußen, Österreichern, Russen und Schweden umzingelt. Niemals zuvor waren in Europa zwei derartig große Streitmächte gegeneinander aufmarschiert.

Kriegslist mit fremden Trompetensignalen (Bericht von Hermann Milenz über den Trompeter im Ulanen-Regiment Nr. 15):
»Es wird erzählt, dass der Trompeter August Scharfenberg in einem französischen Quartier Notenblätter gefunden habe, die französi-

sche Signale enthielten. Er prägte sich diese gut ein. Als nun später bei einem Gefecht die deutschen Truppen in harter Bedrängnis waren, ging Scharfenberger auf einmal nach vorne und blies das französische Rückzugssignal in die Reihen der Feinde hinein. Dadurch wurde das Ringen zu unseren Gunsten entschieden. Für diese Kriegslist wurde er mit dem E.K.II. geschmückt.«

Die Schlacht begann südöstlich von Leipzig am Morgen des 16. Oktober, einem Samstag. Am Nachmittag befahl der preußische General Johann David von Yorck den Angriff. Sechs Mal wehrten die Franzosen den Ansturm ab. Der siebte Angriff jedoch gelang. An der Hauptfront im Süden waren die Verhältnisse unklar. Hier konnte Napoleon den Angriff abwehren. Französische Boten verkündeten voreilig den scheinbaren Triumph. Kirchenglocken huldigten dem französischen Sieg. Während sich die Leipziger Bürger in ihren Häusern versteckten, jubelten die Franzosen lautstark »Vive l'Empereur!«. Doch der Kampf war noch nicht zu Ende. 20.000 Franzosen waren verwundet, erste Soldaten – Badener waren es – verkauften ihre Gewehre an Leipziger Bürger. Beide Seiten mussten hohe Verluste hinnehmen und nutzten den Sonntag zur Rast und zur Versorgung der vielen Verwundeten.

Am 18. Oktober begann die Schlacht erneut – mit 295.000 Soldaten und 1.400 Geschützen donnerte das Bündnis gegen Frankreich los. Am Abend musste Napoleon zur Kenntnis nehmen, dass die Schlacht endgültig verloren war und flüchtete. Am nächsten Morgen dankte Friedrich Wilhelm III. mit Tränen in den Augen General Blücher für die Erstürmung der Stadt, Zar Alexander küsste ihn gar vor Freude.

Die Völkerschlacht von Leipzig brach der französischen Armee das Rückgrat. 1814 überschritten Preußens Verbündete den Rhein, am 31. März zogen sie in Paris ein. Napoleon musste dem Thron entsagen und wurde auf die Insel Elba verbannt. Ein knappes Jahr später landete er erneut in Frankreich, zog eilends eine Armee zusammen, zwang seine Feinde nochmals zum Krieg und verlor 1815 bei

»Waterloo« in Belgien endgültig. Napoleon wurde nach Sankt Helena deportiert – diesmal endgültig.

Preußen profitierte vom Sieg. Auf dem Wiener Kongress erhielt es seine Gebiete zurück: große Teile von Sachsen und Gebiete in Westfalen sowie das Rheinland. General Yorck wurde zum Feldmarschall ernannt, General Blücher sogar geadelt.

***Fürst Metternich – Hüter der alten Ordnung**: Klemens Fürst von Metternich (1773 bis 1859) zieht für Österreich 40 Jahre lang die Fäden und rettet auf dem Wiener Kongress die Monarchie vor dem Zusammenbruch. Österreich hat den Krieg gegen Frankreich verloren und muss sich damit einen Friedensvertrag diktieren lassen. Der Diplomat wird 1809 Außenminister von Österreich, Napoleon kennt er persönlich und fädelt dessen Hochzeit mit der österreichischen Kaisertochter Marie Louise ein. Doch die Zusammenarbeit mit Frankeich beschränkt sich auf das Nötigste.*

Metternich betreibt ein Doppelspiel: 1813 verbündet sich Österreich mit Preußen, Russland und Schweden und die Franzosen werden in der Völkerschlacht bei Leipzig niedergerungen. Österreich ist jetzt bei den Siegern, Metternich darf 1814 einen Friedenskongress ausrichten. Metternich, der Bayer Montgelas, der Preuße Hardenberg und der Franzose Talleyrand schaffen auf dem Wiener Kongress eine ausgewogene politische Ordnung, die Jahrzehnte lang hält. Basis ist ein Gleichgewicht der Mächte. Kein Staat soll zu stark und keiner zu schwach werden. Zar Alexander erhält Polen, allerdings kleiner als gewünscht; Preußen darf Sachsen übernehmen, aber nur die Nordhälfte, zudem Gebiete in Westfalen und das Rheinland; Österreich erhält Tirol, Salzburg, Mailand, Venedig, Teile in Galizien und an der Adria. Bayern gewinnt im Tausch gegen Tirol große Teile Frankens und Teile der Pfalz; Württemberg, Baden und Hessen dürfen ihre Territorien aus der Rheinbundzeit behalten. Damit wird Europa ein Kontinent der Mon-

archen und nicht der Völker. Für die Untertanen in Österreich ist Metternich Symbol einer verhassten Regierung. 1848 muss er zurücktreten und ins Exil.

Der Deutsche Bund als Minimallösung

Prinz Wilhelm: »Gegen Demokraten helfen nur Soldaten!«

Das ersehnte gemeinsame deutsche Reich kam jedoch nicht. Der österreichische Kanzler Metternich stellte sich gegen die Idee einer Volksbeteiligung an der Regierung. Es entstand nur ein Deutscher Bund – ein Staatenbund aus 35 unabhängigen Staaten und vier freien Städten. Der Traum von der nationalen Einheit war geplatzt – zunächst einmal.

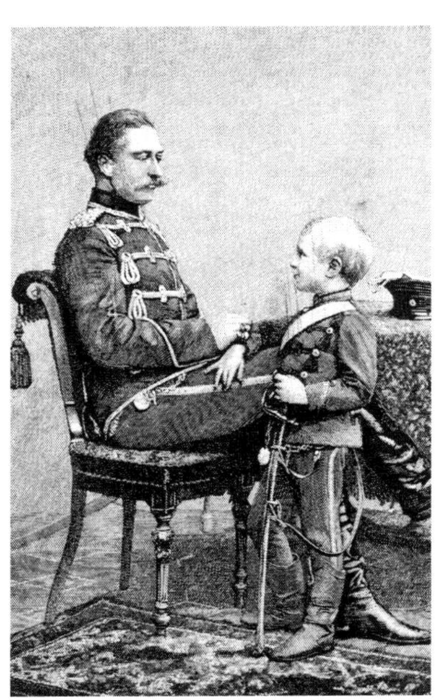

Prinz Wilhelm mit Sohn

Mit dem Sieg gegen Napoleon hatte das Volk seine Schuldigkeit getan. Doch war man dafür in den Krieg gezogen? Die Deutschen waren maßlos enttäuscht, Deutschland war immer noch zersplittert. Weiterhin herrschten Könige und Fürsten, ohne das Volk zu beteiligen. Die Erfahrung des gemeinsamen Kampfes hatte vor allem die Studenten stolz und mutig gemacht. Sie schlossen sich in Burschenschaften zusammen und schwärmten von einem vereinten Deutschland. Ihre Farben »schwarz-rot-gold«, die Farben des Freikorps der Lützowschen Jäger – genannt nach Generalmajor Adolf von Lützow – waren Zeichen von Freiheit und der Einigung. »Rot-weiß« waren die alten Reichsfarben, sie wurden allerdings von den kaiserlichen Farben »schwarz-gold« zurückgedrängt.

Dem König von Preußen und dem Kaiser von Österreich passte der Ruf nach Freiheit und Einigkeit nicht. Für sie waren die »Burschen« und unliebsamen Professoren »Volksverhetzer«, gegen die streng vorzugehen war. Und wer nach Freiheit rief, wurde als Demagoge eingekerkert. Prinz Wilhelm, später Kaiser Wilhelm I., formulierte es so: »Gegen die Demokraten helfen nur Soldaten!«

Doch der Wunsch nach Einheit und Freiheit ließ sich nicht weiter unterdrücken. 1832 demonstrierten tausende von Menschen aller Schichten am Hambacher Schloss nahe Bad Dürkheim für die neuen Ziele. 1841 fasste der Dichter Hoffmann von Fallersleben diese Hoffnung in einem Lied zusammen, dessen dritte Strophe – die heutige Nationalhymne – sich nach »Einigkeit und Recht und Freiheit für das deutsche Vaterland« sehnt.

Im Volk existierte aber nicht nur der politische Kampf. Viele Menschen sehnten sich – nach all den Kriegen – einfach nur nach Ruhe und Frieden. Beides fand man daheim in der Wohnstube oder draußen in der Natur. Romantik mit deutschem Volksgut, mit Märchen, Sagen und Liedern, mit gefühlvollen Melodien jenseits der Sprache und Malereien mit Motiven der Natur waren angesagt. Die Epoche des Biedermeier begann ebenso wie das Zeitalter des Bürgertums und der Industrialisierung.

Die Arbeit veränderte das Leben in Europa so gewaltig, dass man von einer »industriellen Revolution« sprach. Nur eine kleine Schicht profitierte direkt vom technischen Fortschritt. Die Mehrheit des Volkes lebte in so großer Armut, dass Millionen von Menschen auswanderten und es 1848 zu Unruhen und Straßenkämpfen in allen großen Städten kam – in Paris, Berlin, Wien und anderswo. 1848 wurde in der Frankfurter Paulskirche die erste Nationalversammlung eröffnet und Grundrechte verfasst. »Schwarz-rot-gold« wurden die amtlichen Farben des faktisch gescheiterten Reiches.

Mitte des 19. Jahrhunderts wurde die Muskete vom Gewehr abgelöst. Im amerikanischen Bürgerkrieg zeigten verheerende Gewehrsalven ihre Überlegenheit gegen eine machtlos agierende klassische Musketen-Infanterie. Der Ladevorgang konnte zunehmend schneller und kompakter erfolgen, erste Schnellfeuerwaffen und Maschinengewehre wurden erprobt.

Die Macht der Habsburger
Teil 4: Österreichs neues Kaisertum

Maria Theresias Sohn Joseph ist als Titularkaiser Mitregent seiner Mutter und nach deren Tod auch Erzherzog von Österreich. Seine beiden Kinder sterben früh. Nach seinem Tod übernehmen für kurze Zeit seine Brüder die Regentschaft, erst Joseph II., dann Leopold II. Leopolds Nachfolger ist dessen Sohn Franz (1768 bis 1835) – der doppelte Kaiser. Als Franz II. ist er der letzte Kaiser des Heiligen Römischen Reiches (1792 bis 1806), 1804 begründet er das neue Kaisertum Österreich, das er als Franz I. bis zu seinem Tod 1835 regiert. Zudem ist er König von Böhmen, Kroatien und Ungarn. Tirol gegenüber wird er wortbrüchig. Franz ist Napoleon nicht gewachsen, immer wieder gibt es ein Hin und Her. Seine Nachfolge tritt sein ältester Sohn Ferdinand (1793 bis 1875) an, dessen Ehe kinderlos bleibt.

Militärmusik in der Neuzeit

Das 19. Jahrhundert – die Blütezeit der Militärmusik

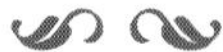

Jean-Jacques Rousseau (1791): »Von allen Truppen haben die Deutschen die besten Militärmusikinstrumente. Daher machen ihre Märsche und Fanfaren einen großartigen Eindruck.«

Nach dem Sieg der europäischen Völker über die französische Fremdherrschaft setzte ein Prozess spätfeudaler Herrschaften ein. Der russische Zar, der österreichische Kaiser und der preußische König formten eine heilige Allianz. Das Bürgertum verfiel in eine militärpolitische Müdigkeit, die Mehrzahl des Volkes lehnte das Militär jetzt sogar gänzlich ab.

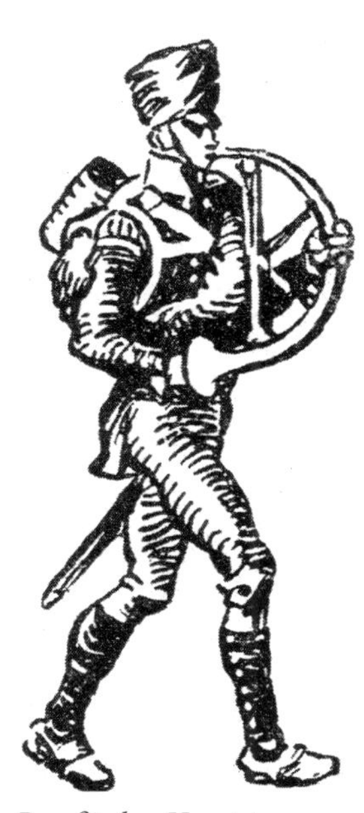

Preußischer Hornist

Von diesem Prozess ausgenommen war die Militärmusik, ihre Popularität nahm unvermindert zu. Nach den Einigungskriegen begann die Militärmusik zwar ihre Funktionen auf dem Exerzierhof und dem Schlachtfeld zu verlieren. Sie blieb jedoch das wichtigste Medium der militärischen Selbstdarstellung. Paraden und Konzerte förderten die Verbundenheit von Bevölkerung und Armee. Das Repertoire der Kapellen wurde angereichert mit Volksliedern, Balladen und klassischen Stücken. Militärkapellen wirkten als Kulturbotschafter und spielten Stücke von Beethoven, Wagner, Strauss und anderen bekannten Komponisten.

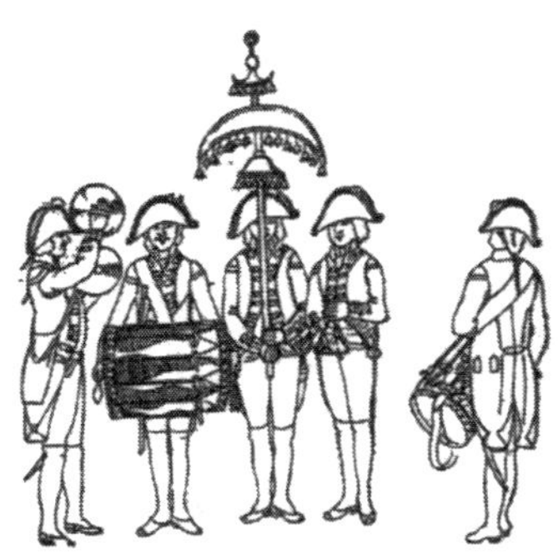
Janitscharengruppe einer Feldmusik

Die Musikkorps gewannen an Quantität und Qualität. Konkret wurden die Mannschaftsstärken verdoppelt, die Besetzung wurde durch die Aufstockung mit »Janitscharen« ausgewogener. Becken – auch Tschinellen/Cinellen genannt – kleine und große Trommel und Triangel waren jetzt Standard bei allen Militärkapellen.

Um die Wende des 18. zum 19. Jahrhunderts kamen viele musikalische Impulse aus Böhmen, dem »gelobten Land« der Musik. In Prag entfaltete sich alles Tonkünstlerische – vom Populären bis hin zur Oper. Mozart soll einmal gesagt haben, dass es die Böhmen sind, die ihn verstehen.

In Prag wird 1810 ein Konservatorium gegründet, die erste musikalische Ausbildungsstätte im Habsburger Reich etablierte sich. Damit rivalisiert Prag mit Wien als musikalischem Zentrum. Wien ist jedoch neben Berlin der Ort, bei dem das militärische Platzkonzert im Volksleben zur Institution wird.

Geradezu revolutionär für die Militärmusik war die Erfindung von Ventilinstrumenten. Die Klappen-, Pump- und Drehventile wurden immer ausgereifter und besser. Das Blech war nicht mehr allein auf Naturtöne begrenzt und konnte jetzt vollwertig mitspielen. Erstmalig gab es Trompeten und Hörner, die einen chromatischen Lauf spielen konnten. Auch die Holzblasinstrumente wurden verbessert. Neue Instrumente traten hinzu, am wichtigsten war die Erfindung der Tuba.

Der preußische Musikdirektor Wilhelm Wieprecht hatte auf die instrumentale Besetzung eines Musikzuges entscheidenden Einfluss. Er löste das Bassproblem der Militärkapellen. Der Bass der Kapellen war zu schwach im Tonvolumen. Das Bassethorn, eine Art tiefe Klarinette, hielt sich nicht, Fagott, Kontrafagott und das Serpent reichten nicht. Oft behalf man sich deshalb notdürftig mit Bassposaunen.

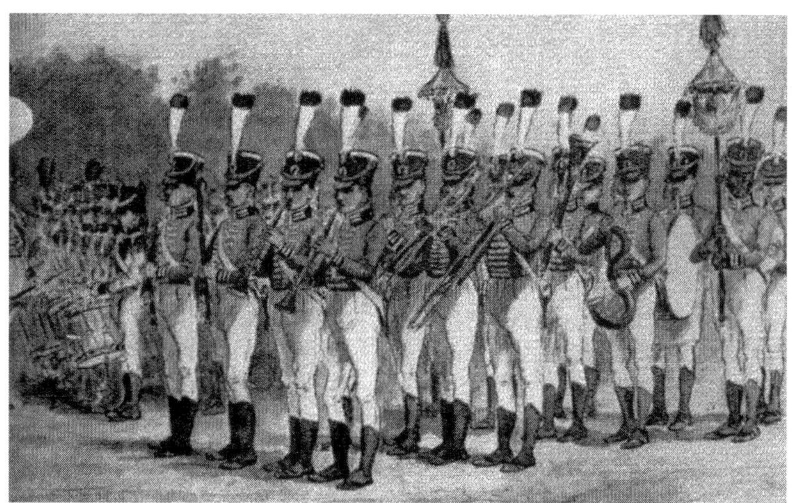

Zeitgenössische Darstellung der Musik im 18. Jahrhundert

1835 gelang Wieprecht zusammen mit dem Instrumentenbauer Johann Moritz der große Wurf: sie erfanden die Basstuba. Zugleich führte Wieprecht noch das Kornett, das Tenorhorn und das Bariton in das Orchester mit ein. Dies alles war für die Militärmusik revolutionär und eröffnete völlig neue spieltechnische und klangliche Möglichkeiten. Auf Wieprechts Initiative geht auch die Erfindung des Glockenspiels – die Lyra – zurück, was den Charakter der Märsche klingender und die Triangel entbehrlich machte. Das Flügelhorn wurde parallel zur Ventiltrompete in Österreich entwickelt und trat von dort aus seinen Siegeszug nach Preußen an. Mit seinem hohen, weich klingenden Ton ist es das melodieführende Instrument der modernen Musikkapelle.

Lyra: *Die Lyra gilt als das älteste Instrument. Sie steht für die Musik als Ganzes und stammt aus der griechischen Sage. In der griechischen Mythologie werden die Götter als Erfinder der Musikinstrumente angesehen. Der Sage nach schuf der Gott Hermes die Lyra* *aus einem Schildkrötenpanzer. Der Panzer diente dem Saiteninstrument als Resonanzkörper, Därme dienten als Saiten und Ziegenhörner gaben die geschwungene Form. Hermes musste die Lyra allerdings Apollon überlassen und schuf für das verlorene Instrument den »Syrinx«, die Panflöte. Man sieht: Selbst bei den Griechen gehörten die Lyra und die Flöten zusammen. Die Spielmannszüge greifen diese historische Verbindung von Flöte und Lyra heute gerne auf.*

Die Lyra ist ein Glockenspiel, das als Soloinstrument eingesetzt wird. In einer repräsentativen geschwungenen Form mit Pferdeschweifen gibt es die Lyra ein- oder zweireihig (chromatisch). Der Klang der Lyra soll den Gesamtklang der Kapelle brillieren und für besondere Effekte sorgen. Wichtiger als schnelle Passagen sind Schlagtechnik und Rhythmik. Oftmals wird bei Spielmannszügen die falsche Meinung vertreten, man könnte mit mehreren Lyren lauter spielen und so viele Pfeifen ersetzen. Diese Denkweise ist vom Ansatz her falsch: Bei der Lyra geht es nicht um Lautstärke – sie ist laut genug! – bei ihr geht es um Exaktheit und um Rhythmik. Wird die Lyra zu laut geschlagen, klingen die Platten schrill, ihr starker Nachklang kann die Harmonie zerstören. Spielen zwei Lyren, ist der Gleichklang gefährdet. Zudem gilt: Je höher der Ton, desto vorsichtiger muss der Anschlag erfolgen. Deshalb besetzt keine Profikapelle die Lyra doppelt oder dreifach. Selbst Wieprecht, der Erfinder der Marschmusik-Lyra, hat bei Großkonzerten nur zögerlich die Lyra doppelt besetzt.

Die Musikkorps nach 1840 besitzen ein beachtliches Repertoire und spielen nicht nur Märsche, sondern Tänze, Polkas, Sinfonien, Operetten, ja ganze Opern. Der Stilwandel veranlasst junge Komponisten, Originalwerke für Blasorchester zu schreiben. Mit der Professionalisierung der Musikkorps war in der Regel die Reduzierung der Spielleute verbunden. 1846 hatte ein preußisches Infanteriebataillon einheitlich zwölf Trommler und vier Pfeifer, die zugleich als Hornisten fungierten. Die Trommel war innovativ flach, die Querpfeife schon aus Messing und das Horn ein kurzes Signalhorn. In der Regel marschierte der Spielmannszug im Regiment vor der Musik und wechselte sich mit dieser im Spiel ab. Auch die Stellung des Tambourmajors änderte sich. Lange Zeit war dieser allen Spielleuten und Musikern vorgesetzt, was sich aber 1862 allgemein änderte. Der Tambourmajor wurde von der Aufsicht der Hobisten (Musiker) befreit und konnte sich von nun an voll auf seine Spielleute konzentrieren.

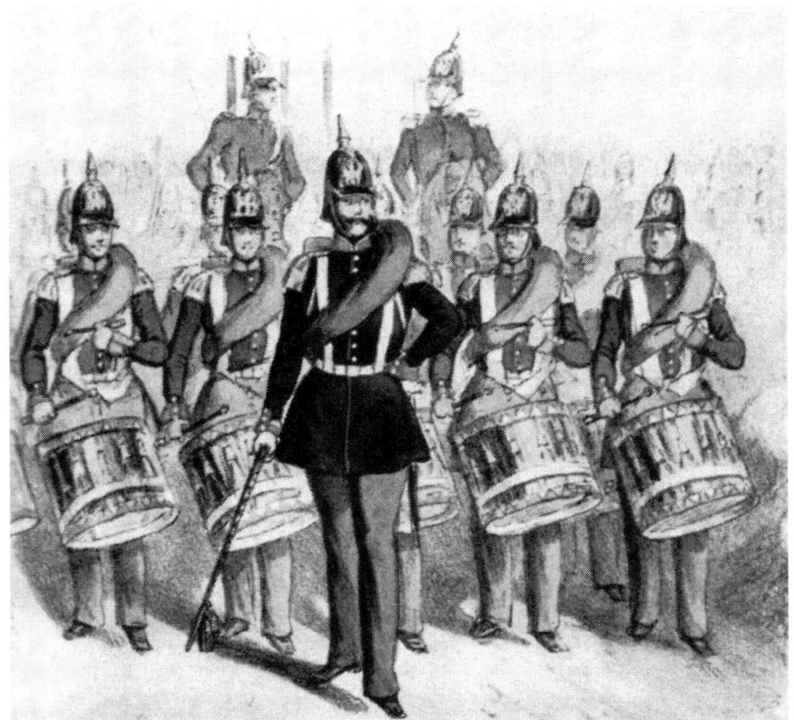

Spielleute um 1850 (Inf. Reg. 6)

Seit Mitte des 19. Jahrhunderts bis zum Ende des Zweiten Weltkriegs spielte die Militärmusik auch Streichmusik. Von einem Musiker wurde deshalb auch die Beherrschung eines Streichinstruments als Zweitinstrument gefordert. Gerade bei Konzerten in geschlossenen Räumen war das Spiel in Streichbesetzung eine willkommene Abwechslung für Zuhörer und Musiker. Regelmäßig wirkten Militärmusiker auch in Theaterorchestern mit.

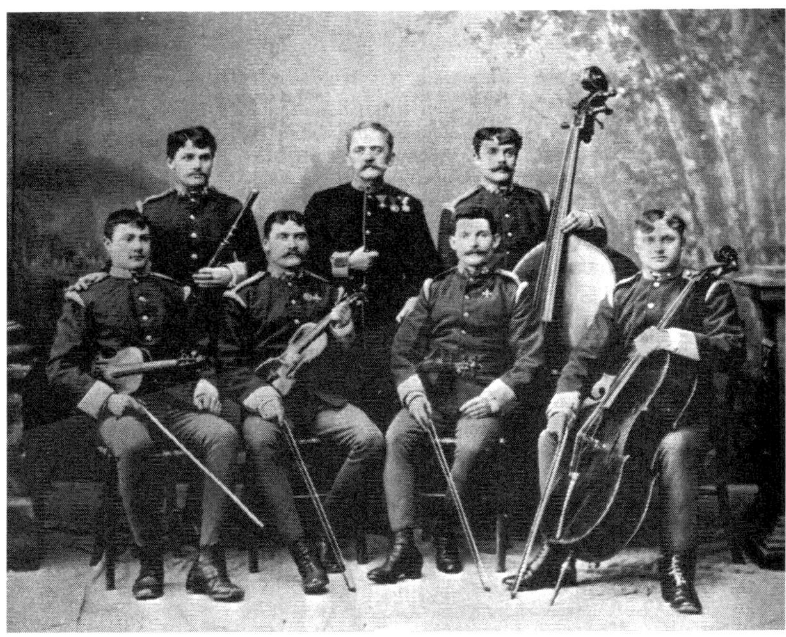

Kapellmeister Anton Rosenkranz mit seinen sechs Söhnen 1888

🕮 *Höfele, S. 70, 92 ff., 110 ff.; Deisenroth, S. 7 ff; Müller/Lachmann, S. 22 ff., 26 ff., Toeche-Mittler III, S. 21/22; Brixel u.a., S. 82 ff.; Findeisen, S. 75 ff.*

Deutsche Geschichte

Die kleindeutsche Lösung – Das Kaiserreich entsteht und endet leidvoll

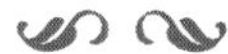

Friedrich Wilhelm IV.: »An der Schweinekrone klebt der Ludergeruch der Revolution!«

Fürst Bismarck: »Durch Reden ändert sich nichts, sondern nur durch Eisen und Blut.«

Kaiser Wilhelm II.: »Am deutschen Wesen soll die Welt genesen.«

Grabspruch: »Möge die Erde über unseren Kameraden leicht sein.«

1849 entscheiden sich die Fürsten für die »kleindeutsche Lösung«, also ein Deutschland mit dem preußischen König als Kaiser, aber ohne Österreich. Friedrich Wilhelm IV. lehnt überraschend die Kaiserkrone ab. Nach seiner Meinung klebt an ihr ein Geruch der Revolution. Das Parlament und die neue Verfassung waren gescheitert!
1851 wurden fast überall die neuen Grundrechte für die Bürger wieder einkassiert, Proteste des Volkes mit Waffengewalt erstickt. Wieder einmal blieb alles beim alten. Deutschland bestand aus vielen Einzelstaaten, von denen Preußen und Österreich die wichtigsten waren. Und in Preußen dominierte das Militär. Kritiker warfen Preußen vor, es sei kein Staat, der sich eine Armee leistete, sondern eine Armee, die ein Staat halte.

Der preußische Ministerpräsident Fürst Otto von Bismarck (1815 bis 1898) – konservativ und königstreu, aufbrausend und anmaßend, skrupellos und brutal – brachte den Deutschen schließlich mit einem

Krieg die Einheit. In bewusster Abkehr der demokratischen Bewegung wurden »schwarz-weiß-rot« im Jahr 1866 zunächst die Farben der Deutschen Schifffahrt, im Jahr 1871 die Farben des Kaiserreichs. »Schwarz-weiß« waren die Farben Preußens, »rot-weiß« stand für Brandenburg.

Deutsche Einheit mit »Eisen und Blut«

Preußen eroberte gemeinsam mit Österreich im Deutsch-Dänischen Krieg von 1864 die Herzogtümer Schleswig und Holstein von Dänemark. Dabei kam es mit Österreich zum Streit um die »Beute«. Im folgenden Krieg errangen die preußischen Truppen einen schnellen Sieg über Österreich. Der Deutsche Bund wurde aufgelöst, der Norddeutsche Bund gegründet. Er umfasste Preußen und die Staaten nördlich des Mains. Als Preußen dann noch mit Frankreich einen Krieg anzettelte und ihn prompt mit der Schlacht bei Sedan gewann, war die Begeisterung in Deutschland riesengroß. Nach der Hauptschlacht am 1. und 2. September 1870 kapitulierte die französische Armee nach erbitterten Kämpfen, die viele Tote und Verletzte forderten. Allein in den ersten 40 Tagen der Belagerung der Festung gab es 77.000 Tote und Verletzte auf deutscher Seite und 62.500 auf französischer Seite. Kaiser Napoleon III. wurde in Sedan festgenommen und in Kassel auf der Wilhelmshöhe festgesetzt. In Paris brach ein Arbeiteraufstand aus und am 4. September wurde Frankreich schließlich Republik.

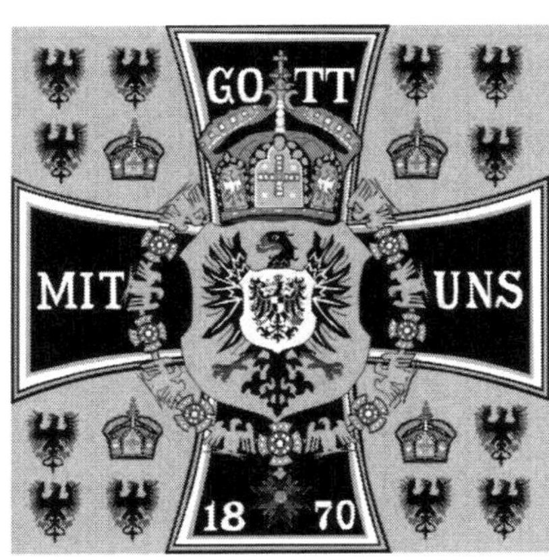

Standarte des Deutschen Kaisers 1870

Anlass zum Krieg gab die Kandidatur des Prinzen Leopold von Hohenzollern-Sigmaringen für den 1868 freigewordenen spanischen Thron. Viele Franzosen waren ent-

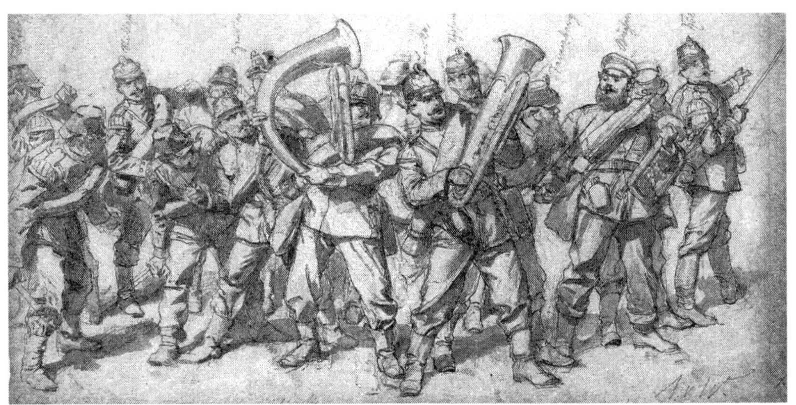

Waldhornisten des 1. Schlesischen Jäger-Bataillons Nr. 5 in der Schlacht von Sedan vor angreifenden Reitern (skizziert und laviert von A. von Werner)

rüstet und fürchteten eine Einkreisung durch die Hohenzollern. Nach massiven Drohungen durch die Franzosen zog der Prinz die Bewerbung zurück, der französische Botschafter versuchte, dem in Bad Ems weilenden König Wilhelm einen dauerhaften Verzicht abzuringen. In einer verkürzten Darstellung (»Emser Depesche«) provozierte Bismarck Napoleon III. zur Kriegserklärung.

Nach der siegreichen Schlacht bei Sedan waren die süddeutschen Staaten zur Gründung eines deutschen Reiches unter preußischer Führung bereit. Bismarck brachte die Fürsten dazu, Wilhelm I. die Kaiserkrone anzubieten. Nun endlich hatten die Deutschen ihr Reich

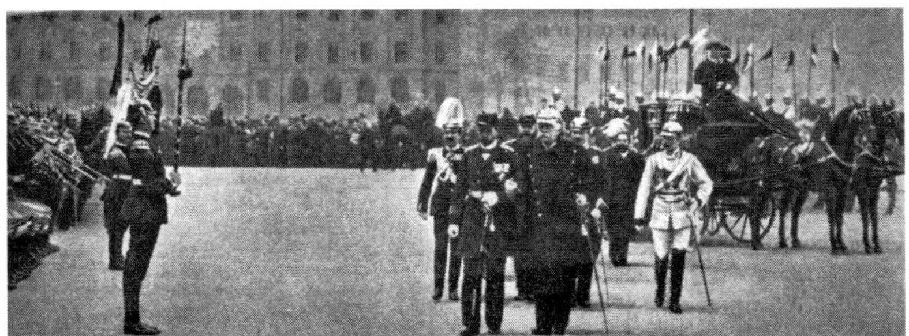

Abschreiten der Front durch Bismarck, Garde-Regiment zu Fuß, Berlin 1894

und einen eigenen »Kaiser«, das Deutsche Kaiserreich entstand. Wilhelm passte der neue Titel gar nicht, denn von Gottes Gnaden gilt er allen als König von Preußen, als Kaiser ist er ja nur gewählt, wenn auch rechtmäßig von Fürsten.

Das 1871 gegründete Deutsche Reich war ein Bundesstaat und wurde von Preußen geprägt. 25 Einzelstaaten gehörten dem Staat an: vier Königreiche, sechs Großherzogtümer, fünf Herzogtümer, sieben Fürstentümer und drei Freie Städte. Preußen umfasste zwei Drittel der Fläche und drei Fünftel der Bevölkerung des neuen Staates. Der Monarch mit dem Titel Deutscher Kaiser vertrat das Reich völkerrechtlich und führte den Oberbefehl über die Streitkräfte. Er ernannte und entließ den Kanzler, der die Reichspolitik verantwortete und im Bundesrat den Vorsitz führte. Der Bundesrat war das oberste Reichsorgan und ein Gesandtenkongress. Jedes Land hatte eine Stimme, Preußen hierbei ein Vetorecht. Der Bundesrat wirkte bei der Gesetzgebung mit und hatte Verordnungs- und Aufsichtsrechte. Als demokratisches Element der Verfassung gab es den Reichstag. Seine Abgeordneten wurden gewählt. Der Reichstag nahm an der Gesetzgebung teil und bewilligte den Haushalt.

Die Ideologie des Kaiserreichs war meilenweit von der Gleichberechtigung aller Menschen entfernt. Den einfachen Arbeitern ging es immer schlechter, die Politik wurde vom »Eisernen Kanzler Bismarck« und vom Großbürgertum maßgeblich bestimmt. Gleich zu Beginn des Reiches wurden »Mark und Pfennig« eingeführt, damit wurde zugleich das Dezimalsystem eingeführt. Die Arbeiter schlossen sich zusammen, was Bismarck für sehr gefährlich hielt. Doch gerade weil er die Arbeiterbewegung unerbittlich verfolgte, wurde sie umso stärker. Nach wie vor brodelte es im Reich.

Im Gegensatz zur Gesellschaft erfuhren Wirtschaft und Wissenschaft enorme Fortschritte. Deutsche Universitäten waren vorbildlich und zogen Forscher und Studenten aus aller Herren Länder an. Man lernte Deutsch, um wissenschaftliche Texte von Albert Einstein, Max Planck, Conrad Röntgen oder Robert Koch im Original lesen zu können.

Preußischer Militarismus und der Spott vom »Schwefelgelben«: *Otto von Bismarck begann mit siebzehn das Studium der Rechtswissenschaft und war zunächst Gutsverwalter und dann Kommunalpolitiker, Gesandter und Abgeordneter, bevor er als Reichskanzler mit »Blut und Eisen« das Deutsche Reich schmiedete. Nach dem Studium leistete Bismarck bei den Jägern ein Freiwilligenjahr ab, das auf die Führung der landwirtschaftlichen Familienbetriebe vorbereiten sollte. Als Reichskanzler zeigte er sich häufig in Uniform, meist in der weiß-gelben Paradeuniform des Halberstädter Kürrasier-Regiment Nr. 7. Theodor Fontane verspottete dieses Auftreten mit dem Begriff des »Schwefelgelben«. In der teuflischen Assoziation von Schwefel und gelb kommt neben einer Bewunderung der Bismarck'schen politischen Erfolge auch dessen Überheblichkeit und seinen verbitterten Kampf gegen die Katholische Kirche und gegen die Sozialdemokratie zum Ausdruck, ebenso eine generelle Distanz zu allem Militärischen. Im Preußischen Protokoll rangierten Generäle, auch die inaktiven, ganz vorne im Rang – sogar vor den kirchlichen Würdenträgern! Wer bei öffentlichen Anlässen nicht untergehen wollte, musste einem Offizierskorps angehören, notfalls ehrenhalber. Das galt auch für den Reichskanzler. Auch verfassungsmäßig gab es eine Besonderheit: Das Militär unterlag weder der Kontrolle des Reichskanzlers noch des Reichstages, der Generalstabschef hatte unmittelbaren Zugang zum Kaiser. Da der Kaiser den Generalstab nicht effektiv kontrollieren konnte, hatten die Oberbefehlshaber fast unbeschränkte Macht und ungeahnte Freiheiten (sogenannter »Generalissimus«).*

1888 avancierte zum Schicksalsjahr der Deutschen. Kaiser Wilhelm I. starb und sein als maßvoll geltender Sohn Friedrich III. bestieg den Thron. Doch dieser starb nur wenige Monate später an Kehlkopfkrebs.

Sein Sohn Wilhelm II. war erst 29 Jahre und ein Hitzkopf, der nur Deutschlands Aufstieg erlebt hatte und an die Unbesiegbarkeit des Deutschen Reiches glaubte. Sein Drang nach Größe war überall zu hören. »Am deutschen Wesen soll die Welt genesen«, war sein Leitspruch. Er liebte das Militär, trat in prachtvollen Uniformen auf, hielt markige und oft groteske Reden und strotzte vor Selbstbewusstsein. Er bestand darauf, die außen-, militär- und personalpolitischen Entscheidungen selbst zu treffen und inszenierte sich als Oberster Kriegsherr, wobei er sich in der legitimen Nachfolge Friedrichs II. wähnte. Berüchtigt waren seine Auftritte bei den Kaisermanövern, bei denen er sich regelmäßig an die Spitze der Kavallerie setzte, um in fulminanten Attacken den »Feind« persönlich aus dem Feld zu schlagen.

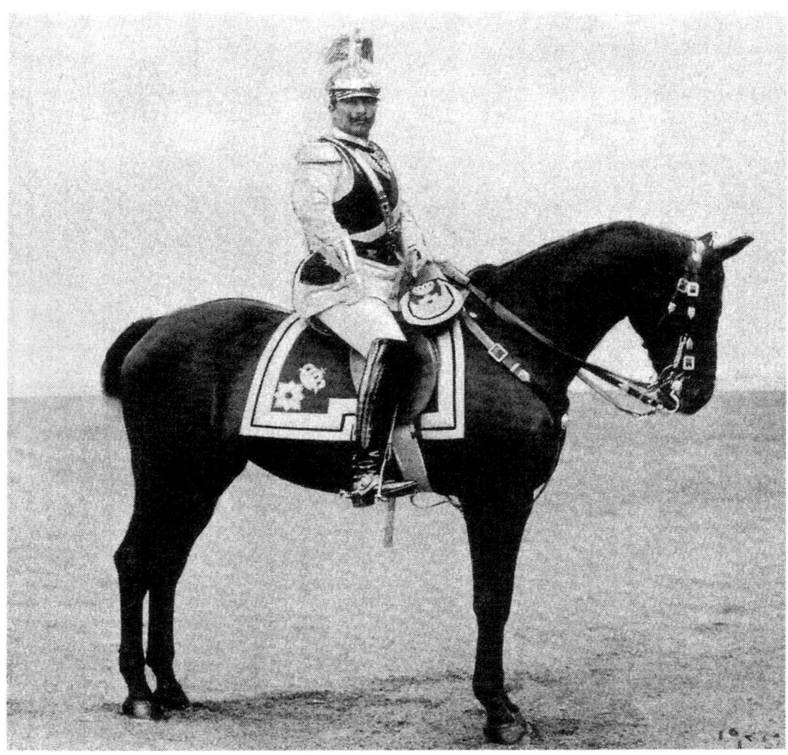

Kaiser Wilhelm II. als Oberster Feldherr zu Pferd

***Kaiser Wilhelms umstrittene Hunnenrede und Kriegsreden**: Als in 1900 eine chinesische Bewegung gegen den Imperialismus westliche Botschaften bedrängte und der deutsche Botschafter ermordet wurde (»Boxeraufstand«), tobte der Kaiser angeblich mit Schaum vor dem Mund und den Worten »Peking muss rasiert werden!«. Nach der Version der internationalen Propaganda entsendete der Kaiser das deutsche Expeditionskorps mit angeblich folgenden Worten: »Pardon wird nicht gegeben! Gefangene werden nicht gemacht! Wer Euch in die Hände fällt, ist Euch verfallen! Wie vor tausend Jahr die Hunnen unter ihrem König Etzel sich einen Namen gemacht haben ... so möge der Name Deutscher in China auf tausend Jahre durch Euch in einer Weise bestätigt werden, dass niemals wieder ein Chinese es wagt, einen Deutschen auch nur scheel anzusehen.« Über die genaue Wortwahl der Rede herrscht bis heute Uneinigkeit.*

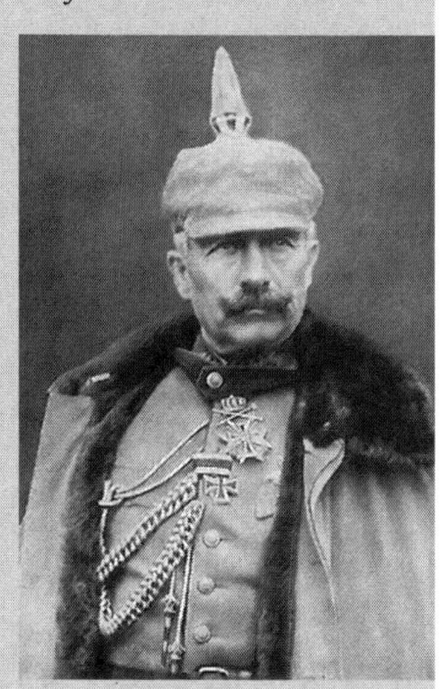

Kaiser Wilhelm II.

Immer wieder hielt der Kaiser groteske Kriegsreden. »Ehe die Blätter fallen, werdet ihr wieder zu Hause sein«, tönte er zu Kriegsbeginn im August 1914. Als es Weihnachten wurde, feierte der Soldat nicht zuhause das Christfest, sondern lag frierend im Schützengraben. »In der so genannten Stahlrede am 5. Januar 1917 feuerte er sein Heer und seine Marine mit den Worten an: »Der Krieg nimmt seinen Fortgang! ... In der gerechten Empörung ... werdet ihr zu Stahl werden.« Friedrich Eckhardt hat daraus den Kriegsmarsch 1917 (Opus 11) komponiert. Bereits zum Ausbruch des Krieges bemühte der Kaiser den Satz: »So muss denn das Schwert entscheiden.«

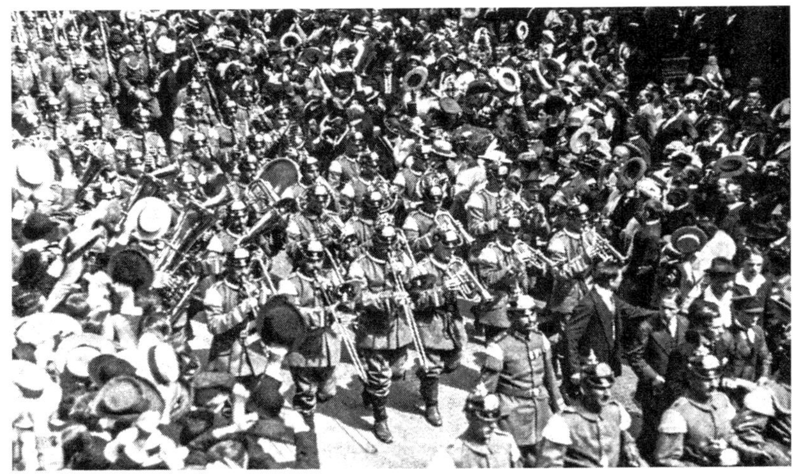

Mit Tschingderassabum des Infanterie-Leib-Regiments und großem Jubel in den Krieg (München 1914)

Der junge Kaiser und der alte Kanzler gerieten immer häufiger aneinander. 1890 reichte Bismarck schließlich seine Entlassung ein. Seine Nachfolger konnten die Bündnisse nicht aufrechthalten, so dass das Pulverfass explodierte und der Erste Weltkrieg ausbrach. Anlass für den Krieg war am 28. Juni 1914 das Attentat eines serbischen Studenten auf den Neffen des österreichischen Kaisers in Sarajewo.

Halb Europa freute sich auf den Krieg. Man war froh, dass die ständige latente Bedrohung des anderen einem wirklichen Krieg gewichen war. Überall meldeten sich Freiwillige, mit »Hurra« ging es an die Front. »Franzosen, Belgier, Serben – ihr alle müsst jetzt sterben«, stand es siegessicher auf vielen Eisenbahnwaggons, die festlich geschmückt an die Front verschickt wurden. Im August 1914 zogen Zehntausende mit Gesang und ohne Zweifel am Sieg durch die Straßen. Mit billiger Propaganda ging es gegen den Feind. »Jeder Schuss ein Russ', jeder Stoß ein Franzos'« lautete der literarische Hurrakitsch des Militärs. Die Landkarte »Dum-Dum« mit Fähnchen als Markierungen für die Truppenbewegungen und das Würfelspiel »Der Weltkrieg« waren seinerzeit beliebte Weihnachtsgeschenke.

Sehr ausgeprägt war noch das regionale Zusammengehörigkeitsgefühl vieler Regimenter. Es gab eine große Identifikation mit der Heimatregion und der jeweiligen Dynastie, mit Baden, dem König von Württemberg oder Bayern. Die Soldaten fühlten sich als Deutsche, sicher, aber zugleich als Badener, Schwaben oder Bayern.

***Kutschke-Lied**: Der deutsche »Hurrakitsch« wurde schon früher im Reich gepflegt. So entstand das »humoristische« Kutschkelied zu Beginn des deutsch-französischen Krieges 1870/71. An der Front und beim Volk wurde das auf die Melodie von »Ich bin der Doktor Eisenbart« entstandene Lied wie folgt gesungen: »Was kraucht denn da im Busch herum? Ich glaub' es ist ein Napoleum«. Dessen vermeintlicher Verfasser, ein fiktiver Soldat namens »August Kutschke« wurde volkstümlich gefeiert. Bis ins frühe 20. Jahrhundert war das Lied allseits beliebt. In Analogie auf das Lied komponierte Ludwig Stasny die Kutschke-Polka (opus 155).*

Bald wich die Begeisterung bitterem Leid. In Stellungskämpfen wurden hunderttausende Soldaten geopfert, nur um ein paar Meter Land zu sichern. Die »Hölle von Verdun« kostete 700.000 Menschenleben, Blockaden und Missernten führten zu Hungersnot und großen Entbehrungen.

Viele Darstellungen beschäftigen sich mit dem Sterben von einfachen Soldaten in den Schützengräben. Was man nicht vermutet: Der deutsche Leutnant ist die eigentlich tragische Figur. An der Front hat er die geringsten Überlebenschancen. Von den aktiven Offizieren fielen 12.000, 8.000 davon waren Leutnants. Bei den Reserveoffizieren war das Verhältnis noch schlechter. Walter Flex, selbst Leutnant, brachte es auf den Punkt: »Leutnantdienst tun heißt: seinen Leuten vorsterben.« Leutnants waren Truppenführer, sie gingen voraus und befehligten Soldaten im Gefecht – eine lebensgefährliche Sache, bei der Verkriechen kaum möglich war. Ernst Jünger, wohl der be-

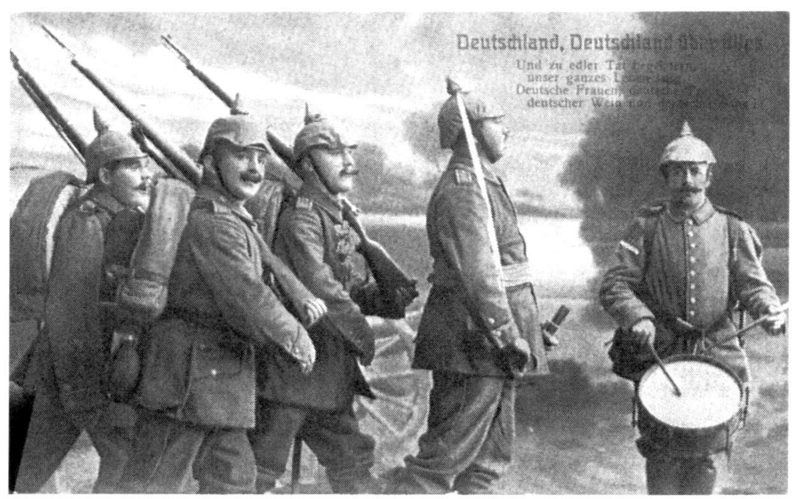

Ein Volk in Waffen (Feldpost 1918)

rühmteste Leutnant des Ersten Weltkriegs, hat diesen Dienst in einen Satz gefasst: »Nur wo ein Offizier steht, wird man auch Mannschaften im Kampfe finden.« Oder in anderen Worten: Ohne Leutnants kein Krieg! Junge Leutnants waren unerfahren, ihre Anforderungen hingegen hoch: Die Soldaten vertrauten ihnen und nicht jeder kann führen, schon gar nicht mit 20 Jahren. Erich Maria Remarque, im Krieg ein einfacher Soldat, zollt im Roman »Im Westen nichts Neues« nur einem Offizier Respekt – einem toten Leutnant. Wörtlich liest man: »Bertnick war einer dieser prachtvollen Frontoffiziere, die in jeder brenzligen Situation vorne sind.«

Berthold Brechts Legende vom toten Soldaten: *Als nach unerbittlichen und unsinnigen Stellungskämpfen nach vier Jahren kein Ende des Krieges in Sicht war und jeder Mann an der Front benötigt wurde, schreibt Berthold Brecht seine Ballade vom toten Soldaten. Die Handlung ist bizarr: Ein gefallener Soldat wird wieder* *ausgegraben, schnell für kriegstauglich erklärt und in einem grotesken Maskenzug mit Tschindrara und großem Hurra in einem Zug durch die Straßen der Stadt an die Front geschickt. Keiner sieht dabei den Soldaten genau an, Details sind den Menschen egal. Das zeitkritische Gedicht war für einen Gesangsvortrag bestimmt und wurde 1922 im Drama »Trommeln für die Nacht« uraufgeführt.*

1916 wurde eilends das Kriegsende verhandelt, was leider scheitere. 1917 traten die USA in den Krieg ein, als Handelsschiffe durch deutsche U-Boote versenkt wurden. Mit Russland gab es 1917 zwar Frieden, doch erst im September 1918 war endgültig Schluss. Deutschland hatte den Krieg verloren. Der Kaiser flüchtete und weigerte sich abzudanken. Im November 1918 rief der Sozialdemokrat Philipp Scheidemann am Fenster des Berliner Reichstages die Republik aus.

Wie wir heute wissen, war der Krieg damit nicht zu Ende. Im Gegenteil: Der Erste Weltkrieg war ein Brutkasten für völlig neue Strategien, Technologien und Ideologien. Die politisch Verantwortlichen bekamen Instrumente, die in der Folgezeit verheerend wirkten. Einige Historiker sehen die Zeit zwischen den Weltkriegen nur als Waffenstillstand und rechnen beide Weltkriege zusammen. Folgt man dieser Theorie, kann man die Zeitspanne von 1914 bis 1945 als »modernen Dreißigjährigen Krieg« bezeichnen.

***Die Pickelhaube hat ausgedient:** Zeit seines Gebrauchs erfuhr die Kopfbedeckung des Soldaten Veränderungen. 1842 führte Preußen den »Helm mit Spitze« ein, 1886 folgten die anderen Bundesstaaten. An den verschiedenen Elementen des Helmes konnte auch Rang, Waffengattung und die regionale Herkunft des Soldaten abgelesen werden. Ursprünglich sollte die Spitze Säbelhiebe ablenken, diese Schutzfunktion erfüllte der Helm nicht. Die Pickelhaube wurde* *zum stolzen Symbol für Einigung des Deutschen Reiches unter preußischer Führung. Um 1900 stellte man die Tauglichkeit der Pickelhaube erstmals in Frage. Da der Helm zu einem nationalen Symbol geworden ist, war eine Abschaffung undenkbar. Doch kurz nach Kriegsausbruch zeigte sich, dass der Helm den Anforderungen nicht entsprach: Er bot nicht genügend Schutz, die Spitze diente dem Feind regelrecht als Zielscheibe. Von 100 Gefallenen hatten fast die Hälfte Kopfverletzungen erlitten. So wurde 1916 der Stahlhelm eingeführt (Modell 1916, kurz »M16« genannt), der wirkungsvoll und ästhetisch ansprechend war. Der neue Helm wog 1,3 Kilo und bot mit seinem heruntergezogenen Nacken- und Schläfenschutz eine gewisse Sicherheit gegen Granatsplitter, auf weite Entfernung auch gegen Gewehrkugeln. Nach dessen Einführung gingen die Kopfverletzungen deutlich zurück. Rasch wurde der Stahlhelm M16 zur Ikone des deutschen Soldaten und zum Exportschlager.*

Helm 1842 für Offiziere der Infanterie

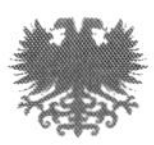

Die Macht der Habsburger
Teil 5: k. u. k. Monarchie – Österreichs allerletzte Blüte

Gerade einmal 18 Jahre alt ist Kaiser Franz Joseph (1830 bis 1916), als er 1848 seinen »geisteskranken« Onkel Ferdinand auf dem Thron ablöst. Er regiert ein Reich, das so zersplittert wie kein anderes in Europa ist. Ein Dutzend Völker leben in der Donaumonarchie und alle Völker verspüren den Drang der Zeit nach Freiheit. Fast siebzig Jahre lang regiert Franz Joseph und es gelingt ihm, das Reich lange Zeit zu sichern. 1854 heiratete er seine Cousine Elisabeth in Bayern – genannt »Sissi«. Der Kaiser hatte wenig militärisches Geschick: Armeen beurteilte er mehr nach der Eleganz der Uniformen und nach der Strenge des Drills, weniger nach deren Schlagfertigkeit und der Klugheit der Strategien. Auch dachte er viel zu sehr territorial, nicht aber national. Kritiker sprachen vom »Kaiser eines Mischlingsstaates«. Mit den Ungarn gibt es fast 20 Jahre lang Kampf, auch auf dem Balkan gibt es Unruhe, das Verhältnis mit dem russischen Zaren ist vergiftet. Franz Joseph musste große militärische Niederlagen hinnehmen – so im italienischen Krieg 1859 gegen Frankreich und Sardinien-Piemont.

1866 tritt Franz Joseph dem Krieg gegen Preußen bei und verliert. Die preußische Armee verfügt über ein Zündnadelgewehr, das fünfmal schneller feuern kann als österreichische Gewehre. Mit dem verlorenen Krieg schwindet der Einfluss der Habsburger in Deutschland. Preußen siegt, Österreich ist angeschlagen und muss sich reformieren. Die Infanterie verliert den weißen Waffenrock, offiziell tritt an seine Stelle ein Waffenrock in preußischem dunkelblau. Deutlicher geht es nicht: die Sieger geben den Ton an. Da die Machtfrage entschieden war, ändert Bismarck sein Vorgehen und sucht wieder einen Schulterschluss mit Österreich. Beide Kaiserreiche – Deutsches Reich (Preußen) und Österreich – sind bis zu ihrem Untergang am Ende des Ersten Weltkrieges verbündet. 1867 entsteht eine kaiserliche und königliche Realunion von Österreich und Ungarn, eine Doppelmonarchie (»k.u.k. Monarchie«), die mehr darstellt, als sie eigentlich ist. Persönlich muss der Kaiser viel erleiden: Sein Bruder Maximilian, der Kaiser von Mexico, wird 1867 von Aufständischen erschossen, seine Mutter wird schwermütig, 1889 nimmt sich sein Sohn Rudolf das Leben, neun Jahre später fällt seine Frau Elisabeth einem Attentat zum Opfer. Am 28. Juni 1914 wird in Bosniens Hauptstadt Sarajevo sein Neffe (zugleich Thronfolger) Franz Ferdinand erschossen. Dieses Attentat ist der Auslöser für den Ersten Weltkrieg. Franz Joseph, der vierte Kaiser von Österreich und sein Reich werden den Krieg nicht überleben. Karl, der Großneffe von Franz Joseph, wird 1916 bis zu seinem Verzicht bei Kriegsende letzter Kaiser von Österreich.

Militärmusik in der Kaiserzeit

Alles wird preußisch, Spielleute und Musik erhalten neue Aufgaben

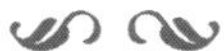

Toeche-Mittler: »Eines war die Marschmusik nie: eine Waffe! Auch wenn man sie eine Waffengattung nennt!«

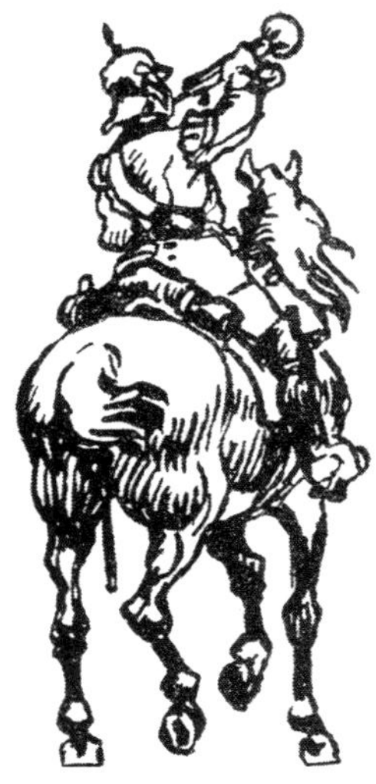

Kürassiertrompeter

Das 1871 gebildete Kaiserreich wurde stark von Preußen geprägt. Es galt eine allgemeine Wehrpflicht, die Truppenteile der meisten Klein- und Mittelstaaten wurden in das preußische Heer eingegliedert. Lediglich die Armeen von Bayern, Sachsen und Württemberg behielten eine gewisse Selbstständigkeit. Auch das äußere Erscheinungsbild der Soldaten näherte sich dem preußischen Vorbild an. Mit Ausnahme der Schwalbennester verschwanden fast alle traditionellen bis dahin beibehaltenen Kennzeichen. Spielleute und Musiker unterschieden sich nur noch durch Wappen und Abzeichen – die so genannten Kokarden.

Jedes Regiment erhielt zu jener Zeit seinen eigenen Regimentsmarsch, der üblicherweise beim Einmarschieren in die Kaserne gespielt wurde. So avancierte der Regimentsmarsch zum Erkennungszeichen einer jeden Truppe und stärkte den Zusammenhalt innerhalb des Regiments. Auch auf größeren Kriegsschiffen wurden eigene Militärkapellen eingerichtet.

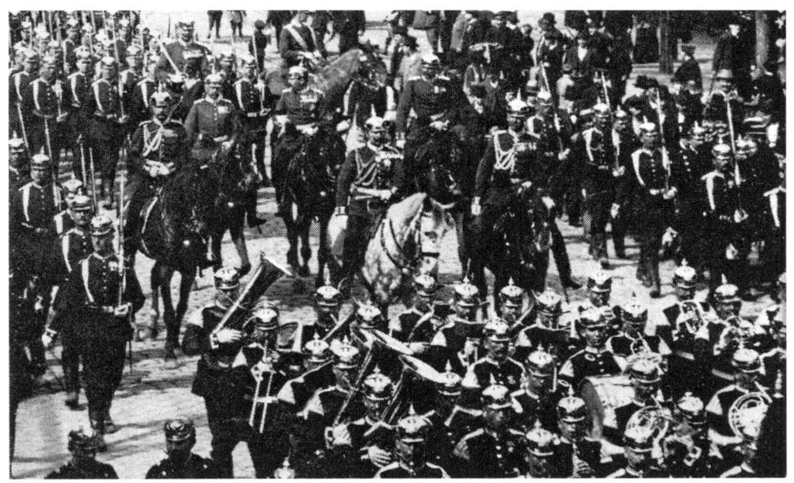

Kaiser Wilhelm II. und das 1. Garde Regiment zu Fuß Potsdam 1901

Die ursprüngliche musikalische Signalfunktion im Gefecht ging immer mehr verloren. In den Schlachten der beiden Weltkriege übernahmen optische und andere technische Gerätschaften wie das Feldtelefon und der Funk, die Leuchtpistole und Spiegelsysteme die Signalübermittlung. Jetzt wurde der Krieg »modern« geführt: Mit Massen von Menschen und mit viel Material aus Stahl, Pulver und Chemie. Für Feldmusik war jetzt wenig Raum – sie verstummte.

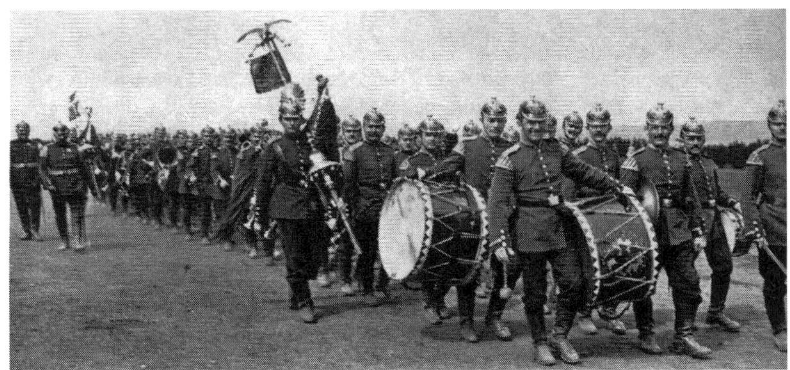

Übung einer Brigademusik in Aachen 1912

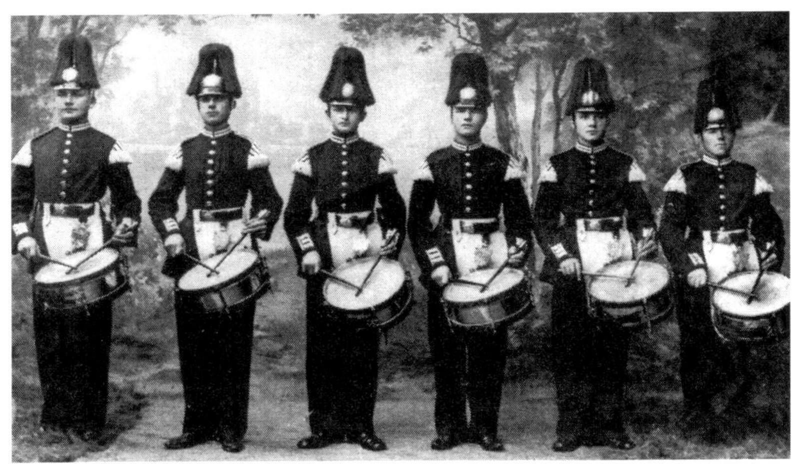

Die letzten Trommlerjungen des Grenadier-Regiments 89 (Ratzeburger See 1906)

Aus Spielleuten und Musikern wurden Sanitäter oder Meldegänger. Die Regimentsmusik hatte jetzt andere Aufgaben, sie war bessere »Sanitätsmusik« und sollte die Moral der Soldaten und der Bevölkerung hochhalten. Militärmusik erklang zum Trost von Verwundeten in Lazaretten oder am Grab der Gefallenen. Feierlich spielte sie zudem bei Paraden, Serenaden und Festen. Nach wie vor hatte die Militärmusik bei Aufmärschen und Feldgottesdiensten eine dominante Rolle.

Kinder wurden machtpolitisch auf das Vaterland und den Krieg eingeschworen. Systematisch verfolgten die Herren eine vaterländische Kriegserziehung. So ist der schulische Einsatz von militärischen Kinderstücken und der Absatz von militärischen Kinder- und Musikalben im 19. Jahrhundert sprunghaft angestiegen, oft um den Faktor zehn und mehr. Kindermärsche und Kinderlieder, Kinder- und Soldatenstücke wie »der kleine Soldat, ... Rekrut, ... Trommler, ... Trompeter oder ... Husar«, »Heinzelmännchens Wachtparade«, »Schlacht der Bleisoldaten«, »Parade der Zinnsoldaten«, »Reiters Lebewohl«, unzählige militärische Spielzeuge oder Kinderspiele verniedlichten den Krieg und das damit verbundene Leid. Die Kriegs- und Sterbebereitschaft wurde damit innerhalb der Familie systemisch verankert.

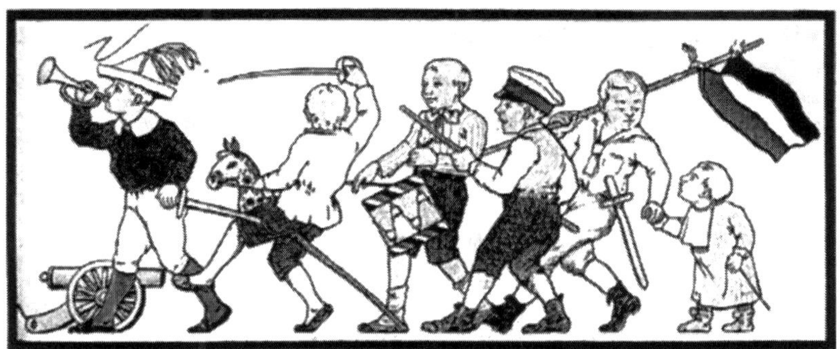

Kindermarsch für Singstimme mit Klavierbegleitung, Berlin 1912

Sousa – Amerikas Marschkönig mit deutschen Wurzeln: *John Philip Sousa (1854 bis 1932) komponierte über 100 Märsche, die weltweit Ruhm erlangten. Sein Vater war Portugiese und Militärmusiker, seine Mutter – Maria Elisabeth Trinkaus – stammte aus Darmstadt. Von Kindheit an war Sousa von Marschmusik umgeben und erlernte früh das Spiel mit Geige, Klavier, Flöte, Posaune und Horn. Mit dreizehn begann er seinen »Militärdienst« als Lehrjunge in der Marineband. 1880 übernahm er die US-Marine-Band, damals die inoffizielle Band des Präsidenten. 1892 gründete er sein eigenes Orchester – The Sousa Band. Nach ihm wurde 1893 das Sousaphon benannt, eine Trichtertuba ähnlich einem Helikon, das auf seine Anregung hin gebaut wurde. Die Märsche »Semper Fidelis«, »The Washington Post«, »The Liberty Bell«, »El Capitan« und »Hand Across the Sea« gehören zum Standardrepertoire aller Blaskapellen. Seine patriotische Komposition »Stars and Stripes Forever« von 1896 gilt als eine Art zweite Nationalhymne der USA. In der deutschen Fernsehwerbung ist der Marsch als Erkennungsmelodie des Reinigungsmittels »Der General« bekannt.*

📖 *Höfele, S. 170 ff.; Müller/Lachmann, S. 33 ff., Findeisen, S. 119 ff.; Keubke, S. 101 ff.; Caceres in: Schramm (Hrsg.), Bd. 6, S. 137; Schramm (Hrsg.), Band 10.*

Deutsche Geschichte

Weimar, das Dritte Reich und die Bundesrepublik

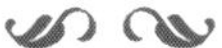

Reichspräsident Paul von Hindenburg: »Im Felde unbesiegt, von den Linken von hinten erdolcht!«

Bundespräsident Richard von Weizsäcker: »Patriotismus ist Liebe zu den seinen, Nationalismus ist Hass auf die anderen«.

Die junge Weimarer Republik hatte es schwer. Das Parlament hatte das Sagen und musste die Verantwortung für den verlorenen Krieg übernehmen. Die Wirtschaft war am Boden, es gab Hyperinflation, die Menschen hungerten, die Parteien waren zerstritten. Zwischendurch brachten die Zwanzigerjahre einen kurzen Aufschwung (1924 bis 1929), doch danach ging es nur noch abwärts.

Reichspräsident Hindenburg, Generalfeldmarschall im Ersten Weltkrieg und der einzige jemals vom deutschen Volk gewählte Präsident, gefährdete mit seinen Worten die junge Republik. Er behauptete, die Armee hätte den Krieg gar nicht verloren. Schuld seien die Sozialdemokraten und andere Vaterlandsverräter, die gegen den Krieg gehetzt hatten. »Im Felde unbesiegt, aber von hinten erdolcht«, so war seine Sichtweise von den Kriegsmonaten. Und seine Dolchstoßlegende zeigte bei den Wählern Wirkung. Die Regierungskoalition scheiterte 1920 bei der nächsten Wahl. Immer mehr setzten sich die Nationalsozialisten durch und führten Deutschland in die Diktatur. Kühne Reden, die Idee vom »deutschen Herrenvolk« und gut inszenierte Aufmärsche beeindruckten viele Menschen. 1933 ernannte Hindenburg Adolf Hitler zum Reichskanzler, nach seinem Tod wird Hitler Staatsoberhaupt als »Führer und Kanzler«.

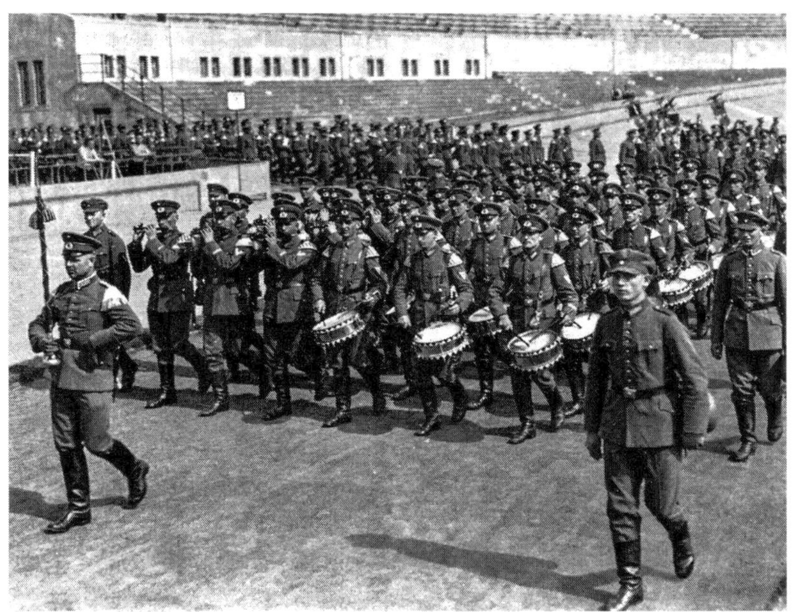

Probe zum Großkonzert, Spielleute der 3. Division, Berlin Grunewaldstadion 1932

Grundrechte wurden aufgehoben, alles wurde »gleich« geschaltet und der nationalsozialistischen Idee und dem Führer unterworfen. Menschenverachtend waren die Blut- und Ehrgesetze, die Selektion der Menschen und die systematische Ausrottung von Juden und Randgruppen. Dies alles konnte nur geschehen, weil der Staat und die Partei sehr gut organisiert waren und sich das NS-Regime bestens in Szene setzte. Wer Kritik äußerte, wurde mundtot gemacht, alle Medien wurden auf »Linie« gebracht. Bundesländer wurden abgeschafft, der Begriff »Drittes Reich« sollte den Eindruck erwecken, dass dieses Deutschland an das Heilige Römische Reich Deutscher Nation und an das Kaiserreich anknüpfte.

Die Nationalsozialisten bemühten sich, die Weihnachtszeit ideologisch zu ergänzen. Am 22. Dezember 1936 wurden von der SA Wintersonnwendfeiern veranstaltet. Germanische Symbole wie »Odin«, der germanische Herr der Welt, die Jugendgöttin »Idun« und der Wun-

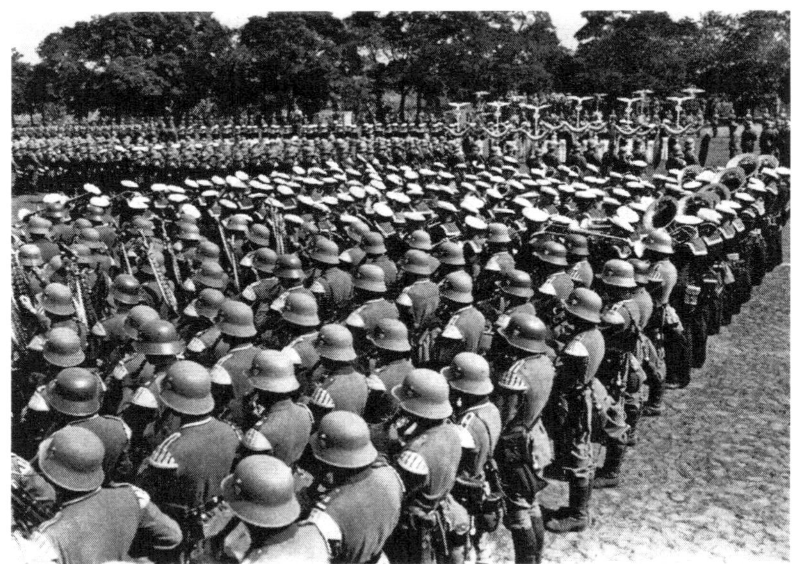

Probe zum Großkonzert zur Olympiade 1936

dereber »Sährimnir« konnten beim Winterhilfswerk billig erworben werden. Pflichtgetreue Volksgenossen hängten Baumkugeln mit dem Hakenkreuz, Runen und dem Sonnenrad – alles altgermanische Zeichen – an die Zweige des Weihnachtsbaums und lasen der Familie aus dem Büchlein »Der Führer und seine Heimat« vor.

Die Olympischen Spiele von 1936 wurden vom nationalsozialistischen Regime perfekt inszeniert, Großveranstaltungen, Parteitage, Aufmärsche und andere Feierlichkeiten sorgten für Begeisterung und frischen Wind in Deutschland. Die anderen Völker sahen Hitlers Ankündigung, er wolle dem deutschen Volk neuen Lebensraum erobern, untätig zu. Das Reich wurde »großdeutsch«, Truppen rückten in Österreich ein, um es »heim ins Reich zu holen«, Böhmen und Mähren wurden kassiert.

Als die deutschen Armeen 1939 Polen überfielen, griffen Frankreich und England ein. Der Zweite Weltkrieg begann, das Elend wiederholte sich. Zu Beginn des Krieges waren die Deutschen noch begeistert. In Blitzschlachten wurden Polen, Dänemark, Norwegen, Holland, Belgien, Luxemburg und Frankreich überfallen und besetzt. Nur die Eroberung Englands wollte nicht gelingen. 1941 ließ Hitler von England ab, der Afrikafeldzug begann, ebenso der Feldzug gegen die Sowjetunion. Ende 1941 trat die USA in den Krieg ein und das Blatt wendete sich. Ab Mai 1942 begannen die Alliierten, massiv Bomben auf deutsche Städte zu werfen. Im Juni 1944 landeten amerikanische und englische Truppen in der Normandie. Die letzte Phase des Krieges begann. Am 8. Mai 1945 kapitulierte Deutschland, der Führer beging kurz zuvor Selbstmord. Der Krieg war vorbei, die Städte waren zerstört, viele Männer gefallen, vermisst oder in Gefangenschaft. Das Reich war zusammengefallen. Wieder einmal standen die Deutschen vor dem Nichts.

Die Siegermächte übernahmen die Regierungsgewalt und teilten das Land und Berlin in vier Besatzungszonen beziehungsweise Sektoren auf. Demokratisierung, Entnazifizierung, Entmilitarisierung sowie Maßnahmen gegen eine übermäßige Machtkonzentration bei Großkonzernen und Banken sollten sicherstellen, dass von deutschem Boden nie wieder Krieg ausgehen kann. Doch die Siegermächte konnten sich nicht auf eine gemeinsame Neuordnung Deutschlands und Europas einigen. Auf das Zeitalter der Weltkriege folgte eine Epoche des Ost-West-Konflikts und des Kalten Krieges der beiden Systeme – des marktwirtschaftlichen Westens und des zentralverwalteten Ostens.

Die Nachkriegsjahre nutzte das deutsche Volk zum Wiederaufbau. Die Teilung mündete 1949 in die Gründung zweier deutscher Staaten: die Bundesrepublik Deutschland (BRD) im Westen und die Deutsche Demokratische Republik (DDR) im Osten. Dabei wurden die BRD und die DDR mehr und mehr zu Musterknaben – jeder in seinem System. Im Westen sprach man vom deutschen Wirtschaftswunder. Das zog Menschen an. Fast drei Millionen Menschen flohen aus der DDR in den Westen, so dass 1961 mit dem Bau der Mauer begonnen wurde – nach Lesart der DDR ein notwendiger »antifaschistischer Schutzwall«.

Bereits 1948 erfolgte in der DDR eine verdeckte Aufrüstung, die 1956 in die Gründung der Nationalen Volksarmee NVA mündete. Aufbau, Struktur und Ausrüstung der NVA folgten der bisherigen (deutschen) Tradition und nach sowjetischen Vorbild. Ganz im Gegensatz zum Westen gab es einen Bruch mit dem deutschen Militarismus in Ostdeutschland nicht. Die Ausbildung der ersten Soldaten in der NVA übernahmen meist Kriegsveteranen nach den Vorschriften und Grundsätzen der deutschen Wehrmacht. Ein eigener Polit- und Parteiapparat innerhalb der Streitkräfte sollte die Überwachung der Soldaten und deren Linientreue sicherstellen. So wurde von Berufssoldaten die Mitgliedschaft in der Sozialistischen Einheitspartei Deutschlands erwartet, fast jeder Offizier gehörte der Staatspartei an.

Mit der Gründung der Bundeswehr 1955 und dem Eintritt Deutschlands in die NATO begann der Aufbau militärischer Strukturen in der BRD. Die Bundeswehr ging an zwei Stellen andere Wege als frühere Armeen: dem Prinzip der Inneren Führung sowie eine besondere Führungsorganisation. Der neue Generalstab hat nicht mehr die Machtfülle alter Systeme, der oberste Soldat wurde Generalinspekteur genannt, der zusammen mit den Inspekteuren den Militärischen Führungsrat bildet. Mit dem Dresdner Erlass 2012 wurde der Generalinspekteur gestärkt: Seitdem sind die Streitkräfte dem Generalinspekteur unterstellt. Er hat Befugnisse wie ein Generalstabschef. Die Idee ist unter anderem, dass die Bundeswehr als Ganzes operationsfähig sein soll. Der Fokus liegt also nicht so sehr bei den Teilstreitkräften Heer, Luftwaffe oder Marine.

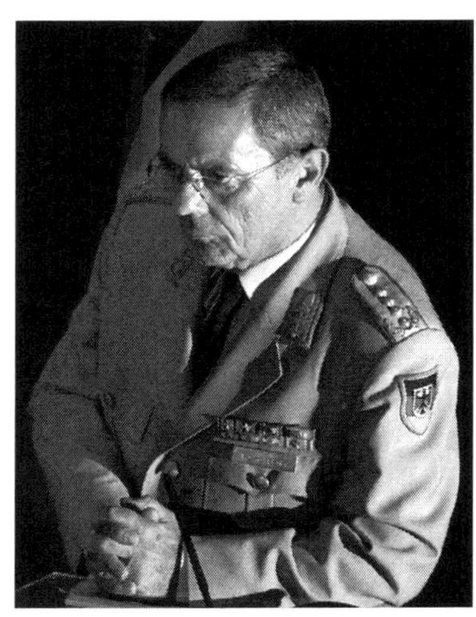

Generalinspekteur Wolfgang Schneiderhan

Als Frontstaaten beider rivalisierender Systeme hatten beide deutschen Staaten strategische Schlüsselpositionen. Die NATO setzte im Kalten Krieg auf Friedenserhalt durch Abschreckung. Da der Osten unter sowjetischer Führung (Warschauer Pakt) mehr Truppenstärke und konventionelle Waffen besaß als die NATO, war die Furcht in der BRD groß, im Kriegsfall entweder überrollt oder zum atomaren Schlachtfeld zu werden. Bei den Atomwaffen beider Systeme gab es ein »Gleichgewicht des Schreckens«, über deren Höchststärke verhandelt wurde. Die NATO bot der Sowjetunion Verhandlungen über die beiderseitige Begrenzung an, enthielt aber auch die Drohung, nachzurüsten (der sogenannte NATO-Doppelbeschluss). Als die Verhandlungen scheiterten, wurden ab 1983 Pershing-II-Raketen in der BRD stationiert. 1987 schlossen die USA und die Sowjetunion den Washingtoner Vertrag über die Abrüstung von Mittelstreckenraketen, der Kalte Krieg näherte sich seinem Ende.

Innere Führung der Bundeswehr als Chance: *Wolf Graf von Baudissin (1907 bis 1993) war als General Leiter der Unterabteilung »Innere Führung« im neuen Verteidigungsministerium. Mit einem Bruch zur Wehrmacht und einer neuen Führungsstruktur vom Staatsbürger in Uniform (»Innere Führung«) sah Baudissin die Chance für einen Neuanfang. Er und die Reformer waren überzeugt, dass nur derjenige, der seinen Dienst aus innerer Überzeugung tue und selbst demokratische Freiheit erfahre, die Grundwerte einer Demokratie wirkungsvoll verteidigen könne.*

Innere Führung ist ein Kind der Demokratie und der deutschen Geschichte: Das Werte- und Normensystem des Grundgesetzes wird auf besondere Weise auf den Soldaten übertragen. Soldaten bleiben Staatsbürger, auch wenn sie Uniform tragen. Sie können politisch aktiv werden, haben das aktive und passive Wahlrecht, Grundrechte für Soldaten dürfen nur eingeschränkt werden, wenn dies militärisch notwendig ist. Die Garantie der Menschenwürde und das

Rechtsstaatsprinzip gelten für die Bundeswehr und für die Soldaten in besonderer Weise. Jeder Soldat kann sich über seinen Auftrag informieren und kann sich über den Dienstweg beschweren oder den Wehrbeauftragten als unabhängige Kontrollinstanz anrufen, zur Kontrolle der Streitkräfte gibt es im Bundestag einen Verteidigungsausschuss. Bei Auslandseinsätzen sollen Soldaten die Fähigkeit einer »interkulturellen Kompetenz« haben. Nach wie vor gelten aber auch alte Tugenden wie die Pflicht zur Kameradschaft und das Prinzip von Befehl und Gehorsam. Der Befehl findet jedoch seine Grenzen im übergeordneten Recht – dem Völkerrecht, den Grund- und Menschenrechten, der Verfassung und Gesetze – und im Gewissen jedes einzelnen Soldaten. Vorgesetzte Offiziere und Unteroffiziere sollten nicht nur befehlen, sondern auch erklären und überzeugen können. Sie sollen nicht nur militärisch ausbilden, sondern auch historische und politische Bildung vermitteln können. Ein sehr idealer Anspruch an die Menschenführung, der bis heute nicht immer und jederzeit erfüllt wird. Die Schlüsselfrage »Was ist und wie zeigt sich innere Führung konkret?« muss immer wieder neu gestellt und beantwortet werden.

Mitte der Achtziger-Jahre geschah etwas Unglaubliches: Die Sowjetunion hatte sich kaputtgerüstet, wirtschaftlich war das System am Ende. »Perestroika« (Umgestaltung) und »Glasnost« (Offenheit) hießen die Schlagworte, die 1989/1990 in der DDR zur friedlichen Revolution, zum Fall der Mauer und zur Wiedervereinigung führten. Das neue Deutschland, die Bundesrepublik, wird in der Europäischen Union das wirtschaftlich mit Abstand stärkste Land. Europa wird zum Binnenmarkt, 1999 der Euro eingeführt.

Der Westen diktierte auch bei militärischen Fragen die Richtung: Die NVA wurde mit dem Vollzug der deutschen Einheit einfach aufgelöst. Die (ehemaligen) NVA-Angehörigen wurden größtenteils in die Bundeswehr integriert, die durch die neue politische Situation neu ausgerichtet werden musste. Auch wurde die Wehrpflicht ab 1990 verkürzt und Mitte 2011 ausgesetzt.

Gerade für Deutschland bringen Bündnisse und deren militärische Vernetzung neue Herausforderungen. So stellte sich für das wiedervereinigte Deutschland die Frage, ob und wie es sich bei internationalen Einsätzen zur Konfliktverhütung und Krisenbewältigung beteiligen solle. Viele Bürger stehen einer deutschen Beteiligung an weltweit militärischen Missionen der Vereinten Nationen oder Nato-Einsätzen kritisch gegenüber. In der Praxis war eine strikte Trennung zwischen humanitären und bewaffneten Auslandseinsätzen schwierig, schrittweise erfolgte in den Neunziger-Jahren eine Ausweitung der Aufgabenbereiche von friedensichernden Maßnahmen bis hin zu Kampfeinsätzen. Rechtssicherheit brachte 1994 ein Urteil des Bundesverfassungsgerichts. Danach darf die Bundeswehr geografisch unbegrenzt im Rahmen kollektiver Sicherheitssysteme an Friedensmissionen nur teilnehmen, wenn der Bundestag jedem Einsatz einzeln zustimmt (Prinzip der Parlamentsarmee). 2005 wurde der konstitutive Parlamentsvorbehalt eines Kampfeinsatzes gesetzlich im Parlamentsbeteiligungsgesetz konkretisiert.

Frauen im Dienst der Waffe: *Jahrhunderte lang war klar, dass Frauen nicht aktiv am Kampfgeschehen teilnehmen. Freilich gab es zu jeder Zeit Ausnahmen. Frankreich hatte im 15. Jahrhundert Johanna von Orleans, in Preußen gab es für Frauen Ehrenstellungen als Regimentschefs. In beiden Weltkriegen wurde das Rollenbild der Frau aufgebrochen, um die Kriegsmaschine am laufen zu halten. Frauen hatten in der Fabrik die Aufgaben der an die Front geschickten Männer mitübernommen und trugen so zuhause enorme Lasten. Der Begriff der Heimatfront machte die Runde. Wie schon Jahrhunderte zuvor halfen viele Frauen an der Front und im Hinterland als Krankenschwestern und versorgten Verwundete. Das Klischee vom »helfenden Engel« wurde dabei bedient, der blutige*

Alltag blieb dabei außen vor. In der Bundeswehr durften Frauen keinen Dienst an der Waffe leisten. Wenn überhaupt, waren sie als Ärzte im Sanitätsdienst eingesetzt. Anders war das bei der NVA. Traurige Folge hieraus war, dass alle weiblichen NVA-Soldaten bis auf die Sanitätsoffiziere ausscheiden oder sich als Zivilangestellte bemühen mussten. Ab 1991 konnten Frauen sämtliche Laufbahnen des Sanitäts- und Musikdienstes einschlagen. Seit 2001 stehen Frauen bei der Bundeswehr alle Laufbahnen offen.

Als das islamistische Terrornetzwerk Al-Qaida am 11. September 2001 Anschläge auf das World Trade Center und das Pentagon verübte, änderten sich die bisherigen Vorstellungen von Grund auf. Zum ersten Mal in ihrer Geschichte rief die Nato den Bündnisfall und den Krieg gegen den Terrorismus aus. Seither nehmen die Auslandseinsätze gegen den Terror durch bewaffnete Kräfte zu. Auch für deutsche Soldaten ist mittlerweile »Töten und getötet werden« zur bitteren Einsatzrealität geworden.

Die Angst vor Terror hat auch den Alltag in Deutschland verändert. Kontrollen an Flughäfen wurden verschärft, die Digitalisierung hält Einzug in alle Systeme. Datenspeicherung und Datenüberwachung greifen in die Freiheitsrechte ein. Die Grenzen innerer und äußerer Sicherheit verschwimmen. Streitkräfte bereiten sich mittlerweile auf Cyber-Angriffe vor. An Zukunftsvisionen von Robotern und Waffen, die sich vom Schreibtisch präzise steuern lassen oder an vordergründig nicht zerstörerischen Systemen wie Mikrowellen- oder Akustikwaffen wird gearbeitet.

Die Bankenkrise im Jahr 2008 trifft die Industrienationen in ihrem Finanzsystem. Aus der Bankenkrise wird schnell eine Staatsschuldenkrise, für die Europa keine Lösung findet. Wieder einmal ist Deutschland gefragt, das sich wirtschaftlich schnell erholt.

International gibt es immer mehr Krisenherde und besorgniserregende Unruhen. Der Nahostkonflikt bleibt ungeklärt, eine friedliche Lösung ist nicht in Sicht. Ebensowenig zeigen sich Lösungen in Afghanistan oder in Zentralafrika. Aus dem syrischen Bürgerkrieg schwappt eine Flüchtlingswelle nach Europa, die Terrorgruppe Islamischer Staat, kurz IS, führt einen Stellvertreterkrieg und initiiert Terroranschläge in europäischen Großstädten. Großbritannien entscheidet sich mittels Volksentscheid zum Austritt aus der EU (»Brexit«). In der Türkei gewinnt Staatspräsident Erdogan immer mehr die alleinige Macht, 2016 misslingt ein Putschversuch. Schnell wurde die Gülen-Bewegung als Drahtzieher ausgerufen. Groß angelegte Säuberungsaktionen in Militär, Polizei, Justiz, Behörden und Hochschulen erfolgen, unliebsame Journalisten aus dem In- und Ausland werden verhaftet. Das Prinzip der Gewaltenteilung geht verloren, der Präsident erhält 2018 mittels Verfassungsänderung noch mehr Macht. Das Verhältnis zu Deutschland und zur EU ist so schlecht wie nie zuvor.

In der Ukraine stellt die »Revolution der Würde« Ende 2013 den Beginn der Ukraine-Krise dar. Prorussische und prowestliche Aktivisten stehen sich gegenüber. Die Ukraine wendet sich von Russland ab und strebt eine Annäherung an den Westen an. Russland schürt den Konflikt, indem es unter Ausnutzung der instabilen Lage auf der Krim einmarschiert und dort die Separatisten unterstützt. Die EU verhängt daraufhin Sanktionen gegen Russland. Im Fernen Osten schürt Nordkorea Kriegsängste. Seit Kim Jong-Un 2011 die Nachfolge seines Vaters in Nordkorea angetreten hat, brodelt es. Andauernde Menschenrechtsverletzungen und wirtschaftlicher Misserfolg paaren sich mit aggressiver Kriegsrhetorik. Ein Raketenstart folgt dem anderen, Atomwaffen werden getestet und führen zu Spannungen mit den Nachbarstaaten und den USA. Der Sicherheitsrat der UN ist besorgt und verhängt Sanktionen. 2018 und 2019 treffen sich der amerikanische Präsident und der oberste Führer von Nordkorea, was die Lage etwas entspannt. Unruhen, Massenproteste und Ausschreitungen gibt es auch in Venezuela, Brasilien und Myanmar sowie zwischen Indien und Pakistan (Kaschmir-Konflikt«). Der Iran-Konflikt spitzt sich im Sommer 2019 zu: Das Land leidet unter US-Sanktionen, das Volk ist verbittert und die Extremisten haben Zulauf. Streit gibt es um die Atompolitik der islamischen Republik, der zu einem »Krieg aus Versehen« werden kann.

Ein kleines Fazit: Seit Menschengedenken zeigt sich die bittere Erkenntnis, dass nicht alle Menschen auf dieser Welt in Frieden leben können oder wollen. Immer wieder brechen Wunden auf, Despoten demonstrieren ihre Macht, Terrorgruppen organisieren sich. Hinzu tritt ein klimatischer Wandel, bei dem in immer kürzeren Abständen Naturgewalten ihre Kraft zeigen. Auch wenn der amerikanische Präsident Donald Trump jeden Klimawandel verneint, sind gerade auch die Vereinigten Staaten von Amerika davon betroffen. Immer wieder zeigt sich die Natur von ihrer zerstörerischen Seite, ruft Verwüstungen unvorstellbaren Ausmaßes hervor, oft verbunden mit großem persönlichem Leid. Und häufig sind es Soldaten, die mit ihrem Wissen und technischen Möglichkeiten schnell und effektiv erste Hilfe leisten und auch so die Anerkennung der Bevölkerung erhalten.

***Der Cyber-Marsch für IT-Soldaten**: 2017 wurde eine neue Bundeswehreinheit »Cyber- und Informationsraum« eingerichtet. Ziel der neuen Einheit ist es, IT-Angriffe abzuwehren. Über 10.000 Experten sollen die Sicherheit moderner Infrastruktur gewährleisten. Im Rahmen der Indienststellung der Einheit wurde am 5. April 2017 der »Cyber-Marsch« von Sebastian Middel, Hauptfeldwebel im Musikkorps der Bundeswehr, uraufgeführt. Der kraftvolle Marsch im 6/8-Takt hat eine schwungvolle Melodik und eine progressive Harmonik. Er soll die Kreativität und die Vision des neuen Kommandos symbolisieren.*

Militärmusik im Dritten Reich:

Schneller Aufstieg, noch schnellerer Abstieg

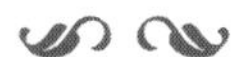

Marketingweisheit: »Es dauert lange, einen guten Ruf aufzubauen, zerstört ist er im Nu!«

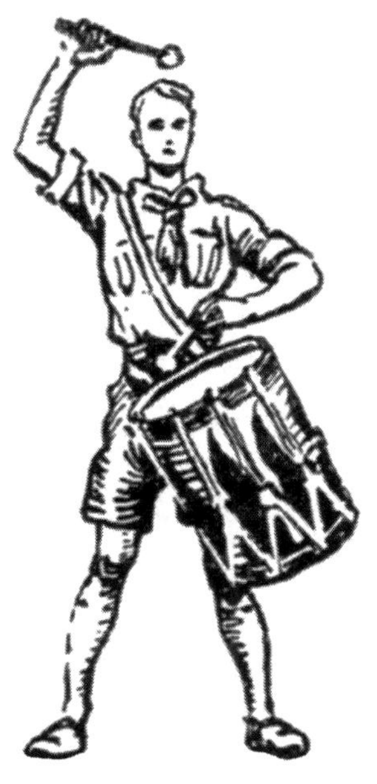

Trommler der Hitlerjugend

Kurt Tucholsky beschrieb 1919 in seinem kriegskritischen Gedicht »Unser Militär!« die Freude und den Abgesang auf das Militär und seiner Musik. Das Gedicht endete mit dem Aufruf »Lass endlich schweigen, o Republik, Militärmusik! Militärmusik.« Doch die Pfeifen und Trommeln und des Bleches Schall verstummten nicht.

In der NS-Zeit diente die Marschmusik vor allem der Stärkung des Regimes und zu Zwecken der Propaganda, teilweise auch zur Untermalung oder Übertönung der barbarischen Gräueltaten. Den eigentlichen Zweck der Marschmusik, die Signalgebung, hatte sie bereits im Ersten Weltkrieg verloren. Nun verlor sie auch noch den Zweck, den sie Jahrhunderte lang innehatte: zur Stärkung der Moral des Soldaten und zur Ermunterung bei allen Schrecken des Krieges.

Geschickt nutzte das NS-Regime die Effekte der Marschmusik und setzte eine Reihe von entscheidenden Änderungen für die Militärmusik um. So wurden Kapellmeister 1936 Beamte im Offiziersrang, 1938

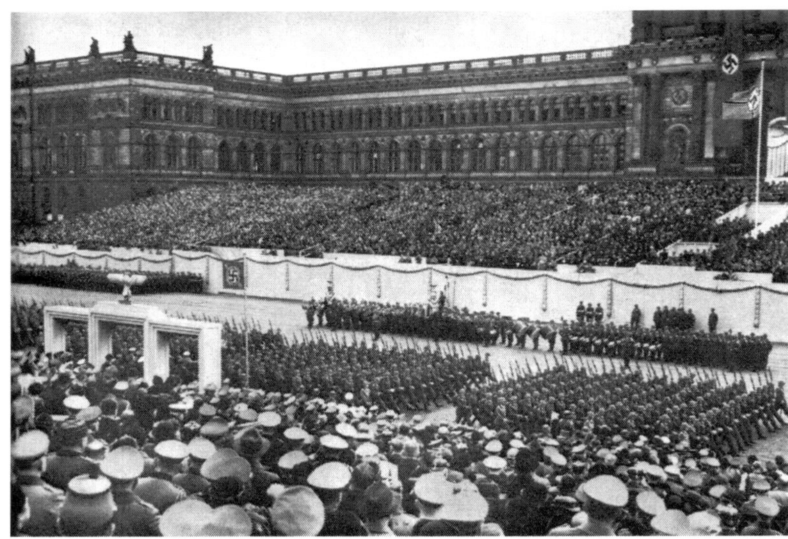

Aufmarsch vor der TH Berlin zu Hitlers 50. Geburtstag am 20. April 1939

erfolgte die lang ersehnte Gleichstellung mit den Offizieren. Ab 1935 erhielt die Luftwaffe ihre eigene Militärmusik. Sie war eigenständig und personell wie materiell großzügig ausgestattet. Besonderheit der Luftwaffenmusikkorps: Sie wurden mit Saxophonen besetzt, was damals aus Gründen der Tradition und wegen deren näselndem Klang heftig umstritten war. Unter den Luftwaffenmusikkorps stach das »Regiment General Görings« hervor. Die Nazigröße Hermann Göring war letzter Reichstagspräsident, Reichsminister für die Luftfahrt, Generalfeldmarschall und – selbsternannt – Hitlers Nachfolger. Sein Musikkorps hatte eine Stärke von 45 Spielleuten und 60 Musikern und diente der Bundeswehr als Vorbild für die Instrumentalbesetzung.

1944 wurden die meisten Musikkorps aufgelöst, jede Division durfte von da an nur noch ein Musikkorps in der Stärke von 27 Musikern und einem Dirigenten behalten. Nicht benötigte Musiker und Spielleute wurden zur kämpfenden Truppe abgestellt. Dem schnellen Aufschwung der Militärmusik in 1935 folgte so zu Kriegsende der jähe Abstieg. Mit Ende des Zweiten Weltkrieges im Mai 1945 wurden alle militärischen Verbände und damit auch alle Musikkorps vollständig aufgehoben.

Bittere Erkenntnis: Im Dritten Reich war die Marschmusik ein ebenso willkommenes und wirkungsvolles Mittel propagandistischer Verführung, unter dessen Klängen Millionen Menschen und viele Regionen und Städte in Schutt und Asche versanken. Der Nationalsozialismus hat die Marschmusik instrumentalisiert und damit auch der deutschen Marschmusik und deren Tradition eine ganz schwere Hypothek hinterlassen.

📖 *Höfele, S. 187 ff.; Keubke, S. 150 ff.; Schramm in: Ehlert, militärisches Zeremoniell in Deutschland, Potsdam 2008, S. 9 ff.*

Militärmusik heute

Professionelle Militärmusikdienste heute

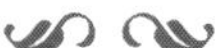

Willy Brandt 1990:
»Nun muss zusammenwachsen, was zusammengehört.«

1949 entstanden mit Gründung von DDR und BRD zwei Militärmusikdienste in zwei völlig getrennten Armeen – der Nationalen Volksarmee und der Bundeswehr. In der DDR spielte die Militärmusik eine besondere Rolle. Die Militärmusiker mussten eine strenge Ausbildung durchlaufen und hatten einen straffen Tagesablauf. Sie leisteten eine grandiose Arbeit, für viele Militärmusiker war die Perfektion auf der Straße oder im Konzertsaal der Lebensinhalt. Das zentrale Orchester der NVA setzte weltweit Maßstäbe – künstlerisch wie in der militärischen Ausführung.

Die Musikgruppen, die nach sowjetischem Vorbild aufgestellt wurden, etablierten sich bei der Volkspolizei. Es waren kleine Besetzungen mit zunächst 9, 12 und 18 Musikern, die 1950 auf 30 Musiker erhöht wurden. Als 1956 die NVA gegründet wurde, gingen dieses Ensembles in den (19) neuen Musikkorps der NVA auf. Es gab das Zentrale Orchester der NVA, insgesamt fünf Stabmusikkorps und 13 Standort-Musikkorps für die Luft- und Landstreitkräfte sowie die Volksmarine. Hinzu kamen noch vier Musikkorps der Grenztruppen.

Militärische Zeremonielle wie Appelle, Fahnenparaden, Vereidigungen, Trauerzüge und Paraden spielten im System eine wichtige Rolle und wurden in Perfektion gestaltet. Jeden Mittwochnachmittag fand »Unter den Linden« in Berlin am Mahnmal für die Opfer des Faschismus und Militarismus der Große Wachaufzug statt. Damit wurde eine Tradition wiederbelebt, die bei der Bevölkerung großen Zuspruch fand. Geprägt war jedes Zeremoniell von exakter Zeichengebung des Tambourmajors, dem Dirigieren des Kapellmeisters mit dem langen Taktstock, dem Aus- und Nachschwenken des Musikkorps bei Vorbeimärschen und Paraden und dem Paradeschritt aller Musiker und Soldaten. Die Musiker erhielten für ihre Paradeuniform die Schwalbennester zurück, Unteroffiziere erhielten Kragenlitze, Offiziere eine Feldbinde und einen Ehrendolch.

Hauptsächlich wurden in den Musikkorps der NVA neue Kompositionen und Arrangements gespielt, die alten preußischen Märsche durften mit Ausnahme des Yorck'schen Marsches aus ideologischen Gründen anfänglich nicht gespielt werden, ausdrücklich verboten waren »Preußens Gloria«, »Fridericus Rex« und der »Badonviller Marsch«. Verbindlich für alle Einheiten waren die DDR-Hymne, die Internationale, der Parademarsch der NVA Nr. 1 (1963) von Heinz Schulz mit dem Motiv »Völker, hört die Signale« aus der Internationalen und Beethovens Yorck'scher Marsch. Gerade diese vier Titel wurden gedrillt und mussten von jedem Musiker auswendig beherrscht werden. Es gab auch einen Großen Zapfenstreich der NVA. Dieser Zapfenstreich enthielt folgende Stücke: Festliche Musik von

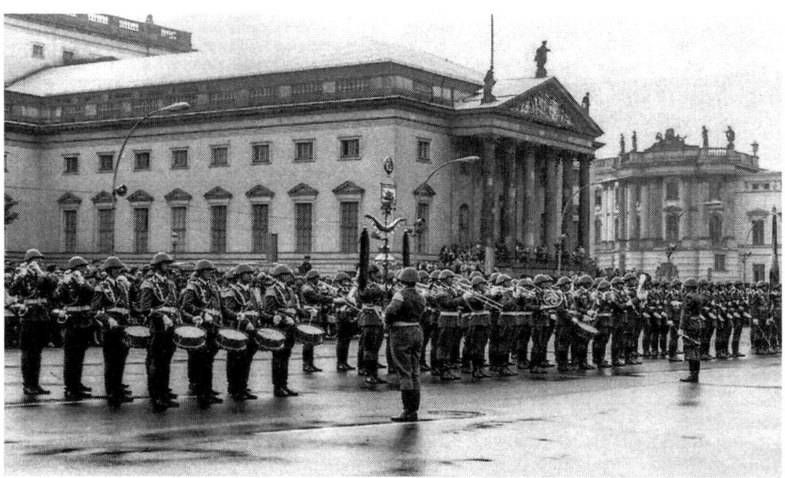

Wachaufzug der NVA an einem Mittwoch, Berlin Unter den Linden

Schulz, zwei Märsche, ein Arbeiterlied, die Hymne sowie das Lied für den Frieden der Welt von Schostakowitsch. Einen festen Platz hatten die Märsche »Unsere Luftstreitkräfte« von Martin Hattwig, »Unsere Volksmarine« von Ludwig Schmidt, und der Marsch »Lebensfreude« von Hans-Helmuth Hunger. Am 22. August 1987 zeigten 700 Spielleute und Musiker der NVA und der Grenztruppen auf dem Gendarmenmarkt in Berlin ihr ganzes Können. Das Historische Militärkonzert (Großkonzert mit Zapfenstreich) war ein doppeltes Jubiläumskonzert – 750 Jahre Berlin und 175 Jahre nach den Befreiungskriegen und ist im Netz für die Ewigkeit festgehalten.

***Das »Große Platzkonzert« des Zentralen Orchesters mit Gerhard Baumann**: Das Zentrale Orchester der NVA stand an erster Stelle der Musikkorps der DDR und hatte seinen Ursprung als Sinfonieorchester. Gerhard Baumann (1926 bis 2006) ging nach der amerikanischen Kriegsgefangenschaft zum Polizeiorchester und studierte Komposition und Dirigieren. 1959 wurde er Chef beim Zentralen Orchester der NVA und setzte einen eigenen Standard: Einen einzigartigen Klangkörper mit außergewöhnlichen Auftritten und einer künstlichen Ausformung, die weltweit den Maßstab setzte. Im Jahr 2000 wurden fünfzig Musikstücke des Ausnahmeorchesters auf drei CD unter dem Titel »Das Große Platzkonzert« festgehalten, 2003 folgte eine vierte CD. Auf den Musikträgern findet sich die weite Bandbreite der Militärmusik wieder: Fanfarenklänge, der Präsentiermarsch der NVA, klassische Märsche und Motive aus Opern und Operetten, Ouvertüren, Walzer, Tänze und Polkas usw. Werner Probst schreibt hierzu: »Es gibt legendäre Orchester und es gibt legendäre Dirigenten«. Man kann zum System stehen, wie man will. Hier erbrachte die DDR etwas bisher nicht wieder Erreichtes.*

Im Herbst 1989 gingen in Sachsen unter pastoraler Führung mit dem Appell »Wir sind das Volk« tausende Menschen lautstark, aber friedlich auf die Straße. Am 9. November 1989 fiel die Mauer, die Stasi-Behörden wurden gestürmt. »Deutschland einig Vaterland« erklang der Ruf unmissverständlich. Aus der Parole »Wir sind das Volk« hieß es bald: »Wir sind ein Volk«. Am 3. Oktober 1990 war es dann soweit: die DDR trat der Bundesrepublik bei – die Einheit Deutschlands war besiegelt. Nach der Wiedervereinigung wurden die NVA und ihre Musikkorps in die Bundeswehr übernommen und innerhalb weniger Monate aufgelöst. Viele Militärmusiker sind ausgeschieden, eine Ära – zumindest hinsichtlich der Militärmusik – fand damit ein Ende.

Spielleute und ihr schweres Los in der Militärmusik: *Prägend für die deutsche Militärmusik ist das Spielmannszugwesen. Spielleute laufen voraus und haben im Protokoll eine sichtbare Vorrangstellung. Leider haben sie seit jeher wenig Fürsprecher. Auch bei der Bundeswehr erfahren die Spielleute wenig Wertschätzung: So wurden lange Zeit notwendige Einsparungen in der Militärmusik bei den Musikkorps auf Kosten der Spielmannszüge vollzogen. Musikkorps konnten dann nur noch einen Spielmannszug aufrechterhalten, solange Wehrpflichtige zur Verfügung standen. Im (ehemaligen) Stabsmusikkorps Bonn/Siegburg hatten die Spielleute als »Streicher« eine Doppelfunktion. Dabei hatte das Kammerorchester oft Vorrang vor dem »einfachen Spiel«. Mit der Aussetzung der Wehrpflicht war auch das vorbei. Heute gibt es in der Bundeswehr noch zwei Spielmannszüge – einen in Berlin und einen in Siegburg. Die zwanzig Spielleute bestehen zur Hälfte aus »Unteroffizieren« und aus »Mannschaften«. Nur der Tambourmajor darf Feldwebel sein! Der Spielmannszug des Stabsmusikzuges in Berlin setzt mit seinen protokollarischen Ehrendiensten und bei Musikshows zusammen mit dem Drillteam des Wachbataillons eigene Akzente und findet weltweit Beachtung. Tambourmajor Richter, ehemaliger Musiker im Zentralen Orchester der NVA, hat seinen Zug strategisch und im »Spiel« gut positioniert. Eine Glanzleistung!*

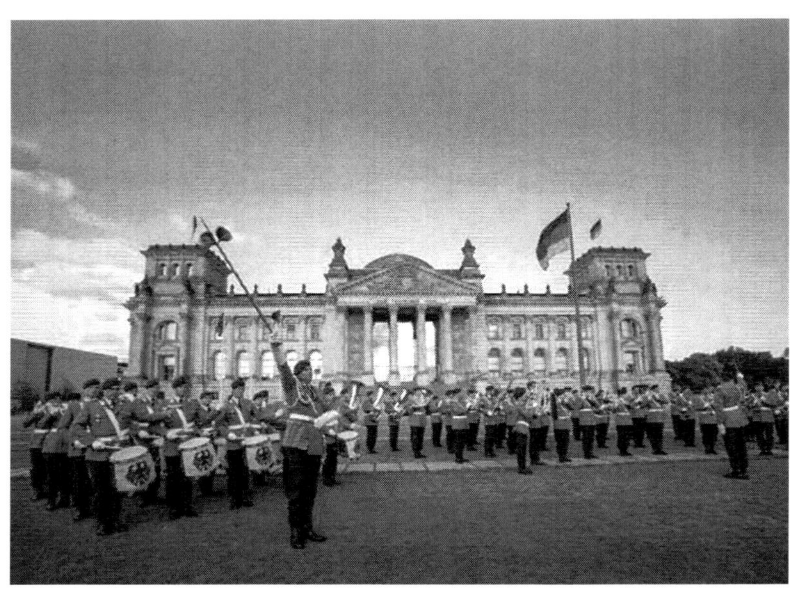

Stabsmusikkorps der Bundesrepublik Deutschland

Der Militärmusikdienst der Bundeswehr wurde mehrfach neu ausgerichtet und 2009 reorganisiert. Alle Musikeinheiten der Bundeswehr sind im »Zentrum Militärmusik der Bundeswehr« gebündelt. Das Zentrum wird von Oberst Christoph Lieder geleitet. Dieses Zentrum mit Sitz in Bonn ist musikfachlich und truppendienstlich die vorgesetzte Dienststelle aller Musikeinheiten. Aktuell sind das 15 Klangkörper, namentlich das Ausbildungsmusikkorps (Hilden), die Big Band (Euskirchen), die Marinemusikkorps Kiel und Wilhelmshaven, die Luftwaffenmusikkorps Münster und Erfurt, das Gebirgsmusikkorps (Garmisch-Partenkirchen), die Heeresmusikkorps Hannover, Kassel, Koblenz, Neubrandenburg, Ulm und Veitshöchheim, das Stabsmusikkorps (Berlin) und das Musikkorps der Bundeswehr (Bonn-Siegburg). Spielleute gibt es nur noch in Berlin und Bonn/Siegburg. Alle Orchester leisten großartige Arbeit und sind in besonderer Weise Aushängeschilder Deutschlands. Das Stabsmusikkorps (Berlin) repräsentiert in besonderer Weise die Bundesrepublik Deutschland. Bei Staatsempfängen steht es zusammen mit dem Wachbataillon am roten Teppich. Das Musikkorps der Bundeswehr (Bonn/Siegburg) hat einen herausgehobenen (konzertanten/künstlerischen) Auftrag und ist auch in den Protokollarischen Ehrendienst der Bundesrepublik eingebunden. Mit der Wiedervereinigung der beiden »Staaten« wuchs auch hier wieder zusammen was zusammengehört – eine deutsche Militärmusik!

Das »Musikfest der Bundeswehr«: *Seit Jahrzehnten bilden Musikshows (»Tattoos«) ein eigenes Genre. Weltweit setzen das »Royal Edinburgh Military Tattoo« und das »Basel Tattoo« Maßstäbe. 2017 hat die Bundeswehr zum ersten Mal die Idee eines »Musikfestes der Bundeswehr« umgesetzt. Das Musikfest der Bundeswehr ist die Großveranstaltung der Bundeswehr, soll die Qualität der Deutschen Militärmusik zeigen und die Bundeswehr in Staat und Gesellschaft hör- und erlebbar machen. In einem extra inszenierten Programm treten jeweils im September in Düsseldorf etwa 700 bis 800 Musiker und Künstler nationenübergreifend in zwei Veranstaltungen auf. Moderator ist Johannes B. Kerner. Neben den nationalen Formationen begleitet die Big Band der Bundeswehr das Musikfest.*

🕮 *Höfele, S. 200-228; Heidler u. a., Militärmusikdienst der Bundeswehr, in: Heidler (Hrsg.), Bd. 11; Heidler u. a., Die Militärmusik der Bundeswehr, in: Heidler (Hrsg.) Bd. 12; Ernst/Timmer, Musikfest, in: Heidler (Hrsg.) Bd. 13, S. 104 ff; Richter, Spielmannszug, in: Heidler (Hrsg.) Bd. 13, S. 90 ff.; Heidler (Hrsg.), Bd. 12.*

Teil 2

MÄRSCHE UND DEREN GESICHTER

Ausgewählte Märsche, deren Hintergründe und Legenden

und

Menschen, die die Marschmusik prägten und repräsentierten

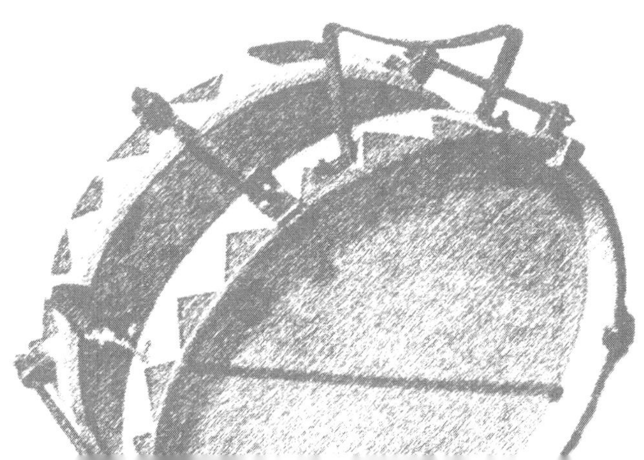

A
Vom Gleichschritt bis zur Armeemarschsammlung

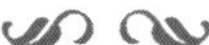

Das Bataillonsfeuer und der Gleichschritt

Kommando: »Im Gleichschritt Marsch!«

Mit dem Aufkommen der stehenden Heere wurde der gemeine Soldat einem harten Zucht- und Drillregime unterworfen. Typisch für die Schlachten waren eng geschlossene Infanterielinien. Ziel war es, die Linien als präzis funktionierender Teil einer »Schießmaschine« nach folgendem System abzurichten: laden, feuern, vorrücken – laden, feuern, vorrücken etc. Schoss ein ganzes Bataillon gleichförmig, sprach man von Bataillonsfeuer.

Das Kommando der Bürgerwehren beim Ehrensalut knüpft an diese Tradition des Bataillonsfeuers an. Das Kommando lautet: »Bataillon soll chargieren! Chargiert! Geladen! Fertig – Feuer!«

In diese Taktik ist auch der Gleichschritt einzuordnen, der sich Anfang des 18. Jahrhunderts allgemein durchsetzte.

Die Fortbewegung der Fußtruppe im gleichmäßigen Tempo und auf den gleichen Fuß gab es teilweise zu Zeiten der Landsknechte. Die für militärische Disziplin berühmten preußischen Soldaten hielten es jedoch für unmöglich, dass »jeder Kerl mit allen anderen Tritt halten kann«. Angeregt durch Fürst Leopold I. von Anhalt-Dessau (der »Alte

Dessauer« genannt), zugleich preußischer General, wurde der Gleichschritt immer beliebter. Der Gleichschritt ermöglichte das schrittweise Vorrücken der Truppen auf dem Marsch und im Gefecht. Es sah sowohl auf dem Feld wie auf Paraden eindrucksvoll aus und ermöglichte es den Preußen auf dem Schlachtfeld, mit beweglichen Formationen kompakt zu operieren. Der preußische König Friedrich Wilhelm I. war skeptisch, als er erstmals von dieser Taktik erfuhr und ließ sich 1730 den sogenannten Exerzierschritt erstmals im Berliner Lustgarten vorführen. Danach war er von der Notwendigkeit dieser Neuheit überzeugt und ordnete den Gleichschritt in zwei Geschwindigkeiten an: den Ordinärschritt zu 60 Schritt pro Minute (später 72/75) und den Deployierschritt zu 108 Schritt pro Minute.

Zuständig für den Rhythmus waren die Spielleute. Sie bestimmten das Tempo der vorrückenden Linien. Wenn es ins Feld ging, war das Tempo zunächst langsam – 60 beziehungsweise 72 Schritt pro Minute – und wurde dann immer mehr zum Sturmmarsch beschleunigt. Wörtlich stand in den Vorschriften zum Gefechtsfeld. »Aus dem ordinairen Schritt geht das Bataillon auf das Command »im Geschwindschritt Marsch« in diese Marschart über.«

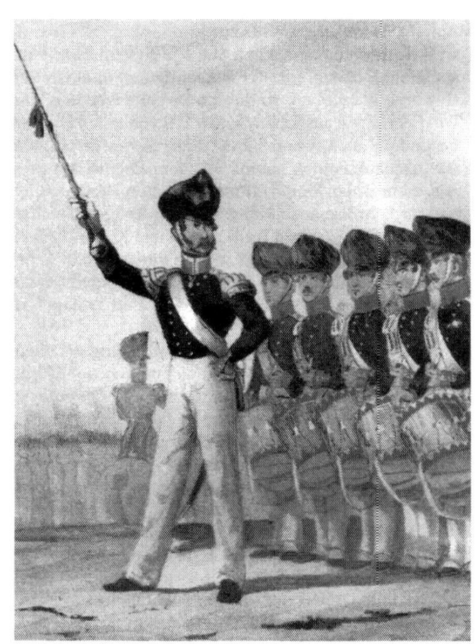

Regimentstamboure um 1835

Heute noch kennen wir diese Unterscheidung. Präsentiermärsche erfolgen im langsameren Tempo 72 bis 80 (»langsamer Marsch im Ordinär-, Avancier- beziehungsweise Präsentierschritt), die üblichen Straßenmärsche erfolgen heute über das Kommando »im Gleichschritt Marsch« (eigentlich »im Feldschritt Marsch« – oder – »im Geschwindschritt Marsch«) im allgemein schnellen Marschtempo von 108 bis 118 Schritt pro Minute (»modernes Marschtempo«). Bei feierlichen Kirchenzügen – Prozessionen, Umgängen und Begräbnissen – liegt das Tempo bei etwa 60 Schritten pro Minute.

Märsche zum Mitsingen

Friedrich Schiller: »Trommeln und Pfeifen kriegerischer Klang!«

Nach Einführung des Gleichschritts war es Aufgabe der Trommler und Pfeifer, den Kameraden mit ihrer Musik das Marschieren zu erleichtern. Die Pfeife konnte, gut zwei Oktaven umfassend, die Lieder spielen, die die Soldaten gerne hörten oder sangen. Am besten zweistimmig, rhythmisch begleitet von den Trommeln.

Märsche der Spielleute waren gemeinhin bekannte Melodien, die leicht ins Ohr gingen oder bei denen man leicht mitsummen konnte, wie der Torgauer, Yorck'sche oder der Coburger Marsch. Noch lieber

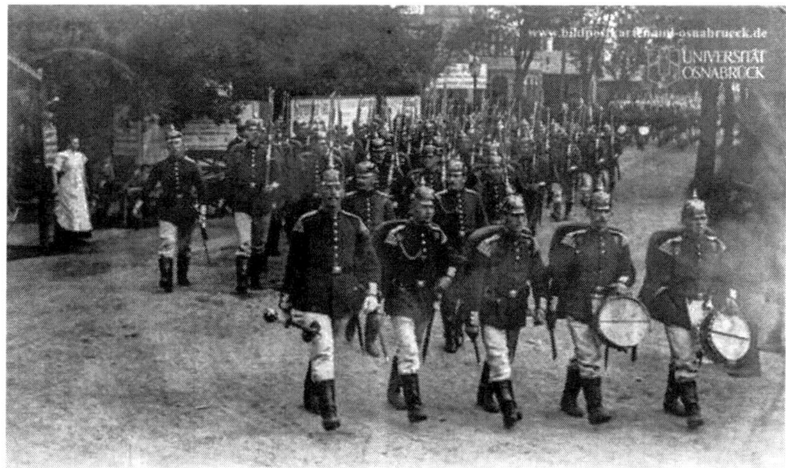

Trommler voran! Bildpostkarte von 1909 (Quelle: Universität Osnabrück)

waren den Soldaten Märsche, deren Melodien man singen konnte. So sind bis heute »Der Radetzkymarsch«, »Das Lieben bringt groß Freud« oder »In die weite Welt« mit den dazugehörigen Volksliedern allseits beliebt. Gab es keine Texte oder war den Soldaten der bekannte Liedtext nicht passend genug, wurde selbst ein Text entworfen oder wurden Texte angepasst und ergänzt, getreu dem Schema »Mit Herz und Hand – fürs Vaterland«, »mit Mut und Blut, in Krieg und Sieg« etc. Meist ging es dabei um soldatisch-patriotische Texte oder um Frauen und um die Liebe, Kameradschaft, Spott oder Trivialitäten des Lebens. Markante Texte hatten auch für die Spielleute noch etwas Gutes: Sie spielten auswendig und nach Gehör. Zum Erlernen des Marsches oder als Eselsbrücke fürs Behalten halfen bekannte Melodien und markante Texte ungemein.

***Lied als didaktisches Konzept**: Das Lied war für den Virtuosen und Professor für Trompete Julius Kosleck das didaktische Konzept schlechthin. Kam ein Schüler zu ihm in den Unterricht, nahm er ihm die Noten weg und fragte: »Kennen Sie den Text zu dem Lied?«. Folgte eine verneinende Antwort, wurde er zornig: »Mensch, Sie wollen mir ein Lied vorblasen und wissen nicht, was es sagen will! Wie vermögen Sie denn Dingen technisch oder gar seelisch beizukommen? Gehen Sie nach Hause, lesen Sie den Text genau durch, denken Sie darüber nach und dann kommen Sie morgen wieder!«*

Beispiele für bekannte Märsche mit unterlegten Liedtexten:

- Alte Kameraden: »Alte Kameraden auf dem Kriegespfad, in alter Kameradschaft felsenfest und treu …«
- Radetzkymarsch: »Wenn nach stiller Nacht, neu der Tag erwacht, zieh'n wir aus der großen Stadt …« – oder sehr patriotisch im Dialekt: »Kameraden, halt's enk fest zusamm', wir zieh'n hinaus in Gottes Nam', mit Herz und Hand für Vatersland, macht's Österreich nur ka Schand!«

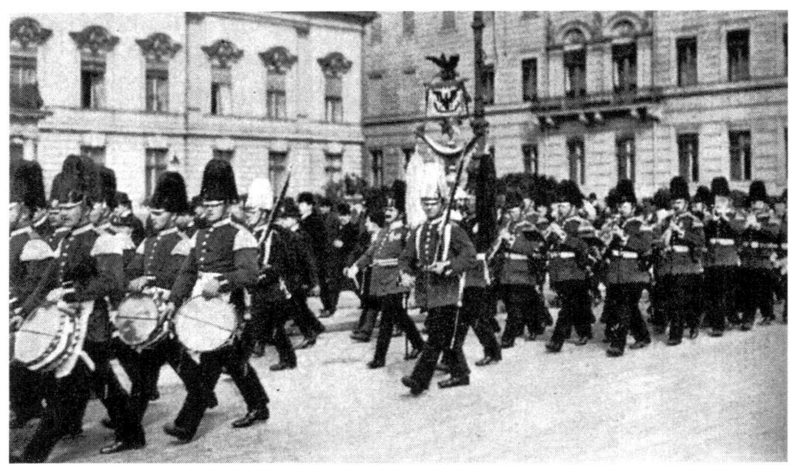

Rückmarsch zur Kaserne (4. Garde Reg. zu Fuß, Berlin 1914)

- Fehrbelliner Reitermarsch: »Wir wollen unsern alten Kaiser Wilhelm wieder haben … aber den mit dem Bart, mit dem langen Bart …«
- Fridericus Rex: »Fridericus Rex, unser König, unser Herr …«
- Marsch »Das Lieben bringt groß Freud« nach dem gleichnamigen Volkslied
- Marsch »In die weite Welt« mit gleichnamigem Volkslied im Trio
- Kaiserjäger Marsch: »Wir Jäger lassen schallen, ein froh gewaltig Lied …«
- Fliegermarsch: »Kerzengrad steig ich zum Himmel, … Komm und sei mein Passagier, fliege, fliege, flieg mit mir!«
- Waidmannsheil: »Ich schieß den Hirsch im wilden Forst, im tiefen Wald das Reh …«

Lili Marleen: *Kein Soldatenlied hat je einen größeren Erfolg erzielt als Lili Marleen von Hans Leip (Text) und Norbert Schultze (Musik). Jeder Soldat im Zweiten Weltkrieg kannte das Lied, es* *wurde in viele Sprachen übersetzt. Nicht nur die Deutschen liebten es, sondern auch die Engländer, Amerikaner, Franzosen, Russen, selbst wenn es verboten war. Die Situation war einfach: Ein Soldat trifft sich mit seiner Liebsten vor der Kaserne. Der Posten »Zapfenstreich« erklingt und der Abschied schmerzt, ebenso die Erinnerung. Eigentlich müsste das Lied von einem Mann gesungen werden. Aber wo immer Männer das versucht haben, wurde nichts daraus. Der spröde, leicht rauchige Alt von »Lale Andersen« passte ideal. Auch Marlene Dietrich, Dorit Talmadge, Mimi Thoma, Vera Lynn und Anne Shelton sangen das Lied. Und der Erfolg blieb nicht aus. Dabei führte Lili Marleen lange Zeit ein Schattendasein. An einem Tag – dem 18. August 1941 – kam der Durchbruch: Der Soldatensender für das Afrikakorps »Belgrad« sendete das Lied und sofort wurde offenkundig, dass ein Volltreffer gelungen war. Das Lied berührte die Herzen der Soldaten. Da die Antennenleistung des Senders stark war, konnte das Lied an der afrikanischen wie russischen Front, im Westen wie in der Heimat empfangen werden. Innerhalb einer Woche ersetzte oder ergänzte »Lili Marleen« das Nachtgebet der Soldaten, das Lied des Zweiten Weltkrieges war geboren. Auch die Bundeswehr pflegt Lili Marleen: Seit 1955 erklingt jeden Abend Lili Marleen um 21:57 bei Radio Andernach, dem Soldatensender der Bundeswehr.*

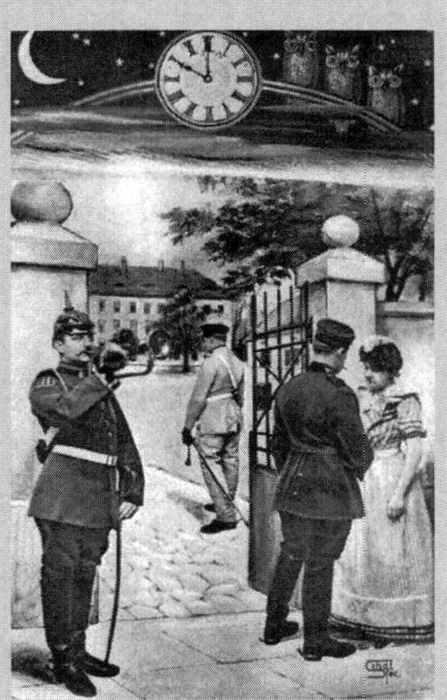

Abschied! (Bildpostkarte, gelaufen 1905. Quelle: Universität Osnabrück)

Beispiele für bekannte Märsche mit trivialen Texten der Soldaten:

- Alexandermarsch: »Die Katze pupt, der Esel scheißt, es lebt der alte 12er Geist…«
- Helenmarsch: »Das ist die, das ist die, die versoffene Infanterie …«
- Parademarsch der Spielleute: »Rietsch – Mutter – die Landwehr kommt!«
- Petersburger Marsch: »Denkste denn, denkste denn, Du Berliner Pflanze. Denkste denn ich liebe Dir, weil ich mit Dir tanze.«
- Erzherzog-Albrecht-Marsch: »Warum küsst Du denn, ja küsst Du denn, die Wangen Deiner Braut, küss' doch den A…, das ist dieselbe Haut.«
- Preußischer Präsentiermarsch: »Seine Majestät der König, 23 Pfennig sind zu wenig. `Nen Taler woll´n wir haben, …«
- Yorck'scher Marsch: »Donnerwetter, Donnerwetter, mein Toback-sack!«
- Parademarsch der 18er Husaren: »Ein dreifach hoch …
  dem Sanitätsgefreiten Neumann, der beim Militär, die graue Salbe hat erfunden …«

***Unter dem Grillenbanner**: Besonders rhythmisch ist der österreichische Marsch »Unter dem Grillenbanner« von Wilhelm Lindemann (1882 bis 1941), der leider viel zu wenig zu hören ist. In Anlehnung an Melodien von Johann Strauß haben sich bei den Mengener Spielleuten für den Grillenbanner folgende Textpassagen eingebürgert »Schmeckst nix? Schmeckst nix? Scheiß Hering! Scheiß Hering! Schmeckst nix? …« Während des Spiels singt fast jeder Spielmann genüsslich innerlich mit und erfreut sich an seinem »inneren Bild«. Auch das ist ein Geheimnis der Marschmusik!*

🕮 *Walter, Lieder aus dem Krieg; Walter in Schramm (Hrsg.), Bd. 9, S. 155 ff.*

Das Wecken

Um den Tag zu nutzen, standen Soldaten früh auf. Die Nachtruhe endete bei ihnen üblicherweise recht unsanft durch das »Wecken«. Dies konnte auf unterschiedliche Arten erfolgen. Musikalisch erfolgte es durch Signale, bei den berittenen Truppen durch die »Reveille« (frz. für Wecksignal).

Nach den Befreiungskriegen wurden hohe Feiertage, wie Neujahr, Kaisers Geburtstag und später der Verfassungstag, durch das »Große Wecken« eingeleitet. Früh am Morgen waren die Spielleute, das Musikkorps und ein Gewehrzug angetreten, um durch die Garnison zu marschieren. Auch die Bevölkerung war auf den Beinen, um dieses musikalische Zeremoniell im Wechsel von langsamen und schnellen Marschtempi nicht zu versäumen. Begonnen wurde im Tempo 80 mit dem »Wecken der Spielleute«, in das die Musik mit dem Lied »Freut euch des Lebens« einfiel. Nach dem Übergang in das Locken im Tempo 114 erklang ein Marsch im Geschwindschritt, der von den Spielleuten wiederum durch ihr Wecken im langsamen Tempo 80 abgelöst wurde. Nun begann das Ritual von vorne. Auch die »Große Fest-Re-

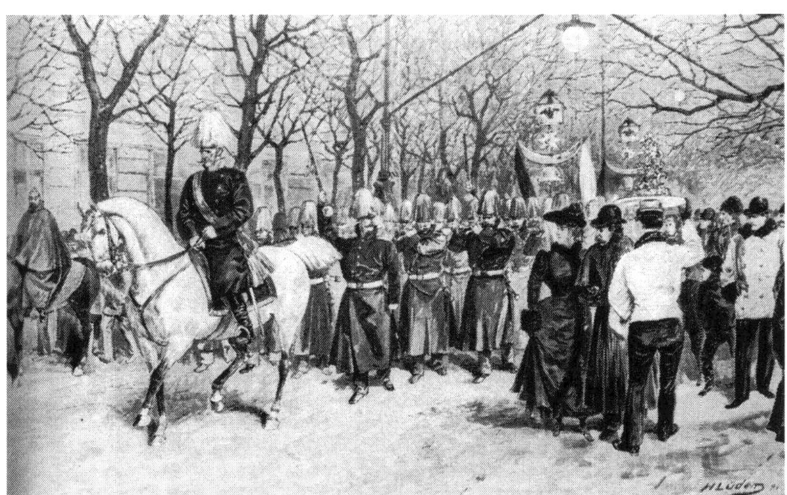

Großes Wecken zu Neujahr 1891, Berlin, Unter den Linden

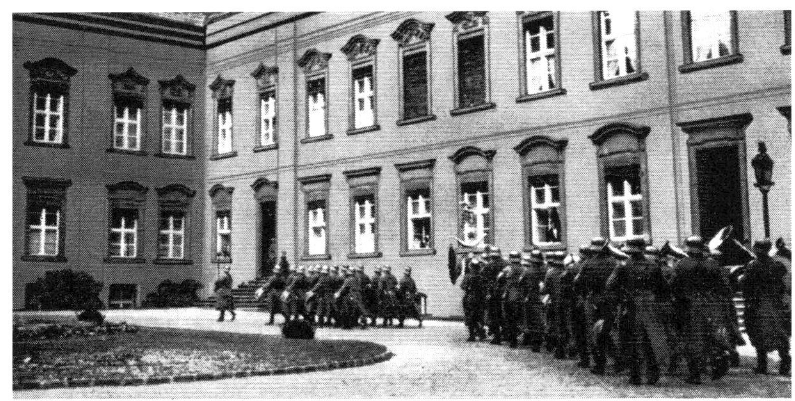

Neujahrs-Wecken beim Reichspräsidenten, Berlin, 1. Januar 1929

veille« von Joseph Golde, die traditionell mit dreimaligen Hornsignalen beginnt und in den Choral »Nun danket alle Gott« mündet, wurde im langsamen Tempo gespielt.

***Wecken bei der Bürgerwache Mengen**: In Mengen wird im Jahr traditionell dreimal »geweckt«: Zum Jahrtag jeweils am dritten Samstag im Januar, zum Maifest jeweils am dritten Sonntag im Mai und zu Fronleichnam. Zum Jahrtag und zum Maifest wecken die Kanoniere der Wehr mit Böllerschüssen sowie der Spielmannszug ab sechs Uhr mit einem Marsch durch die Innenstadt. Offiziere und der Bürgermeister werden vor ihrem Wohnhaus besonders mit einem Stück geweckt. Im Gegenzug erhalten die Spielleute hierfür ein Opfer in Geld und/oder in flüssiger Form. Nach dem Wecken erfolgt das gemeinsame Frühstück im Bürgerwachheim. 20 Minuten vor dem Antreten erfolgte bis etwa 1990 noch das »Raustrommeln«. Zwei Trommlerrotten liefen gleichzeitig in der Ober- und Unterstadt an den Toren los und trafen sich – rhythmisch abgestimmt – am Rathaus. Die letzten Trommelstreiche am Rathaus waren das allerletzte Signal für die Stadtsoldaten zum Sammeln und zum Antreten.*

An Fronleichnam spielt die Stadtkapelle an mehreren Stellen der Stadt Schäfers Sonntagslied »Das ist der Tag des Herrn« von Conradin Kreutzer, der aus der badischen Nachbarstadt Meßkirch stammt. Damit wird der hohe katholische Feiertag feierlich eingeleitet und auf die Prozession stimmungsvoll hingewiesen.

Abreißen – Locken – Musik!

Der Siegeszug der Marschmusik im 19. Jahrhundert reißt auch die Spielleute mit. Die Wirkung von Trommeln war allseits bekannt. Ein langer Wirbel, ein harter Schlag und ein guter Takt gehen »durch und durch« und hinterlassen bei Soldaten und bei Außenstehenden einen ungeheuren Eindruck! Musikdirektor Wieprecht kannte die Wirkung der Spielleute genau. In seinen Großkonzerten baute er einhundertfünfzig Trommler ein, in seinem Zapfenstreich entstand ein Tongemälde, das mal die Spielleute, mal die Fanfaren, mal die Musik musizieren lässt. Einzelne Passagen werden sogar gemeinsam vorgetragen.

Tradition ist es, dass im Marsch durch die Straßen die Spielleute im Wechsel mit dem Musikzug musizieren, wodurch eine pausenlose Marschmusik gewährleistet ist. Bereits 1737 hieß es dazu: »Wann die Tambours aufhören den Marsch zu schlagen, sollen die Hauboisten anfangen zu blasen und also wechselseitig continuieren.« In der preußischen Tradition beginnen die Spielleute, deren Spiel der Tambourmajor durch Zeichengebung mit dem Tambourstab abreißt und das Zeichen zum achttaktigen Locken gibt. Das ist dann das Signal für den Musikzug. »Das Locken« oder »die Locke« (eigentlich falsch ist der Begriff »Lockmarsch«) ist ein extra im Exerzier-Reglement der Infanterie befohlenes Stück im 6/8 Takt, nach dessen Abspielen das Musikkorps einsetzt. Das Musikkorps bricht seine Märsche gemeinhin nicht ab, sondern spielt diese durch, worauf der Tambourmajor mit seinen Trommeln und Pfeifern das Spiel wieder übernimmt.

Das Locken: Für die Musiker gaben die Tamboure ein Ankündigungskommando. Im 18. Jahrhundert ist daraus »Das Locken« als Überleitungsmarsch der Spielleute zur Musik entstanden. So kurz die Locke auch ist, so schwierig ist deren exakte Ausführung. In einem Marschwertungsspiel in den Achtziger-Jahren erhielt der Trommler der Stadtkapelle Mengen Max Schneider – ein früherer Spielmann – vom Preisgericht ein Sonderlob für sein gekonntes Anlocken.

Im 20. Jahrhundert entstand der Wunsch, dass Spielleute und Musik einige Märsche zusammenspielen. So kam es zu einer Reihe von Arrangements in gleicher Tonart. Da die Pfeifen in Ces gestimmt sind und deren gute Stimmung »g- oder d-Dur« ist, sind die gemeinsamen Stücke klingend in »ges- oder des-Dur« gesetzt. Für den Musiker stellt das anfangs eine Herausforderung dar, zumal er meist vier oder fünf B-Vorzeichen zu beachten hat. Besonders militärisch ist es, wenn die Spielleute vor dem Locken den »Parademarsch der Spielleute« aufführen.

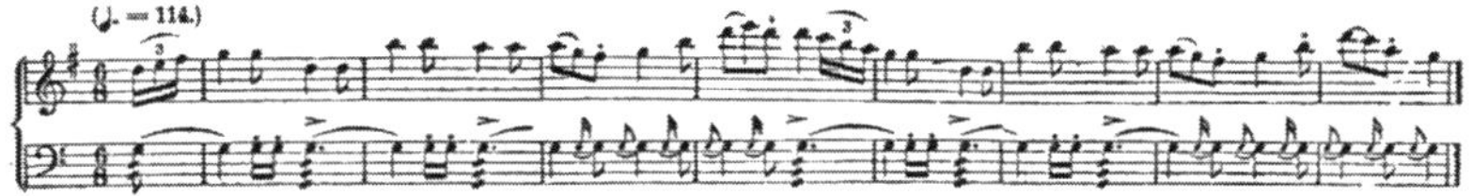

Das Locken

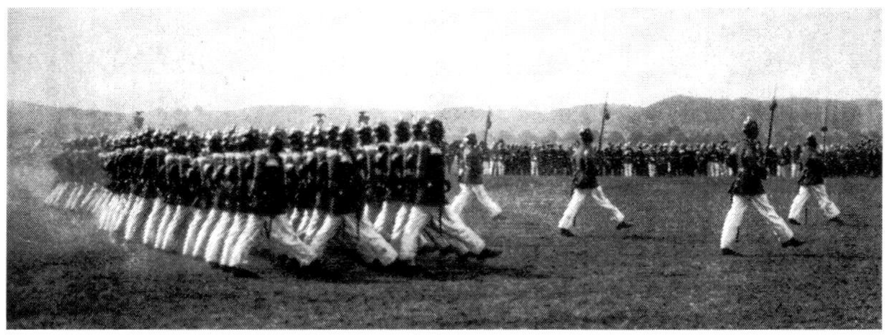

Parade der Spielleute. 87. Infanterie-Brigade, Danzig 1910

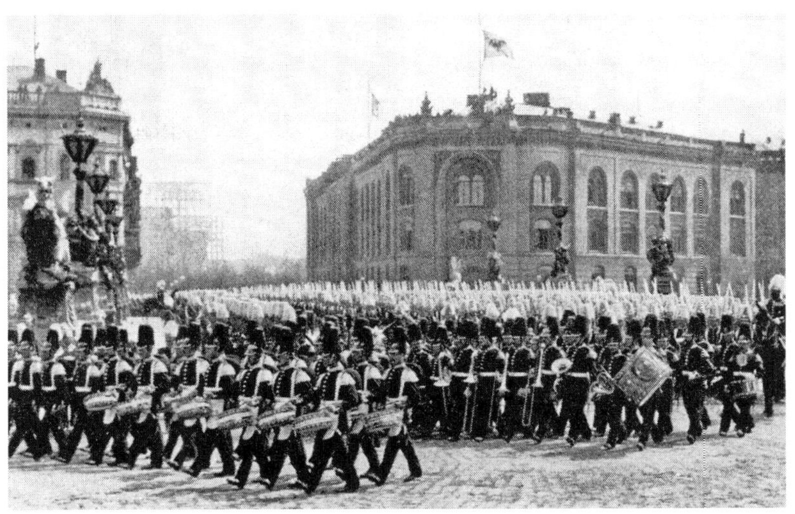

Trauerparade für Generalfeldmarschall von Moltke, Berlin 1891

Auswahl von Märschen, die sich zum gemeinsamen Spiel von Musik und Spielmannszug anbieten:

- Preußens Gloria
- Regimentsgruß
- Alter Schwedischer Kriegsmarsch
- Das Lieben bringt groß Freud
- Mit Spiel voran
- Revue-Marsch
- Österreichischer Parade-Defiliermarsch

Offizielle Armee- und Heeresmärsche

Joachim Toeche-Mittler: »Armeemärsche gehören der Truppe. Ihr sind sie verpflichtet. Wenn die Musiker in Gedanken die Regimenter sehen, dann spielen sie richtig«

Joachim Toeche-Mittler: »Märsche spielt man frisch und akkurat!«

Im 17. und 18. Jahrhundert waren die Musiker durch Zunftgesetze daran gebunden, ihre Märsche und Musikstücke mündlich zu überliefern. Da gestochene oder gedruckte Noten spärlich waren, bedingte die mündliche Überlieferung Abwandlungen, das Original verwässerte sich oder ging verloren. Manches Musikstück ging dabei auch völlig unter.

1817 befahl König Friedrich Wilhelm III., alle »guten Regimentsmärsche« zu sammeln und aufzuschreiben. Schon im 17. Jahrhundert gab es die »Philidor-Sammlung« unter Ludwig XIV. von Frankreich und die Sammlung der Landgrafen von Hessen-Darmstadt.

Nur die in der Preußischen Sammlung enthaltenen Märsche durften bei Anwesenheit des Königs gespielt werden. Mit der im 19. Jahrhundert zunehmenden festen Zuweisung von Truppenmärschen an Einheiten übernahm die Musik die wichtige Funktion als klingender Identitäts- und Identifikationsträger. Als ältester in der Armeemarschsammlung vorhandener Marsch gilt der »Finnländer Marsch«, auch »Marsch der Finnländischen Reiterei im Dreißigjährigen Krieg« genannt. In der Chronologie folgen der »Schwedische Kriegsmarsch« und der »Pappenheimer Marsch.«

Als Armeemarsch bezeichnet man einen Marsch, der in der Zeit der »Alten Armee« bis 1918 durch allerhöchste Order als Armeemarsch bestimmt und in die Sammlung der königlich-preußischen Armeemärsche (abgekürzt »AM«) aufgenommen wurde. Zu Zeiten der Reichswehr und der Wehrmacht wurden die Armeemärsche in »Heeres-, Luftwaffen- und Marinemärsche« umbenannt (abgekürzt »HM«).

Viele alte Märsche sind bis heute aus »unbekannter Feder«, also überliefert und wohl aus der Hand von tüchtigen Musikchefs, die mit ihrem Namen hinter dem Werk zurücktraten. Außer deutschen Märschen wurde in die preußische Armeemarschsammlung auch eine stattliche Anzahl von Stücken ausländischer Herkunft aufgenommen. So enthalten die drei Armeemarschsammlungen neben den deutschen Stücken, 35 Märsche aus Russland, 22 aus Österreich, elf aus Italien, vier aus Frankreich, zwei aus Schweden und aus den Niederlanden. Besonders beliebt waren Märsche mit bekannten Melodien aus Opern.

Teil I der Sammlung enthält Präsentiermärsche, die im langsamen Tempo zu Paraden oder zum Avancieren (Vorrücken/Angriff) dienten. Das erklärt ihren treibenden, aufrüttelnden Rhythmus. Hierzu Toeche-Mittler: »Die Zeichengebung des Stabführers ist ruhig, weit ausholend auf den ersten Schritt nach unten, auf den zweiten nach oben bis mindestens in Kopfhöhe. Alles in allem: Das Holz spielt in exaktem Rhythmus, scharf die Trompeten, kraftvoll die Bässe, Ruhe und Glanz in den Mittelstimmen, über dem Ganzen sparsam wie Tupfer das Glockenspiel. Insgesamt: treibend, drängend, rüttelnd und schüttelnd – so spielt man den Präsentiermarsch!«

Ausgewählte Stücke von Teil I
Langsame Märsche für die Infanterie – »Präsentiermärsche«:

AM I, 1	Marsch 1741 von König Friedrich II.
AM I, 1a	Präsentiermarsch von König Friedrich III. (»Preußischer Präsentiermarsch aus der Jugendzeit, vor 1800 komponiert)
AM I, 1b	Der Dessauer (italienische Weise um 1705)
AM I, 1c	Der Hohenfriedberger (1745) – auch AM III, 1b
AM I, 1d	Der Rheinströmer aus der Zeit um 1750
AM I, 1e	Der Mollwitzer von König Friedrich II. (komponiert 1741)
AM I, 1f	Marsch 1756 von König Friedrich II. (komponiert 1756)
AM I, 7	Marsch I. Bataillon Gare (1806)
AM I, 27	Der Coburger von Michael Haydn (1792/93 – Kavalleriemarsch)

AM I, 31	Marsch nach Motiven der Oper »Die Zauberflöte« von Wolfgang Amadeus Mozart von Anton Dörfeldt
AM I, 102	Bayerischer Präsentiermarsch (Fahnenmarsch von 1822/23)
AM I, 104	Marsch des schwäbischen Kreis-Regiments Durlach-Baden (um 1700)
AM I, 106	Parademarsch der langen Kerls von Marc Roland von 1922 (wird im Tempo 114 geblasen)

Teil II der Sammlung enthält die sogenannten Parademärsche. Sie sollen den Marsch im »schnellen Gleichschritt« im Tempo 114 erleichtern. Toeche-Mittler wörtlich zur Aufführung der Parademärsche: »In den Mittelstimmen muss der Klang hängen, auf dem Marsch muss er geradezu zwischen und über den Helmen schweben. Lang gebundene Akkorde sind das Schönste und Wichtigste, darüber perlend die Flöte. Für den Takt sorgen Schlagzeug und Marschtritt schon allein. Eine Abweichung im Tempo nimmt dem Stück seinen Charakter. Außerdem läuft ein Marsch von Anfang bis zum Ende gleich, niemand lasse sich von einem melodischen Trio aus dem Takt bringen.«

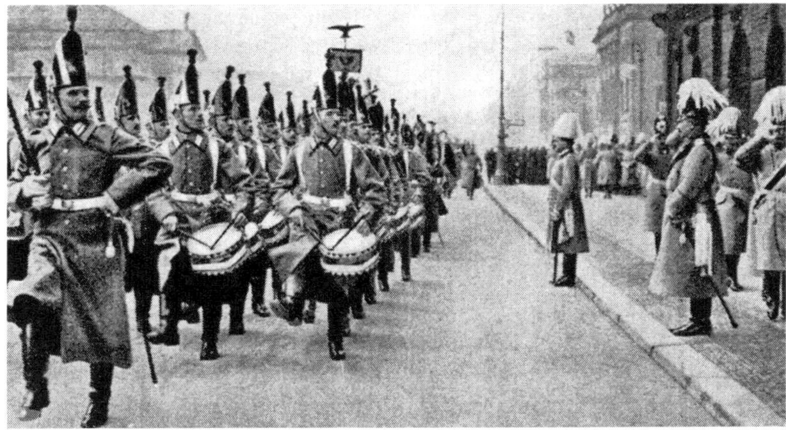

Parade der »Langen Kerls« vor Kaiser Wilhelm II. in Berlin 1912

Ausgewählte Stücke von Teil II
Geschwindmärsche für die Infanterie – »Parademärsche«:

AM II, 37 Marsch des Yorck'schen Korps (1813) von Ludwig van Beethoven (Erzherzog Anton von Österreich gewidmet)
AM II, 38 Pariser Einzugsmarsch (1814) von Johann Heinrich Wach
AM II, 52 Marsch des Hannoverschen Garde Grenadier Regiments (1821)
AM II, 93 Marsch aus Petersburg, arrangiert von Carl Engelhardt
AM II, 113 Marsch 1837 aus Petersburg
AM II, 145 Radetzkymarsch von Johann Strauß Vater
AM II, 173 Helenmarsch von Friedrich Lübbert (1857)
AM II, 186 Düppel-Schanzen-Sturmmarsch von Gottfried Piefke
AM II, 195 Der Königgrätzer von Gottfried Piefke
AM II, 198 Fridericus-Rex-Grenadiermarsch von Ferdinand Radeck
AM II, 240 Preußens Gloria von Gottfried Piefke
AM II, 241 Schwedischer Kriegsmarsch (Björneborgarnes) arrangiert von Theodor Grawert – aus dem 18. Jahrhundert
AM II, 246 Bayerischer Defiliermarsch von Adolf Scherzer (1850)
AM II, 134 Königgrätzer Marsch von Gottfried Piefke
AM II, 256 Badonviller Marsch von Georg Fürst
AM II, 265 Waidmannsheil von August Reckling – Opus 52 (1886/91)

Ergänzt von 1933 bis 1945 um deutsche Heeresmärsche (»HM«).
Ausgewählte Stücke der Sammlung II –
»Parademärsche für Fußtruppen«:

HM II, 4 Regimentsgruß von Heinrich Steinbeck
HM II, 130 Gruß an Kiel von Friedrich Spohr (1864)
HM II, 137 Frei Weg von Carl Latann
HM II, 150 Alte Kameraden von Carl Teike (1889)
HMII, 154 Laridah Marsch von Max Hempel (1918 nach englischem Jagdlied)

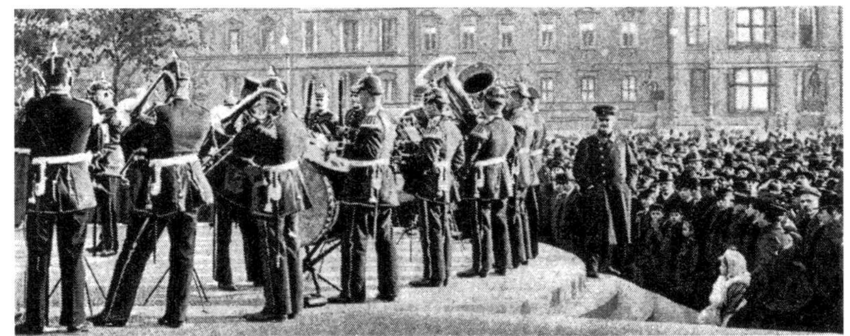

Konzert des 3. Garde-Regiments zu Fuß im Lustgarten, Berlin 1905

Teil III der Sammlung enthält Kavalleriemärsche. Die Märsche der Reiterei sollen dabei nicht an das Marschieren zu Fuß im Tempo 114 erinnern oder gar ersetzen. Reitermärsche spielt man langsamer, gesetzter, choralartig, dennoch fröhlich und frisch. Die Fanfaren schmettern, doch hetzen sie nicht die Melodie. Dadurch würde das Feierliche verloren gehen. Toeche-Mittler zu den Kavalleriemärschen: »Kavalleriemusik ist sauber geblasenes Blech. Holzbläser und Schlagzeug einschließlich Glockenspiel entfallen gewöhnlich, sie fälschen das Klangbild. Unter freiem Himmel, wohin die Märsche gehören, hält der Pauker den Takt und gibt ein frohes Bild.«

Ausgewählte Stücke von Teil III –
»Präsentier- und Parademärsche für die berittenen Truppen«:

AM III, 1b	Der Hohenfriedberger (dem Regiment Ansbach-Bayreuth 1745 verliehen)
AM III, 36	Hochzeitsmarsch aus dem Sommernachtstraum von Felix Mendelssohn Bartholdy – Opus 61 Nr. 9 (1843), arrangiert von Wilhelm Wieprecht
AM III, 69	Der Torgauer Parademarsch, angeblich von Scholz, arrangiert von Friedrich Wilhelm Voigt
AM III, 72	Des Großen Kurfürsten Reitermarsch von Cuno Graf von Moltke, arrangiert von Reinhard Lehmann, gewidmet Kaiser Wilhelm II.

AM III, 113 Kreuzritter-Fanfare von Richard Henrion (1893)
HM III, A 58 Parademarsch der 18er Husaren (Großenhain/Sachsen) von Alwin Müller (1892/1897)

1914 reformierte der Armeemusikinspizient Theodor Grawert das Verzeichnis und erweiterte eine IV. Sammlung, die er in »Märsche für Trommler und Pfeifer« sowie für »besonders verliehene Parademärsche« unterteilte.

In der Nationalen Volksarmee der DDR galten die preußischen Märsche als »Relikte aus faschistischer Zeit«. Bis auf sehr wenige Ausnahmen – etwa den Yorck'schen Marsch – durften daher die preußischen Märsche in den Musikkorps der DDR nicht gespielt werden.

Deutsche Armeemärsche chronologisch auf CD eingespielt: *Christoph Scheibling, Leiter des Musikkorps der Bundeswehr, spielt die Märsche der heutigen drei Armeemarschbände chronologisch mit seinem Profiorchester und hat sich dabei möglichst originalgetreu an die Vorgaben von Friedrich Deisenroth gehalten. 1960 wurde das dreiteilige Kompendium auf Basis der Preußischen Sammlung konzipiert: Band I (grün) umfasst die Alten Märsche und Präsentiermärsche für Fußtruppen, Band II (blau) die Parademärsche für Fußtruppen und Band III die Reitermärsche im Trabe und im Galopp. Begonnen wurde 2017 mit der Umsetzung von Band I. Für jedes Stück wurde die bestmögliche Besetzung gewählt: Fanfaren, Spielmannstrommeln, Pfeifen, Signalhörner, Kornettinos, Bassposaunen etc. Der CD in einer gewohnt guten Klangqualität liegt ein Booklet von 42 Seiten bei. Die Deutsche Gesellschaft für Militärmusik hat das Projekt ideell und militärhistorisch begleitet. Alexander Frühling hat in bewährter Weise jeden Marsch mit seinen Eigenarten und seiner Entstehungsgeschichte beschrieben. Insgesamt eine Fundgrube auch für Kenner! Ende 2018 erschien Band 2 (Parademärsche).*

Märsche von großen Komponisten – eine Auswahl:

Johann Christian Bach	Marsch des Hannoverschen Garde Husaren Regiments (AM III, 93)
Ludwig van Beethoven	Yorck'scher Marsch (AM II, 37)
Friedrich II.	Der Mollwitzer (AM I, 1 e)
Friedrich III.	Preußischer Präsentiermarsch (AM I, 1a)
Michael Haydn	Coburger (AM I, 1a)
Johann Strauß (Vater)	Radetzkymarsch (AM II, 145)
Richard Strauß	Präsentiermarsch des Königs-Jäger-Regiments zu Pferde (AM III, 119)
Felix Mendelsohn-Bartholdy	Hochzeitsmarsch aus dem Sommernachtstraum (AM III, 36)
Carl Maria von Weber	Marsch des 2. Leibhusaren-Regiments Königin Viktoria von Preußen (AM III, 143)
Carl Michael Ziehrer	Schönfeld-Marsch

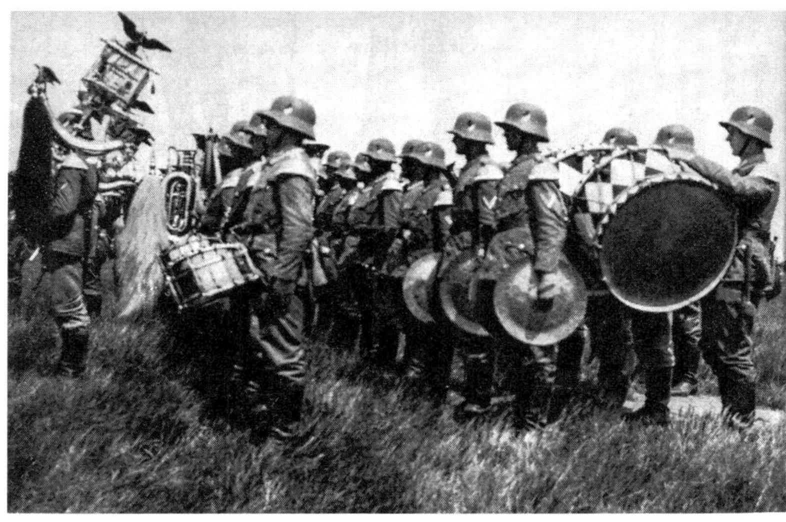

Regimentsmusik Braunschweigischen Inf. Reg. 92

Klassische Motive in Märschen: *Marschmusik war nicht nur die Musik der Soldaten und der einfachen Leute. Auch ganz große Komponisten hatten ihre Märsche, zumindest fanden sich die Motive ihrer Werke beziehungsweise Opern in zahlreichen Märschen wieder. So ist bei Trauungen der Hochzeitsmarsch von Felix Mendelssohn Bartholdy (1809 bis 1847) aus »Ein Sommernachtstraum« ein oft gespieltes Stück. Ludwig van Beethoven (1770 bis 1827) komponierte den Yorck'schen Marsch und den »Marsch aus Fidelio«. Carl Maria von Weber (1786 bis 1826) komponierte den »Marsch für Bläser in C-Dur« und den »Marsch des 2. Leibhusaren-Regiments Königin Viktoria von Preußen« (AM III, 143). Von Franz Schubert (1797 bis 1828) kennen wir bekannte Militärmärsche, von Franz Liszt (1811 bis 1886) den Rákoczy-Marsch (Ungarische Rhapsodie Nr. 15). Sehr bekannt ist auch der »Türkische Marsch« von Wolfgang Amadeus Mozart, weniger dagegen sein »Marsch aus Le Nozze di Figaro (KV 492)«. Der »Huldigungsmarsch aus Sigurd Jorsalfar (Opus 56)« stammt von Edvard Grieg und von Richard Wagner (1813 bis 1883) der Kaisermarsch. Gottfried Sonntag (1846 bis 1921) war Stabshoboist im Bayrischen Infanterie Regiment 7 und komponierte 1876 den Nibelungenmarsch mit Motiven aus dem Ring des Nibelungen, so zum Beispiel Siegfrieds »Hornruf« von Richard Wagner. Richard Strauss (1864 bis 1949) hat sich nicht nur mit Opern befasst, sondern ein ganzes Bündel von Märschen geschaffen. Bekannt sind seine Fest- und Parademärsche, die Wiener Festfanfare, der Präsentiermarsch »De Brandenburgsche Mars« (AM I, 87) und weitere Militärmärsche. Der bekannteste Marsch von berühmter Hand ist wohl der Radetzky-Marsch (AM II, 145) von Johann Strauss (Vater) (1804 bis 1849).*

📖 *Höfele, S. 110 ff.; Toeche-Mittler II, S. 43 ff.; Deisenroth, S. 11 ff.; Dean u.a., S. 53 ff., 57 ff., Schramm in: Ehlert, militärisches Zeremoniell in Deutschland, Potsdam 2008, S. 9 ff.*

Präsentiermärsche

Protest der preußischen Gardesoldaten: »Seine Majestät der König, 23 Pfennig sind zu wenig!

Joachim Toeche-Mittler: »Den Präsentiermarsch spielt man treibend, drängend, rüttelnd und schüttelnd.«

Präsentieren ist eine alte militärische Tradition, die sich international eingebürgert hat. Präsentieren bedeutet darstellen oder sich zeigen. Im militärischen Kontext bestehen zwei Besonderheiten: Erstens eine Demutshaltung in Form des Hinhaltens der Waffen beim Stillgestanden. Zweitens wird beim militärischen Präsentieren immer Musik eingesetzt. Dabei richtet sich das Tempo nicht nach einem Schritttempo, sondern ausschließlich nach musikalischen Gesichtspunkten.

Zum Abschreiten der Front der angetretenen Truppen durch Vorgesetzte oder durch Staats- beziehungsweise Ehrengäste wird gewöhnlich ein Präsentiermarsch im (langsamen) Tempo 72 bis 80 Schritt pro Minute gespielt. Die Armeemarschsammlung kennt viele Präsentiermärsche. Seit Ende des Ersten Weltkrieges wird offiziell meist der »preußische Präsentiermarsch« von König Friedrich Wilhelm III. aufgeführt. Nur in Bayern wird der »bayerische Präsentiermarsch« bei entsprechenden Anlässen gespielt, die Marine spielt den »holländischen Ehrenmarsch«.

Sofern das Staatsoberhaupt die Front abschreitet, wurde unter Kaiser Wilhelm I. die Regel festgelegt, dass der Präsentiermarsch abgebrochen wird, sobald dieser das Musikkorps abgeschritten hat. Es erfolgte dann unmittelbar der Übergang zur Nationalhymne. Eine weitere Eigenart in der deutschen Infanterie bestand darin, dass die Spielleute zeitgleich einen anderen Präsentiermarsch mit dem Musikkorps spielten. Heute wird beides nicht mehr praktiziert. In der Bundeswehr schlagen die Trommler der Spielleute zum preußischen Präsentiermarsch angepasste Trommelstreiche.

Schwierig und (heute) ungewohnt ist das Marschieren in diesem historisch langsamen Schritt. Als Hilfe kann die Zählweise »und-links-und-rechts-und-links…« anstatt dem gewohnten »links-zwo-drei-vier« dienen, bei jedem »und« ist der Fuß nach vorne etwas zu betonen. Die Augen der Kompanie richten sich auf den Ehrengast, der jeweils den Zugführer für seinen Zug grüßt. Kurz bevor der Ehrengast den Musikzug erreicht, unterbricht der Dirigent das Dirigieren, nimmt den Taktstock in die linke Hand und grüßt durch Anlegen der rechten Hand. Der Präsentiermarsch wird so lange gespielt, bis der Ehrengast das Ende der angetretenen Formation erreicht hat.

Präsentieren und Grüßen – Ehrerweisung und Demutshaltung: *Das militärische Grüßen (Anlegen der rechten Hand an den Kopf) geht historisch auf das Aufklappen des Visiers eines Ritters zurück. Mit offenem Visier ist der Ritter verwundbar und ohne Arglist, da die rechte Hand offen am Kopf war. Die gleiche Demutshaltung zeigt der Grenadier beim Hinhalten der Waffe beim Stillgestanden: Das Gewehr wird offen gezeigt, die Hände sind nicht am Abzug. Der Gast kann sich beim Vorbeimarsch schnell vergewissern, dass die Magazine leer sind.*

Der preußische Präsentiermarsch wurde von König Friedrich Wilhelm III. in mehreren Fassungen für das Klavier komponiert und von Wieprecht weiter bearbeitet. Friedrich Wilhelm III. galt als schüchtern und wortkarg. Musikalisch war er besonders begabt. Bereits als Zehnjähriger komponierte er den Präsentiermarsch für eine Kammerbesetzung. Das Stück geriet zunächst in Vergessenheit. Der russische Zar Nikolaus I. ließ das Stück suchen und überraschte den Kronprinzen 1835 bei einem gemeinsamen Manöver von Preußen und Russen in Kalisch (heute Polen) mit der Aufführung des Marsches. In einer Großübung – der »Revue von Kalisch« – bekräftigten 60.000 Soldaten die engen Bande von Preußen und Russland, die ihren Anfang in den Befreiungskämpfen gegen Napoleon hatten. Höhepunkt war ein Militärkonzert von 2.000 Musikern. Die Musiker führten geschlossen den »preußischen Präsentiermarsch« auf, die Geburtsstunde eines der schönsten und bekanntesten Märsche mit hohem Wiedererkennungswert war gekommen!

Ab 1870 ist für den preußischen Präsentiermarsch folgender Text hinterlegt:

»Seine Majestät der König,
zahlt unsereins zu wenig.
´Nen Taler woll'n wir hab'n,
doch den krieg'n wir nicht –
und für 23 Pfenn'ge präsentier'n wir nicht!«

(alt: »Achtung – präsentiert dem König, 23 Pfennig sind zu wenig …«

Hintergrund für den Protest war, dass Mannschaften in der preußischen Armee einen Tagessold von 22 Pfennig erhielten. Gardesoldaten erhielten einen Pfennig Zulage und so kamen diese auf die besungenen 23 Pfennige. Bis zu einem Taler wäre es noch weit gewesen. Ein Taler (Silbermünze mit 22 gr) hatte 24 Groschen zu 12 Pfennigen.

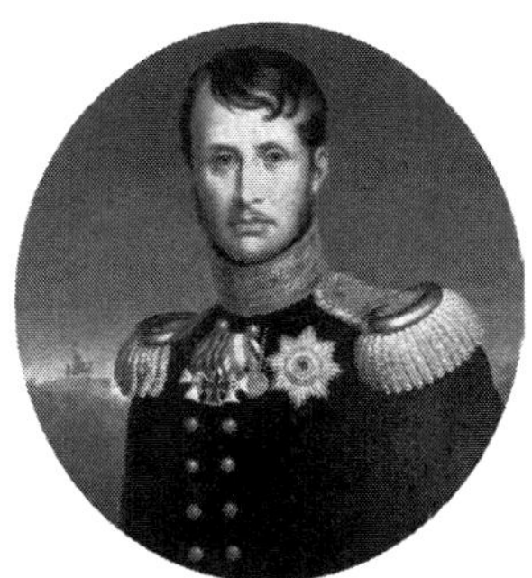

König Friedrich Wilhelm III.

Militärische Ehren heute: *Der Bundeskanzler empfängt den Ehrengast im Ehrenhof des Kanzleramts. Ehrenposten stehen vor dem Eingang des Kanzleramts. Der Kanzler stellt seine Delegation vor, daraufhin hat der Gast die Möglichkeit, seine Delegation vorzustellen. Dann gehen Kanzler und Gast auf das Podest gegenüber der Ehrenformation, der Stabsoffizier meldet die Ehrenformation. Danach ertönen die Hymnen, zunächst die Hymne des Gastes, dann das Deutschlandlied. Anschließend schreiten der Bundeskanzler* *und der Gast auf dem roten Teppich die Front ab, während die Musik den Preußischen Präsentiermarsch spielt. Der Gast geht innen (links vom Gastgeber). Die Soldaten folgen mit ihrem Kopf und Blick dem Gast. Wenn der Kommandierende auf der Höhe der jeweiligen Rotte ist, geht der Kopf zurück. Vor der Fahne folgen ein kurzer Halt und ein Verneigen. Am Ende der Front angelangt, meldet der Kommandierende die Ehrenformation ab. Danach erfolgt mit einem Nicken der Dank des Gastes.*

Die Parade: Vorzeigen, was man hat

Mit der Einführung von stehenden Heeren wurde es üblich, die Truppen regelmäßig zu inspizieren. Hieraus entwickelte sich die Parade als eindrucksvolle Form militärischer Präsentation. Häufiger Anlass für Paraden waren Königsgeburtstage, Jubiläen, Staatsbesuche und Manöverabschlüsse. Die Parade in der bekannten Abfolge von Paradeaufstellung, Abnahme der Parade und dem Vorbeimarsch geht auf französische Traditionen zurück. Der Begriff »parade« (frz.) oder »parare« (lat.) bezeichnet ein »vorbereiten« oder ein »sich rüsten«, also eine Musterung der Truppen durch den Fürsten und/oder Befehlshaber und die damit verbundene symbolische Bekräftigung der Loyalitätsbeziehung zwischen Fürst und Armee. In Preußen fanden Manöver und die Paraden auf dem Tempelhofer Feld in Berlin statt, in Sachsen auf dem Zeithainer Lager unweit von Riesa und Großenhain. So zeigte im Juni 1732 der Sachsenkönig August der Starke in einem »barocken Feldlager« stolz seine 30.000 Mann vor ausländischen Gästen. Die größte Parade auf deutschem Boden und einzigartige Machtdemonstration war die Parade zu Hitlers 50. Geburtstag in Berlin am 20. April 1939. Die Parade dauerte über vier Stunden und wurde von zwölf Kameramännern auf 9.000 Meter Film gebannt. Die Wochenschau berichtete in einer eigenen Ausgabe. Allein in Deutschland haben das 40 Millionen Menschen angesehen. Außenminister

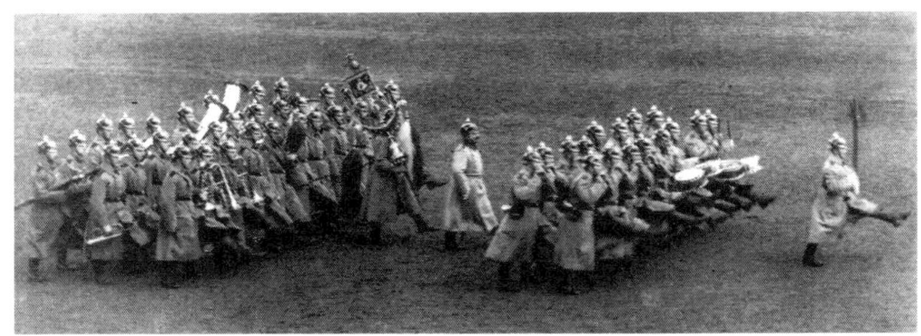

Parademarsch des Füsilier-Regiments, Fürst Karl Anton von Hohenzollern, Rastatt 1914.

Ribbentrop hat den ausdrücklichen Auftrag des Führers, »unter den Ausländern besonders viele feige Zivilisten und Demokraten einzuladen, denen man eine Parade der modernsten aller Wehrmachten vorführen kann«.

Wesentlicher Bestandteil der Parade war das Abschreiten der Front bei angetretener Formation durch die Truppenführer oder das Vorbeidefilieren der Truppe an militärischen oder zivilen Vorgesetzten oder Ehrengästen. Das dabei im 18. Jahrhundert in Preußen übliche Tempo von 76 Schritt pro Minute wurde 1828 durch Tempo 108 abgelöst, das 1861 durch Kabinettsorder auf 112, 1888 schließlich auf 114 erhöht wurde. Bis heute gilt das Tempo 114. Im Laufe des 19. Jahrhunderts entwickelte sich ein spezieller Parade-

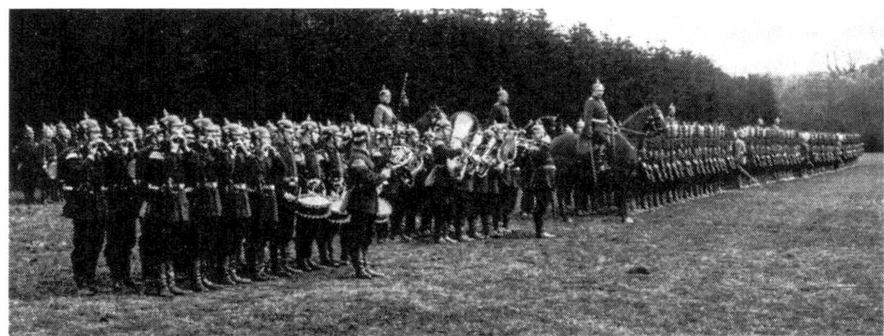

Paradeaufstellung in langer Front – III./Inf.-Reg. 83, Arolsen 1898

schritt, seit 1906 »Exerzierschritt« (volkstümlich »Stechschritt« genannt), der in der Wehrmacht bis zum Ende des zweiten Weltkrieges, bei der Nationalen Volksarmee bis zum Ende der DDR im Jahre 1990 praktiziert wurde.

Zentrale Form für die musikalische Begleitung der Parade wurde der Marsch, der sich gemäß dem speziellen Bedarf bei Infanterie und Kavallerie in unterschiedlichen Tempokategorien darstellte. Zum Abschreiten der Front gab es Präsentier- und Aufstellungsmärsche und zur marschmäßigen Fortbewegung der Truppe Avanicer- bzw. Defiliermärsche. Das häufigste Truppenzeremoniell der Bundeswehr in Paradeaufstellung ist das feierliche Gelöbnis, der Kommandowechsel und der militärische Appell.

🕮 *Schramm bzw. Müller in: Ehlert, militärisches Zeremoniell in Deutschland, Potsdam 2008, S. 9 ff. bzw. 31 ff.*

Wach- und Fahnenparade

Die Ablösung der Wache konnte auch feierlich mittels einer Wachparade erfolgen. In der Regel ging der Regimentstambour bei der Wachparade beziehungsweise Vergatterung voran. Die anderen Tamboure folgten in Reih und Glied. Im 18. Jahrhundert entwickelten sich daraus große Wachaufzüge. Dabei wurde neben dem Auf- und Abmarsch oft auch ein kleines Platzkonzert gegeben. Musikalisch bestand die Parade aus mehreren Teilen: Der »Vergatterung«, also der Unterstellung der Soldaten unter besondere Vorgesetzte, der »Rast« und einem »Gebet«.

Zum Einrücken ins Lager und Abbringen der Standarte bläst man acht Takte den so genannten »Abtrupp«, später bekannt als Standartenfanfare des Regiments der Garde du Corpes. Das Stück »Standartenfanfare« wurde 1837 in die Armeemarschsammlung aufgenommen (AM III, 22).

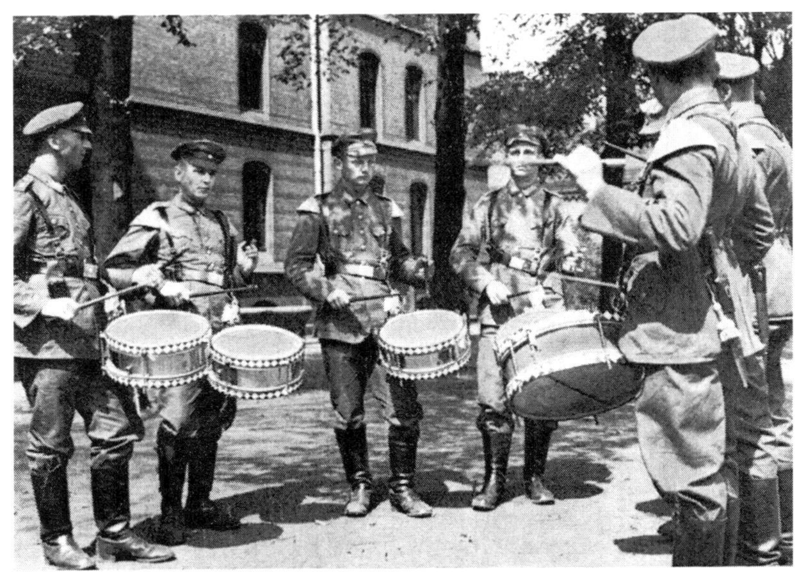

Üben der Spielleute der Wachtruppe in Berlin 1930

***Bürgerwache Mengen**: An besonderen Festtagen erfolgt beim Antreten die Fahnenparade der Bürgerwache. Nach der Meldung an den Hauptmann erfolgt im »Stillgestanden« das Kommando »Fahnenrotten vor!«, gefolgt von »Fahnenrotten Marsch!«. Das ist auch das Kommando für den Präsentiermarsch. Die Zugführer, Fähnriche und deren Fahnenbegleiter (Fahnenrotte) der beiden Züge holen feierlich die Fahne vom Bürgerwachheim in die Kompanie. Früher war die Fahne im Rathaus untergebracht und wurde nach dem Ausrücken im gleichen Zeremoniell wieder abgegeben.*

Die Reiterei und ihre Musik

Scherzhafte Militärweisheit: »Dragoner sind halb Mensch, halb Vieh, aufs Pferd gesetzte Infanterie!«

Auszug aus Toeche-Mittler: »Pferdehufe klappern über das Pflaster des Städtchens, Trompetengeschmetter hallt in den engen Straßen. Allen voran der Kesselpauker. Bestaunt, bewundert, beneidet – wie stolz er das Ganze ausführt. Wie schneidig er die Paukenschlegel schwingt, wie er dumpf im Takt mal auf der einen, mal auf der anderen Seite schlägt. Geduldig schreitet das Paukenpferd voran und nickt mit seinem Kopf. Seine Zügel sind an die Steigbügel geschnallt, damit sein Reiter mit dem Händen wirbeln kann. Rechts und links des Halses hängen die beiden großen, kupfernen Kesselpauken mit wertvollem Behang. Die Rolle des Kesselpaukers ist einzigartig

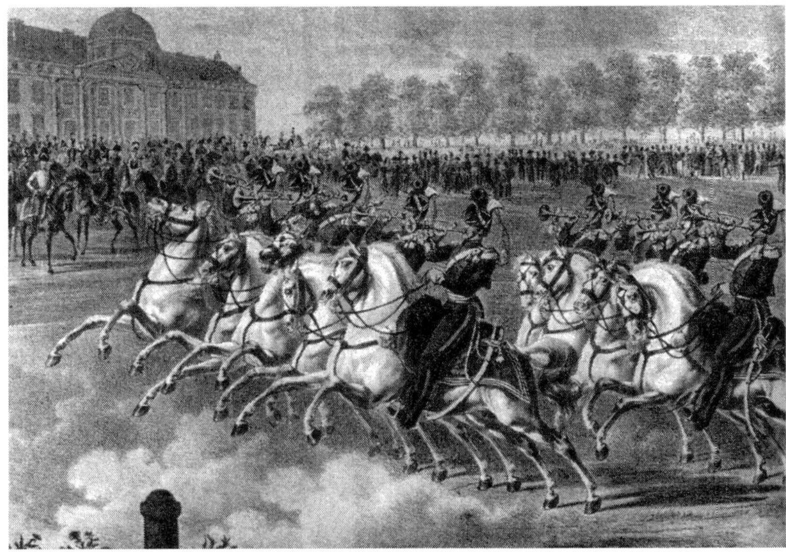

Eskadrons-Trompeter / galizisches Ulanen-Regiment Nr. 4. (1823), nach einer Zeichnung von J. N. Hoechle

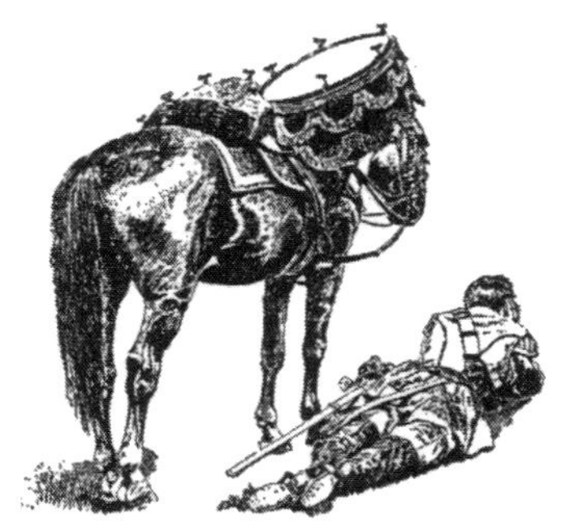
Rast eines Paukers

und mit überhaupt nichts zu vergleichen. Hinter dem Bewunderten reitet der Stabstrompeter. Dichtauf folgt das Trompeterkorps, zu dreien oder vieren nebeneinander, Bügel an Bügel, die Rotten auf Luke, die ganze Breite ausfüllend. Munter erklingen Reitermärsche, fröhlich glitzert das Metall der Instrumente, reich bestickt flattert leicht der Behang der Fanfaren. Artig treten die gut zugerittenen Pferde und drängeln und schieben doch immer etwas. Ab und zu greift der Trompeter in die am Koppelschloss festgeknoteten Zügel. Und dann bläst er wieder.«

Trompeter und Pauker bei der Reiterei: *Was für die einfachen Soldaten die Trommler und Pfeifer waren, waren für die Reiter hoch zu Ross die Trompeter und Pauker. Im prächtigen Gewand mussten sie nicht einmal Rüstung tragen. Sie waren etwas »Besseres« – gesellschaftlich höhergestellt. Auf ihren Instrumenten galten die Trompeter als Virtuosen. Von Rittern beziehungsweise Fürsten wurden sie als Einzelne oder als Zunft anerkannt. Oft wurden sie aus der »Zunft der Türmer« rekrutiert. Der Pauker konnte die Wirkung der Trompeter mit einer Bassstimme steigern. Das Klangbild beider Instrumente war besonders strahlend und festlich. Der Behang der Fanfaren und der Pauken war reich verziert. Die vom Fürsten verliehenen oder bestimmten Symbole (Wappen, Kennungen etc.) waren oft mit echten Goldfäden bestickt und auch mit Edelsteinen besetzt.*

Bei den Kürassier-Regimentern hatte im 18. Jahrhundert jede Schwadron einen oder zwei Trompeter, die alle Attacken mitritten und noch im stärksten Galopp ihre Signale blasen konnten. Auch

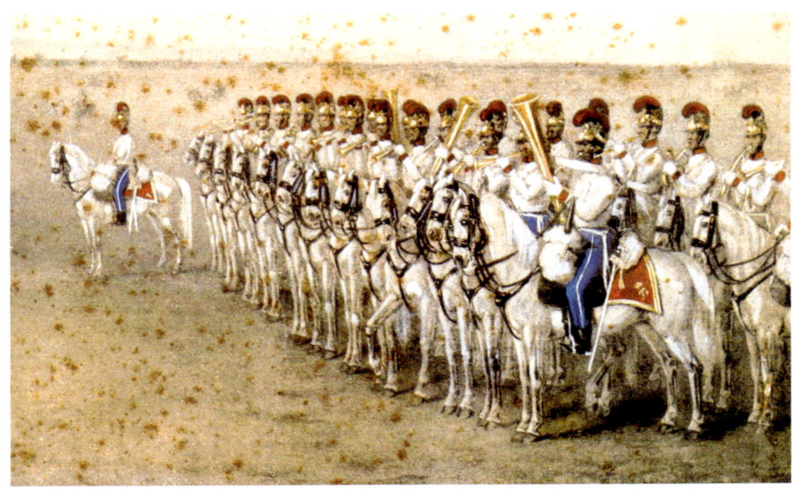

Defiliere der k.k.3, später 11. Dragoner-Regiment am 29. Sept. 1844 bei Kralitz Mähren

Parlamentäre, das waren Unterhändler verfeindeter Truppen, wurden von einem Trompeter begleitet. Marschierten die Regimenter geschlossen, wurden die Trompeter unter der Leitung eines Stabstrompeters zusammengeschlossen und durch einen Pauker verstärkt. Wunderschöne Reitermärsche sind so entstanden und wurden feierlich vorgetragen, zum Beispiel am Abend im Lager. Die Dragoner hatten als berittene Infanterie anfänglich noch Spielleute und Hoboisten. Erst mit der Einführung der Kavallerie erhielten sie auch Trompeter. Die Entwicklung der Blechinstrumente und der Ventile gab der Reitermusik einen richtigen Schub. Die Instrumentierung war jetzt vielfältiger und variantenreicher. Hohes und tiefes Blech ergänzten sich. Die Kavallerie hat reine Blechbesetzung. Keine Trommel und kein Becken überdeckt das Klangbild. Aber auch keine Flöte, Oboe und Klarinette füllt es. Hier will jeder Ton durch Lippenstellung auf einer Trompete oder einem Horn geblasen sein. Alles muss passen, ohne dass ein Gleichschritt den Takt vorgibt. Viel Schweiß, viel Üben haben die Götter vor das Ziel gesetzt. Aber dann lohnt die Arbeit schönste Harmonie, wie sie den Reitermärschen ei-

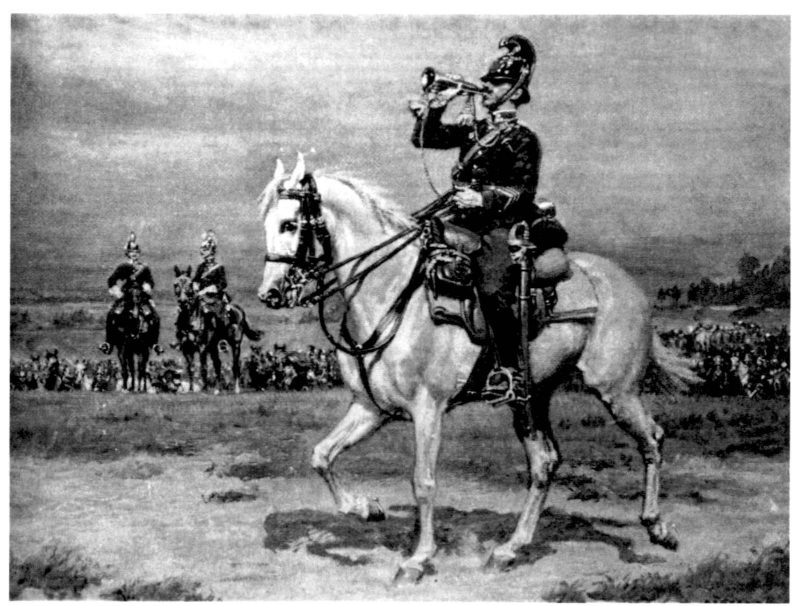

Regimentstrompeter des Niederösterreichischer Dragonerreg. Nr. 3 1914 (nach einem Ölbild von Alexander Pock 395)

gen ist. Wieprecht, selbst Sohn eines Kavallerietrompeters, krempelte die Kavalleriemusik um. Er verstand es, seine Musiker mitzureißen und konnte erste Erfolge ernten. Sogar den König interessierte das und er veranlasste 1829, dass Wieprecht die »Trompetermusik« des Regiments Garde du Corps unterrichtete. Zielstrebig ging Wieprecht ans Werk. Er verbesserte die Instrumente, übte sich selbst im Blasen und organisierte alles so, dass die Kavalleriemusik allseits bewundert wurde und einen enormen Aufschwung hatte. Neue Märsche ließ er in die Armeemarschsammlung III einordnen. Auffallend ist, dass viele Fürsten Reitermärsche komponierten. Dies hängt damit zusammen, dass die Kavallerie einst die Königin der Waffen war und viele Prinzen dort dienten.

Als Reiterei (Kavallerie) bezeichnet man eine Kampftruppe zu Pferd, die zunächst Blankwaffen, später auch mit Handfeuerwaffen ausgestattet war. Neben der Infanterie war die Kavallerie bis Ende des 19. Jahrhunderts ein wichtiger, oftmals sogar der den Kampf entscheidende Faktor. Mobilität, Schnelligkeit und Schlagkraft waren die Vorteile. Militärische Reitergruppen gab es zu jeder Zeit – in der Antike, im Mittelalter und auch in beiden Weltkriegen.

Ausgeprägt war die k.u.k. Kavallerie im Österreichischen Kaiserreich. Es gab 15 Dragoner-Regimenter, 11 Ulanen-Regimenter und 16 Husaren-Regimenter. Obwohl durch die Kriegstechnik überholt, sind zahlenmäßig die meisten Pferde – vorwiegend als Transportpferde genutzt – im Zweiten Weltkrieg verendet. Der Verlust betrug allein auf deutscher Seite etwa zwei Millionen Pferde.

Je nach Ausrüstung, Bewaffnung sowie der Statur der Pferde unterscheidet man die schwere von der leichten Kavallerie. Der Reiter in der leichten Kavallerie hatte in der Antike einen Bogen, ab dem 16. Jahrhundert dann eine Lanze oder ein Wurfgeschoss. Das Pferd war eher klein, schnell und wendig. Die schwere Kavallerie bestand aus gepanzerten Lanzenreitern (schwere Reiter, Panzerreiter oder Ritter). Die erste Waffe war die schwere Lanze, die nach dem Lanzenangriff fallen gelassen wurde, der Kampf wurde mit dem Schwert, der Axt oder dem Streitkolben fortgeführt. Mit schweren Schlachtrössern wurde das gegnerische Fußvolk regelrecht niedergeritten. In der Neuzeit bis zum Ersten Weltkrieg bildeten sich vier Haupttypen der Kavallerie heraus, die sich jedoch nicht immer klar abtrennen ließen.

1. Ulanen sind die älteste Gattung der Kavallerie. Sie hatten Lanzen, ab Mitte des 16. Jahrhunderts Radschlosspistolen. Die ersten Ulanenregimenter gab es im späten 16. Jahrhundert in der russischen Steppe (Kosaken) und im frühen 18. Jahrhundert in Polen (Hussaria). In Deutschland verordnete Kaiser Wilhlem II. der gesamten Kavallerie die Lanze, so dass bei Ausbruch des Ersten Weltkriegs die deutsche Reiterei praktisch aus Ulanen bestand. Typisch für Ulanen ist ein Tschako mit Schweif.
2. Die Husaren waren ungarische Freischärler, also Freiwillige, später auch reguläre Truppen mit Aufklärungs- und Sicherungsaufgaben.

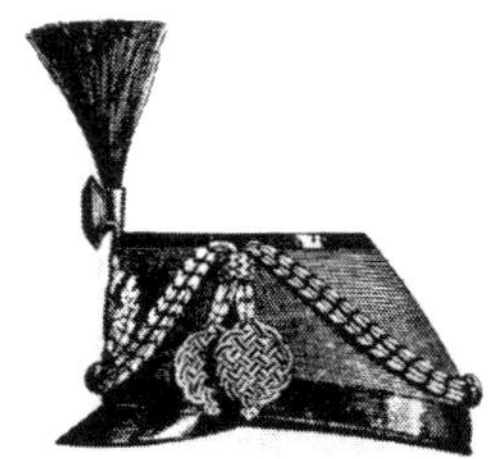
Husaren-Tschako 1871

Sie zählten zur leichten Reiterei, ihre Uniform orientierte sich an der ungarischen Tracht (Zierverschnürung auf der Brust und eine weitere Jacke über der Uniform mit Pelzbesatz). Auf dem Kopf diente ein Tschako oder eine Mütze. Die Bewaffnung bestand aus einem Säbel und Pistolen, ab dem 19. Jahrhundert mit Karabinern. In Deutschland erhielten die Husaren um 1890 wie die gesamte Kavallerie Lanzen.

3. Kürassiere entstanden in der Mitte des 16. Jahrhunderts und trugen einen Harnisch oder einen Kürass, also eine Rüstung. Als schwere Reiterei bildeten sie Angriffsspitzen. Bewaffnet waren sie mit Pistolen, einem Karabiner und einem Pallasch, also einem Säbel.
4. Als Dragoner bezeichnete man ursprünglich die berittene Infanterie, die ihre Pferde primär zum Transport, nicht aber für den Kampf verwendeten. Spöttisch für ihre Mischform als Infanterie und Kavallerie galt der Ausspruch: »Dragoner sind halb Mensch, halb Vieh, aufs Pferd gesetzte Infanterie!« Dragoner tragen typischerweise einen Helm. Bewaffnet waren sie mit einer Muskete oder mit einer Pike und für das Handgemenge einem Degen.

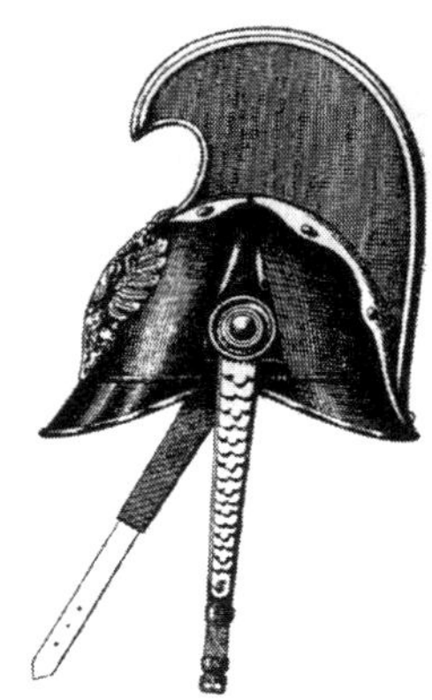
Dragoner-Helm 1871

***Berittene Bürgerwehren**: Ein außerordentlich seltenes Bild heutzutage in Deutschland sind berittene Einheiten. Besonders imposant ist es, wenn die Reiter mit Pauken und Trompeten paradieren. Baden-Württemberg verfügt noch über einige Berittene Bürgerwehren, teilweise auch Stadtgarden zu Pferd genannt. Stadtgarden zu Pferd* *gibt es in Stuttgart, Tübingen, Saulgau und Weingarten. Jeweils zusätzlich ein Trompeterkorps haben die Berittenen Wehren in Altshausen, Saulgau, Sigmaringen, Stuttgart, Tübingen und Weingarten.*

Oberschwaben ist weitum bekannt für seine traditionsreichen Reiterprozessionen. Die größte davon findet in Weingarten am Feiertag Christi Himmelfahrt statt, bei der eine Heilig-Blut-Reliquie auf die Felder und Fluren getragen wird (»Blutritt«). In Weingarten gibt es eine Stadtgarde zu Pferd, die seit dem 16. Jahrhundert diesen Blutritt begleitet. Altshausen war Sitz eines Landkomturs des Deutschen Ritterordens. Dort gibt es die »Gelben Husaren«, deren Gründung auch eng mit dem Blutritt im benachbarten Weingarten verbunden ist. Heute residiert im Schloss von Altshausen der Herzog von Württemberg, die Gelben Husaren sind sozusagen seine »Leibgarde«. Die Uniform des württembergischen Kavallerieregiments »König« Nr. 26 tragen die Königsdragoner von Ochsenhausen. Deren Ursprung liegt im Dragonerregiment des Schwäbischen Kreises im 17. Jahrhundert. Mit dem Schwäbischen Kreis-Kürassier-Regiment haben die Hohenzollern-Kürassiere in Sigmaringen einen ähnlichen Ursprung. Eine Reiterschwadron hat die Bürgergarde Ellwangen als eigenen Zug. Jahreshöhepunkt der Ellwanger Wehr ist der »Kalte Markt«. Jedes Jahr im Januar am Wochenende nach Dreikönig findet in Ellwangen ein großer Pferdemarkt statt. Einen Kavalleriezug haben die Bürgerwehren Freiburg und Villingen, über ein Ulanencorps verfügt die Bürgerwehr Zell am Harmersbach. Zell war im deutsch-römischen Reich die kleinste Freie Reichstadt.

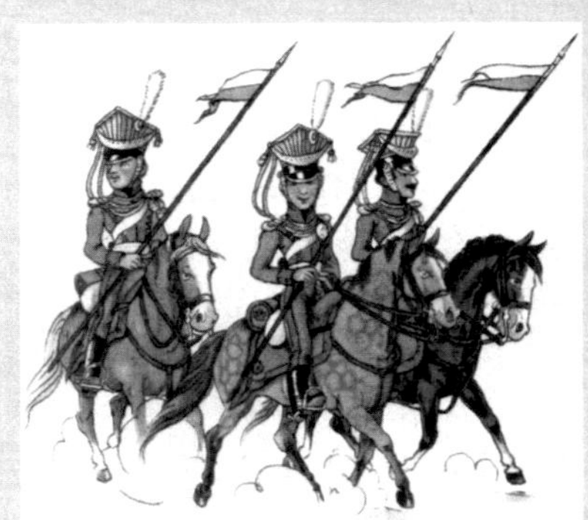

Bayerische Ulanen 1814

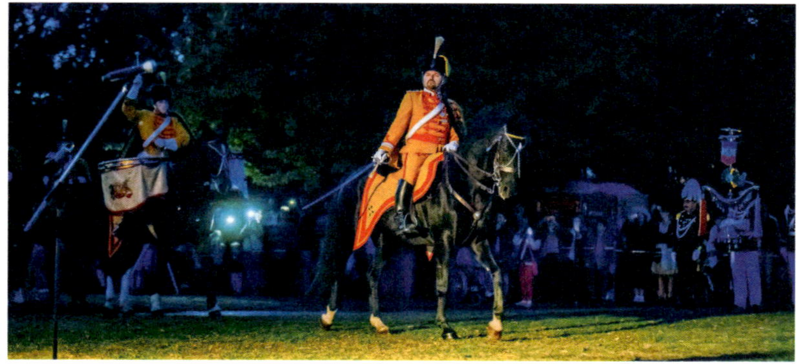

Rittmeister Albert Steinhauser, gefolgt vom Pauker, Gelbe Husaren Altshausen, Cannstatt 2018 (Foto: Thomas Niedermüller)

Die Fahnenmärsche der Reiterei

Die Fahne beziehungsweise Standarte wird seit Jahrhunderten mit Signalen begleitet beziehungsweise geehrt. Meist trug der jüngste Offizier einer Reiterstaffel – der Kornett – die Standarte. Die »Paradepost für Berittene Truppen« ist ein Standardstück aller berittenen Truppen zum Abholen und Abbringen der Standarte, zur Paradeaufstellung und zum Parademarsch. Im preußischen Exerzier-Regiment für die Kavallerie von 1812 steht sie als vierte Post eines Parademarsches. Später diente diese zur Parade eines jeden Regiments der Berittenen Truppen als erstes Musikstück vor Beginn eines Aufstellungsmarsches oder Parademarsches. Die Paradepost wurde vom Trompeterchor geblasen, solange sich dieses noch in Bewegung befand. Mit ihrem Be-

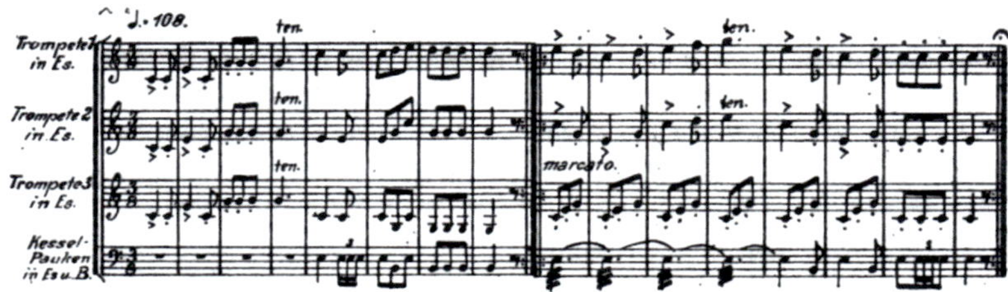

Die Standartenfanfare (AM III, 22 – 1. Signal)

ginn trennte sich der Pauker vom Trompeterkorps, schwenkte rechts am Paradeabnehmenden vorbei bis zum zweiten Richtungsoffizier, von wo er sich, weiterhin paukend, in großer Linksgaloppvolte hinter dem Trompeterkorps herum auf dessen rechten Flügel setzt.

Aus der Zeit der altpreußischen Armee vor 1806 sind insgesamt acht Kavalleriemärsche für Naturtrompeten und Pauken überliefert, die in die Armeesammlung aufgenommen wurden. Diese über 200 Jahre alte Stücke mit klingenden Namen wie »Gardes du Corps«, »Königin Dragoner«, »Leibcarabiniers« oder »Gens D'Armes« gehörten zum Standardrepertoire jedes Trompeterkorps.

Einer der ältesten Fahnenmärsche ist der »Hessische Fahnenmarsch von 1732« von Landgraf Ludwig VIII. von Hessen-Darmstadt, den Carl Kraußе um 1900 mit einem brillanten Piccolopart neu arrangierte und der fortan als Präsentiermarsch diente. Der »Fahnengruß« von Wilhelm Stephan entstand 1939 und war für die Sammlung Heeresmärsche vorgesehen, wozu es kriegsbedingt aber nicht mehr kam. Stephan widmete diesen Präsentiermarsch seinem Kommandeur, General von Oven.

Weitere klassische Fahnenmärsche sind die »Kreuzritter-Fanfare«, der »Fehrbelliner Reitermarsch«, »Hie guet Brandenburg allewege« und »Unter'm Sparrenschild« allesamt von Richard Henrion (1854 bis 1940). Die Märsche zeichnen sich durch ein Wechselspiel zwischen Fanfarenbläsern und übrigem Orchester aus. Die Fanfarenbläser stehen vor der Front des Orchesters, davor der Kesselpauker, der die Schlegel über seinen Kopf hebt und sodann auf seinen Pauken abstützt. Julius Kosleck bestimmt maßgeblich das Genre des Fanfarenmarsches. Zeitlebens ging es ihm um die Wiederherstellung heroisch-ritterlicher Trompeter- und Paukerkunst. Ri-

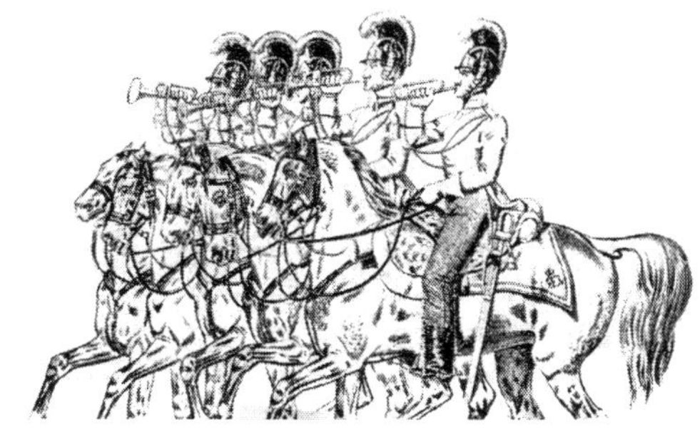

Kürassier-Trompeter um 1837

chard Henrion führte dessen Werk fort. Henrion war Stabshoboist im Infanterie-Regiment Generalfeldmarschall Prinz Friedrich Karl von Preußen Nr. 64 in Prenzlau, später Königlicher Musikdirektor in Stettin.

Neben den Signalen der berittenen Truppen, hatte die Kavallerie etwas Besonderes: ein Fanfarensignal, mit dem das Regiment gerufen wurde. Ein Ruf ist herrlicher als der andere. So hatten die Pasewalker Kürassiere das Anfangsthema des »Hohenfriedbergers«, die 5. Kürassiere das Thema des »alten Dessauers«, die Karlsruher Dragoner »Wagners Nibelungenthema«. In diesem Zusammenhang kann an die Festfanfare (HM III A, 60) von Walter Harmens erinnert werden. Er war Obermusikmeister der Tilsiter Dragoner.

Reitermärsche sind mit nichts zu vergleichen

Wenn ein Zug von Reitern – eine Schwadron – von einer Übung heimkehrt, vorn die Musik hoch zu Ross und das Geschmetter der Trompeten sich in engen Straßen an Fenster und Mauern von Häusern und Kasernen bricht und dann das Klappern von Hufen zu hören ist, merkt jeder schnell, dass jetzt etwas ganz Besonderes folgt. Fenster öffnen sich, Menschen drängen auf die Straßen und Plätze. Ein Gucken und Suchen, ein Winken und Grüßen, Kinder laufen neben oder hinter dem Zug her, Männer wippen mit den Füßen. Das ist Kavalleriemusik pur! Kavalleriemusik ist feierlich und einzigartig, auch ohne Pferd. Am Abend im Licht des Fackelscheins und vielleicht des Mondes haben Reitermärsche ihren ganz eigenen Glanz. Die Fanfaren stehen vorne, gleichmäßig werden sie an- und abgesetzt, die Stoffbehänge glitzern im Licht der Nacht. Im Zentrum vorne steht der Pauker. Hochgereckt und konzentriert ist er bei der Sache und wartet gespannt auf seinen Einsatz. Seine Schlegel stehen aufrecht auf der Pauke und warten darauf, elegant und erhaben bis über den Kopf geschwungen zu werden. Nicht ohne Grund sind heute noch für das oberste Staatsorgan – den Bundespräsidenten – zwei Reitermärsche für das Staatsbankett aus-

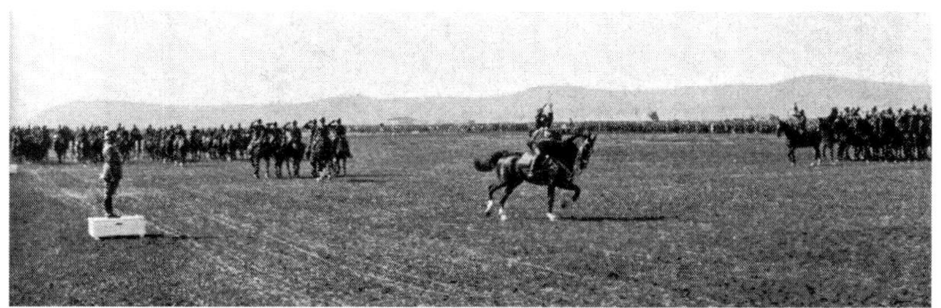

Galoppvolte des Kesselpaukers, Art.Reg. 45, Fritzlar 1936

gewählt: Den »Großen Kurfürsten Reitermarsch« (AM I, 38 bzw. III, 72) für die Begrüßung des Präsidenten selbst und der »Marsch aus der Zeit Friedrich des Großen« für die Staatsgäste. Der Kurfürstenmarsch wurde 1892 von Kuno Graf von Moltke (1847 bis 1923) komponiert, einst Generalleutnant, Stadtkommandant von Berlin und später Flügeladjutant von Kaiser Wilhelm II. Die Entstehung des Marsches aus der Zeit Friedrich des Großen ist etwas unklar. Der Marsch geht wohl auf den Preußenkönig Friedrich Wilhelm III. zurück, der Trompetensatz wurde von Julius Kosleck arrangiert.

An der Spitze der Reitermärsche steht der Parademarsch Nr. 1 – der »Möllendorfer« (AM I, 32 und III, 51). Der Marsch stammt aus dem Jahr 1846 und zählt zu den meistgespielten Märschen in der preußischen Armee. Vor 1914 führten ihn fünfzig Regimenter als Aufstellungs- oder Parademarsch, Ulanen spielten ihn besonders oft und gerne. Das Stück ist langsam, erhaben und feierlich. Im Film »Triumph des Willens« über den Reichsparteitag von 1934 wurde Möllendorfs Melodie in Szene gesetzt. In England war der Parademarsch 2009 anlässlich der Geburtstagsparty der Queen bei »Trooping the Colour« zu hören. Sein Komponist war kein Musiker, sondern ein Jurist. Julius Möllendorf (1821 - 1895) war Richter. Er komponierte den Parademarsch Nr. 1 schon in jungen Jahren als Referendar.

Ein bekannter und dabei ein eher wenig ansprechender Marsch ist der »Geschwindmarsch der Erbprinzessin Charlotte von Sachsen-Meiningen« (AM III, 55), dessen sperriger Namen dafür sorgte, dass immer wieder andere Namen – wie »Parademarch der Garde-Kürassiere« verwendet wurden. Sehr festlich ist der »Marsch des Regiments von Arnim 1796« (AM III, 128) arrangiert von Theodor Grawert. Das Infanterie-Regiment Nr. 13 von Arnim hat dieses Stück schon um 1796 als Regimentsmarsch in Berlin geblasen. Später wurde das Stück dem Dragoner-Regiment von Arnim Nr. 12 gewidmet. Als Komponist wird immer wieder »Müller« genannt. Vom gleichen Komponisten könnte auch der Marsch Prinz-August-Grenadier-Bataillon 1806 (AM I, 10) sein, komponiert zum Besuch Kaiser Alexanders I. von Russland am 25. Oktober 1805. Er ist gleichzeitig Präsentier-, Infanterie- wie Reitermarsch. Klassisch und einer der ältesten Märsche überhaupt ist der »Marsch der Finnländischen Reiterei«. Von der Infanterie wurde dieser altehrwürdige Marsch adaptiert, ebenso der Torgauer Marsch und der Coburger-Josias-Marsch.

Der bekannteste Fanfarenmarsch ist der Parademarsch, den der sächsische Pistonbläser und Stabstrompeter Alwin Müller seinen 18. Husaren in Großenhain schenkte. Der »Parademarsch der 18er Husarenmarsch« (HM III A, 58) (auch »Großenhainer« genannt) stammt von 1870. Müller wird zitiert, dass im deutsch-französischen Krieg am 29. August 1870 in Nouart (Ardennen) ein Trompeter vom Pferd geschossen wurde und Müller dessen Signalbuch fand. Einige Signale dort gefielen ihm so sehr, dass er sie immer wieder vor sich her pfiff und hieraus einen Parademarsch schrieb.

Spezialist für Fanfarenmärsche war Richard Henrion (1854 bis 1940). Henrion war Militärmusiker in Magdeburg, Brandenburg, Metz und Prenzlau und wurde Leiter des Musikkorps der Stettiner (2.) Grenadiere. Henrion schrieb über hundert Märsche, unter anderem 1893 die »Kreuzritter-Fanfare« (AM III, 113), »Hie guet Brandenburg allewege« und den »Fehrbelliner Reitermarsch«, auf dessen Melodie häufig der Text »Wir wollen unsern alten Kaiser Wilhelm wiederhaben« gesungen wurde.

Die Entstehung des festlichen Marsches Herzog von Braunschweig 1809 (AM I, 9) ist unbekannt. Gewidmet ist er dem preußischen Feldmarschall Herzog Carl Wilhelm Ferdinand von Braunschweig-Lüneburg, der am 14. Oktober 1806 aufgrund Unvorsichtigkeit in der

Schlacht bei Auerstedt schwer verwundet wurde und die preußische Armee führungslos hinterließ. Trotz zahlenmäßiger Überlegenheit verloren die Preußen. Der Marsch wurde bei der Kavallerie als Aufstellungsmarsch verwendet. Als 1913 der junge Herzog Ernst August von Braunschweig und Lüneburg im Berliner Schloss Prinzessin Viktoria Luise heiratete, die Tochter Kaiser Wilhelms II., erklang nach der Tischrede der »Herzog von Braunschweig« von der Musikempore.

Ganz feierliche Märsche sind die Hannoverschen Kavalleriemärsche: Marsch des Hannover Cambridge-Dragoner-Regiments (AM III, 99; HM III A, 35), Garde du Corps (AM III, 92; HM IIIA, 33), der Kronprinz-Dragoner, der Garde Husaren und der Königin-Husaren.

Parademärsche und Aufstellungsmärsche werden im Schritt geblasen. Für den Trab gibt es Trabmärsche, für den Galopp Galoppmärsche. Der bekannteste Trabmarsch ist die Amboß-Polka von Albert Parlow. Jeder Ton ist getrennt vom anderen, die ersten sieben Töne sogar in gleichbleibender Höhe. Mit solch einem Rhythmus macht die Übung Spaß. Andere Trabmärsche sind da anspruchsvoller, wie zum Beispiel Johann Walchs »Pariser Einzugsmarsch 1814« (AM II, 38), Hermann Schmidts »Trabmarsch aus dem Ballett Der Schutzgeist« (HM III, B, 2), Philipp Fahrbachs Herrenabend-Polka (HM III B, 48) oder der »Trabmarsch aus der Oper Martha« (HM III B, 23) von Friedrich von Flotow. Für Galoppmärsche eignen sich Märsche im 6/8-Takt, wie der »Alexandermarsch«, der »Frei Weg« oder der »Königgrätzer«, der Galoppmarsch des Feldartillerie-Regiments Nr. 75 (HM III B, 77) oder Wieprechts »Galoppmarsch der weißen Rose« (HM III B, 18). Noch beliebter bei Galoppmärschen ist die Verwendung von bekannten Themen aus Opern oder Operetten wie der Galoppmarsch aus der Oper »Robert der Teufel« (HM III B, 14), aus Konradin Kreutzers »Nachtlager von Granada« (HM III B, 10) oder aus der Operette »Leichte Kavallerie« von Franz von Suppé (HM III B, 45).

📖 *Toeche-Mittler I, S. 84-106; Frühling, in: Scheibling, Booklet zur CD Deutsche Armeemärsche, Frechen 2017; Brixel u. a., Das ist Österreichs Militärmusik, Graz u.a. 1982.*

Jägermärsche: Waidmannsheil und Horrido den Jägerbataillonen

Anfang des 19. Jahrhunderts schuf man für Jäger eigene Bataillone in der Armee. Sie bemühten sich nach Kräften, ihre Sonderstellung zu wahren. Gegen Napoleon setzte man hochqualifizierte kleine Truppeneinheiten ein – treffsicher und gewandt.

König Wilhelm III. rief 1813 »freiwillige Jäger« auf, die dem Feind in Wald und Flur auflauern sollten. Die besten Söhne Preußens fanden sich in ihren Reihen. Mit Lützows wilder, verwegener Jagd wollte man den Gegner aus dem Lande treiben. Statt des Infanteriehelms trugen sie den Tschako, ihre Uniform war grün. Die Spielleute der Jäger waren Signalhornisten.

Eine Reihe von Jägermärschen entstand: Der »Marsch der freiwilligen Jäger (AM II, 239)«, der »Jäger aus Kurpfalz (AM II, 243)« und der Tiroler »Kaiserjäger Marsch«. Ein weit bekannter Marsch ist »Waidmannsheil (AM II, 265)« des Musikmeisters August Reckling von 1886/91. Eigentlich ist dieser Marsch ein Jägerlieder-Pot-

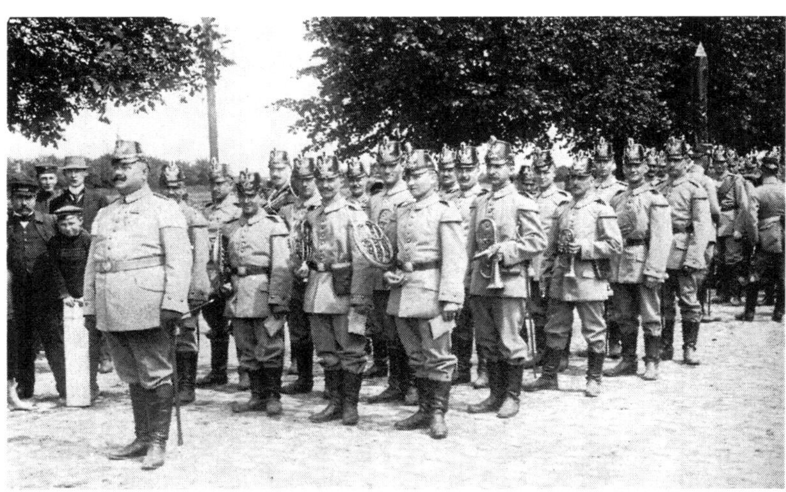

Jägerbataillon 9 um 1910 mit vier Waldhörnern in der ersten Rotte

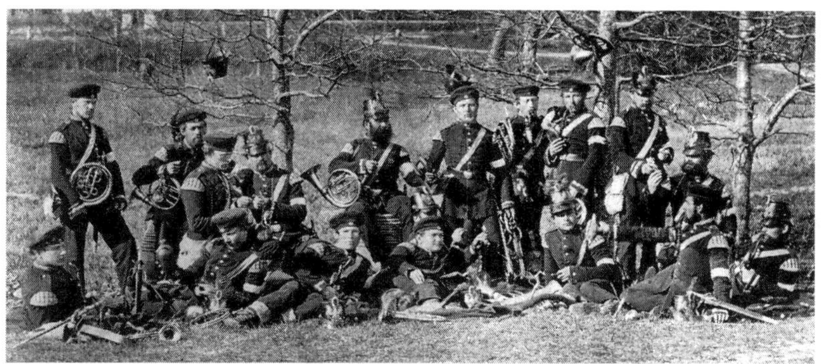

Waldhornisten eines preußischen Jägerbataillons im Feldzug gegen Dänemark 1864

pourri, deren Text auf die Befreiungskriege im Jahr 1813 zurückreicht. Nach kurzer Einleitung beginnt die Volksweise von 1826 »Ich schieß den Hirsch im wilden Forst«, dann gleitet die Melodie hinüber in Lützows wilde, verwegene Jagd. Hierbei wurde der berühmte Text von Theodor Hörner »Was glänzt dort vom Walde im Sonnenschein? Hör's näher und näher brausen« von Carl Maria von Weber einzigartig vertont.

Die Hornmusik der Jäger entstand Ende des 18. Jahrhunderts. Eng mit der Jägerei und der Forstwirtschaft verbunden bliesen die Jäger das Jagdhorn als Hauptinstrument. Auf Holzbläser und auf ein Schlagwerk wurde größtenteils verzichtet. Dies verlieh den Jägermusikern einen weichen, nahezu romantischen Ton.

Der »Marsch der freiwilligen Jäger aus den Befreiungskriegen 1813-15« (AM II, 239; HM II, 97) entstand um 1800. Seine genaue Entstehungsgeschichte ist unklar. Melodische Ähnlichkeiten gibt es in Frankreich zur Zeit Ludwigs XIV., andere Quellen führen ins russische Zarenreich. Dort soll er als »Gschwindmarsch der Fußtruppen Suworows« gedient haben. Preußische Truppen übernahmen das Stück und nannten ihn »Marsch der freiwilligen Jäger aus den Befreiungskriegen 1813-15«. In Russland ist er als »Alter Jägermarsch von 1813« bekannt, in der Schweiz als »Zürcher Sechseläuten-Marsch«. In Zürich gilt der Marsch als inoffizielle Stadthymne.

***Recklings Jägermusik**: August Reckling (1843 bis 1922) trat 1864 in das Großherzoglich Mecklenburgische Jägerbataillon Nr. 14 ein, spielte dort das Waldhorn und nahm an den Feldzügen 1866 (Deutscher Krieg) und 1870/71 (Deutsch-Französischer Krieg) teil. 1871 wurde er »Stabshornist«, 1883 »Musikdirektor«. Sein Name steht für die Jägermusik, er arrangierte und komponierte Märsche, Ouvertüren, Lieder und auch Tänze. Seine bekanntesten Märsche sind das »Waidmannsheil« (AM II, 265; HM II, 122 Opus 32) und der »Revuemarsch 1886« (AM II, 258; HM II, 115). Das Stabsmusikkorps spielt den Revuemarsch von August Reckling bei Militärischen Ehren traditionell beim Ausmarsch aus dem Ehrenhof auf Schloss Bellevue in Berlin. Arrangiert wurde der Revuemarsch von Oskar Hackenberger.*

Luftwaffenmärsche – Husadels großer Wurf

Luftwaffenmusik ist untrennbar mit dem Namen Husadel verbunden. Hans Felix Husadel ist 1897 in Prenzlau geboren und 1964 in Aulendorf (Oberschwaben) am Dirigentenpult bei einem Wertungsspiel gestorben. Nach dem Musikstudium übernahm er die Leitung des Musikkorps im Ausbildungsbataillon des Infanterie-Regiments 14 in Donaueschingen. 1935 wurde er ins Luftwaffenministerium gerufen, um dort eine eigene Luftwaffenmusik zu schaffen. Husadel sollte der Militärmusik zu einem künstlerischen Höhenflug verhelfen. Er hat diese Hoffnung mehr als erfüllt: Er war vielseitig talentiert – musikalisch, künstlerisch und organisatorisch – und hat der Luftwaffenmusik eine eigene Charakteristik verpasst. Es entstand ein völlig neuartiger Klang mit einer anderen Rhythmik, instrumental hervorgerufen durch einen anderen Fokus der Instrumentierung. Mittelstimmen wurden durch Saxophone verstärkt, das Klarinettenregister wurde erweitert oder durch unzählige Flöten ersetzt, das tiefe Blech erhielt Schalltrichter usw.

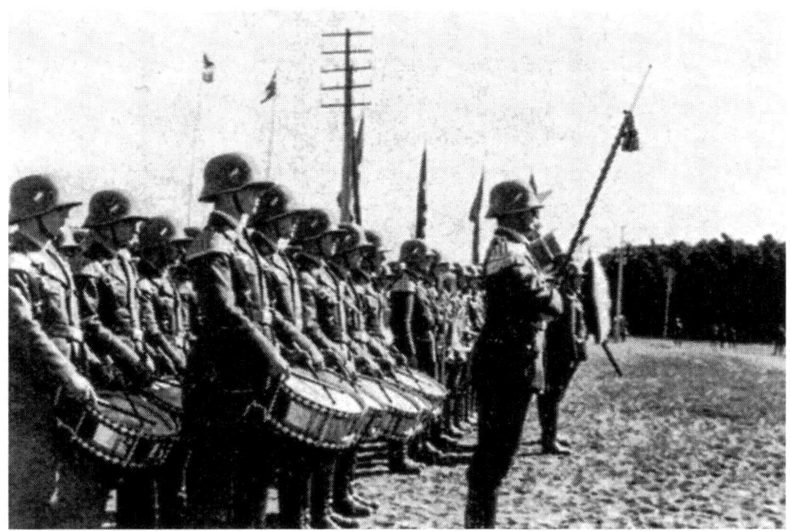

Das erste Musikkorps der Luftwaffe, 1935

Die Luftwaffe kennt keine Signale, wie sie das Heer traditionell besitzt. Sie braucht keine Spielleute und keine Marschmusik, weil sie nicht marschiert. Die Luftwaffe fliegt! Damit »schwebt« sie erhaben über allen anderen Waffengattungen. Husadel nahm die Herausforderung an und komponierte ausgewogen und unverwechselbar. Der Stil seiner Märsche war die geschickte Verbindung rhythmischer, melodischer und harmonischer Elemente. Einer Reihe von Geschwadern widmete er Märsche – wie den »Jagdgeschwader Richthofen Marsch« oder den »Silberkondor« (Fliegergeschwader Horst Wessel Marsch). Neuartige Fanfarenmärsche – wie die »Fliegerfanfare« oder die »Siegerfanfare« und progressive Luftwaffenmärsche wie »Schwert am Himmel« brachten eine neuartige Klangkultur und einen neuen Spirit in die Marschmusik. Märsche mit eigener Rhythmik und Klangfärbung – ungewöhnlich weich, ansprechend und absolut einmalig – zeichnen den Komponisten Husadel aus. Nach zweihundertjähriger Blasmusiktradition gelang ihm ein neuer Wurf in der Marsch- und Militärmusik, der sofort auch von der fliegenden Truppe angenommen und zur Identifikation führte. Für die Luftwaffe stellte Husadel eine eigene Sammlung von Märschen zusammen – das Luftwaffenmarschbuch.

Husadels zahlreiche Ideen und Innovationen – vom Einsatz der Saxophone oder von Streichern bis hin zur Verwendung des ersten Synthesizers (Trautonium), von der grandiosen Orchesterbesetzung bis zur Programmgestaltung – waren nur umsetzbar, weil sich die Luftwaffe von den anderen Teilen der Wehrmacht absetzen wollte und von Anfang an einen Führungsanspruch behauptete. Auch war Husadels Musikerfolg nur möglich, weil er die Unterstützung von Hermann Göhring hatte. Der dekadente Oberbefehlshaber der Luftwaffe war einer der wenigen im Nazi-System, der dem Führer Paroli bieten konnte. Görings Erscheinungsbild und Dominanz, sein Auftreten in eleganten Uniformen, mit Extraorden geschmückt und sein Propagandaausruf »Das deutsche Volk muss ein Volk von Fliegern werden« passten ideal zur neuen musikalischen Herausforderung und beflügelte das neue Genre in der Militärmusik.

Heute ist der eigentliche Erkennungsmarsch für die Luftwaffe der Fliegermarsch von Hermann Dostal (1874 bis 1930). Das pikante dabei ist, dass der Fliegermarsch eigentlich ein österreichischer Marsch ist, der mit einer wehrhaften Fliegerei nicht zu verbinden ist. Dostal hat den Fliegermarsch 1912 unter dem Titel »Kerzengrad steig ich zum Himmel« als Gesangsstück für einen Ballonfahrer in der Operette »Der fliegende Rittmeister« geschrieben. Das Lied mit dem Trio »Komm und sei mein Passagier, fliege, fliege, flieg mit mir!« passt für die Luftwaffe eigentlich nicht! Den Soldaten, Musikern und den Zuhörern war die genaue Herkunft egal. Der Fliegermarsch ist beliebt, geht ins Ohr und zählt zu den meistgespielten Stücken der Musikkorps. Das flotte Stück liegt in vielen Bearbeitungen vor, beispielsweise von Siegfried Rundel, James Last oder André Rieu.

📖 *Schramm (Hrsg.) Bd. 1; Toeche-Mittler I, S. 144 ff.*

Marine-Märsche

Die Marine hat ihre eigenen Paraden und die Musikkorps der »blauen Jungs« marschierten nur selten. Sie standen an Festtagen frühmorgens bei Sonnenaufgang am Heck ihres Schiffes und ließen den Holländischen Ehrenmarsch sowie die Nationalhymne zur Flaggenparade über das Wasser klingen. Eindruck machten sie in jeder Hafenstadt. Ein Umzug mit der Besatzung in der jeweiligen Hafenstadt, ein Einmarsch zu einer Feierlichkeit oder gar ein Vorbeimarsch vor einem Admiral oder Staatsoberhaupt lösten Begeisterung aus. Heute ist vieles anders: Es existiert nur noch das Marinemusikkorps Kiel. Ende 2019 wird das Marinemusikkorps Wilhelmshaven wieder neu aufgestellt. Diese beiden Musikkorps werden nicht nur für Zeremonielle an Bord der Schiffe und Boote der Marine und auf der Pier eingesetzt, sondern spielen auch für Verbände und Einheiten des Heeres und der Luftwaffe.

Der Präsentiermarsch der Marine ist der Holländische Ehrenmarsch von Jacob Rauscher (1771 bis 1834). Ursprünglich für die Spielleute vorgesehen, überzeugt die schlichte und feierliche Melodie von 1814. Kaiser Wilhelm II. bestimmte am 27. Januar 1901 den

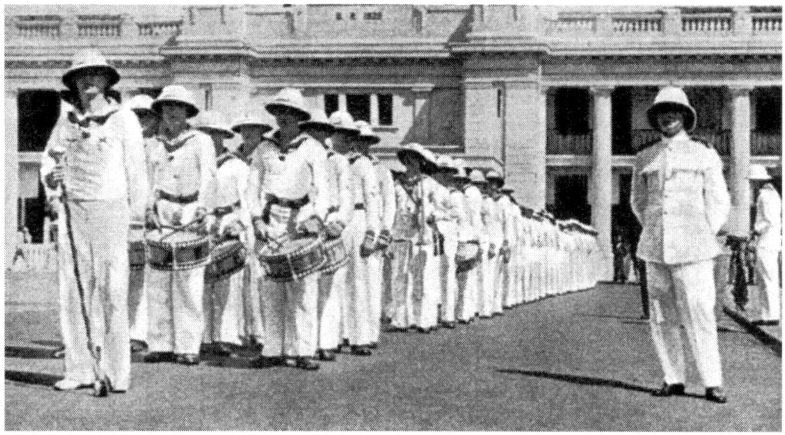

Musik Kreuzer »Emden«, Colombo 1937

Holländischen Ehrenmarsch als alleinigen Präsentiermarsch für die Marine.

Albert Parlow (1824 bis 1888) war 1852 der erste Marine-Musikmeister und komponierte »Mit vollen Segel« den ersten Marinemarsch. 1854 wechselte er zum Heer (Infanterie-Regiment 34) und gewann 1864 den ersten Preis beim Militärkapellen-Wettbewerb in Lyon. Eher aus Zufall komponierte Parlow die Amboß-Polka, den weltbekannten Trabmarsch. Carl Latann (1840 bis 1888) von der II. Matrosendivision in Wilhelmshaven komponierte den »Frei Weg« (HM II, 137) und den Admiral-Stosch Marsch, Opus 140. Als Straßen- und Parademärsche stehen der Marine alle Märsche zur Verfügung. Oft werden der Helenenmarsch (AM II, 173) oder der Petersburger (AM II, 113) verwendet.

Dass nicht nur Berufsmusiker erfolgreich Märsche schreiben können, beweist der Komponist Georg Meißner (1873 bis 1948) mit dem Marsch »Zum Städtele hinaus«. Volkstümlichkeit und Temperament zeichnen den Marsch von 1908 aus, der gerne und oft von der Marine gespielt wird. Meißner war Zollbeamter und Komponist und lebte um die Jahrhundertwende in Stralsund.

Der Seeteufel Graf-Luckner-Marsch von Walter Heyer ist Felix Graf von Luckner gewidmet, ein extrovertierter Marineoffizier und Schriftsteller. Bereits mit 13 Jahren suchte Luckner das Abenteuer auf einem russischen Segler. 1910 wurde er persönlich von Prinz Heinrich, Oberbefehlshaber der Marine und Bruder von Kaiser Wilhelm II., zum Offizier ernannt. Zu Ruhm gelangte Luckner, als er als Kommandant des Hilfskreuzers »Seeadler« die britische Seeblockade durchbrach. In seinem Buch »Seeteufel« beschreibt er das Aufbringen von sechzehn feindlichen Schiffen, bei denen nur ein einziger Seemann starb. Luckners Image ist ambivalent: In der Nazizeit suchte er die Nähe zu NS-Größen, zu Kriegsende konnte mit Luckners Hilfe die Zerstörung von Halle an der Saale verhindert werden.

Erich Schumann (1898 bis 1985), Akustiker und NS-Organisator, komponierte 1937 den Marinemarsch »Panzerschiff Deutschland« (HM II, 156), ein Marsch mit ausgeprägten Kontrapunkten. Zur gleichen Zeit schuf Robert Küssel (1895 bis 1970) den Marsch »Kameraden zur See«. Der Marsch besticht durch seinen scharfen 6/8-Ryhtmus. Im Trio ertönt selbstbewusst das Lied »Wir sind Kameraden auf See«, dessen Text Goetz Otto Stoffregen schuf. 1938 drehten die Nazis den gleichnamigen Spiel- beziehungsweise Propagandafilm. Regie führte Heinz Paul, Küssel verantworte die Musik und sein Marsch war das Titellied.

Richard Thiele (1846 bis 1907) komponierte einen Marine-Marsch mit ganz besonderer Aura. 1883 erscheint »Unsere Marine« (HM II, 145) für ein Singspiel mit dem Text »Stolz weht die Flagge Schwarz-Weiß-Rot, von uns're Schiffe Mast«, auch »Deutsches Flaggenlied« genannt. Der eigentliche Durchbruch kam infolge einer Seekatastrophe an Chinas Shantungküste in der Nacht zum 24. Juni 1896. Bei schwerem Sturm und Regen wurde das Kanonenboot Iltis auf die Felsen geworfen. In hoffnungsloser Lage stimmte bei heulendem Orkan Oberfeuerwerksmaat Raehm das »Deutsche Flaggenlied« an und die Besatzung sang im Kampf um Leben

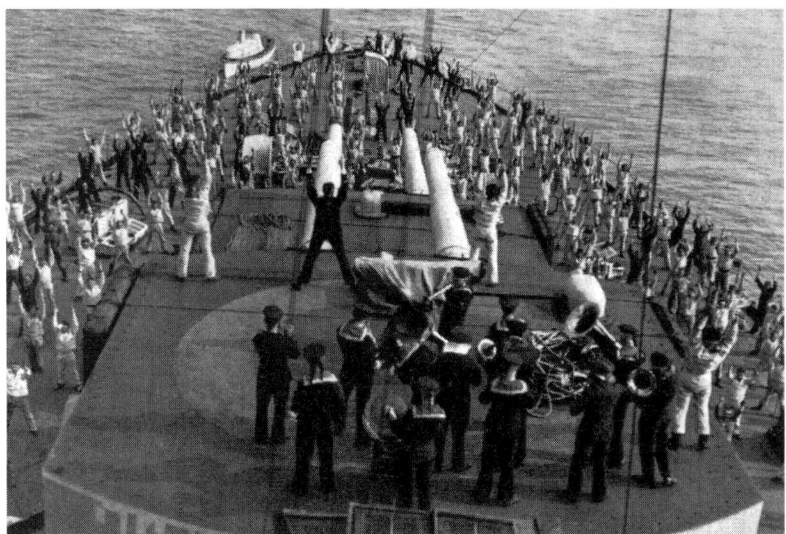

Freiübungen mit Musik, SMS König, 1917

und Tod gegen die Naturgewalten lauthals mit. Weltweit gab es Bewunderung über diese Haltung. 70 Mann und der Kommandant kamen im Orkan ums Leben, nur 14 Mann konnten sich retten. Seither ist dieser Marsch der Stolz der Marine. Über Jahrzehnte hinweg erhoben sich die Zuschauer, wenn die ersten Takte des Marsches erklangen und standen glücklich beisammen im Stolz. Toeche-Mittler schreibt hierzu: »Die Wirkung dieses Marsches war so gewaltig, dass man sie erlebt haben muss, um sie zu verstehen. Kein anderer Marsch hatte so eine Ausstrahlung«.

Spohrs »Gruß an Kiel« (HM II, 130) repräsentiert die Marine, ohne jemals Marinemarsch gewesen zu sein. »Gruß an Kiel« ist ein typisch sächsischer Marsch, der eigentlich der Stadt Kiel und nicht der Marine gewidmet wurde.

Eine ganz andere Erfolgsstory machte der Soundtrack von Klaus Doldinger (1936) für den Kinofilm »Das Boot«. 1981 wurde der Roman von Lothar-Günther Buchheim unter der Regie von Wolfgang Petersen verfilmt. Der Film über ein deutsches U-Boot im Zweiten Weltkrieg war für sechs Oskars nominiert und erhielt zahlreiche Filmpreise. 1991 veröffentliche der Hamburger Alex Christensen unter dem Namen U96 eine Technoversion des Titelthemas.

📖 *Toeche-Mittler III, S. 155-176; Epkenhans in: Ehlert, militärisches Zeremoniell in Deutschland, Potsdam 2008, S. 41 ff.*

Marschmusik in Sachsen

»Preußens Gloria« und »Sachsens Glanz« sind kein Widerspruch und ergänzen sich ideal, gerade auch in der Marschmusik. Traditionell hatte auch Sachsen eine gut ausgestattete Armee, die in der »Albertstadt« in Dresden eine besondere Heimstätte hatte. Die Albertstadt ist bis heute eine der größten Kasernenanlagen Deutschlands, eine Militärstadt deren Namen sie zu Ehren König Alberts I. von Sachsen (1828 bis 1902) trägt. Albert war als Prinz Befehlshaber im Deutsch-Französischen Krieg von 1870/71. Heute befinden sich auf dem Gelände unter anderem die Offiziersschule des Heeres und das militärhistorische Museum der Bundeswehr.

Von der Albertstadt her kommend zog jeden Sonntag ein Wachaufzug die Hauptstraße entlang in Richtung Elbe zur Neustädter Wache und zum Blockhaus, um am Denkmal August des Starken vor dem Blockhaus ein Mittagskonzert zu geben. Nach dem Konzert ging es mit klingendem Spiel zurück in die Kasernen. Dresden hatte zwei Bataillonsorchester. Die Musik des I. Jägerbataillons unter Hermann Thiele spielte Jägermusik, die mit dem Signalhornmarsch »Mit vereinten Kräften« von Willy Milius einen wunderbaren Hornmarsch für das Zusammenspiel mit dem Musikkorps besaß. Milius war Bataillons-Hornist im sächsischen Schützenregiment Nr. 108. Die Jägermusik spielte auch »Glück auf!« von Faust, ein Marsch, der dem sächsischen 2. Grenadier-Regiment gewidmet war. Auffallend ist der Galopp-Rhythmus, im Trio hat Faust das Freiberger-Bergmannslied »Schon wieder tönt's vom Schacht her« aufgenommen. Das andere Orchester war das Musikkorps des III. Bataillons. An deren Spitze ging ein großer Mann mit Zwicker, Hermann Schmidt (1885 bis 1950), der 1929 deutscher Armeemusikinspizient wurde und der das Verzeichnis Deutsche Heeresmärsche verantwortete. Sein Infanterie-Bataillon blies den Marsch »Gruß an Kiel« von Friedrich Spohr, dem Musikmeister der 102er in Zittau. Gruß an Kiel wurde vom sächsischen Infanterie-Regiment 182 als Parademarsch gespielt.

Bekannt und heute gerne gespielt wird der Schützen-Defiliermarsch (HM II, 133) von Carl Gottlieb Lippe (1808 bis 1900). Der Marsch ist den 108er gewidmet, dem Dresdner Schützen-Füsilier-Regiment mit den niedrigen Tschakos. Die Musik der Alten Armee des Regiments Prinz Georg Nr. 108 hatte bis zu 16 Waldhörner besetzt. Dieser Defiliermarsch ist ein einzigartiger und einprägsamer Marsch. Gleich zu Beginn verziert das Holz die Posaunen, charakteristisch in Melodie und Rhythmus ist auch das Trio. Von Carl Hauschild stammt der »Frohsinn-Marsch«, von Wilhelm Herfurth der Marsch »Lasst uns scherzen« (HM II, 128). Ein bekannter sächsischer Marsch ist der »Frei weg!« von Carl Latann, ein Galoppmarsch, der als Parademarsch dem I. Bataillon diente und gleich von Beginn an mit »Frisch in die Welt« gesanglich begleitet werden kann. Auch ein sehr bekannter Reitermarsch stammt aus Sachsen: Der »Parademarsch der 18er-Husaren« von Alwin Müller, auch »Großenhainer« genannt.

Aus der kursächsischen Zeit sind noch zehn Präsentiermärsche von 1729 bekannt, so der Alt-Kursächsische Retiret-Marsch von Günther, der Präsentiermarsch der Schwarzen Brigade von Rath, der Marsch der kursächsischen Leibgarde (der »Kesselsdorfer«), die Märsche der Regimenter von Reitzenstein, von Hartiztsch, von Zanthier oder von Prinz Maximilian. Der sächsische Zapfenstreich ist ein reines Stück für Jagdhörner, er soll von Carl Maria von Weber sein. We-

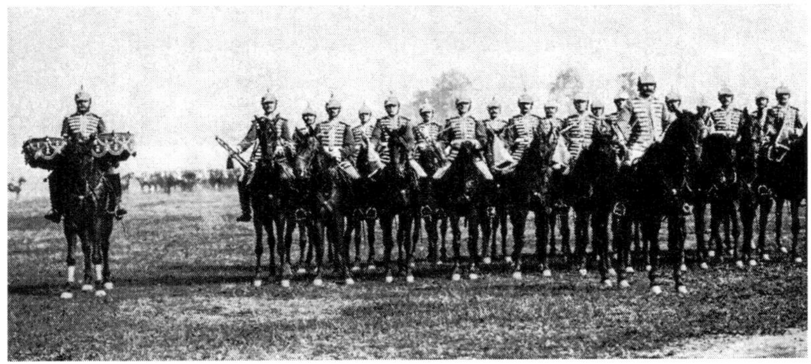

Sächsische Garde-Reiter, Dresden 1912

ber war 1817 Kapellmeister an der Deutschen Oper in Dresden. Die Dresdner-Garde-Reiter spielten zur Parade ein Stück aus Webers Oper Oberon. Weber hat auch den feierlichen Marsch für das Königlich Preußische 2. Leib-Husaren-Regiment geschrieben.

Die sächsische Armee hatte ihre eigenen Besonderheiten und Märsche – feierlich und fröhlich. Der sächsischen Militärmusik verdanken wir den »Marsch der Schweizer Garde«, das war der Marsch des Regiments 100, Leibgarde des sächsischen Kurfürsten. Als »Schweizer Garde« bezeichnet man Soldaten, die in fremden Diensten stehen. Von Sachsen kommt auch das Wecken mit dem Lied »Freut Euch des Lebens« statt einem einfachen Signal. Daraus wurde das »Große Wecken«, das Spielleute im Wechsel mit der Musik zu Neujahr und an hohen Festtagen zusammen mit einem Ehrenzug in die Straßen trugen. Nicht nur die Truppe wurde damit geweckt, die ganze Bevölkerung wurde mit fröhlicher Musik früh aus den Federn geholt. Jedem war mit dem Hören des Spiels von Pfeifen und Trommeln und dem Einsetzen fröhlicher Blechmusik klar: Jetzt muss man aufstehen. Habt Sonne im Herzen! Der Feiertag hat begonnen! Freut Euch des Lebens!

Marschmusik der Hannoveraner

Der Hannoveraner Marschmusik kommt eine eigenständige Bedeutung zu. Ihr Klang ist anders, oft erkennt man eine Verwandtschaft mit dem Volkstanz. Von 1814 bis 1866 war Hannover in der Nachfolge des Kurfürstentums Braunschweig-Lüneburg ein eigenständiges Königreich. Als Königreich besaß Hannover auch eine eigene Armee, deren Vorläuferformationen sich bereits im Krieg gegen Napoleon auf britischer Seite im Verband der King's German Legion vielfach auszeichnen konnten. 1866 stand das Königreich Hannover an der Seite Österreichs und verlor gegen Preußen. Als Folge des verlorenen Bruderkriegs wurde das Königreich von Preußen annektiert und zu einer preußischen Provinz degradiert, die militärischen Einheiten wurden umbenannt und in die preußische Armee eingereiht. Das bis dahin regierende Herrscherhaus der Welfen war den Preußen spinnefeind, die Hälfte der Offiziere trat nicht in den preußischen Dienst über. Kaiser Wilhelm II. war daran gelegen, das Verhältnis zu den alten hannoverschen Eliten zu entspannen. Unter anderem ließ er mit Verfügungen in 1899 und 1900 zwanzig einst hannoversche Märsche in die Preußische Armeemarschsammlung aufnehmen.

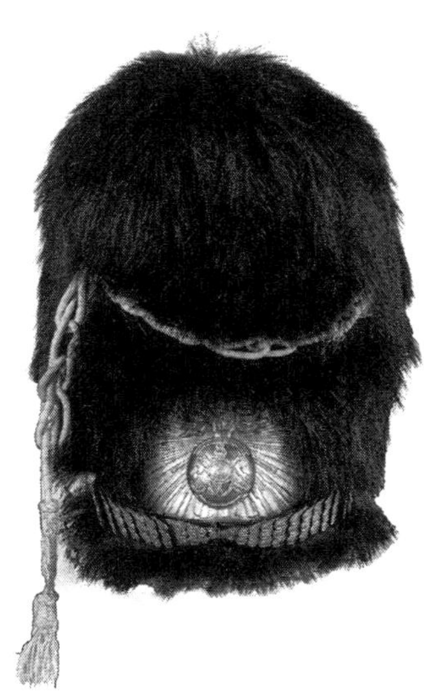

Bärenfellmütze für Offiziere des Garde-Grenadier-Regiments, Hannover 1825 bis 1849

Zu erwähnen ist der Marsch der »Hannoverschen Pioniere (1866)« (AM II, 234; HM II, 94), der auch von vielen Spielmannszügen gespielt wird und der Marsch des »Hannoverschen Garde Grenadier Regiments (1921)«. Beide Märsche sind kurz und schneidig. Unverkennbar ist beim »Hannoverschen Garde Grenadier Regimentsmarsch« ein

Genre, das in England seit dem späten 17. Jahrhundert und im Anschluss an die Amerikanische Unabhängigkeit zuhause ist. Wilhelm Nedderhuth komponierte den Hannoverschen Garde-Jäger Marsch (1809) (AM II, 231; HM II, 91). Im Königreich Hannover gab es sogar einen eigenen Zapfenstreich der Jäger. Johann Christian Bach, der jüngste Sohn von Johann Sebastian Bach, komponierte den Marsch des »Hannoverschen Garde Husaren Regiments (1866)« (AM III, 93; HM III A, 34). Bach lebte seit 1762 als Kapellmeister und Hoforganist in London.

Besonders strahlend und feierlich ist die hannoversche Reitermusik. Der Marsch der »Hannover Garde du Corps« (AM III, 92; HM IIIA, 33) wurde dem König-Ulanen-Regiment (1. Hannoversches Nr. 13) in Hannover als Aufstellungs- und Parademarsch im Schritt gespielt. Den Marsch des »Hannover Cambridge Dragoner Regiments« (AM III, 99; HM III A, 35) spielte das Dragoner-Regiment König Carl I von Rumänien (1. Hannoversches Nr. 9) mit Garnison in Metz als Aufstellungs- und Parademarsch im Schritt. Der Marsch des »Hannoverschen Kronprinz Dragoner Regiments« (AM III, 100; HM III A, 36) war dem 2. Hannoverschen Dragoner-Regiments Nr. 16 in Lüneburg – den sogenannten »Heide-Dragoner« – als Aufstellungs- und Parademarsch im Schritt befohlen. Die Entstehung der drei Stücke ist unbekannt. In der Reichswehrzeit wurden die drei Märsche vom 13. und 18. Reiter-Regiment weiter verwendet.

🕮 *Frühling, in: Scheibling, Booklet zur CD Deutsche Armeemärsche, Frechen 2017; Dean u.a. S. 143 ff.*

Märsche aus Württemberg

Albert Segebrecht (1876 bis 1945) hat im »Graf Eberhard-Marsch« HM III A, 63 das Lied »Preisend mit viel schönen Reden«, die heimliche Hymne von Württemberg vertont. Der Marsch war der Präsentiermarsch des 1. Württembergischen Dragoner-Regiments Nr. 25.

Der »Marsch des schwäbischen Kreisregiments Durlach-Baden« ist zwischen 1684 und 1701 entstanden und hieß ursprünglich »Marsch des Schwäbischen Kreis-Regiments Alt-Württemberg«. Es handelt sich um einen Präsentiermarsch der Württemberger. Von 1909 bis 1918 war es der Präsentiermarsch des Grenadier-Regiments Königin Olga. Das badische Gegenstück ist der Givenchy-Marsch (AM I, 108). Am 13. Okt. 1914 erlebte das 6. Badische Infanterie-Regiment Nr. 114 aus Konstanz ein Gefecht in Givenchy in Nordfrankreich bei Arras. Oberkapellmeister Arnold Rust schrieb diesen Marsch, der sofort zum Präsentiermarsch des Regiments wurde.

Der bekannteste Württembergische Marsch ist der König-Karl-Marsch (AM II, 212) von Carl Unrath (1828 bis 1908). Unrath war

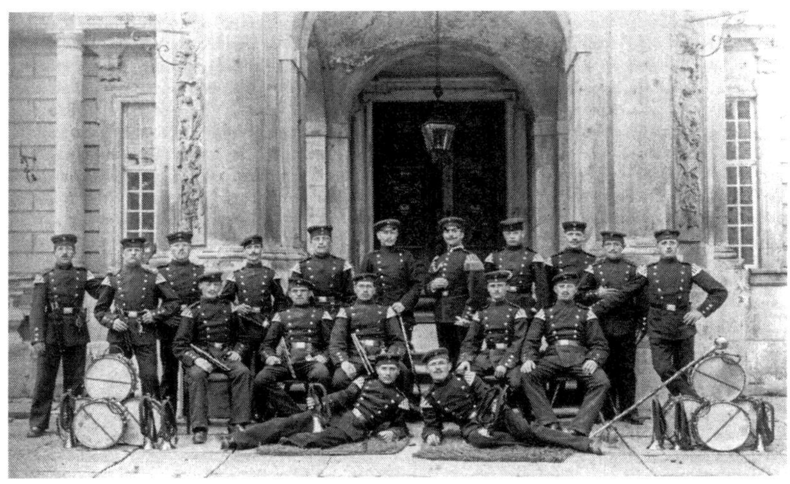

Spielleute des Inf. Reg. Alt-Württemberg (3. Württ.) Nr. 121 um 1898

Stabshoboist im 4. Württembergischen Infanterie-Regiment in Stuttgart. 1868 erscheint in Ulm der Marsch mit dem markanten Posaunenteil im Trio. Gewidmet ist der Marsch dem württembergischen König Karl (1823 bis 1891). Der Marsch wurde in die Armeemarschsammlung aufgenommen und von Friedrich Wilhelm Voigt neu arrangiert.

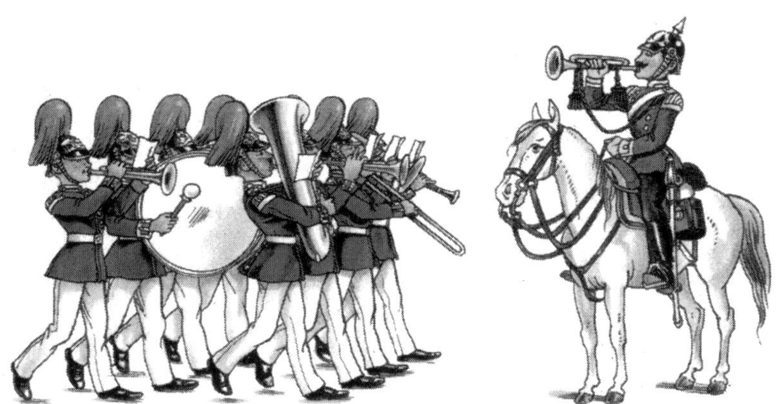

Zeichnung einer badischen Regimentsmusik (1890) und eines württembergischen Dragoners (1837)

Bayerische Märsche

Ein Fest ohne Blasmusik ist in Bayern nur sehr schwer vorstellbar. Wolfgang Grünbauer, ehemaliger Militärmusiker, legt jedes Jahr mit seinen Münchner Oktoberfest-Musikanten auf der Münchner Wiesn ein herausragendes Zeugnis dieser Tradition ab. Der Ursprung jeder Blasmusik ist die Militärmusik, die auch in Bayern eine besondere Heimat hat. Preußen war als Staatswesen hocheffizient, das Militär spielte dort die dominante Rolle. Die bayerischen Könige setzten andere Prioritäten. Ihr Spielplatz lag eher im Bauen und in der Kunst. Soldaten gab es zwar auch, die aber waren notorisch schlecht ausgestattet. Freilich spielte in Bayern die Musik eine große Rolle, auch die Militärmusik.

Seit dem 16. Jahrhundert sind bei den bayerischen Fußtruppen Trommler und Pfeifer belegt, Mitte des 18. Jahrhunderts entstanden erste Musikbanden. 1811 wurden die Pfeifen mit Armeebefehl abgeschafft und Musikbanden mit 13 Hautboisten (zwei Flöten, vier Klarinetten, zwei Hörner, zwei Trompeter, zwei Fagotte, eine Posaune) besetzt und mit Serpent (Bass) sowie dem »türkischen Schlagzeug« erweitert. Unter den bayerischen Königen wurde nach 1806 die Militärmusik gefördert. Große Kapellmeister wie Wilhelm Legrand (1769 bis 1845) oder Peter Streck (1797 bis 1864) brachten Ruhm. Gespielt wurde im Hofgarten, am Chinesischen Turm, in den großen Bierhallen oder auf Ballfesten. Heute ist Bayern auf seinen Freistaat besonders stolz, also einen Staat ohne Monarchen. Der bayerischen Marschmusik hat das nicht geschadet. Im Gegenteil: Es gibt kaum eine Region, in der mehr Märsche gespielt werden und immer wieder neue Werke entstehen. Während der preußische Marsch seiner Form nach streng in Melos, Rhythmus und Harmonie ist, zeigt der bayerische Marsch viel mehr barocke Züge. Er ist voller Harmonie, sehr geistreich im Melos und kompaktem Rhythmus. Kompositorisch gesehen schwankt er oft zwischen anspruchsvoller Kontrapunktik und einfacher, betont rhythmisch kompakter Methode.

Bayerische Märsche sind beliebt und werden heute gerne gespielt: Jedermann kennt den bayerischen Defiliermarsch von Adolf Scherzer. Dem interessierten Publikum sind der Mussinan-Marsch von Carl Carl, der von-der-Tann-Marsch von Andreas Hager oder der König-Ludwig-II-Marsch von Georg Seifert bekannt. Georg Fürst, der letzte Leiter des Königlich Bayerischen Infanterie-Leibregiments komponiert Märsche wie den Badonviller Marsch, den Fleury-Marsch, den Isonzo-Marsch, den Prinz-Eugen-Marsch, den König-Ludwig-III-Marsch und den Marsch »Unter Bayerns Rautenbanner«.

***Der angeblich verbotene Badonviller Marsch**: Der Badonviller Marsch (AM II, 256) wurde im August 1914 von Georg Fürst für das Königlich Bayerische Leibregiment komponiert. Er thematisiert ein Gefecht der »Leiber« bei Badonville in Lothringen, etwa 50 Kilometer westlich von Straßburg im Ersten Weltkrieg. Bei einem Sturmangriff auf die Kleinstadt wurden am 12. August 1914 hunderte Soldaten auf beiden Seiten erschossen, weitere Gräueltaten folgten. Die Stadt wurde von den Deutschen niedergebrannt, Zivilisten erschossen oder gefangen genommen.*

Im ersten Teil stechen die Signale des Bleches hervor. Angeblich soll der Komponist hierfür durch das Hupen der Sanitätsfahrzeuge angeregt worden sein, mit denen die Verwundeten abtransportiert worden sind. Einprägsam ist auch das wuchtige Posaunenmotiv im Trio. Toeche-Mittler nennt den Badonviller Marsch den »großartigsten Posaunenmarsch, den wir besitzen«.

Der Badonviller Marsch wurde von Adolf Hitler sehr geschätzt, angeblich war es sein Lieblingsmarsch. Die NS-Propaganda hat diesen Marsch immer wieder in Szene gesetzt. Der Marsch wurde regelmäßig als Motiv in der Wochenschau verwendet. 1939 wurde sogar verfügt, dass der Marsch – er wurde jetzt deutsch Badenweiler Marsch genannt – nur in der Anwesenheit des Führers öffentlich gespielt werden darf. Nach dem Zusammenbruch des Dritten Reiches wurde der Marsch augenscheinlich mit dem NS-Regime und direkt mit dem Führer in Verbindung gebracht. Entgegen anderen Aussagen gab es nie ein generelles Aufführungsverbot. Als eine kleine Musikkapelle in der Nachkriegszeit den Marsch öffentlich zur Kirchweih aufführte, wurde sie wegen gemeinschaftlichen »groben Unfugs« angezeigt. Das AG Nürnberg sprach die Musikanten 1955 frei und urteilte, dass der Marsch in Wahrheit ein Marsch der bayerischen Armee sei und es höchste Zeit ist, den Marsch zu entnazifizieren. Der erste Leiter des Militärmusikdienstes Deisenroth legte 1956 per »Fachdienstlicher Anweisung« fest, dass der Marsch grundsätzlich von Bundeswehr- oder Polizeimusikkorps nicht mehr gespielt wird. Ausgenommen sind historische Konzerte der Musikkorps, in denen die Entwicklung des Marsches im Allgemeinen sowie bestimmte Eigenarten aufgezeigt werden sollen. Dann muss der Marsch auch den Originaltitel »Badonviller Marsch« tragen.

Wilhelm Legrand war Musiker am Hofe des bayerischen Königs in München, zunächst als Oboist im Hoforchester, später als Hofmusikus, ab 1810 als Direktor des Münchner Hoboistenkorps, ab 1813 hatte er die Stellung des Königlich Bayerischen Armeemusikdirektors. Er sorgte für eine einheitliche Stimmung der Instrumente und für ein einheitliches Signalwesen. Legrand komponierte viele Märsche. Spätestens 1823 entstand der – ursprünglich als Grenadiermarsch bezeichnete – Bayerische Präsentiermarsch, der sogleich allen Infanterieregimentern per Dienstvorschrift zugewiesen wurde. Heute noch wird dieses Stück für alle bayerischen Einheiten als Präsentiermarsch beim Abschreiten der Front gespielt. Bereits 1814 hatte Legrand den Parademarsch der Königlich Bayerischen Grenadier-Garde komponiert, welcher die Vorläuferformation des späteren berühmten bayerischen Infanterie-Leib-Regiments (»Leiber«) war. Auch dieses Stück ist ein Präsentiermarsch.

Der »Von-der-Tann-Marsch« trägt den Namen des Bayerischen Generals Ludwig Freiherr von und zu Tann-Rathsamshausen, der im

Krieg gegen Frankreich 1870/71 gefeiert wurde. Der Komponist dieses Marsches Andreas Hager (1812 bis 1892) schrieb diesen Marsch während seiner Dienstzeit in Ansbach 1848 bis 1856 als Stabstrompeter des 2. Chevauleger-Regiments zunächst für eine neunstimmige Blechharmonie. 1871 war Hager Musikdirektor des Landwehr-Regiments in München. Dort bearbeitete er seine Komposition für das große Blasorchester. Der Marsch wurde dem Infanterie-Regiment in Regensburg gewidmet.

Den »Laridah Marsch« (HM II, 154) komponierte 1918 Max Hempel (1877 bis 1959). Hempel war zunächst Geiger im Kurorchester auf Norderney. Nach Stationen als Militärmusiker in Stettin und Passau nahm er das Musikstudium auf und wurde 1906 zum Musikmeister beim 1. Infanterie-Regiment in München bestellt. Es folgten Funktionen in Augsburg und Nürnberg. Der »Laridah Marsch« entstand 1918 in Frankreich nach dem Vorbild eines englischen Jagdliedes. Den Text »Ach, mein Schatz ist durchgegangen, Laridah« verfasste Julius Bierbaum.

Josef Schifferl (1877 bis 1952) schrieb den »Belgrad-Marsch« (HM II, 142), der auch »Prinz Eugenius« in Erinnerung an die Kämpfe um Belgrad 16. August 1717 genannt wird. Prinz Eugen stand der zahlenmäßig mehrfach überlegenen Streitmacht unter dem Großwesir Halil Pascha gegenüber und es gelang das Unvorstellbare: Er konnte das türkische Heerlager mit schwimmenden Brücken erfolgreich angreifen und die Festung Belgrad belagern, die Belagerten ergaben sich zwei Tage später. In jenen Kämpfen soll auch das Lied »Prinz Eugen, der edle Ritter« entstanden sein, das von Schifferl im Trio verwendet wird.

Weitere ausgewählte bayerische Märsche:

- Mussinan-Marsch (AM II, 248) von Carl Carl (Oberst Ludwig Ritter von Mussinan 1882 gewidmet)
- Gruß an Oberbayern von Georg Freundorfer (1881 bis 1940)
- Münchner Lager-Marsch von Peter Streck (1797 bis 1864)
- Taxis-Marsch von Christian Kolb (1826 bis 1871)
- Prinz-Karl-Marsch von Carl Neudel (1842 bis 1897)

- Weiß-Blau-Marsch von Max Högg (1848 bis 1933)
- Bayrisch-Blau-Marsch Op. 74 von Carl Friedemann (1862 bis 1952)

Ehrensache – Marschmusik und die Philharmoniker: *Viele Profimusiker haben ihre ersten musikalischen Erfahrungen in Musikkapellen gemacht. Und dort zählen Märsche zum Pflichtprogramm. Für die Bläser der Münchner Philharmoniker war es eine Ehrensache, Märsche mit ihren Dirigenten Lorin Maazel und Zubin Mehta aufzunehmen. 2013 entstand so die CD »Für uns Ehrensache! 18 Märsche vom Bayerischen Defiliermarsch bis hin zum Alten-Kameraden-Marsch«. Unter dem Titel »Radetzky-Marsch« hatte bereits 40 Jahre zuvor Herbert von Karajan mit den Bläsern der Berliner Philharmoniker die gleiche Idee. Er spielte preußische und österreichische Traditionsmärsche in ähnlich hoher Perfektion.*

Viele Märsche sind auch dem Voralpenland gewidmet und werden dort gerne zu Ehren der Heimat und der Gebirgsschützen gespielt. Am bekanntesten ist wohl der Tölzer Schützenmarsch von Anton Krettner (1849 bis 1899), der in Tölz Wirt, Bürgermeister, Dichter und Komponist war. In einer Laune soll der damalige Amtsrichter gesagt haben: »Krettner, wir bräuchten einen flotten Marsch für unsere Schützen. Das wäre doch was für Sie.« Acht Tage später war der Tölzer Schützenmarsch komponiert. Krettner lieferte sogleich auch einen Text für die Melodie im Trio mit. Der Marsch hat einen Stimmumfang von zwei Oktaven mit großen Sprüngen und interessant besetzte Harmonien.

Weitere Beispiele von oberbayerischen Schützenmärschen:
- Münchner Schützenmarsch von Josef Schifferl (1877 bis 1952)
- Tegernseer Schützenmarsch von Willi Löffler (1915 bis 2000)
- Partenkirchner Gebirgsschützenmarsch von Hermann Zwerger (1912 – 1977) zunächst für Zither komponiert
- Gmunder Gebirgsschützenmarsch von Sepp Willert

– Wackersbauer Schützenmarsch von Hans Bauer
– Gaißacher Schützenmarsch von Kaspar Wohlmuth sen.

***Bayernhymne**: Die Melodie der Bayernhymne (Lied der Bayern) stammt vom Schwandorfer Max Kunz, der Text vom Amberger Lehrer Michael Oechsner. 1860 wurde das Lied erstmals öffentlich vorgetragen, 1952 beschloss der Landtag, dass das »Lied der Bayern« in der Schule gelehrt und im Rundfunk gemeinsam mit dem Deutschlandlied nach Mitternacht gesendet wird. Seit 1964 wird das Lied offiziell als Hymne bezeichnet. Bayern hat damit als einziges Bundesland eine eigene Hymne. Sie wird in Bayern bei allen wichtigen Festakten gespielt und gesungen. Papst Benedikt XVI. hat den Text der Bayernhymne als Gebet aufgefasst. Folgerichtig ist die Bayernhymne 2013 offiziell im katholischen Gesangbuch »Gotteslob« in den bayerischen Diözesen aufgenommen worden.*

🕮 *Haberfellner, in: Grünbauer, Bayerische Märsche, Hornberg 2015; Probst u. a., in: Booklets zu Bogner Records, CD Bayerische Märsche Folge 1 bis 3, Rottach-Egern 2005/2008.*

Österreichische Märsche – herrliche Klänge zwischen Wien und den Alpen

Toeche-Mittler: »Die österreichischen Märsche kommen, wie es bei so einem musikalischen Volk nicht anders sein kann, von der Melodie her.«

Österreich und Preußen waren lange Zeit ein Gegensatz. Doch beide Länder waren im Militär und in der Militärmusik vorbildlich und pflegten hierbei auch den engen Gedankenaustausch. Die österreichischen Märsche sind nicht weich, viele ihrer Märsche übertreffen preußische Märsche an Härte und Schmiss. An erster Stelle der österreichischen Märsche steht der Radetzkymarsch, der 1848 mit stürmischem Beifall vom Volk aufgenommen wurde. An vielen Stellen der österreichischen Märsche wurde die Kaiserhymne eingebunden, die heutige deutsche Nationalhymne. So beginnt Mühlberger seinen Tiroler Kaiserjägermarsch mit den ersten Takten der Nationalhymne und endet im letzten Teil mit dem Lied »Wir sind die Kaiserjager vom ersten Regiment«. Nowotny fügt in seinem Marsch »Aller Ehren ist Österreich voll«, heute bekannt als 92er Regimentsmarsch, im vierten Teil die Kaiserhymne ein.

Sehr melodisch sind die Deutschmeister-Märsche oder der Schönfeldmarsch. Toeche-Mittler schreibt dazu treffend: »Bei österreichischen Märschen sind die Kompositionen von Natur aus weich und lieblich, haben schöne, gebundene Sätze und klare, einschmeichelnde Melodien. Das Militärische und Martialische erreicht man durch

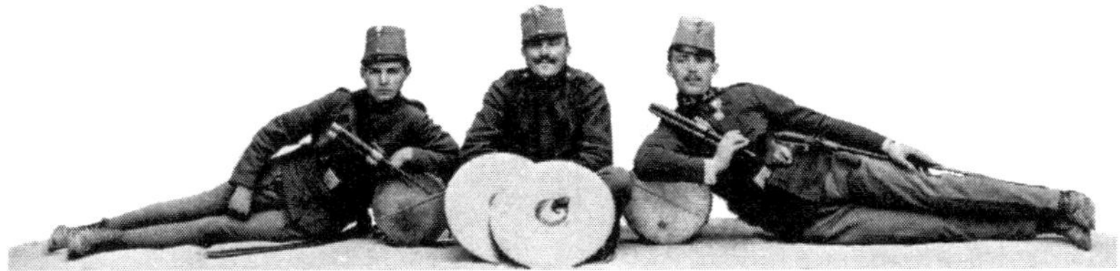

Österreichische Tamboure

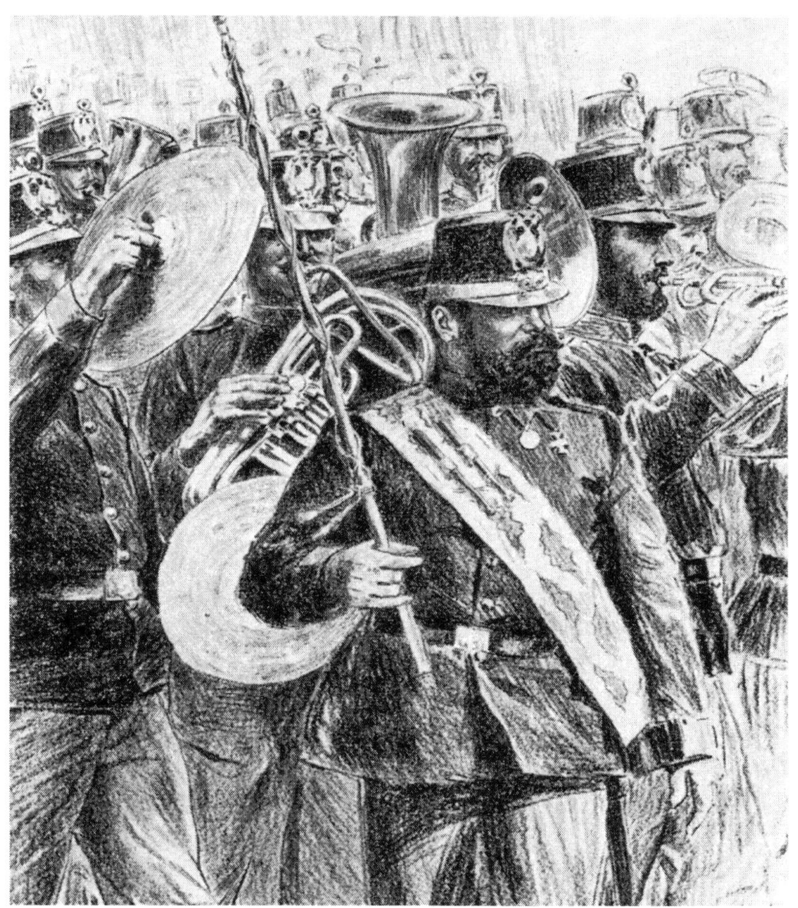

Österreichischer Regimentstambour um 1900

rhythmische Gestaltung und harte Kontraste, durch kurze Auftakte, scharfe Betonung und viel Schlagzeug. Zuweilen wird die Tonfolge geradezu zerpflückt, zerhackt. Die Ventilposaunen haben einen gepressteren Klang als die deutschen Zugposaunen.« Eine Ausnahme bildet der Erzherzog-Albrecht-Marsch (AM II, 263) von Karl Komzák, der auch in Deutschland gerne gespielt wird. Voll, kräftig, tief und schwer ist der Marsch, der die Soldaten bereits im ersten Teil zum Singen mit sehr burschikosen Texten einlädt. Von Komzák kommt auch der »Vindobona-Marsch«. Vindobona war ein römisches Sammellager in Wien direkt an der Donau. Der »Vindobona-Marsch« Opus 127 hat den Untertitel »Lasset uns das Leben genießen« und entstand, als Komzák Regimentskapellmeister im IR 84 war. Der Hinweis »nach Volksweisen« deutet darauf hin, dass Komzák in diesem Stück nicht nur eigenes Material verwendete, sondern auf bekannte Lieder zurückgriff, so im Trio auf »Vindobona, du herrliche Stadt« von Johann Schrammel.

Nachfolger von Komzák in Pilsen beim Infanterie-Regiment Nr. 11 wurde 1882 Rudolf Novácek (1860 bis 1929), der 1885 als Militärkapellmeister das Regiment in Prag von Oberst Ludwig Castaldo übernahm (k.u.k. Inf. Reg. 28). Castaldo zu Ehren komponierte Novácek 1890 den »Castaldo-Marsch«, der heute noch oft und gerne gespielt wird.

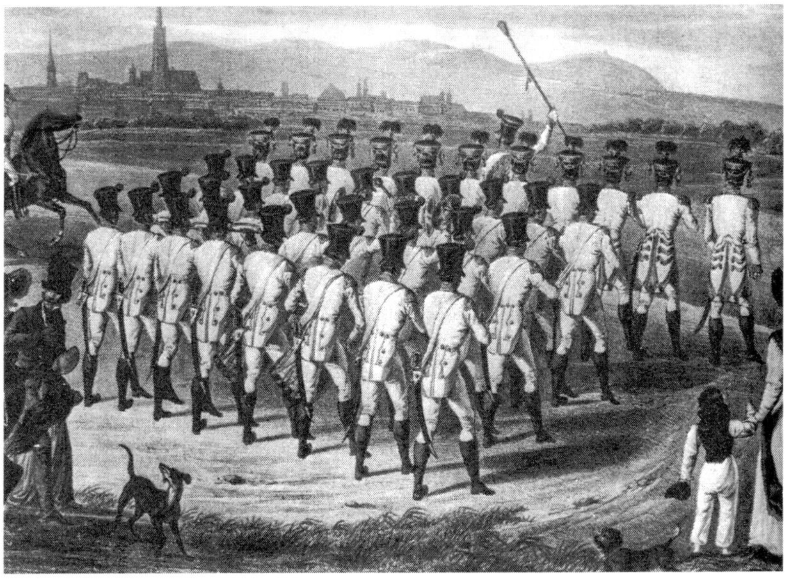

Banda eines k. u. k. Linien-Inf.Reg. vor Wien (1823) - Lit. J. Kiehuber nach einer Zeichnung von J. N. Hoechle

Johann Schrammel (1850 bis 1893) komponierte den Marsch »Wien bleibt Wien«. Schrammel wuchs in ärmlichen Verhältnissen auf und nahm schon in frühen Jahren Geigen- und Gesangsunterricht am Wiener Konservatorium. 1866 bis 1875 war er Musiker im Dragonerregiment Nr. 2 und im Infanterie-Regiment 32 und 49. Schon in seiner Militärzeit war er freischaffender Orchestermusiker. 1878 gründete er das Schrammelquartett und schuf mit der Schrammelmusik ein eigenes Genre. Sein bekanntestes Stück blieb der Marsch »Wien bleibt Wien«, ein durch und durch wienerischer Marsch.

Berühmt sind die Österreicher auch für ihre Regimentsmärsche. In der österreichisch-ungarischen Monarchie gab es einst 114 Infanterieregimenter, an die eine Militärmusik angegliedert war.

Der 47er Regimentsmarsch ist von Joseph Franz Wagner (1856 bis 1902). Wagner ist in Wien geboren und diente als Kapellmeister in Wien, Marburg an der Drau und in Graz. Wagner komponierte 800 Stücke. Sein bekanntestes Werk ist der Marsch »Unter dem Doppeladler« (Opus 159) aus dem Jahr 1893, benannt nach dem Doppeladler im Wappen des österreich-ungarischen Reiches. Er ist heute der offizielle Marsch des Ersten Österreichischen Artillerie-Regiments. Beliebt ist auch der Marsch »Tiroler Holzhackerbuab'n«, der auch als Polka »Die lustigen Holzhackerbuam« bekannt ist. Der 47er Regimentsmarsch erinnert an seine Zeit als Kapellmeister im Infanterie-Regiment 47 in Trient. Die von ihm damals geleitete Regimentskapelle der 47er galt als eine der besten seiner Zeit.

Johann Nowotny (1852 bis 1896) komponierte den 92er Regimentsmarsch (»Aller Ehren ist Österreich voll«) im 6/8 Rhythmus mit der damaligen Kaiserhymne (heute Deutschlandlied) im Trio. Er war dem 92er Infanterie-Regiment in Theresienstadt gewidmet. Der 94er Regimentsmarsch stammt von Josef Matýs (1851 - 1937). Matýs war ein gelernter Instrumentenbauer und ging 1871 zur Militärmusik. 1880 wurde er Kapellmeister in Russland in der 17. Artillerie-Brigade. Drei Jahre später wechselte er als Regimentskapellmeister zum neu aufgestellten Infanterieregiment 94 in Leutschau im Norden der Slowakei. Der 94er Regimentsmarsch – auch Spani-

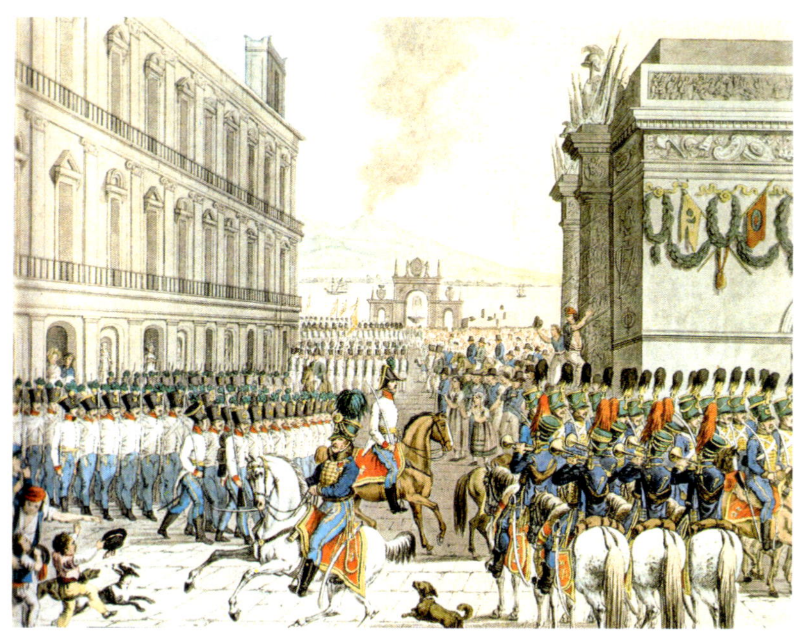

Parade der österreichischen Truppen 1815

scher Marsch genannt – erinnert an diese Zeit. Angeblich verarmt verstarb Matýs 1937 im Militärkrankenhaus in Theresienstadt. Der 99er Regimentsmarsch stammt von Richard Hunyaczek (1877 bis 1917). Hunyaczek wurde 1908 Kapellmeister beim Infanterie-Regiment Nr. 51. 1912 kam der Wechsel zum Infanterie-Regiment 99, das er bis zu seinem frühen Tod 1917 leitete. Der schwungvolle 99er ist dem Regiments-kommandeur Oberst Otto Herzmansky gewidmet. Im Trio wurde das patriotische Lied »Hoch Neunundneunzig! Tapf'res Regiment!« unterlegt.

Von Hermann Josef Schneider (1862 bis 1921) sind die Märsche Alt-Starhemberg und der Erzherzog-Carl-Marsch (Opus 562) sowie der Erzherzog-Albrecht-Marsch. Schneider war nie Kapellmeister, er war Kirchenmusiker. Von 1881 bis 1884 verbrachte er seinen Wehrdienst im Infanterieregiment Nr. 62 in Siebenbürgen. 1884 kehrte er nach Böhmen zurück (Saaz/Žatec) und war dort Chordirektor an der Stadtpfarrkirche und leitete auch die Musik der Bürgerwehr. Der Marsch »Alt Starhemberg« erinnert an den heldenhaften Widerstand der Verteidiger Wiens unter Graf Starhemberg während der Belagerung durch den Großwesir Kara Mustafa im Jahr 1863.

Der Marsch »O Du mein Österreich« hat genau genommen zwei Väter. Das Lied, dessen Melodie das Trio bildet, kommt von Franz von Suppé und wurde 1849 in Wien bei einem Singspiel erstaufgeführt. Das Lied wurde dann aber schnell vergessen. Einen Hit hat erst der Militärkapellmeister Ferdinand Preis mit der Verarbeitung zum Marsch »O du mein Österreich« 1852 daraus gemacht. Preis war 1851 bis zu seinem Tod 1864 Regimentskapellmeister beim Infanterie-Regiment 38, mit dem er in den Garnisonen Linz, Brünn, Prag und Theresienstadt wirkte.

***Julius Ernest Wilhelm Fučík und seine Meisterwerke**: Einer der bekanntesten Komponisten der österreichischen Militärmusik ist Julius Fučík (1872 bis 1916). Der in Prag geborene Komponist und Musiker nahm Unterricht bei Antonín Dvořák. 1891 trat er seinen Militärdienst beim Infanterie-Regiment 49 in Krems an der Donau an. Dort spielte er unter Josef Wagner (»Unter dem Doppeladler«). 1895 war Fučík Fagottist am Deutschen Theater in Prag, 1896 war er dort Dirigent des Stadtorchesters, 1897 wurde er Militärkapellmeister beim Infanterieregiment 86 in Sarajevo. Fučík wirkte auch in Budapest und in Theresienstadt. In Prag und Berlin gab er Konzerte vor über 10.000 Zuhörern. Nach seiner Hochzeit lebte Fučík als Komponist und Verleger in Berlin, wo er drei Jahre später im Alter von nur 44 Jahren verstarb. Er hinterließ über 400 Kompositionen, darunter weltbekannte Märsche wie den »Einzug der Gladiatoren« (Opus 68), »Semper Avanti« (Opus 149), »Die Regimentskinder« (Opus 169), den »Herzegowina Marsch« (Opus 235), »Furchtlos und Treu« (Opus 240) und sein wohl bekanntestes Stück, den »Florentiner Marsch« (Opus 214).*

Der »Einzug der Gladiatoren« ist ein Triumphmarsch von 1899, der vielen Menschen als Zirkusmarsch bekannt ist. Wegen seiner chromatischen Läufe nannte er das Stück »Grande Marche Chromatique«. Nach einer kurzen Introduktion spielen die Trompeten und das Holz das Motiv. Der zweite Teil wird von chromatischen Figuren im Bass dominiert, die den Kampf der Gladiatoren darstellen. Der dritte Teil ist ein langsames Trio, der den Aufmarsch der Helden und Reiter beschreibt. Fučík war aber von der Beschreibung eines Gladiatoren-Auftritts in Sienkiewiczs Roman »Quo Vadis« so beeindruckt, dass er den Titel seines Werkes in »Einzug der Gladiatoren« änderte. In Budapest komponiert er 1905 »Die Regimentskinder« und »Furchtlos und treu«. »Furchtlos und treu« wurde dem Kommandeur des Regiments, Oberst Sehrig gewidmet, weshalb er auch »Oberst-Sehrig-Marsch« bezeichnet wird. Fučiks bekanntester Marsch ist der »Florentiner Marsch«. Aus seinen Tagebucheintragungen ist bekannt, dass das Stück am 3. Dezember 1907 als »La Rosa di Toscana« fertig gestellt wurde. Schon einen Monat danach wurde der Marsch in »Florentiner Marsch« umbenannt. Sowohl in der Fassung für sinfonisches Orchester wie in der Blasmusikausgabe zählt die Komposition zur hohen Marschkunst und zu einem der meist gespielten Märsche auf der Welt. Ganz traditionell beginnt der Marsch mit einem Trompetensignal, das von der Pfeife erwidert wird. Bei der Wiederholung kommt die Replik vom Holz und das ganze Orchester beginnt mit einer Reise in die Toskana. Die Leichtigkeit Italiens, das Schöne und das Flair von Florenz kommt in jeder Sequenz zum Ausdruck. Wie die Stadt Florenz selbst ist der Florentiner Marsch ein Meisterwerk der Kunst und des Ausdrucks. Für viele Marschmusikfans zählt dieser Marsch zu Recht zu den Top 10.

Der Marsch »Hoch Habsburg!« stammt von Johann Nepomuk Král (1839 bis 1896). Král stammt aus einer Musikerfamilie und wurde in Mainz geboren. Nach einem ersten Engagement in Amsterdam zog es ihn nach Österreich-Ungarn. 1866 wurde Král beim Infante-

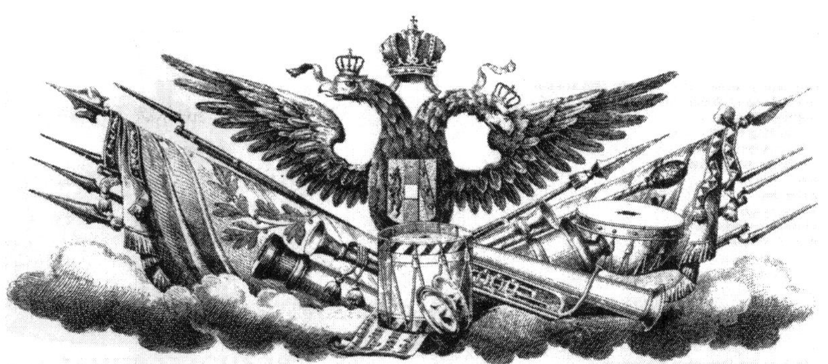

Doppeladler mit Instrumenten

rie-Regiment Nr. 13 angestellt, es folgten weitere Verwendungen als Regimentskapellmeister bei den Infanterie-Regimentern 17, 20, 23, 24, 36 und 38. Der Marsch »Hoch Habsburg« stammt aus dem Jahr 1879 und wurde anlässlich der Silberhochzeit des Kaiserpaares (Franz Joseph I. und Elisabeth) komponiert. Er gilt auch als »Kaiserlicher Hochzeitsmarsch«. Die Klavierausgabe 1882 trägt die Widmung »Zur 600-jährigen Feier des Bestandes der Dynastie des Hauses Habsburg in Österreich«. Hoch Habsburg war der Regimentsmarsch des k. u. k. böhmischen IR »von Rummer« Nr. 98. Králs weiterer Ruhm gründet sich auf sein Opus 51, den »Brucker Lager-Marsch« aus dem Jahre 1874. Schon seit 1858 bemühte man sich, das Gelände in Bruck an der Leitha zu erwerben, um ein großes Lager in Residenznähe zu besitzen. 1868 wurde das Gelände für die Armee erworben. Das große Militärlager – heute würde man Truppenübungsplatz sagen – lag an der Grenze, die das österreichische Kaiserreich in eine deutsche und ungarische Hälfte teilte. Der schneidige Marsch wurde dem Offizierskorps des Infanterieregiments Nr. 13 gewidmet. Interessant ist, dass dieser auch in Deutschland sehr bekannte Marsch als Kavalleriemarsch und zwar als Heeresmarsch III B, 92 Aufnahme fand.

Einer der berühmtesten österreichischen Märsche ist der Schönfeld-Marsch (Opus 422) von Carl Michael Ziehrer (1843 bis 1922). 1884 wurde Ziehrer Kapellmeister des Infanterieregiments Hoch- und

Deutschmeister Nr. 4 und hat über 500 Stücke komponiert, meist aus der Tanz-, Unterhaltungs- und Operettenmusik. Seinem Regiment widmete Ziehrer die Operette »Ein Deutschmeister« (1888). 1890 wurde der Schönfeld-Marsch in Wien uraufgeführt. Er ist dem Feldzeugmeister Anton Freiherr von Schönfeld gewidmet, der in den Jahren 1889 bis 1894 Korpskommandant und kommandierender General des II. Korps in Wien war. Ziehrer wurde zum Liebling des Wiener Publikums und hatte auch grandiose Erfolge in Amerika. Wegen Urlaubsüberschreitung entzog man ihm die Leitung der Militärmusik und Ziehrer verlegte sich nun ganz auf das Komponieren und Musizieren. Noch vor der Jahrhundertwende wurde Ziehrers Musik fester Bestandteil der Operettenbühnen. Die Krönung brachte das Jahr 1907 mit der Ernennung zum Hofballmusikdirektor.

***Die Hoch- und Deutschmeister**: Das Deutschmeisterregiment wurde durch einen Vertrag zwischen Kaiser Leopold I und dem »Hoch und Deutschmeister« des Deutschen Ritterordens errichtet. 1696 war das Regiment in Donauwörth. Seit 1814 führt das Regiment den Namen »Hoch- und Deutschmeister« oder auch die Bezeichnung »Infanterie-Regiment Nr. 4«, weil es damals zu den vier Hausregimentern der Habsburger Kaiser gehörte. Mit Hofdekret von Kaiser Josef II. von 1781 ist das Regiment in Wien stationiert, die Gründung der Militärkapelle erfolgte 1741. Bekannt als die »k.u.k.-Kapelle« spielten die Deutschmeister bei Wachablösungen und gaben öffentliche Konzerte in Belvedere und in Schönbrunn. Unter Carl Michael Ziehrer waren die Deutschmeister die Attraktion bei der Weltausstellung 1893 in Chicago. Mit dem verlorenen Krieg und der neu errichteten Republik wurden die militärischen Einrichtungen Österreichs und die berühmte Militärkapelle aufgelöst. 1977 wurde die Tradition der Deutschmeister in einem Verein unter dem Namen »Musikkapelle Hoch- und Deutschmeister – k.u.k. Wiener Regimentskapelle IR 4« wiederbelebt.*

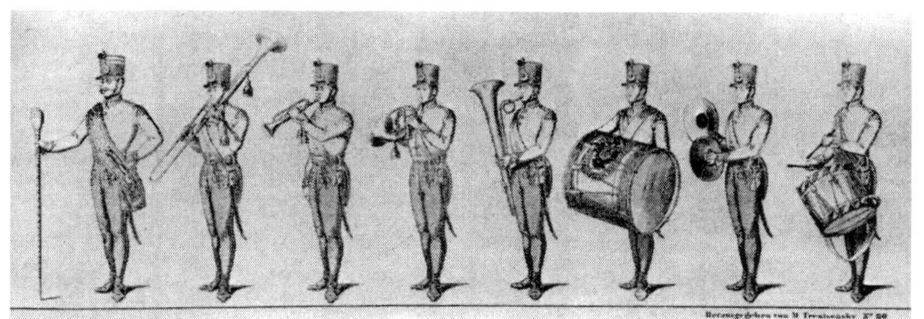

Bandisten um 1837

Dominik Ertl (1857 bis 1911) schuf mit seinem »Hoch- und Deutschmeister-Marsch« die Komposition, die zusammen mit Jureks »Deutschmeister-Regimentsmarsch« die beiden berühmtesten der großen Zahl an Deutschmeister-Märschen bilden. Schon in jungen Jahren erhielt Ertl eine fundierte Ausbildung. Als 17-Jähriger war er als Kapellmeister in Wien angestellt. Seiner Dienstpflicht kam er bei den Hoch- und Deutschmeistern nach, wo er es bis zum Regimentstambour brachte.

Wilhelm August Jurek (1870 bis 1934) komponierte den Deutschmeister-Regimentsmarsch, der am 19. März 1893 unter eher ungewöhnlichen Umständen uraufgeführt wurde: Der Marsch wurde nicht etwa von einer Militärkapelle gespielt, sondern vom damals 23-jährigen Komponisten in einem Offizierskasino am Klavier vorgetragen und gesanglich von einem Kameraden namens Auerböck präsentiert. Jurek hatte gleich einen Text zum Marsch geschrieben, der ihn zum Regimentsmarsch der Hoch- und Deutschmeister geradezu prädestinierte: Im Refrain wird die Zeile »Mir san vom ka und ka Infanterie-Regiment Hoch- und Deutschmeister Nummero Vier« wiederholt gesungen. Die eingängige Melodie und der leicht zu merkende Text sorgten dafür, dass der Marsch schnell zum Schlager wurde und rasche Verbreitung fand. Die Entstehungsgeschichte des Deutschmeister-Regimentsmarsches steht im Mittelpunkt des Films »Die Deutschmeister« mit Romy Schneider. Hier wurde auch die Legende vom stempelnden Jurek als Motiv für das Trio verarbeitet.

Der Kaiserjägermarsch (»Mir sein die Kaiserjäger«, HM II, 141) ist der Traditionsmarsch der Tiroler Kaiserjäger sowie der österreichischen und deutschen Gebirgsjäger. Komponiert hat den Marsch Karl Mühlberger 1914. Mühlberger (1857 bis 1944) bekam von seinem Vater ersten Musikunterricht und ging nach Wien ans Konservatorium. Danach war er Musiker im Infanterie-Regiment 84 unter Kamzák junior und bei den Hoch- und Deutschmeistern unter Ziehrer. 1890 wechselte er als Regimentstambour zum 47. Infanterie-Regiment nach Graz. 1898 übernahm Mühlberger die Kapelle des 1. Regiments der Tiroler Kaiserjäger und brachte diese zu großem Ruhm. Der Text zum Kaiserjäger »Wir Jäger lassen schallen ein froh gewaltig Lied … Das sein die Kaiserjäger vom ersten (…) Regiment« im Trio schuf Max Depolo.

Der Rainermarsch ist der Regimentsmarsch des ehemaligen k. u. k. Infanterie-Regiment Nr. 59 Erzherzog Rainer von Salzburg. Der Marsch wurde während des Ersten Weltkrieges vom Musikfeldwebel Hans Schmid in Galizien komponiert und wurde von ihm 1915 uraufgeführt. Der Rainermarsch ist heute die weitere Landeshymne von Salzburg. Der Text »Hoch Regiment der Rainer, als tapfer allbekannt … hoch Salzburg, unser Land« stammt von Schmids Musikkameraden Josef Schopper.

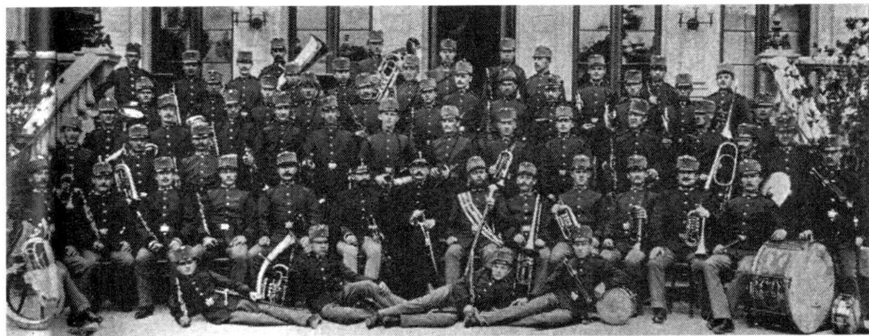

Musik IR 59 »Erzherzog Rainer« mit Kapellmeister Gustav Mahr um 1890

Kärntens Nationalhymne ist der Kärtner Liedermarsch von Anton Seifert (1826 bis 1873). Seifert war Militärkapellmeister des 12. Ungarischen Linien-Infanterie-Regiments Erzherzog Wilhelm. In Prag war er vom Kapellmeister Johann Schubert vom Infanterie-Regiment 42 ausgebildet worden. Der Kärntner Liedermarsch ist Seiferts Opus 80. Er widmete die Erstausgabe dem Männergesangsverein zu Klagenfurt. Schon nach den ersten vier Takten erklingt es lautstark: »Wir ziehen so froh so voll heiterem Sinn, so frisch und so frei durch die Fluren dahin … Tralalalala«.

Weltweit steht der Name Tanzer für erstklassige Blasmusik. Sepp Tanzer (1907 bis 1983) war Militärmusiker, Komponist, Arrangeur und Dirigent bei der Stadtkapelle Innsbruck-Wilten, die er 40 Jahre lang leitete und deren Auftritte bei den Olympischen Winterspielen in Innsbruck 1964 und 1976 sowie in Grenoble 1968 einem breiten Publikum bekannt wurden. Wegweisend wirkte er als Landeskapellmeister von Tirol und beim Österreichischen Rundfunk in der Abteilung für Volks- und Blasmusik. Dunkle Schatten warf Tanzers Engagement für die Nationalsozialisten. Tanzer komponierte den »Bozner Bergsteigermarsch«. Im Trio wurde das Bozner Bergsteigerlied »Wohl ist die Welt so groß und weit« vertont, das neben dem Andreas-Hofer-Lied als inoffizielle Hymne der Südtiroler angesehen werden kann.

Kultstatus hat der Marsch »Dem Land Tirol die Treue« des Musikers und Komponisten Florian Pedarnig (1938) aus den Fünfziger-Jahren. Der im Alla-breve-Takt komponierte Marsch ist ein Hit über Tirol hinaus. Er gehört mittlerweile zum Repertoire zahlreicher Blaskapellen und wird auch in der volkstümlichen Musik verwendet. Es gibt auch Remix-Versionen. Der Text stammt von Sepp Pedarnig, dem Bruder des Komponisten. Lange Zeit war der Marsch unter Verschluss. Pedarnig, ab 1980 Landeskapellmeister von Tirol und Nachfolger von Sepp Tanzer, gab den Marsch erst 1985 frei. Voller Freude und textsicher singen Jung und Alt im Trio die zwei Strophen »Ein Land von Bergen stolz und hoch erhoben, umringt die Heimat, mein Tiroler Land. Die Gipfel strahlen hell in ihrem Glanze und leuchten weit von steiler Felsenwand. (Refrain: Du bist das Land, dem ich die Treue halte, weil du so schön bist, mein Tiroler Land).« In der zweiten Strophe (»Ein harter Kampf hat dich entzwei geschlagen, von dir gerissen wurde Südtirol. Die Dolomiten grüßen uns von ferne in roter Glut zum

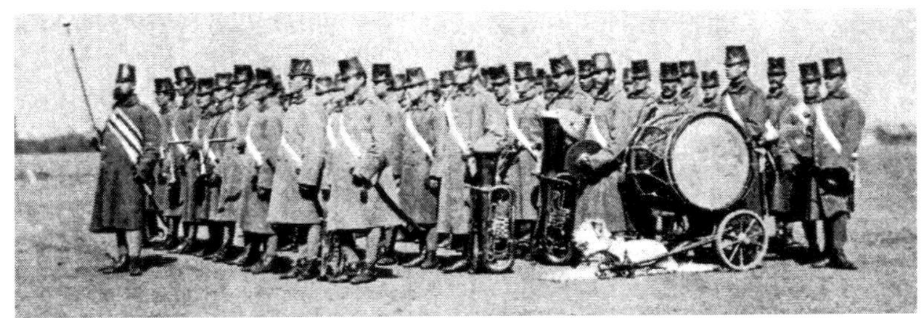

Banda eines k. u. k. ungarischen Infanterie-Regiments mit Paukenhund um 1850

letzten Lebewohl.«) wird auf die Trennung Südtirols nach dem Ersten Weltkrieg Bezug genommen.

Ein heute sehr oft gespielter Marsch kommt von Sepp Neumayr (1932) aus Kleinarl. Der Pongauer Bezirkskapellmeister und Verleger trifft mit dem Marsch »Mein Heimatland« das Herz vieler Blasmusikfreunde. Der einfach zu spielende Marsch von 1999 mündet im Trio in das Lied »Wenn die Musik erklingt«.

***Österreichische Militärmusik heute**: In der österreichisch-ungarischen Monarchie gab es einst 114 Infanterieregimenter, an die eine Militärmusik angegliedert war. Mit Ende der Monarchie 1918 verloren das Militär und deren Musik an Zustimmung. Auch die Weltwirtschaftskrise 1929 und deren Folgen machten einen professionellen Militärmusikbetrieb kaum mehr möglich. Nach dem Zweiten Weltkrieg wurde 1955 die Militärmusik neu aufgestellt. Jedes Bundesland hatte seine Militärmusik mit einer Stärke von 58 Musikern. Infolge der Finanzkrise gab es 2015 eine harte Reform: Danach gibt es nur noch die »Gardemusik in Wien« mit staatsprotokollarischen Sonderdiensten (58 Musiker) und acht Außenstellen in den einzelnen Bundesländern, welche nur noch mit je 20 Musikern ausgestattet sind.*

📖 Brixel, u. a., 1982; Probst, in: Militärmusik Salzburg, Booklet zur CD Die Regimentskinder; Rundel Rot an der Rot 2003; Anzenberger, in: Schramm (Hrsg.) Bd. 10, S. 189 ff; Anzenberger, in: Schramm (Hrsg.) Bd. 6, S. 39 ff. Heher, in: Heidler (Hrsg.) Bd. 13, S. 49 ff.

B
Ausgewählte deutsche Märsche und die deutsche Hymne

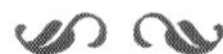

Höfele, S. 110 ff; Toeche-Mittler II, S. 43 ff.; Dean u.a., S. 53 ff., 57 ff.

Finnländer Marsch

(Verfasser unbekannt – AM III, 70 auch AM II, 211)

Toeche-Mittler: »Schlicht und ernst, einfach und klar, dennoch würdig, ohne Spannung zu schöner Harmonie laufend«.

Als ältester Marsch gilt gemeinhin der Finnländer Marsch, bekannt auch als »Marsch der Finnländischen Reiterei im Dreißigjährigen Krieg« oder »Schwedischer Reitermarsch«. Wahrscheinlich stammt die Ursprungsfassung aus Skandinavien. Erbprinzessin Charlotte von Sachsen-Meiningen – eine Tochter von Kaiser Friedrich III. – hat den Marsch angeblich 1890 von einer Reise aus Schweden mitgebracht. Bearbeitet wurde der Marsch für die Militärmusik von Musikinspizient Friedrich Wilhelm Voigt. Er beginnt mit einer Einleitung der Kesselpauken im Zeitmaß der Kavallerie und setzt dann mit kurzem Auftakt ein. Das melodische Trio muss erst später hinzugekommen sein. Grund: Märsche mit Trio sind erst ab 1750 bekannt.

Marsch aus der Zeit Friedrich des Großen

Einer der schönsten und emotional berührensten Märsche ist der Marsch aus der Zeit Friedrichs des Großen. Seine Herkunft und seine Entstehungszeit lagen lange Zeit im Dunkeln. Immer wieder war zu hören, der Marsch stamme aus dem 18. Jahrhundert der »kurfürstlichen sächsischen Armee«. Forschungen der Deutschen Gesellschaft für Militärmusik haben ergeben, dass König Friedrich Wilhelm III. als Komponist anzusehen ist. Der Notensatz war im Bestand von Julius Kosleck, der aus Versehen zunächst als Urheber »Friedrich der Große« vermerkt hat, später aber auf »Friedrich Wilhelm III.« korrigiert. Bekanntheit erlangte der Marsch durch den k. u. k. Kapellmeister Emil Kaiser, der ihn mit dem Titel »Marsch aus der Zeit Friedrich des Großen« bezeichnete und 1890 in das »große chronologische Potpourri« historischer Märsche einarbeitete. Oskar Hackenberger überarbeitete den Marsch.

Der Marsch aus der Zeit Friedrich des Großen ist heute ins offizielle Zeremoniell des Bundespräsidenten eingebunden. Wenn der Bundespräsident zum Staatsbankett lädt, ist folgendes Zeremoniell vorgesehen: Nach Vorfahrt des Bundespräsidenten als Gastgeber ertönt der Kürassiermarsch »Großer Kurfürst« und auf diesen folgt, wenn der Staatsgast eintrifft und vom Bundespräsidenten begrüßt wird der festliche »Marsch aus der Zeit Friedrich des Großen«. Dieser Marsch ist zugleich der Fahnentruppmarsch des Wachbataillons. Er wird aufgeführt, wenn im Vorfeld eines Staatsbesuchs ein Fahnenband durch den jeweiligen auswärtigen Botschafter verliehen wird.

🕮 *Heidler und Blüggel in: Moormann u.a. (Hrsg.), S. 30 und 40; Frühling, in: Scheibling, Booklet zur CD Deutsche Armeemärsche, Frechen 2017.*

Der Pappenheimer

»Ich kenne meine Pappenheimer« ist ein Sprichwort, das heute ganz anders verwendet wird als früher. Gottfried Heinrich Graf von Pappenheim (1594 bis 1632) war ein draufgängerischer General im Dreißigjährigen Krieg, der für die katholische Liga und den Habsburger Kaiser unter Wallensteins Oberbefehl kämpfte. Er wurde in den Reichsgrafenstand erhoben (Reichserbmarschall), seine Burg steht in Mittelfranken. Bekanntheit erlangte Pappenheim durch seine militä-

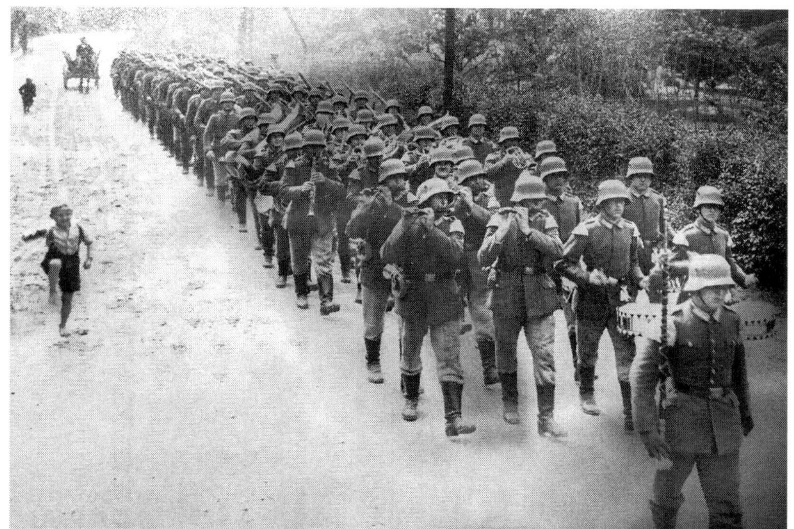

Musik- und Spielmannszug des 9. (preußischen) Infanterieregiments, 1926

rische Unberechenbarkeit und Loyalität. In der Schlacht bei Lützen am 16. November 1632 wurde er wie der schwedische König Gustav Adolf auch tödlich verwundert. 1863 hat ihn Kaiser Franz Joseph I. in die Liste der »berühmtesten, zur immerwährenden Nacheiferung würdiger Kriegsfürsten und Feldherren Österreichs« aufgenommen. Die Entschlossenheit von Pappenheim und seinem Regiment wurde sprichwörtlich festgehalten und war positiv gemeint. Ein Pappenheimer zu sein, wurde gleich verbunden mit Mut, Treue und Tapferkeit. In Schillers Drama »Wallensteins Tod« steht die Redensart für eine innere Überzeugung, für die Wahrheit und nicht für Gerüchte. Heute wird die Redensart gegenteilig für menschliche Schwächen und Unzulänglichkeiten verwendet.

Dem General sind zwei Märsche gewidmet: Die »Fanfare der Pappenheimer Reiter« und der »Pappenheimer Marsch«. Die Fanfare ist ein Feldstück aus dem Dreißigjährigen Krieg für Feldtrommler und Heerpauken, das ausschließlich von der Ritterlichen Zunft dargeboten werden dürfte. Der Pappenheimer Marsch ist viel später – gegen

1790 – entstanden. Über Österreich fand er seinen Weg nach Preußen, wo er 1913 in die Armeemarschsammlung aufgenommen wurde. Otto John schuf eine feierliche Fassung, Julius Kosleck steuerte den Fanfarensatz hinzu. Offiziell war der Marsch dem k. u. k. Dragoner Regiment Nr. 8 Raimund Graf Montecuccoli zugeteilt, dem ältesten Reiter-Regiment der Donaumonarchie.

🕮 *Frühling, in: Scheibling, Booklet zur CD Deutsche Armeemärsche, Frechen 2017.*

Der alte Dessauer

(Verfasser unbekannt – AM I, 1b)

Der »alte Dessauer Marsch« ist ein langsamer Infanteriemarsch. Es wird vermutet, dass er aus Italien kommt. Ob das Stück auf die Schlacht von Cassona (1705) oder auf den Einzug von Turin zurückgeht, ist nicht abschließend geklärt. Jedenfalls ist die italienische Volksweise dem Fürsten und Feldmarschall Leopold von Dessau – dem »alten Dessauer« – zu Ohren gekommen und wurde seither oft gespielt. Als junger Soldat erlebt der Feldmarschall 1705 bis 1707 unter Prinz Eugen den Feldzug in der Lombardei und schnappte dort eine Volksweise auf. Ständig hatte er die aufgeschnappte Melodie in den Ohren, summte die eingängige Melodie vor sich hin und befahl seinen Pfeifern und Tambouren beim siegreichen Einzug in die Stadt Turin im Jahre 1706, dieses Stück zu spielen. Die Trompetersoli entstammen einem Reitersignal von 1598 und werden mehrfach variiert. Zum Thema haben die Soldaten euphorisch gesungen. Der Text lautet:

»Die Trommel ruft, Trompete klingt,
wir ziehen fort zum Streite.
Wo unser Kaiser den Sieg verspricht.
Wenn der ganze Erdenkreis sich auch mit ihm entzweite,
bleiben seine Deutschen treu, so fürcht' er sich nicht.«

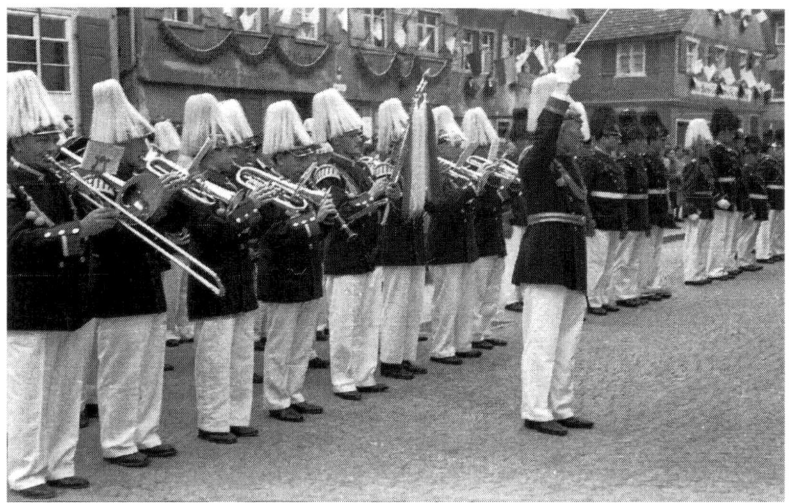

Die Stadtkapelle Mengen bei der Serenade 1951 vor dem Rathaus in Mengen mit ausgeliehenen Helmen der Patenwehr aus Saulgau.

»Der Dessauer« ist einer der ältesten Märsche, die Melodie wurde oft abgewandelt. Der Präsentiermarsch wurde dem Infanterieregiment des Fürsten von Anhalt-Dessau offiziell zugewiesen, viele andere Regimenter haben den Marsch gerne zum Präsentieren übernommen.

🕮 *Toeche-Mittler I, S. 137/138; Walter in: Schramm (Hrsg.) Bd. 9, S. 155 ff.; Frühling, in: Scheibling, Booklet zur CD Deutsche Armeemärsche, Frechen 2017.*

Der Yorck'sche Marsch

Ludwig van Beethoven (1770 bis 1827) komponierte während der deutschen Freiheitsbewegung 1809 diesen berühmten Marsch, zunächst in einer ersten Fassung ohne Trio für die Böhmische Landwehr, weswegen er auch »Landwehrmarsch« genannt wurde. Er widmete den Marsch Erzherzog Anton von Österreich, dem Hochmeister des Deutschen Ordens und Inhaber des Hoch- und Deutschmeister-Infanterie-Regiments. Beethoven tilgte mittels Rasiermesser auf der

Partitur die Zueignung an den Erzherzog und setzte an deren Stelle »Für die Böhmische Landwehr«. Die Landwehr war damals die letzte Reserve, die gegen die französischen Truppen ab 1808 aufgestellt wurde. Im Sommer 1810 wurde Beethoven von Erzherzog Rudolph gebeten, Musik zu einer festlichen Reitervorführung (»Carousell-Musik«) am 25. August im Schlossgarten von Laxenburg zu liefern. Wahrscheinlich steht deshalb auf der Partitur des Marsches die Bezeichnung: »Karoussel an dem glorreichen Namensfest Ihrer K. K. Majestät Maria Ludovika im K. K. Schloss von Laxenburg«. Ende 1822 erstellte Beethoven ein Trio. Zusammen mit anderen Märschen schlug er dem Leipziger Verleger Peters seine »militärischen Märsche für Türkische Musik« vor. Peters lehnte ab, auch zwei weitere Versuche zur Drucklegung in 1825 und 1826 bei anderen Verlagen scheiterten.

Der Yorck'sche Marsch (AM II, 37), oft falsch »York'scher Marsch« geschrieben, wird allgemein zum Einrücken beim Großen Zapfenstreich gespielt. Ironisch heißt es in der Dienstvorschrift »oder sonst ein geeigneter Marsch«. Mit seinem hämmernden, antreibenden Rhythmus ist der Yorck'sche Marsch geradezu prädestiniert für einen feierlichen Einmarsch. Wie im großen Konzertsaal setzte Beethoven mit diesem Marsch einen Maßstab. Pikant: Das später von Beethoven ergänzte Trio wurde in die Armeemarschsammlung nicht aufgenommen und wird auch wenig gespielt.

Regimentsgruß

von Heinrich Steinbeck (HM II, 4)

Der Regimentsgruß zählt zu den meistgespielten Märschen. Nur durch Zufall gelangte er in die Heeresmarschsammlung (HM II, 4). Der Initiator der Heeresmarschsammlung Herrmann Schmidt hatte einen anderen Marsch zweimal eingetragen, so dass der Regimentsgruß als Lückenbüßer an dessen freie Stelle trat.

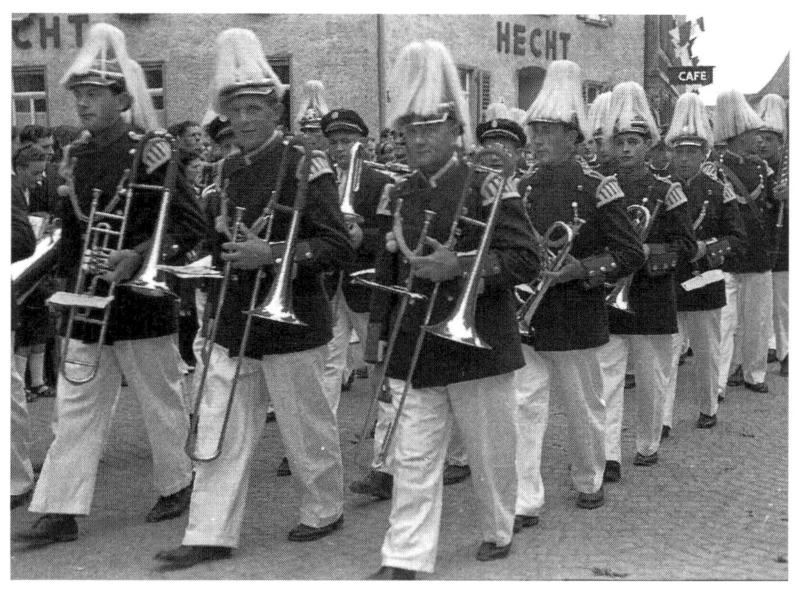

Musik- und Spielmannszug der Bürgerwache Mengen 1951/52.

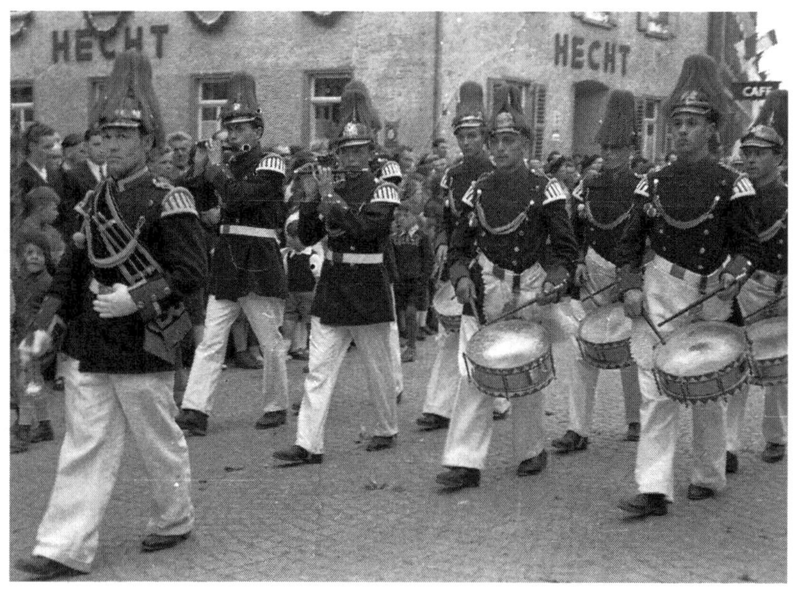

Regelmäßig ist der Marsch beim Ein- oder Ausmarsch der Ehrenformation der Bundeswehr zu hören. Hier soll der Titel als militärischer Gruß an den Staatsgast verstanden werden. Charakteristisch sind im ersten Teil seine Akkordtöne und die den Marschtritt betonende Harmonie. Das Trio ist melodisch und militärisch zugleich. Auf das Trio lassen sich die sehr idealistischen Soldatenlieder »Grün ist der Fallschirm« beziehungsweise »Schwarz ist unser Panzer« singen, weswegen sich dieser Marsch bei der Panzertruppe und bei den Fallschirmjägern besonderer Beliebtheit erfreute.

Komponiert wurde der Regimentsgruß von Heinrich Steinbeck. Steinbeck wurde 1884 in Gödesdorf in der Nähe von Hannover geboren und erhielt eine gründliche Musikerziehung. Mit 16 Jahren trat er in die Militärmusikschule Dömitz-Schwerin ein, anschließend studierte er in Würzburg. 1909 wurde er Kapellmeister in Karlsruhe, 1912 übersiedelte er nach Arbon in die Schweiz. Dort leitete er die Stadtmusik und Orchestervereine. Er komponierte eine Vielzahl von Musikstücken. Zu seinen bekanntesten Werken zählt die »Zingaresca Rhapsodie Opus 53« und der 1926 in Meersburg geschaffene »Regimentsgruß Opus 22«.

Bayerischer Defiliermarsch

von Adolf Scherzer (AM II, 246)

Der Bayerische Defiliermarsch ist ein wuchtiger Parademarsch und zählt über die Grenzen Bayern hinaus zu den bekanntesten Märschen. Nach Hanns-Helmut Schnebel hat Scherzer den Marsch als Avanciermarsch während des Krieges gegen Dänemark 1848/49 komponiert. König Max I. ließ ihn unter dem umständlichen Namen »Armee-Avancier-Defilier- und Heeresmarsch Nr. 246« in die Bayerische Armeesammlung aufnehmen und wies ihn mehren Infanterie-Regimentern als Parademarsch im Tempo 92 zu. Adolf Scherzer wurde 1815 im fränkischen Neustadt an der Aisch als Spross der Musikerfamilie Scherzer geboren, die für die Stadtmusik von Erlangen und Ansbach verantwortlich war. Scherzer wurde »königlich bayerischer Musikmeister« in Ingolstadt.

Der Bayerische Defiliermarsch mit seinen schallenden Trompetenstellen ist nicht nur bei Soldaten beliebt. Seine stimmungsfördernden Klänge passen zu festlichen wie zu fröhlichen Anlässen. Strahlende Fanfarenmotive, fundamentale Basstöne und die Nebensoli für Lyra und Piccolo charakterisieren den »Ingolstädter Parademarsch«. Im Krieg gegen Preußen 1866 und im deutsch-französischen Krieg erlangte das Stück große Popularität, so dass König Ludwig II. den Marsch zum Bayerischen Avancier- und Defiliermarsch erhob.

Heute zählt der Marsch zum Symbol des Freistaates und gilt neben der offiziellen Bayernhymne des Schwandorfers Konrad Max Kunz (»Gott mit dir, du Land der Bayern«) als »heimliche Nationalhymne« Bayerns. Er ist traditionsgemäß der Auftrittsmarsch des bayerischen Ministerpräsidenten und wird zu besonderen staatlichen Ereignissen gespielt. Der Marsch wurde in die (preußische!) Armeemarschsammlung aufgenommen (AM II, 246) und ist in der Bundeswehr Truppenmarsch für die 1. Luftwaffendivision.

Der Coburger

von Johann Michael Haydn (AM I, 27)

Toeche-Mittler: »Probieren Sie einmal für den ›Coburger‹ Tempo 104 und sie machen daraus einen unserer wertvollsten Kavalleriemärsche.«

Eigentümlich ist die Laufbahn des Coburger Marsches, der früher einfach nur »Nationalmarsch« hieß. Die Komposition wird Johann Michael Haydn 1792/93 zugeschrieben, Bruder des großen Josef Haydn.

Der »Coburger« ist ein festlicher Kavalleriemarsch, der mit Soldaten wenig gemein hatte. Seine leicht retardierende Fanfare in der Einleitung und die Nähe zum zweiten Teil im Zapfenstreichmarsch im vierten Teil sind allgemein geläufig. Toeche-Mittler: »Solch ein liedhaft harmonisches Vortragsstück kann niemals ein Infanteriemarsch

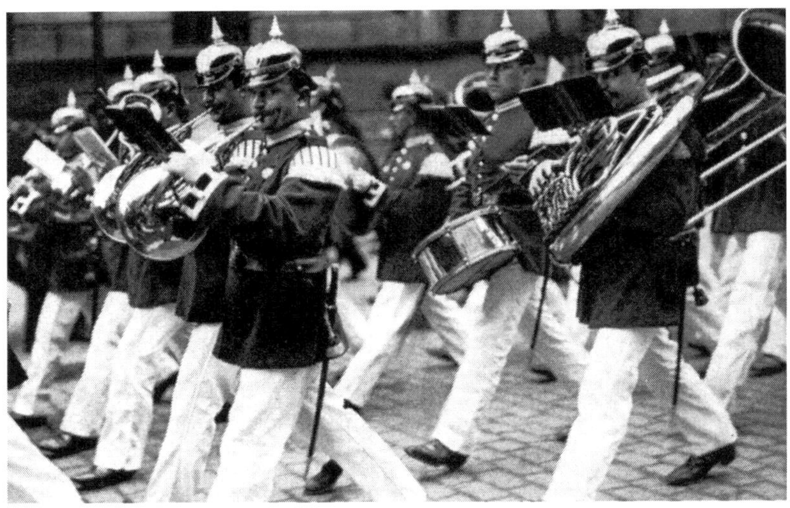

Garde-Füsilier-Regiment, Berlin, 1903

sein, noch weniger ein Präsentiermarsch. Seiner Struktur nach, in seiner Ruhe und Festlichkeit ist er geradezu typisch für einen Kavalleriemarsch.«

Seine Verbindung mit dem österreichischen Feldmarschall, dem Prinzen Friedrich Josias von Sachsen-Coburg-Saalfeld, trug dem Stück bald den Namen »Coburger Marsch« oder »Marsch des Prinzen Friedrich Josias von Coburg« ein. Unter dem Namen »Coburg« kam das Stück 1810 in das Repertoire der russischen Armee zu St. Petersburg als deren Armeemarsch 49. Von dort wurde es 1817 in die preußische Armeemarschsammlung als langsamer Marsch I, 27 übernommen.

Die Coburger benannten diesen Marsch nach ihrer Stadt. Als König Wilhelm von Preußen 1868 einem Manöver des in Coburg stationierten Regiments 95 beiwohnte, erbat das Regiment um seine Verleihung dieses Marsches an das Regiment. Da Coburg 1866 zu Preußen hielt, wurde die Bitte sofort gewährt. Zwei Monate später kam die offizielle Zuweisung als Präsentiermarsch. Damit war erstmalig einem Infanterieregiment durch schriftliche Verfügung ein Marsch verliehen worden. Die Zuweisung als Präsentiermarsch (im Tempo 80) eignete sich nicht für das Stück. Man beließ den Festmarsch in Sammlung I (Präsentiermärsche), obwohl der Marsch längst in die Sammlung III (Kavalleriemarsche) gehört hätte. Allerorts wird er auch von Spielmannszügen gerne gespielt. Besonders harmonisch sind das Trio und der Schlussteil.

Marsch I. Bataillon Garde

Dieser Marsch wurde in Preußen vor 1806 gespielt. Nachdem Preußen in den Schlachten von Jena und Auerstedt verheerende Niederlagen erlitt, gingen im Untergang der Armee auch die Noten verloren. Nach dem Sieg in der Völkerschlacht von 1813 war man auf fremde Hilfe angewiesen, die allen voran Russland leistete. 1817 befahl der preußische König Friedrich Wilhelm III. die Errichtung der Armeemarschsammlung. Unter den Märschen befand sich der Marsch I. Bataillon Garde, der 1817 als Reimport aus Russland zurückkehrte.

Das 1. Garde-Regiment zu Fuß war ein Infanterieverband der Preußischen Armee. Es wurde 1806 neu aufgestellt und war von Anfang an das Leibregiment der Könige von Preußen. Das Regiment lag in Potsdam gegenüber der Potsdamer Garnisonkirche und schräg gegenüber dem Stadtschloss. Der Schlachtruf war »semper talis« (immer gleich). Wenn man den Vergleich zulässt, führt das Wachbataillon der Bundeswehr diese Tradition fort.

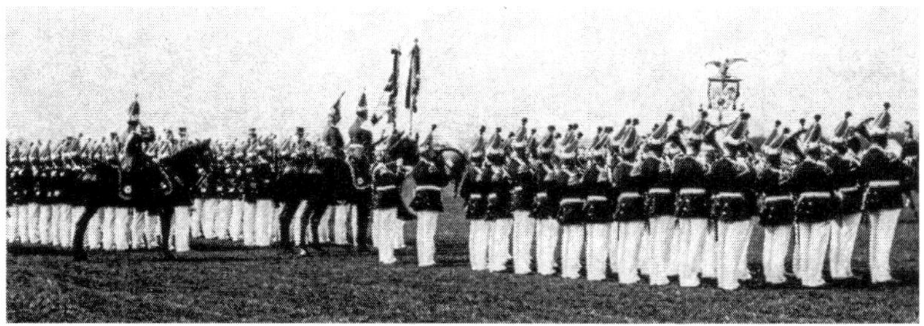

Garde-Grenadier-Regiment 1, Berlin 1912

Der Torgauer Parademarsch

von Joachim Scholz (AM II, 210 auch AM III, 69)

Toeche-Mittler: »Das ist wahrlich ein alter und ein deutscher Marsch. So ungekünstelt und einfach, so festlich und harmonisch, so ansprechend und einprägsam wie kein anderer weit und breit. Unser Torgauer!«

Der Torgauer Marsch war der Lieblingsmarsch von Kaiser Wilhelm I. und ist ein beliebter Marsch der Spielleute. Einfach zu spielen, festlich und melodisch, eignet er sich für vielerlei Anlässe. Feierlich wirkt er, wenn er etwas langsamer gespielt wird. Über zwanzig berittene Regimenter führten den »Torgauer« als Aufstellungs- und Schrittmarsch, sieben Infanterieregimenter spielten ihn festlich als ihren Präsentiermarsch. Im Grunde ist er kein Defiliermarsch für die Infanterie, sondern ein Kavallerie-Parademarsch – langsam und feierlich zu spielen.

Zum Hintergrund: Der Torgauer hat nichts mit Friedrich dem Großen und dessen Schlacht bei Torgau zu tun. Er wurde erst ein halbes Jahrhundert später komponiert und hat seinen Namen von der Stadt Torgau, aus der ihn 1817 König Friedrich Wilhelm III. mitbrachte. Er ist nicht preußisch, sondern aus Sachsen. Ursprünglich war der Torgauer mit zwei Takten Einleitung notiert. Im schlesischen Manöver

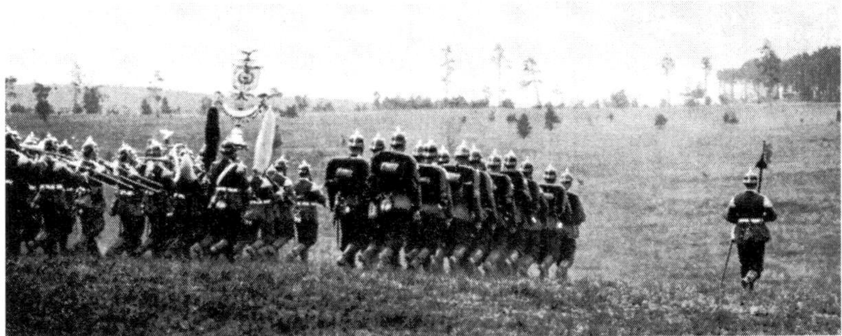

Feldparade des Garde-Gren.-Rgt. 5 in Döberitz 1913

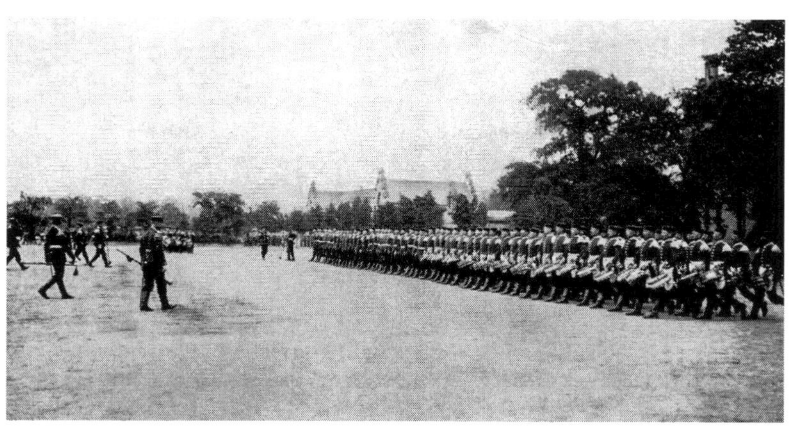

Exerzieren der Spielleute, Berlin 1905

1867 bei Schloss Fürstenstein fragte der preußische Kronprinz und spätere Kaiser Friedrich III. den Stabshoboisten Walther vom Infanterie-Regiment Nr. 50, ob er den Torgauer kenne. Als dieser verneinte, gab er ihm die Klavierstimme und den Auftrag, das Stück für die Militärmusik zu setzen. Die eilig gefertigte Partitur wurde abgeliefert, weiter geschah nichts. Seine Renaissance erlebte der Marsch am 18. Januar 1871 anlässlich der Kaiserproklamation in Versailles. Dort spielte das Musikkorps des Grenadier-Regiments Nr. 7 unter Musikdirektor Goldschmidt, der ihn im Programm hatte und ihn als Komposition Friedrichs des Großen anlässlich der Schlacht von Torgau auswies. Kaiser Wilhelm I. klärte den Musikdirektor sofort auf und stellte klar: „Den Marsch hat mein gottseliger Vater 1817 anlässlich eines Besuchs der Elbefestung mitgebracht. Er soll von einem Lehrer namens Joachim Scholz sein.«

Arrangiert wurde der Marsch 1887 vom Armeemusikinspizienten Friedrich Wilhelm Voigt. Der Trompetenvirtuose Julius Kosleck erweiterte die Komposition um einen klangvollen Fanfarensatz. Kaiser Wilhelm II. bestimmte 1891 den Torgauer zum Armeemarsch III 69. Gleichzeitig kam die Partitur für Harmoniemusik als AM II, 210 in die Sammlung II.

Der Marsch 1837 aus Petersburg

(HM II, 113)

Der Petersburger Marsch war der Lieblingsmarsch der Zarin, seine Herkunft ist umstritten. Ein aus Bayern stammender Musiker namens Rutscher soll die Melodie an die Ostseebadeorte getragen haben. Dort fand er unter dem Namen »Swinemünder Badegalopp« Verbreitung. Über die Ostsee nahm er den Weg nach St. Petersburg. Der Kapellmeister der finnischen Garde, Eric Ericsson, hat 1836 sich die Komposition »Suomimarsch« zugeschrieben und wurde vom Zaren mit einer silbernen Uhr ausgezeichnet. Wieprecht hat den bekannten Marsch 1871 neu arrangiert. Der Marsch ist in Berlin sehr beliebt. Dort sang man zur Melodie den Text »Denkste denn, denkste denn, Du Berliner Pflanze. Denkste denn ich liebe Dir, weil ich mit Dir tanze«.

Mars der Medici

Eine der beliebtesten Konzertmärsche ist der »Mars der Medici« von Johan Wichers (1887 bis 1956). Wichers ist in Rheine (Westfalen) geboren, behielt jedoch lebenslang die niederländische Staatsangehörigkeit. Der Trompeter erlernte das Komponieren autodidaktisch. Der »holländische Marschkönig« schuf 69 Märsche. Sein bekanntester Marsch ist der »Mars der Medici« von 1938. Ein besonderes Charakteristikum ist dessen sehr melodisch gestaltetes Trio, in dem effektvoll dynamische Wechsel und einfache, aber sehr klangvolle Harmonien eingesetzt werden. Das melodische Thema wird zunächst von Tenorhorn, Bariton und Posaune geblasen, in der Wiederholung kommen die Flügelhörner und Trompeten hinzu. Schließlich wird im dritten Teil noch sehr effektvoll über die Hauptmelodie eine Nebenmelodie der Klarinetten gelegt. Der Konzertmarsch ist bei Spielleuten besonders beliebt und wird dort oft und gerne gespielt. Der Mars der Medici hat nichts mit dem gleichnamigen italienischen Adelsgeschlecht zu tun. Wichers widmete den Marsch den Ärzten (lateinisch medici), die ihn 1938 während eines längeren Krankenhausaufenthalts behandelten.

Fuhrmannsmarsch

Der Fuhrmannsmarsch, auch als »Egerländer Fuhrmannsmarsch« bekannt, geht auf das Wiener Fuhrmannslied von 1850 zurück. Weinselig singen die Wiener Fuhrmannsleute dazu »Oba I schrei hü, oba i schrei ho, ja i schrei ollaweil hüsteraho«. Regional werden auch andere Texte verwendet. Im ganzen österreich-böhmisch-süddeutschen Raum ist dieser Marsch verbreitet. Nicht nur die Fuhrleute haben ihren Marsch, auch andere Zünfte besitzen ihre Melodie. So gibt es den Schmiedmarsch oder den Bayerischen Bier-Brauermarsch von Franz Gerstbrein.

Gruß an Kiel

von Friedrich Spohr (HM II, 130)

Gruß an Kiel gilt historisch zu Unrecht als Marinemarsch. Der Marsch wurde 1864 vom sächsischen Militärmusiker Friedrich Spohr (1830 bis 1896) komponiert. Er galt als typischer »sächsischer Marsch« und wurde vor dem Ersten Weltkrieg vom sächsischen Infanterieregiment 102 als Parademarsch gespielt. Im Zuge des deutsch-dänischen Krieges hatte Sachsen ein Kontingent Soldaten nach Norden verlegt. Beim Einzug dieser Truppen am 29. Dezem-

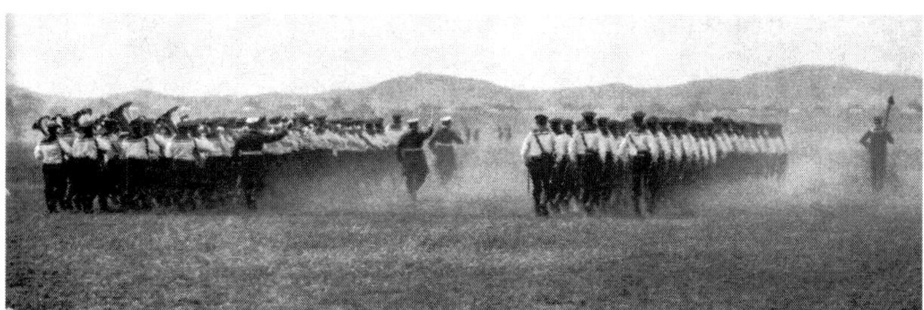

Kaiserparade des Marinekorps auf dem Feld, Danzig 1910

ber 1863 ertönte dieser Marsch und erfreute die Herzen aller Zuhörer, besonders die der Seeleute. Kaiser Wilhelm II. baute die deutsche Kriegsflotte massiv aus und zu jedem Ein- und Auslaufen der Schiffe ertönte »Gruß an Kiel«. So wurde ein sächsischer Marsch zur Erkennungsmelodie der Seeleute und zum Aushängeschild der Marine. In der Schweiz ist der Marsch als »Zofinger Marsch« bekannt, benannt nach einer Stadt im Aargau.

Jubelklänge

Jubelklänge wurde 1926 von Ernst Uebel (1882 bis 1959) komponiert (Opus 70). Uebel war Instrumentenbauer und Musiklehrer für Meisterschüler in Klingenthal im Vogtland/Sachsen. Wegen seiner »schönen Melodien in Haupt- und Nebenstimmen« zählt der Marsch zum festen Programm gehobener Marschliteratur und wird von zahlreichen Musikkapellen gespielt. Aufgeführt wurde der Marsch 1953 bei den Krönungsfeierlichkeiten von Elisabeth II. in London und den Olympischen Winterspielen 1972 in Sapporo. Auch sein Marsch »Gruß aus Klingenthal«, besser bekannt unter dem Namen »Mit Spiel voran« mit dem dominanten Bass-Solo im zweiten Teil und dem Lied »Ein Gruß aus Klingenthal« im Trio stammt von ihm. Auch viele Spielleute spielen den einprägsamen Straßenmarsch.

Radetzkymarsch Opus 228

von Johann Strauß (Vater) (AM II, 145)

Johann Strauß (Vater): »Hoffentlich san die Blechfurzer in Ordnung – das andere geht schon von selbst.«

Wie Johann Strauß sinnbildlich an der Spitze aller Wiener Musik steht, so steht sein Name mit dem Radetzkymarsch auch an der Spitze aller österreichischen Märsche. So wird mit dem Radetzkymarsch jährlich das Neujahrskonzert der Wiener Philharmoniker beendet. Radetzky war seit 1831 Oberbefehlshaber der österreichischen Truppen im Lombardo-Venetianischen Königreich, 1836 wurde er zum Feldmarschall ernannt. 1848 brach in Mailand die Revolution gegen Österreich aus, an deren Spitze König Karl Albert von Sardinien-Piemont stand. Mit dem Sieg am 6. August 1848 bahnt sich eine Wende an. Es kam zum Waffenstillstand, doch im März 1849 schlug Karl Albert neuerlich los. Bei Novara bereitete ihm Radetzky endgültig die Niederlage. König Karl Albert dankt zu Gunsten seines Sohnes ab, Radetzky wurde zur historischen Vaterfigur in Österreich.

Am 31. August konzertierte Strauß in Wien auf dem Wasserglacis. Hier brachte er zum ersten Mal seine Komposition zu Gehör. Titel und Thema war nach den damaligen Wiener Gepflogenheiten mit aktuellen Bezügen verbunden. Der Radetzkymarsch war geboren. Ob es Strauß wirklich war, der den berühmten Marsch komponiert hat, ist umstritten. Zweifel schürt die überlieferte exakte Notenschrift. Der Legende nach arbeitete Strauß ungern, sein Notenbild war eher durchschnittlich. Sein Freund Philipp Fahrbach, Kapellmeister der Hoch- und Deutschmeister, unterstützte ihn fleißig bei den Kompositionen und war hinter der Arbeit her wie ein Jagdhund.

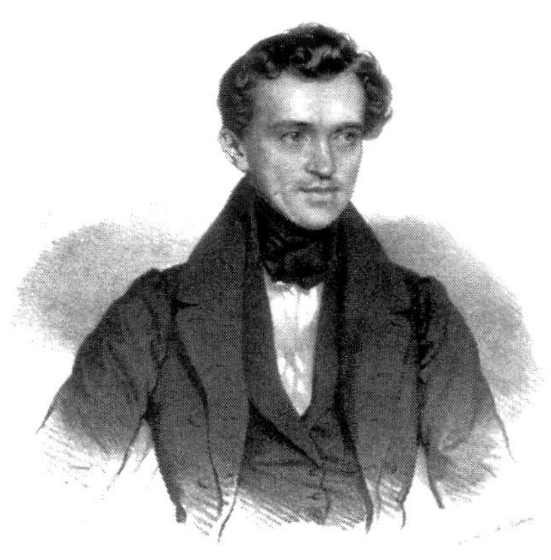

Johann Strauß Vater

Fahrbach war im Schatten des Meisters selbst ein genialer Musiker. Strauß schätzte das und nannte seinen Freund »Lippl« sein »besseres Ich«. Oft skizzierte Strauß eine Idee nur flüchtig auf dem Papier, Fahrbach übernahm die Niederschrift und Ausgestaltung einzelner Stimmen.

Radetzy-Marsch eine Jahrhundertgabe: *Der Berliner Schriftsteller Heinrich Eduard Jacob schreibt in seinem Buch über die Straußdynastie: »Ein rotierender, schabender Rhythmus, der fast komisch anmutet, jedenfalls ganz und gar nicht pathetisch. Dies Thema geht wie Pfeffer ins Blut. … Die D-Dur-Melodie des Radetzkymarsches ist parodistisch, unbewusst travestierend. Die Hauptfigur ist fast regellos eilig, sie lässt als einen Binnenrefrain gleichsam das Klappern des Kochgeschirrs hören, das die fröhliche Armee nebst Bajonett und Gewehr bei sich trägt. Es ist keine Musik des Angriffs – man hat das Gefühl: der Radetzkymarsch illustriert jene Schlachtphase, in welcher der feindliche Widerstand schon gebrochen ist. Eine Musik nach dem Sieg ist das! Da ist kaum noch Anstrengung nötig … trunken und lachend werfen sich die Bataillone des Generalissimus in die Lombardei hinunter. Sie sind den fliehenden Truppen Carl Alberts, des Königs von Sardinien, hart auf den Fersen.*

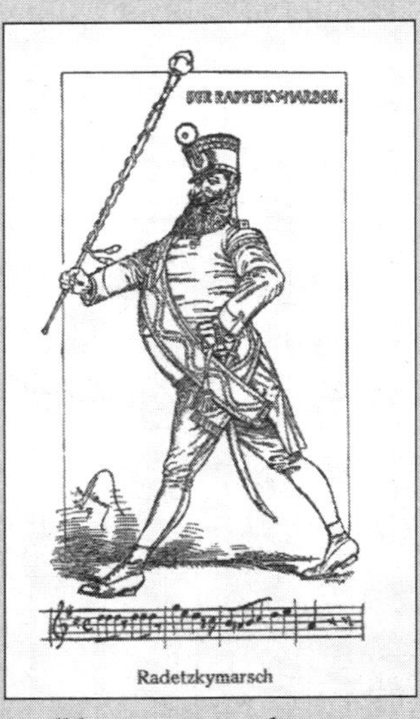

Titelblatt einer Marschpartitur

Da nun taucht seitlich von dem eiligen Heer eine neue Phase des Marsches auf: anders besonnt, ein Erinnern an Wien, ein Nachgefühl von Mädchenarmen: Fetzen eines Tanzliedes, das sich nach dem Dreivierteltakt umblickt. Aber weit geht es und weiter, Fußvolk und Reiter streben vorwärts. Es wird nicht mehr geschossen, man lacht … So taumelt man in das Trio hinein. Wie eine Fahne wird das A-Dur, die Oberdominante gehisst! Weiter! Weiter! Noch einmal divergiert das Trio wie ein Reiter, der in den Bügeln steht. Es ist als fühle sich der Marsch auf einmal als behinderter Walzer. Tanzen, Marschieren, ist das nicht gleich? Da kehrt auch das Hauptthema wie-

der zurück, verschwitzt und lachend, nach Leder riechend und Lorbeer, heiß vom lombardischen Staub ... Der Radetzkymarsch ist eine Jahrhundertgabe. Er wird als Ausdruck des Lebensgefühls bleiben.

Die Entstehung des Radetzkymarsches ist schnell erzählt. Im August 1848 war ein Offizierfest angesagt, das mit einem neuen Marsch zu Ehren Radetzkys gefeiert werden sollte. Fahrbach beschwor Strauß, endlich ans Werk zu gehen, doch Strauß fiel nichts ein. Fahrbach fürchtete eine Blamage, vielleicht war sogar Gefängnis für die Einfallslosigkeit angesagt. Nervös trommelte er mit den Fingern und da kam Glanz in die Augen von Strauß: »I bitt di, Lippl, trommel! – Weiter, weiter ... ja, so!«, drängte Strauß jetzt seinen Freund. Und wie immer in solchen Situationen flog der Bleistift über das Papier und aus dem Trommelrhythmus Fahrbachs entstand die unsterbliche Melodie. Strauß spitzte die Lippen und pfiff, auch Fahrbachs Gesicht erhellte sich und er pfiff gekonnt die Gegenmelodie dazu. Nach nicht einmal zwei Stunden war der Radetzkymarsch fertig. Die Uraufführung in Wien auf dem alten Wasserglacis wurde mit stürmischem Beifall quittiert.

Dem Trio liegt ein spöttisches Wienerlied zu Grunde, das die Freiwilligen 1848 nach der siegreichen Schlacht bei Custozza (Italien) sangen, als sie nach Wien zurückkehrten. Der Text des Tinerlliedes beginnt mit folgenden Worten: »Wenn nach stiller Nacht, neu der Tag erwacht.«

Oberst Radetzky war Österreichs großer Feldherr, der erst durch diesen Marsch richtig berühmt wurde. Als der Feldmarschall 1858 starb, wurden in der ganzen Armee vierzehn Tage Trauer angeordnet. Bei seiner Trauerfeier ertönte der Radetzkymarsch in »Moll« und Österreich trauerte.

Im Feld selbst brachte der Radetzkymarsch nicht den gewünschten Erfolg. Bei der Schlacht in Königgrätz (1866) hatte der österreichische Generalstab der Regimentsmusik die Aufgabe zugewiesen, in vorderster Linie den Sturmangriff musikalisch zu unterstützten und dabei den Gegner zu verwirren. Alle Musikkorps durften nur ein Stück spielen – den Radetzkymarsch. Doch zu den Klängen von Strauß brachen die Angriffe der österreichischen Regimenter im Feuer der preußischen Infanterie zusammen. Die Preußen – unter der musikalischen Führung von Piefke – waren dagegen nicht zu schlagen.

📖 *Toeche-Mittler I, S. 117 ff.; Ramböck, S. 106 ff.; Brixel u. a., S. 133 ff., 167 ff.*

Der Große Zapfenstreich

Internetaufruf 2012: »Der Große Zapfenstreich gehört abgeschafft!« (Reaktion auf die Verabschiedungen von Verteidigungsminister Guttenberg und Bundespräsident Wulff)

Das Hochamt der deutschen Militärmusik ist bis heute der Große Zapfenstreich. Sein militärischer Brauch reicht bis zu den Römern zurück. Nach einem siegreichen Feldzug wurde der militärische Führer am Abend des Sieges musikalisch feierlich geehrt.

Der Große Zapfenstreich wird heute nur zu besonderen Anlässen aufgeführt: Zu Ehren oder zum Abschied einer hochgestellten Persönlichkeit (in der Regel Bundespräsident, Bundeskanzler, Verteidigungsminister und ausgewählte Generäle) oder aus Anlass eines besonderen Ereignisses, etwa bei Jubiläen von Staatsorganen oder zum Abschluss einer Großübung.

Die feierliche Form des Zapfenstreichs reicht etwa 500 Jahre zurück: Wenn die Landsknechte zur festgesetzten Abendstunde in das Lager zurückkehren sollten, ging ein Wachoffizier, begleitet von einem Pfeifer und einem Trommler, durch die Wirtschaften und schlug mit seinem Stock auf den Zapfen des Fasses. Danach durfte der Wirt keine Getränke mehr ausgeben, die Soldaten mussten sich unverzüglich in die Zelte begeben. Diesen musikalischen Befehl nannte man Zapfenstreich. Wer sich ihm widersetzte, wurde hart bestraft.

1596 wurde erstmals ein »feierliches Abendsignal« erwähnt, in großen Feldlagern wurde das Zeichen zur Nachtruhe auch durch einen Kanonenschuss gegeben. Zu besonderen Anlässen – Ende einer Schlacht, zu Kaisers Geburtstag oder anlässlich einer Kommandoübergabe – rückte die gesamte Musik aus. Je nach Region oder je nach Waffengattung wurde der Zapfenstreich unterschiedlich vollzogen. Fast jedes Regiment hatte seine eigenen Signale und es gab den Zapfenstreich der Spielleute und den der Musik, die Reiterei hatte ihre »Retraite«. Auch hatte fast jedes Land seinen eigenen Zapfenstreich: So kennt man heute noch den bayerischen, sächsischen, österreichischen oder schwedischen Zapfenstreich. Für den Polizeidienst gab es den Zapfenstreich der Polizei, für Jäger und Bergleute wurden eigene Fassungen komponiert.

Der preußische Zapfenstreich nach König Friedrich Wilhelm III.

Während der napoleonischen Befreiungskriege nahm der zeremonielle Charakter des Zapfenstreichs zu. Und wieder war es König Friedrich Wilhelm III., der Schöpfer des Präsentiermarsches, der dem Zapfenstreich seine heutige Grundstruktur gab. Anlässlich eines Truppenbesuchs mit dem verbündeten Zaren Alexander I. im Sommer 1813 südlich von Leipzig bei Großgörschen/Lützen waren beide Monarchen zu einem russischen Lager gekommen, wo die Soldaten nach dem Signal zum Zapfenstreich einen Choral sangen. Ergriffen vom religiösen Schauspiel und der schönen Melodie befahl der König etwas verkürzt dargestellt seinem Generalleutnant: »Da bei allen verbündeten Armeen der Gebrauch stattfindet, nach beendigtem Zapfenstreich ein Gebet zu verrichten, und es mein Wille ist, dass meine Truppen auch in Hinsicht der Gottesverehrung keinen anderen nachstehen sollen, so befehle ich hiermit, dass die Wachen von jetzt an, wenn Retraite (Sammeln) oder Zapfenstreich geschlagen wird, ins Gewehr treten, sodann das Gewehr präsentieren, wieder schultern und abnehmen, hierauf den Czakot (Helm) mit der linken Hand abnehmen und ihn mit beiden Händen vor dem Gesicht halten, ein stilles Gebet, etwa ein Vater unser lang, verrichten sollen. In den Feldlagern sollen die vor den Fahnen versammelten Trompeter oder Hornisten ein kurzes Abendlied blasen. Ich trage Ihnen auf, diesen Befehl den Truppen wörtlich bekannt zu machen und auf dessen Befolgung Strenge zu halten«.

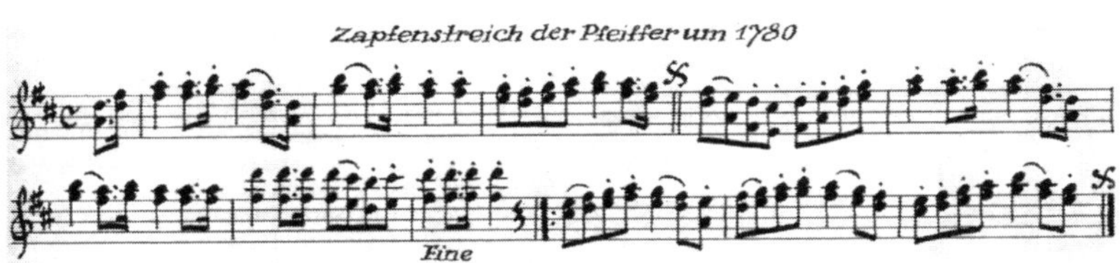

Seither wird er preußischer – auch russischer – Zapfenstreich genannt. Die heute noch bekannte Fassung mit Aufmarsch, Serenade und Abendmusik wurde von Wilhelm Wieprecht zusammengestellt und unter seiner Leitung mit 200 Trommlern und 1.000 Musikern am 12. Mai 1838 zum ersten Mal aufgeführt, seit 1922 ergänzt mit der Nationalhymne am Ende. Bis 1918 war es jedoch allgemein Brauch, dass in Infanteriestandorten nur die Stücke für die Fußtruppen, in Kavalleriestandorten nur die Stücke für berittene Truppen und das Gebet gespielt wurden. In Garnisonen, die sowohl Fußtruppen als auch berittene Truppen beherbergten, wurde die Gesamtform durchgeführt, die von den späteren Musikinspizienten – den Professoren Roßberg und Hackenberger – noch einmal überarbeitet wurden.

In der Zentralen Dienstvorschrift 10/8 der Bundeswehr ist der Zapfenstreich in seinen Grundsätzen und in seinem Ablauf bis ins Detail geregelt. Unverzichtbar ist danach

- die Wieprecht'sche Partitur des Großen Zapfenstreichs als Zeichen der Verbundenheit und Zusammengehörigkeit der Teilstreitkräfte und Truppengattungen,
- die symbolische Gelegenheit zum Gebet als Aufforderung zum Frieden und zur Toleranz und
- die Nationalhymne als dem Lied der Deutschen.

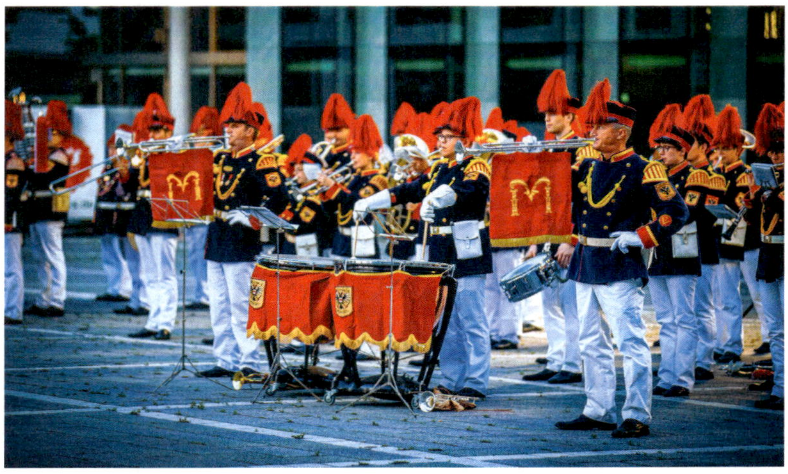

Großer Zapfenstreich der Bürgerwache Mengen in Stuttgart im Jahr 2018
(Foto: Thomas Niedermüller)

Serenadenmusik, die mit »Pop und Rock« verkommt

Üblicherweise marschiert die Ehrenformation mit dem Marsch des Yorck'schen Korps auf, in Erinnerung an die napoleonischen Befreiungskriege 1813 bis 1815. Hieran schließt sich eine Serenade weniger Musikstücke, die auf regionale oder landmannschaftliche Gemeinsamkeiten von Truppe und Bevölkerung eingehen sollen, an. Die Auswahl dieser Stücke ist die persönliche Note der Feierstunde und soll eine Erinnerung an gute und schwere Zeiten sein. Hierzu Toeche-Mittler: »Die alten Armeemärsche beim Zapfenstreich sind des Soldaten Tagebuch«.

Die offizielle Verabschiedung von Bundespräsidenten und Regierungsmitgliedern haben dem Großen Zapfenstreich nicht immer gut getan: Verärgert über das Verhalten der Politiker wurde der Ruf laut, sich ganz von diesem »überkommenen« Militärritual zu verabschieden. Auch die moderne Stückauswahl von »Pop und Rock« der Ehrengäste aus der hohen Politik war in der jüngeren Zeit nicht immer professionell. Der Vorsitzende der Deutschen Gesellschaft für Militärmusik schrieb hierzu zu Recht, dass der musikalische Geschmack von Politikern sich in der Regel am Rand zum Trivialen bewegt und massiv vom Unverständnis des musikalischen Charakters des Zapfenstreichs geprägt ist. So geht es bei Präsident Horst Köhlers gewähltem Stück, dem St. Louis Blues March, um eine Frau, die bemerkt hat, dass ihr von einer anderen Frau der Mann ausgespannt wurde. Übersetzt heißt es dort wörtlich: »Ich hasse es, die Abendsonne untergehen zu sehen … und mache mich aus dem Staub.« Zugegeben ist der St. Louis March sehr rhythmisch, doch von dessen dahinterstehenden Aussage her, geht es zu einer Verabschiedung kaum noch unpassender! Ob »Smoke on the Water« (Guttenberg), »Let it be« (Stoiber), «Mackie Messer» (Schröder) oder «Over the Rainbow« (Wulff) besser zum deutsch-russischen Militärzeremoniell passen, darüber kann trefflich gestritten werden. Idee könnte sein, in der zentralen Dienstvorschrift die Stückauswahl auf die Armee- und Heeresmärsche zu beschränken, um den Zapfenstreich vor den Politikern zu schützen!

Der preußische Zapfenstreich nach der Partitur von Wilhelm Wieprecht

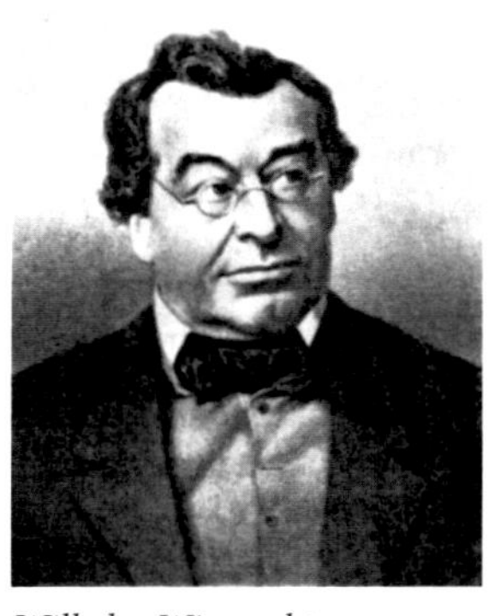
Wilhelm Wieprecht

Wilhelm Wieprecht formte 1856 für den Zapfenstreich einen festen militärischen und musikalischen Ablauf. Nach der Serenade tritt am Abend unter dem Schein von Fackeln der Kommandierende vor die Front der Soldaten und befiehlt »Stillgestanden – Großer Zapfenstreich!« Der Offizier, es ist in der Regel ein junger Offizier oder der Adjutant und nicht der Kommandeur selbst, tritt wieder in die Ehrenformation zurück, der Musikoffizier und der Tambourmajor nehmen Front zur Formation. Danach folgt der eigentliche Ablauf des Zapfenstreichs in seinen unterschiedlichen Elementen:

- Es beginnt mit dem Locken zum Zapfenstreich durch die Spielleute. Ein spärliches Solo je eines Trommlers und Pfeifers beginnt. In den D-Triller fallen alle Spielleute ein und das Solo beginnt von vorne, insgesamt drei Mal.
- Nach kurzer Unterbrechung beginnt der Wirbel der Spielleute erneut, es erfolgen »acht Schläge« der Trommler. Beim fünften Schlag blitzt es in den Instrumenten, die auf das Signal ihres Musikmeisters ihre Instrumente hochnehmen und voll und stark zum achten Schlag – einen Auftakt – mit dem Zapfenstreichmarsch (auch »russischer Zapfenstreich« genannt) beginnen. Begleitet wird die Musik von den Paradeschlägen der Trommler. Mächtig und erinnerungsreich ist dieser Marsch in zwei Teilen von Wieprecht, der aus Russland kommend nur zum Zapfenstreich erklingt – schwungvoll und kurz. In Bayern kann hier auch der Bayerische Zapfenstreichmarsch gespielt werden. Nach dem Zapfenstreichmarsch ist kurze Pause.
- Nun folgt das Spiel der Kavallerie. Der harmonische Zapfenstreich der Reiterei, die Retraite, erklingt. Fanfaren schmettern die drei Posten zum Sammeln (»Retraite«). Jeder Posten ist schön und lang, vom Orchester behutsam untermalt und ergänzt. In Anlehnung auf das weite Feld sollen die Signale in die Unendlichkeit des Raumes rufen. Der Legende nach steht der erste Posten für das »Heimkehren« und für das »zur Ruhe kommen«. Der zweite Posten ist das »Hoffnungssignal« für die verwundeten Kameraden, eben für diejenigen, die die Nacht alleine auf dem Feld verbringen müssen. Der dritte Posten löst sich von allem Irdischen und mündet in einen Choral für die Kameraden, die nicht mehr heimkommen werden. Alles ist jetzt groß und frei, Ausklang und Besinnung auf das Erlebte – ein Abschluss für das was war. Eben Zapfenstreich!
- Erneut tritt der befehlende Offizier vor die Front und befiehlt »Helm ab – zum Gebet!« Die Kopfbedeckung wird mit der linken Hand abgenommen und mit der Öffnung zum Körper zeigend vor die Mitte der Brust gehalten. Jetzt übernehmen die Spielleute wieder: Mit dem bekannten Wirbel beginnt das »Zeichen zum Gebet«, das mit vier Wirbeln endet. Der letzte Wirbel endet im Decrescendo, also

immer leiser und schwächer bis der Stock des Tambourmajors seinen weiten Bogen vollendet.

- Das Musikkorps beginnt sehr weich das »Gebet« von Dimitrij Bortnjanski. »Ich bete an die Macht der Liebe«, erklingt es jetzt melodisch zart und schön. Früher auf dem Feld, strich spätestens jetzt der Wind etwas die Helmbuschen der Ehrenformation zur Seite. Heute wedeln die Rossschweife von Lyra und Schellenbaum, letzterer funkelt und zittert leicht, zumal der russische Abendgesang jeden Soldaten ergreift. Andächtig steigt der Choral mit dem Fackelschein zum Himmel und füllt so die Luft mit unendlich viel Harmonie. Akkord folgt Akkord, bis mit gewaltigem Forte die Trommeln und Fanfaren die letzten drei Takte aufnehmen, als wollten sie alles bekräftigen. Unübertroffen hat Bortnjanski das komponiert. Die natürliche Begabung des russischen Volkes für eine stimmungsvolle Melodie kommt in diesem Choral deutlich zum Ausdruck. Die Welt ist erfüllt von der Reinheit, von der Erhabenheit und der Macht des Chorgesangs. Jeder Versuch, ein anderes Lied zu nehmen, ist zu Recht gescheitert. Nur in Bayern wird das Bayerische Militärgebet von Johann Kasper Aiblinger an seiner Stelle gespielt.
- Der Kommandierende setzt die Kopfbedeckung wieder auf, tritt hervor und befiehlt »Helm auf!« Wieder der Wirbel in »D« der Spielleute mit acht Schlägen, dem ein kurzer Schlag in »G« folgt. Ein Fanfarensignal folgt dem eigentlichen Gebet und verstärkt rufend nach dem göttlichen Segen. Das »Abschlagen nach dem Gebet« der Spielleute und der »Ruf nach dem Gebet« der Kavallerie beendet das Chorgebet.
- An Königs Geburtstag oder wenn der König dem Zeremoniell beiwohnte, wurde am Schluss des Zapfenstreich die preußische Königshymne (»Heil Dir im Siegerkranz«) gespielt. Seit 1918 beziehungsweise 1922 erfolgt am Ende des Großen Zapfenstreichs die Nationalhymne. Der Kommandierende befiehlt »Achtung – Präsentiert!« Offiziere und Zugführer grüßen durch Anlegen der rechten Hand an die Kopfbedeckung. Sie repräsentieren damit ihre Truppe, dem Vaterland und der Heimat gilt ihr Gruß. Das Deutschlandlied beginnt im »mezzoforte«, mündet im zweiten Teil sogar in ein »pi-

ano«. Der letzte Teil wird »laut und voll« gespielt, die Trommeln der Spielleute setzen hier mit leichten Wirbeln unterstützend ein. Mit einem »fortissimo« endet das Lied der Deutschen, der Große Zapfenstreich ist musikalisch beendet!

- Der Musikoffizier nimmt Front nach vorn und der Kommandierende tritt vor den Abnehmenden beziehungsweise Ehrengast und meldet »Großer Zapfenstreich beendet!« Die Zuschauer können jetzt applaudieren. Nach einer kurzen Pause nimmt die Ehrenformation die Marschformation wieder auf und marschiert unter den Klängen des Zapfenstreichmarsches ab.

***Ich bete an die Macht der Liebe**: Der religiöse Höhepunkt des Zapfenstreichs ist der Choral des in Petersburg wirkenden ukrainischen Kirchenmusikers Dimitrij Bortnjanski (1751 bis 1825). Mehrfach und – bis auf Bayern – wurde vergeblich versucht, dieses Lied zu ersetzen, beispielsweise durch das niederländische Dankgebet oder durch Beethovens »Die Himmel rühmen«. Der Dichter des Liedtextes ist der deutsche Mystiker Gerhard Tersteegen (1697 bis 1769). International zählt der Choral zu den Weihnachtsliedern. Aus der Gefangenschaft ist folgender Brief von Friedrich Prinz zu Schaumburg-Lippe bekannt: »Eines der erschütterndsten und zugleich großartigsten Erlebnisse war mir die Weihnachtsnacht 1945. Wir waren Kriegsgefangene – etwa 6.000 an der Zahl – eingepfercht und bewacht von amerikanischen Maschinengewehren. Ohne vorherige Verabredung erklang plötzlich das Lied »Ich bete an die Macht der Liebe – A Power of Love«. Alle amerikanischen Offiziere und viele Tausende Deutsche liefen zusammen, um uns zu sehen, zu hören und mitzusingen. Und der amerikanische Lagerkommandant, ein Front-Offizier, hatte Tränen in den Augen.«*

🕮 *Höfele, S. 137 ff; Deisenroth, S. 14/15; Frühling, in: Scheibling, Booklet zur CD Deutsche Armeemärsche, Frechen 2017; Heidenreich, in: Wörrlein/Stabsmusikkorps Berlin, Booklet zur CD, Preußische Armeemärsche, Berlin 2006.*

Das Lied der Deutschen – der lange Weg zur Nationalhymne

Volksweisheit: »Mehr als Worte sagt ein Lied«

So lang der Weg für das deutsche Volk war, so lange dauerte es auch, bis die Deutschen ihr Lied fanden. Im 18. Jahrhundert war es Mode, dass sich viele Fürsten eine Hymne geben ließen. Georg I., Kurfürst von Hannover, zugleich König von England, gefiel die vierte der von Georg Friedrich Händel komponierten Königsmotetten so sehr, dass diese Melodie einen Siegeszug antrat. Der Text der hannoverschen Hymne bestand aus drei Strophen, von denen aber meist nur die erste gesungen wurde. Sie lautete:

»Heil Dir Hannover, heil!
Freude werd' Dir zuteil,
Freude stets mehr.
Jauchze, Du Engelschor,
Dringe zu Gottes Ohr!
Mit Deinem Freudenchor.
Gebt Gott die Ehr'!«

Händels Melodie hatte sich schnell verbreitet und fand bei anderen Fürsten schnell Gefallen. So wurde sie auch andernorts als Hymne eingeführt, so in den Königreichen Bayern und Sachsen, im Großherzogtum Oldenburg, in Liechtenstein und in der Schweiz. Ebenso diente die Melodie zwischen 1816 und 1833 in Russland als Zarenhymne. Weit verbreitet und beliebt war die Hymne in Preußen. Mit dem Text »Heil Dir im Siegerkranz« – erstmals 1753 publiziert – wurde Händels Melodie zur Kaiserhymne des zweiten deutschen Kaiserreichs. Nach Ende des Ersten Weltkriegs hatte das Lied als nationales Zeichen Deutschlands ausgedient.

Heute ist das Lied untrennbar mit dem englischen Königshaus verbunden. Da Hannover und Großbritannien bis 1837 in Personalunion verbunden waren, wurde die Melodie damals auch von England übernommen. Der englische Text auf Händels Melodie »God Save the Queen« beziehungsweise »God Save the King« ist heute allgemein bekannt. Auch die sonderbare englische Bezeichnung »National Anthem« (National-Motette) für die Hymne geht auf Händels Königsmotetten zurück.

Das Kaiserlied als Antwort auf die Französische Revolution

In der Habsburger Monarchie gab es keine Landeshymne. Vielmehr wurde – vor allem der Text – jeweils dem amtierenden Kaiser angepasst und diesem in besonderer Weise gewidmet. Grund hierfür war, dass der Kaiser nicht lediglich als Staatsoberhaupt angesehen wurde, sondern als von Gott selbst eingesetzt galt (»Gottesgnadentum«). Darum wurde in der Hymne nicht der Staat als solcher verehrt, sondern der Kaiser als Souverän. Dieser Umstand, die Variation der Hymne beim Wechsel des Herrschers, war bei vielen Fürstenhymnen zu beobachten.

Das Lied der Deutschen geht auf das Jahr 1797 zurück. Es fällt in eine Zeit, als gegen das revolutionäre Frankreich Koalitionskriege geführt wurden. Das römisch-deutsche Kaisertum sah sich zweimal bedroht – durch Frankreich als Staat und dessen neue republikanische Staatsform.

Entstanden ist das Lied in Form des Kaiserliedes als Gegenentwurf zur französischen Marseillaise: Als die Truppen Napoleons unter dem Kampfgesang der neuen französischen Volkshymne gegen die Armee Österreichs zogen, wollte die habsburgische Monarchie ein musikalisches Gegengewicht schaffen. So entstand zum Kaisergeburtstag 1797 das Lied »Gott erhalte Franz den Kaiser«, dessen Melodie Joseph Haydn im selben Jahr für sein »Kaiserquartett« verwendete. Ziel des Liedes war es, den imperialen Anspruch Napoleons zu stoppen! Der Text selber nahm Anleihen bei der britischen Hymne und stammt von Lorenz Leopold Haschka. Ursprünglich wurden vier Strophen verfasst, dessen erste Strophe wie folgt lautete:

Gott erhalte Franz den Kaiser,
unsern guten Kaiser Franz!
Lange lebe Franz, der Kaiser.
In des Glückes hellstem Glanz!
Ihm erblühen Lorbeerreiser,
wo er geht, zum Ehrenkranz!
|: Gott erhalte Franz, den Kaiser,
unsern guten Kaiser Franz! :|

Joseph Haydn komponierte die Hymne in seinem Wohnhaus »zu den sieben Schwaben« am heutigen Neuen Markt in Wien im Jahreswechsel 1796/97 auf Grundlage des Haschka-Textes. Wahrscheinlich ließ er sich dabei von einem kroatischen Volkslied inspirieren (»Stalse jesem – Ich bin auferstanden«), welches er aus seiner Kindheit in burgenland-kroatischen Gebieten kannte und dort gesungen wurde.

Der Text der »Volkshymne« wurde mehrfach abgewandelt, so 1826 durch »allerhöchste Entschließung«. Bei dieser Abwandlung bezog sich die vierte Strophe »Er zerbrach der Knechtschaft Bande« auf den Sieg gegen Napoleon. Auch blieb es nicht aus, dass die Volkshymnen auf andere Personen umgedichtet wurden, die sich um Österreich verdient gemacht hatten. So sang man 1809 nach der erfolgreichen Schlacht von Aspern und Eßling die Volkshymne auch auf Erzherzog Karl (»Gott erhalte Karl den Helden«). Bekannt sind auch viele Gegenentwürfe und Spottverse auf das Habsburgische Ideal. Als Beispiele seien genannt: »Gott erhalte den Tyrannen, den Tyrannen Dionys« – oder die Parodie – »Gott erhalte, Gott beschütze, unseren Renner, unsern Seitz. Und erhalte – man kann nie wissen – auch den Kaiser in der Schweiz.«

Der Wiener Hof passte den Text der Hymne stets den politischen Bestrebungen an. 1854 drängte am Hof die Zeit: Zur Vermählung von Franz Josef mit Elisabeth (»Sissi«) sollte die Volkshymne mit neuem Text erklingen. Kaiser Franz Josef wollte einen Text mit Bestand, der auch beim Übergang der Herrschaft auf den nächsten Herrscher nicht wieder zur Gänze obsolet werden sollte. Die erste Strophe dieser (letzten) Habsburger Fassung lautet:

Gott erhalte, Gott beschütze,
Unsern Kaiser, unser Land!
Mächtig durch des Glaubens Stütze,
Führ´ er uns mit weiser Hand!
Laßt uns seiner Väter Krone,
Schirmen wider jeden Feind:
|: Innig bleibt mit Habsburgs Throne
Österreichs Geschick vereint. :|

Nach dem Untergang der österreichischen Monarchie gab es keine Volkshymnen mehr, die dem Kaiser gewidmet waren. Doch die Melodie wirkte weiter: 1929 wurde in Österreich »Sei gesegnet ohne Ende« zu Haydns Musik gesungen. Erst 1946 kam die Kaiserhymne in Österreich dann endgültig zum Erliegen. Seither wird dort die Bundeshymne zum Gedicht »Land der Berge« gesungen, dessen Melodie in Anlehnung an die Freimaurerkantate Mozart zugeschrieben wird. Königstreue Bürger singen die Kaiserhymne heute jeden 18. August aus Anlass des Geburtstages von Kaiser Franz Joseph in der Habsburger Sommerresidenz in Bad Ischl am Schluss der »Kaisermesse«.

Die Hoffmannsche Auslegung der Kaiserhymne: Das Deutschlandlied

Die Hoffnungen vieler Deutscher in den Befreiungskriegen 1813 bis 1815 auf einen »deutschen Staat mit rechtsstaatlicher Verfassung« erfüllten sich nicht. Was alleine blieb, war das vorrevolutionäre Symbol, die Farben des Lützow'schen Freikorps – schwarz-rot-gold. Diese Farben standen stellvertretend für das Streben nach Einigkeit, Recht und Freiheit. Nach einigen Gegenentwürfen sollte diese Hoffnung auch die Volkshymne ausdrücken. Einen großdeutschen Gegenentwurf schrieb August Heinrich Hoffman. Er war Professor und Dichter, der sich nach seinem Heimatort Hoffmann von Fallersleben nannte. Im Sommer 1841 schrieb er auf Helgoland zur alten Volkshymne einen neuen Text: Die drei Strophen des Deutschlandlieds. Die erste Strophe hiervon lautete:

Deutschland, Deutschland über alles,
Über alles in der Welt,
Wenn es stets zu Schutz und Trutze
Brüderlich zusammenhält.
Von der Maas bis an die Memel,
Von der Etsch bis an den Belt –
|: Deutschland, Deutschland über alles,
Über alles in der Welt. :|

Mit der ersten Strophe wollte Hoffmann von Fallersleben keine andere Nation herabsetzen, vielmehr gab es das besungene Deutschland gar nicht – es war eine Utopie. Was Maas, Memel, Etsch und Belt anbelangt, formulierte er keine Gebietsansprüche, sondern skizzierte nur die Sprachgrenzen der Deutschen. Dieser Text wurde schnell in Hamburg verlegt und gesungen, populär wurde das Lied damals aber nicht: Für die Märzrevolution 1848 fehlte dem Text die Würze der Radikalität, 1870 wurde das Deutsche Reich gegründet, das ausgeprägte demokratische und rechtsstaatliche Elemente vermissen ließ. Hierfür passte der Text nicht. Die neue Hymne auf den Deutschen Kaiser war »Heil Dir im Siegerkranz«, gesungen auf die getragene Melodie von Händels Königsmotette.

Erstmals offiziell wurde das Deutschlandlied 1890 gesungen, als Helgoland im Tausch gegen die afrikanische Insel Sansibar zu Deutschland kam. Die nationale Weihe erhielt das Deutschlandlied im Ersten Weltkrieg durch eine Falschmeldung: Der Ort Langemarck im belgischen Flandern war hart umkämpft. Die deutsche Heeresleitung täuschte das verlustreiche Gefecht durch folgende Meldung: »Am Yserabschnitt machten wir gestern gute Fortschritte … Westlich Langemarck brachen junge Regimenter unter dem Gesange »Deutschland, Deutschland über alles« gegen die erste Linie der feindlichen Stellungen vor und nahmen sie.« Das war die Geburtsstunde des Langemarck-Mythos, der den Tod von unerfahrenen, meist sehr jungen Freiwilligen zum bereitwilligen Opfer für das Vaterland stilisierte.

Nach dem Ersten Weltkrieg erhob Reichspräsident Friedrich Ebert das Lied der Deutschen zur Nationalhymne. In der Weimarer Republik – eine Demokratie mit wenig Demokratieerfahrung – verfehlte das Lied seine einigende Wirkung. Das Lied hatte auch wenig Anhänger: Die Monarchisten sangen »Heil Dir im Siegerkranz«, die Linke die »Internationale« und die Nationalsozialisten das »Horst-Wessel-Lied«.

An die Macht gekommen, beseitigten die Nazis schnell alle Symbole der Weimarer Republik. »Schwarz-rot-gold« war verhasst, dem Deutschlandlied wurde ein anderer Zungenschlag verpasst. Aus einer Sehnsucht nach Einigung, Freiheit und Demokratie, wurde das Deutschlandlied mit dem Superlativ »über alles« als Ausdruck einer moralischen, wenn nicht sogar völkischen Überlegenheit definiert. Die zweite Strophe (»Deutsche Frauen, ...) war zu heimatlich, die »demokratische« dritte Strophe wurde bezeichnender Weise von den Na-

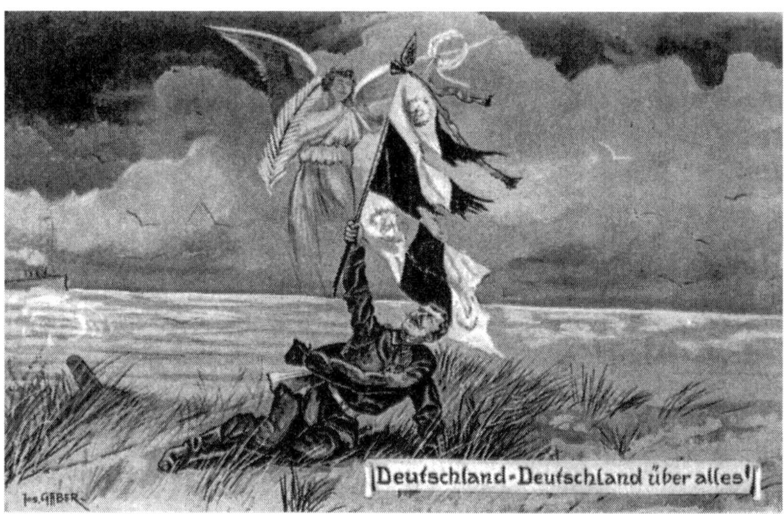

Fahnenträger als Held mit Engel als Bote (Feldpost 1918)

zis verboten. Als zweite Strophe beziehungsweise zweite Hymne wurde das Horst-Wessel-Lied gegrölt.

Nach Kriegsende 1945 waren deutsche Märsche und viele Lieder belastet, die Alliierten verboten das Deutschlandlied. Bei Sportwettkämpfen wurde Beethovens »Freude schöner Götterfunken« gespielt, bei offiziellen Anlässen kamen weitere klassische Stücke zur Anwendung. Historiker haben herausgefunden, dass sogar der humoristische Westzonenschlager »Wir sind die Eingeborenen von Trizonesien« oder »Heidewitzka, Herr Kapitän« offiziell bei Empfängen des Kanzlers angestimmt wurden.

Während die Mütter und Väter der Verfassung sich schnell auf schwarz-rot-gold als Nationalflagge einigen konnten, blieb die Frage der Hymne offen. Die DDR war hier schneller und bestimmte in einer Politbürositzung 1949 »Auferstanden aus Ruinen« zur ihrer Hymne.

Die westliche Demokratie tat sich mit der Hymnenfrage schwer. Bundeskanzler Konrad Adenauer wollte die dritte Strophe des Deutschlandlieds und ließ das Lied auch spielen, Bundespräsident Theodor Heuss konterte und plädierte mit Nachdruck für eine Neuschöpfung. An Silvester 1950 stellte er das Lied »Land des Glaubens, deutsches Land« vor. Das sakrale Lied begeisterte nicht, von »Theos Nachtlied« war die Rede. Auch der zweite Anlauf mit »Ich habe mich ergeben« gelang Heuss nicht. Adenauer hielt am Deutschlandlied fest und erhielt hierfür Zustimmung des Oppositionsführers Kurt Schumacher. Heuss hatte verloren!

In einem lesenswerten Briefwechsel vom April und Mai 1952 zwischen Kanzler und Präsident wurde die Hymnenfrage gelöst, die übliche präsidiale Erklärung beziehungsweise Verkündung im Bundesgesetzblatt verweigerte Heuss. Dem deutschen Volk war die formale Lösung des Streits egal, sie liebten das Deutschlandlied. 1954 beim Sieg der Fußballweltmeisterschaft wurde noch die erste Strophe gesungen – sie war jetzt nicht mehr verboten.

1989 war die Einheit Deutschlands zum Greifen nahe. Am 9. November 1989, als die Mauer noch beide deutschen Staaten trennte, aber plötzlich durchlässig wurde, standen die Abgeordneten des Bundestages auf und sangen im Bundestag »Einigkeit und Recht und Freiheit« als Reaktion auf die Mitteilung, dass die Regierung in Ostberlin »praktisch« die Freizügigkeit hergestellt habe. Am Tag darauf sangen der Altkanzler Willi Brandt und der amtierende Kanzler Helmut Kohl Seite an Seite vor dem Schöneberger Rathaus das Deutschlandlied.

Unter den Gelehrten herrschte Streit, ob das Deutschlandlied insgesamt oder nur die dritte Strophe den Rang der Nationalhymne hatte. 1990 klärte diese strittige Frage das Bundesverfassungsgericht. Danach ist nur die dritte Strophe verfassungsrechtlich geschützt! Angelehnt an den historischen Briefwechsel von 1952 einigten sich Bundeskanzler Kohl und Bundespräsident Weizsäcker 1991 auf die dritte Strophe

»Einigkeit und Recht und Freiheit,
für das deutsche Vaterland!
Danach lasst uns alle streben,
brüderlich mit Herz und Hand.
Einigkeit und Recht und Freiheit
sind des Glückes Unterpfand:
|: Blüh im Glanze dieses Glückes,
blühe, deutsches Vaterland! :| «

des Deutschlandlieds zur Hymne des wiedervereinten Deutschlands. Weizsäcker schrieb dabei über das Deutschlandlied: »Als ein Dokument deutscher Geschichte bildet es in allen seinen Strophen eine Einheit ... Die dritte Strophe des Liedes der Deutschen von Hoffmann von Fallersleben mit der Melodie von Joseph Haydn ist die Nationalhymne für das deutsche Volk.«

📖 *Blasius, Das Lied für Deutschland, FAZ 29.04.2002, S. 99; Giesbrecht in: Schramm (Hrsg.), Bd. 8, S. 89 ff.*

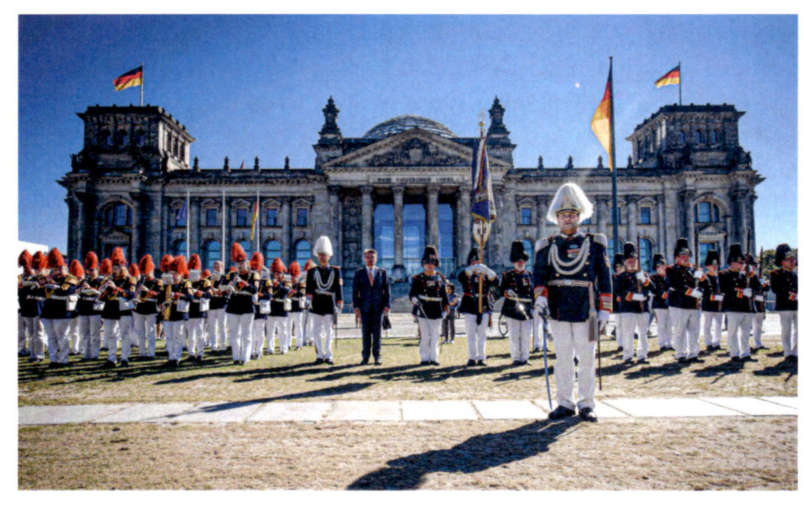

26. August 2016 – 175 Jahre Deutschlandlied: Appelle der Bürgerwache Mengen in Berlin vor dem Reichstag (Foto oben von Clemens Bilan) und vor dem Brandenburger Tor (Foto unten von Markus Haile).

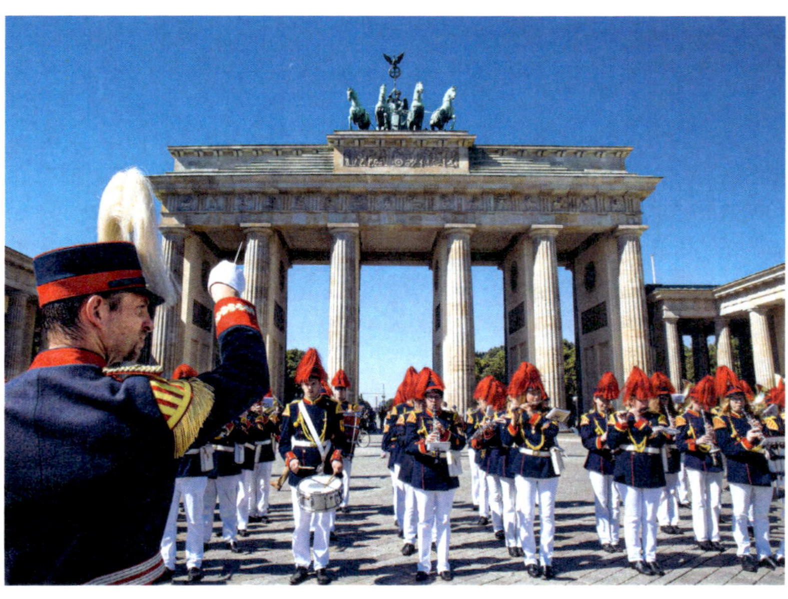

C

Menschen, die die Militärmusik prägten und repräsentierten

Friedrich Wilhelm Wieprecht

F. W. Wieprecht war das militärmusikalische Universalgenie: Reformer, Komponist und Arrangeur, Instrumentenbauer und Dirigent von Großkonzerten mit höchsten Auszeichnungen.

Begründer der modernen Marschmusik war Friedrich Wilhelm Wieprecht (1802 bis 1872). Er lernte frühzeitig Violine, Posaune und Klarinette bei seinem Vater, einem Kavallerietrompeter und Stadtmusikdirektor von Aschersleben. In Dresden, Leipzig und Berlin hatte er Anstellungen als Opern- und Kammermusiker. 1828 kam der Kontakt zum Militär. Unter der Förderung der königlichen Familie reformierte Wieprecht die Armeemusik. Zunächst stellte er die Kavalleriemusik auf Ventilinstrumente um und komponierte chromatische Kavalleriemärsche. Es setzte eine einheitliche Stimmung für die Kapellen durch, modernisierte die Militärmusik weiter, so dass ein einheitliches Zusammenspiel der Korps überhaupt möglich war. Auch im Instrumentalbau ging er entscheidend zu Werke. Er erfand zusammen mit Moritz die Tuba und ergänzte die mittleren Blechinstrumente durch Tenorhorn und Bariton. Auch die Lyra geht auf seine Idee zurück. Mit Skorra konstruierte er eine Bassklarinette, mit Sax stritt er um Urheberrechte anderer Instrumente. Ausländische Instrumente – vor allem Saxophone – lehnte er in der preußischen Musik ab.

Wieprecht schrieb die Armeemarschsammlung fort und arrangierte klassische Werke für die Militärmusik. Wieprecht erschloss die großen Meister ihrem Volk: Webers Opern, Beethovens Sinfonien, Wagner und Berlioz setzte er genial für Blasmusik um. Wieprecht steht auch für Großkonzerte und internationale Auszeichnungen. Im Alter von 36 Jahren leitete er sein erstes »Monsterkonzert«. Zar Nikolaus I. war zu Besuch in Berlin und fragte Wieprecht, mit wie viel Mann er sich aufzutreten getraute. Und Wieprecht traute sich, mit allen in und um Berlin zur Verfügung stehenden »Musik- und Tambourchören« – insgesamt 1.197 Mann – aufzutreten. Er wiederholte diese Machtvorstellung mehrfach. Dabei war Wieprecht nie Soldat gewesen. Offiziell war er »königlicher Kammermusiker«. Wieprecht setzte durch, dass er, ohne Soldat zu sein, Militärbeamter wurde und seine eigene Uniform erhielt – eine Phantasieuniform in Form eines freien Gebildes. 1838 erhielt er das Amt »Direktor sämtlicher Musikchöre der Gardekorps«, welches er 34 Jahre lang bis zu seinem Tod in höchster Vollendung ausfüllte. Für Musikmeister gründete er zudem eine Pensions-Zuschuss-Kasse.

Wieprechts Auftritte waren inszeniert und eitel, so dass sich die Presse hierüber lustig machte. Beispiel: Laute Schläge auf Riesentrommeln verkündeten sein Erscheinen. In seinen Werken kam es vor, dass Artilleristen Kanonenschläge abbrannten und Schützen in die Luft feuerten und er stand mittendrin und dirigierte sein musikalisches »Schlachtengemälde«. Wieprecht konnte sich die Kritik leisten. Seine übergroßen Militärorchester spielten sauber und akkurat und erreichten einen vollen harmonischen Klang wie wir ihn heute kennen, damals aber für andere Kapellen unerreichbar war.

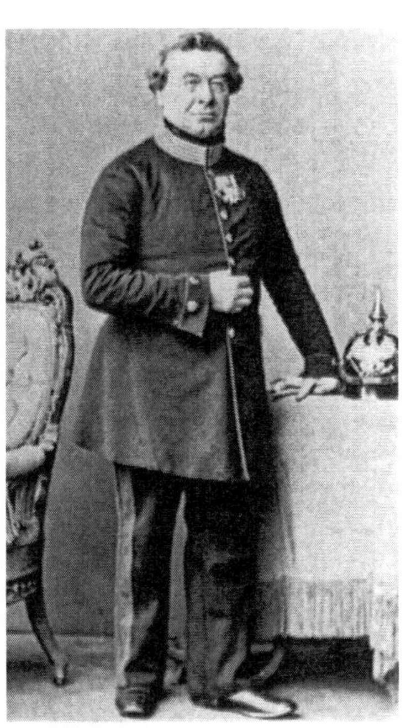

Wilhelm Fr. Wieprecht um 1860

Beim Wettspiel der europäischen Militärkapellen 1867 in Paris errang Wieprecht mit seinem Orchester den ersten Preis für Preußen. Es war wohl das bedeutendste Preisspiel aller Zeiten. Die große Weltausstellung in der Stadt an der Seine bildete dafür den passenden Rahmen. 30.000 Zuhörer füllten den Industriepalast an den Champs Elysées. Kaiser Napoleon III. – der letzte Kaiser Frankreichs – musterte zusammen mit seiner Gemahlin alle Kapellen. Die Lyra hatte es offensichtlich Kaiserin Eugenie angetan. Sie lief direkt auf den preußischen Glockenspieler zu und fragte interessiert nach dem Namen des Soloinstruments.

Zehn Musikkapellen traten auf. Vorsitzender des Preisgerichts war Gioacchino Rossini. Die Oberon-Ouvertüre war das Pflichtstück, Wieprecht arrangierte für die Kür eine »Phantasie über den Prophet«. Alle Nationen übten in Paris, nur Preußen nicht. Wieprecht ordnete an, dass seine Musiker bis zur letzten Minute über ihr wahres Können Stillschweigen bewahrten. Die Akustik im Industriepalast war nicht gerade die beste. Baden und Spanien, die zuerst spielten, konnten offensichtlich nicht für Ruhe beim Publikum sorgen. Wieprechts Coup war, dass er sein 90-Mann-Orchester umgekehrt aufstellte, nicht Front zum Publikum, sondern Front zur Jury. Dadurch wurde das Echo vermieden, Aufmerksamkeit kehrte ein, aus dem Publikum hörte man schon nach wenigen Takten viele Rufe nach »Silence, Silence, quelle belle musique!« und im Raum kehrte erstmals absolute Ruhe ein.

Nach dem Solo des Kornetts und nach dem Schlussakkord brach ein nicht enden wollender Jubel aus, selbst die Jury erhob sich von den Plätzen und teilte so den frenetischen Beifall des Publikums. Das Urteil der Preisrichter war eindeutig: Preußen sollte den ersten Preis erhalten. Um politische Konflikte zu vermeiden, bat man Preußen um Zustimmung, dass man drei Preise vergeben konnte – an Preußen, Österreich und Frankreich. Der Sieg brachte Wieprecht das Ritterkreuz der Ehrenlegion und eine Einladung an die kaiserliche Tafel. Schon drei Jahre zuvor (1864) erzielte er in Lyon mit seinen Musikern einen ersten Preis.

***Preisverleihung aus Sicht von Österreich**: Das österreichische Jury-Mitglied Eduard Hanslick schrieb: »Es war ein ermüdendes Stück Arbeit, in dem von wenigstens 23.000 Menschen erfüllten heißen Saal von 1 Uhr bis gegen 7 Uhr mit Aufmerksamkeit zwanzig Militärmusikproduktionen anzuhören. Meine Lieblingsouvertüre «Oberon» wurde mir bei dieser Gelegenheit so verleidet, dass ich ihr für mehrere Jahre aus dem Weg gehen musste. Aber alle Mühsal wurde reichlich aufgewogen durch den glänzenden Erfolg unserer Österreicher. Nie habe ich mit solcher Stärke die Macht des Heimatgefühls, welches zuhause so häufig einschlummert oder kritisch ins Gegenteil überschlägt, an mir erfahren, als in dem Augenblicke, wo unmittelbar nach der bewunderungswürdigen Produktion der Preußen sich unsere weißen Waffenröcke (!) im Halbkreis aufstellten. Die Preußen hatten einen Applaus geerntet, der nicht überbietbar schien; aber nach der Musik der Österreicher dröhnte der Saal wie ein Orkan. Alles schrie und schwenkte die Hüte und wehte mit Tüchern. Noch einen ernsthaften Rival hatten wir zu überstehen, die Pariser Garde, welche im Besitz trefflicher Virtuosen und neuer Sax´scher Instrumente mit der Präzision eines Uhrwerkes wetteiferte. Es war in der Tat nicht leicht, zwischen diesen drei Leistungen zu entscheiden, und so einigten wir uns rasch in dem Entschluss, statt eines ersten Preises deren drei von gleichem Wert an Österreich, Preußen und Frankreich zu verteilen.«*

Wieprecht litt an Asthma und starb am 4. August 1872. Sein Amt wurde 15 Jahre lang nicht mehr besetzt. Dies spricht für die Größe dieses Mannes, seine vielfältigen Talente und spiegelt auch den Respekt für seine geleistete Arbeit wider.

Großkonzerte: Die Nationalsozialisten kopierten Wieprechts Idee der Großkonzerte. In Düsseldorf rückten im Jahr 1938 zum Ausklang der Wehrmachtsmeisterschaften 450 Spielleute mit 30 Tambourmajoren und 30 Musikkorps an. Allein 26 Schellenbäume standen nebeneinander in Reih und Glied. Beim Völkertreffen der Berliner Olympiade 1936 wurden den Gästen und fremden Staatsoberhäuptern ein ähnliches Bild und Hörvergnügen deutscher Militärmusik geboten.

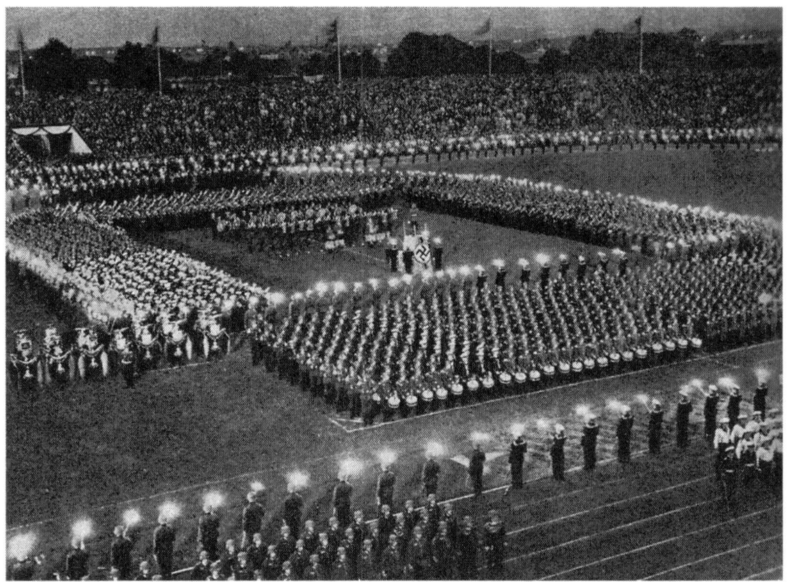

Großkonzert 1938 in Düsseldorf

🕮 *Höfele, S. 119 ff.; Toeche-Mittler I, S. 68/69, 80 ff., 86 ff.; Toeche-Mittler III, S. 26 ff., 114 ff., 137 ff.; Dean u.a., S. 35 ff.; Heidler in: Schramm (Hrsg), Bd. 1, S. 16 ff. und Bd. 9, S. 61 ff.*

Die Gebrüder Gottfried und Rudolf Piefke

Toeche-Mittler: »Man kann es drehen und prüfen wie man will, Gottfried Piefke war und bleibt unerreicht.«

Demokrit: »Mut steht am Anfang des Handelns, Glück am Ende«.

Besonderer Ruhm in der preußischen Militärmusik gilt den Gebrüdern Gottfried und Rudolf Piefke. Beide Musikdirektoren stellten mit der Schlacht bei Königgrätz ihr Können unter Beweis. Ihr Talent wurde ihnen vom Vater Johann Piefke in die Wiege gelegt. Er war Organist und Stadtmusiker in einer preußischen Kleinstadt.

Gottfried Piefke, geboren 1817 in Schwerin, begann 1835 den Wehrdienst in der Kapelle des Leib-Grenadier-Regiments in Frankfurt an der Oder. Er wurde dort Stabshoboist und Dirigent und hat sein Regiment nie gewechselt. Von mittlerer Statur mit gebräuntem Gesicht und buschigen Augenbrauen war er ein sehr guter Soldat und ein exzellenter Musiker. Er entwickelte sich so prächtig, dass er 1838 an der Berliner Hochschule für Musik studieren durfte. 1844 gab er erste Konzerte, wenig später komponierte er mehr als 60 Märsche. In Harmonie und Instrumentation war er ein Meister, ganze Ouvertüren und Sinfonien arrangierte er für Blasmusik in Vollendung. Große Musiker und Komponisten spendeten ihm höchstes Lob und Piefke blieb unermüdlich. In Anerkennung seines Könnens und seines Mutes bekam er 1865 den Titel »Direktor des III. Armee-Korps«, eine Stellung, die es vorher und nachher nie mehr gegeben hat. Hans von Bülow, Musikschriftsteller und Schüler von Liszt, schrieb 1858 über Piefke: »Seine aufgeführten Werke von Beethoven und Wagner waren Leistungen, wie sie in dieser Sphäre meisterhaft nicht einmal gedacht werden können und gereichen dem Dirigenten und der Kapelle zur höchsten Ehre.«

Gottfried Piefke beherrschte selbst fast alle Instrumente in Technik, Tonbildung und Vortrag und arbeitete fleißig an sich und seiner Kapelle. Statt der allgemein üblichen Tenorhörner und Kornetts führte er aus Österreich Flügelhörner und Euphonions ein. Das gab mehr Fülle im Ton, der Klang wurde weicher. 1860 brach für ihn eine Periode an, die mehr den Soldaten als den Musiker in seiner Person forderte. Manöver unter härtesten Bedingungen und Kriege gegen Dänemark (1864), Österreich (1866) und gegen Frankreich (1870/71) füllten das Jahrzehnt aus. Bei Düppel war es, wo Gottfried Piefke 1864 auf Befehl mit vier Kapellen mit Beethovens Yorck'schem Marsch zum Sturm blies. Die Dänen machten es den preußischen Eindringlingen nicht leicht. Sie haben sich hinter den »Düppeler Schanzen« zurückgezogen. Die zehn Schanzen waren ein Meisterwerk des modernen Festungsbaus, die auf ausdrücklichen Befehl des Königs erstürmt werden mussten. Es gab tausende Tote und Verletzte auf beiden Seiten. Die Legende erzählt, ihm sei der Taktstock damals aus der Hand geschossen worden und mit dem Degen hätte er kurzerhand weiter dirigiert. Ergriffen von diesem Erlebnis komponierte er den Siegesmarsch (AM II, 189), den Lymfjordströmer (AM II, 191) und seine beiden Düppel-Märsche (AM II, 185 und 186). Davon ist der Düppel-Schanzen-Sturmmarsch mit dem Trio »Steh´ ich in finstrer Mitternacht« wie aus der Seele eines Soldaten geschrieben. Über die Schlacht schrieb Theodor Fontane das patriotische Gedicht »Der Tag von Düppel«. Die Heldentat der Preußen wird dort ausgeschmückt und gepriesen. Ein Vers dreht sich um das »Vorwärts!« der Musik des Leibregiments und seines Kapellmeisters. Unabhängig von der genauen Wahrheit hat es der weiteren Legendenbildung von Piefke gedient. Überhaupt hatte Piefke ein Gespür für Melodien und für Sol-

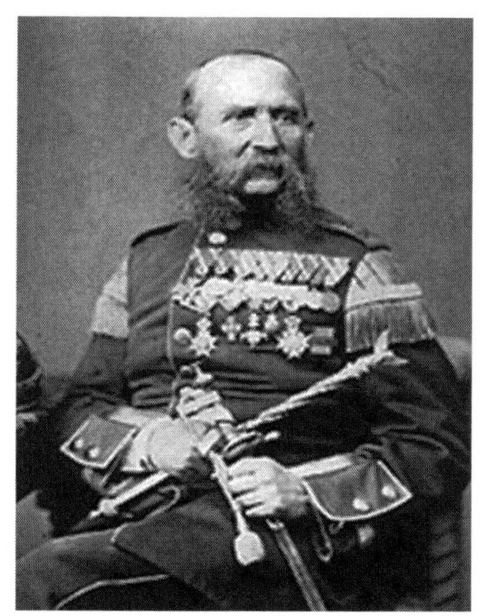
Gottfried Piefke

daten. Da im 19. Jahrhundert die Soldaten viel marschieren mussten und eine schöne Melodie beziehungsweise ein fröhliches oder freches Lied den Marsch erleichterte, verarbeitete Piefke viele Volkslieder in seinen Märschen.

Taktstock: *Der Taktstock (Dirigentenstab, Taktierstock) fand zunächst in der französischen Armee Verwendung, dann zu Beginn des 19. Jahrhunderts in der preußischen Infanterie. Wieprecht setzte ihn auch für Konzerte ein, Weber und Spontini verwendeten ihn auch für die klassische Musik. Zuvor gaben die Stabshobisten die Zeichen mit einer F- oder Es-Klarinette oder mit einem anderen Instrument. 1888 wurde der Taktstock für alle Militärkapellen im Reich verbindlich vorgeschrieben. Der Taktstock ist aus Holz oder Plastik und etwa 45 Zentimeter lang. Kunstvoll gefertigte Stöcke – beispielsweise aus Elfenbein – sind nicht für den praktischen Gebrauch gedacht, sondern nur als Ehrengeschenk beziehungsweise Auszeichnung.*

Gottfried Piefke komponierte auf dem Schlachtfeld nach dem Sieg der preußischen Truppen über die Österreicher am 3. Juli 1866 den Königgrätzer Marsch. Dieser Marsch im 6/8-Rhyhtmus wird auch als Elefanten-Marsch bezeichnet. Überliefert ist hierzu folgende Textfassung: »Der Piefke lief, der Piefke lief, der Piefke lief die Stiefel schief.« Da die Zeit knapp war, setzte er als Trio den schon bekannten Hohenfriedberger Marsch ein. Vor lauter Begeisterung ließ König Wilhelm I. am Abend des Sieges dreimal den Marsch wiederholen. Zurück zur Schlacht: Inmitten der Schlacht zogen die Leibgrenadiere an der Höhe vorbei, an der der König hielt. Die Situation erfassend, befahl Piefke den Preußenmarsch von Golde (AM II, 119) mit der preußischen Hymne. Zu dieser Zeit war der Kampf noch unentschieden und der König in großer Sorge. Als er jedoch Piefke mit seinen Musikern sah und den Hymnenmarsch hörte, fasste der König Vertrauen, das sich offensichtlich auch auf die Soldaten übertrug. Abends nach der Schlacht ließ er Piefke kommen, trat dicht an ihn heran und dankte mit den Worten »Piefke, das vergesse ich Ihnen nicht«.

Hohenfriedberger Marsch (AM I 1c langsamer Fußtruppenmarsch und AM III 1b Kavalleriemarsch): *Der Marsch soll an das Dragonerregiment Ansbach-Bayreuth (Standort Pasewalk) erinnern, das sich im Juni 1745 gegen das österreichisch-sächsische Heer bei Hohenfriedberg durch eine kühne Attacke große Verdienste erwarb. Die »Pasewalker Kürassiere« hatten 200 Jahre lang das Vorrecht, diesen Marsch auf großen Paraden exklusiv zu spielen. Ohne jeden Beleg wird der Marsch Friedrich II. zugeschrieben und wurde mehrfach bearbeitet, unter anderem von Wieprecht und Kosleck. Der Hohenfriedberger zählt zu den ältesten Märschen. Sein Ruhm wurde erweitert, nachdem Piefke ihn für seinen Königgrätzer Marsch als Trio verwendete. In der russischen Armee wurde der Hohenfriedberger als »Marsch der berittenen Leibgarde-Artillerie« bezeichnet.*

Der wohl bekannteste Marsch von Gottfried Piefke ist »Preußens Gloria«. Den allseits beliebte Marsch mit dem hämmernden Takt hat Piefke 1871 noch während des deutsch-französischen Krieges während eines Lazarettaufenthalts geschrieben. Zum ersten Mal sollten ihn die heimkehrenden Soldaten seines stolzen Regiments 1871 hören. Nur zu feierlichen Anlässen lässt Pfieke »Preußens Gloria« spielen. Der Marsch geriet lange Zeit in Vergessenheit, bis Kaiser Wilhelm II. ihn zufällig hörte und 1912 in die Armeemarschsammlung aufnehmen ließ. Der Marsch verwendet Chormotive italienischer Opern und gilt als das musikalische Symbol des preußischen Militarismus. Heute zählt Preußens Gloria zu den populärsten Märschen und wird oft im Vorbeimarsch von Musik- und Spielmannszug gemeinsam vorgetragen.

Militärmusiker nannten Gottfried Piefke respektvoll »Piefke den Großen«, der ein bekennender Fan von Richard Wagner war. 1876 erhielt Piefke eine Einladung zu den Festspielen nach Bayreuth, was einmalig für einen Militärmusiker war. Und Wieprecht? Der hatte andere geniale Talente und war als »Generaldirektor« ganz anders aufgestellt. Wieprecht hatte nie ein eigenes Orchester und war in keiner (echten) Schlacht zugegen.

1884 starb Gottfried Piefke. Ganze Regimenter von Verehrern und vier Generäle geleiteten den »ollen Piefke«, wie man ihn in Frankfurt an der Oder liebevoll nannte, unter den Klängen seines eigenen Trauermarsches von seiner Wohnung zur letzten Ruhestätte.

Sein jüngerer Bruder Rudolf Piefke war Stabshoboist im Infanterieregiment Nr. 48 in Küstrin, dem Nachbarregiment des Bruders. Er war ein Mann wie ein Bär, korpulent, über 1,90 Meter groß mit einem gewaltigen Bart. Die Brüder verstanden sich glänzend, waren beide Dirigenten und Komponisten und hatten schon seit der Schlacht um Königgrätz Gelegenheit, ihr musikalisches Können unter Beweis zu stellen. Marschmusik, Abendmusik in den Quartieren, Tafelmusik vor Kommandeuren, Musik zum Gottesdienst und zum Großen Zapfenstreich gehörten ebenso zu ihren Aufgaben wie Platzkonzerte.

Ihren Großauftritt, der heute noch synonym für ein ganzes Volk steht, hatten beide am 31. Juli 1866. Zwanzig Kilometer vor den Toren Wiens paradierten 50.000 Mann vor dem preußischen König Wilhelm I. aus Anlass des Sieges gegen die Österreicher. An der Spitze der Siegesparade marschierte die Regimentskapelle unter dem königlichen Musikdirektor Gottfried Piefke, gleich danach folgte das Schwesterregiment aus Küstrin. Hier gab der Bruder Rudolf Piefke den Takt an. Beiden eilte ein besonderes Image voraus und ihr Auftreten auf der Siegesparade bestätigte die Einmaligkeit der Brüder – die besiegten Österreicher waren baff! Der Ruf »Die Piefkes kommen!« wurde zum Synonym für die Preußen allgemein: Heute noch klingt in Österreich das Wort »Piefke« etwas abfällig, dennoch ehrfürchtig und oft für den perfekten Deutschen mit entsprechendem Auftreten und Sprachfärbung.

***Marschkönig Blankenburg**: Hermann Ludwig Blankenburg (1876 bis 1956) gilt mit mehr als eintausend komponierten Märschen als Marschkönig des 20. Jahrhunderts. Als Sohn eines Schäfers erlernte er die Pfeife und gründete einen Spielmannszug für Schüler. Im Alter von 18 Jahren wurde er ins Trompeterkorps des Feldartillerie-Regiments Nr. 6 übernommen. Den Militärdienst quittierte er schnell, damit er als selbstständiger Musiker und Komponist in Kaiserslautern, Hagen und Wesel arbeiten konnte. Durch einen Luftangriff wurde ein Großteil seiner Partituren vernichtet. Blankenburgs Marschkompositionen sind klangvoll und haben fast sinfonischen Charakter. Die allermeisten Stücke sind Konzertmärsche. Sein bekanntester Marsch ist »Abschied der Gladiatoren« (engl. »The Gladiators' Farewell«), mit dem er 1905 einen Kompositionswettbewerb des britischen Verlages Boosey & Hawkes gewann. Ursprünglich hieß der Marsch »Deutschlands Fürsten Opus 48«. Weitere bekannte Märsche Blankenburgs sind der »Adlerflug« und »Deutschlands Waffenehre«, die als Militärmärsche für die schwedische Armee übernommen wurden und sein Lieblingsmarsch »Mein Regiment (Opus 102)«.*

***Eine besondere Kriegsbeute:** Auf dem Schlachtfeld von Königgrätz erbeutete das preußische Infanterie-Regiment 43 die mehrfach durchschossene Trommel des Galizischen Infanterie-Regiment 77 samt Wagen, neben dem der tote Paukenhund lag. Rasch ersetzten die Ostpreußen die zerfetzten Trommelfelle und trieben auch einen kräftigen Rüden auf. Der*

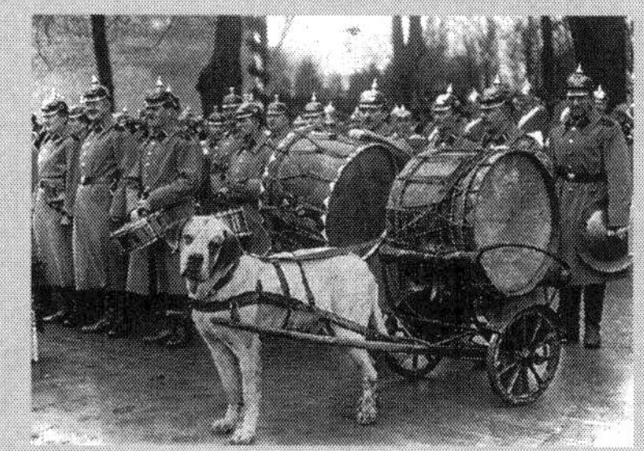

neue Hund – Sultan genannt – reagierte anfangs auf die ungewohnte Musik kopfscheu und ging mehrfach durch. In der Regimentsgarnison Königsberg machten »Sultan« und die neue Pauke Furore, die Soldaten wollten beides behalten. König Wilhelm I. gestattete den Wunsch. So blieb die Trommel mit dem aufgemalten Doppeladler und der Inschrift IR 77 Bestandteil der Königsberger. Als Zughund diente fortan ein Bernhardiner, der jeweils »Sultan« oder »Pascha« hieß.

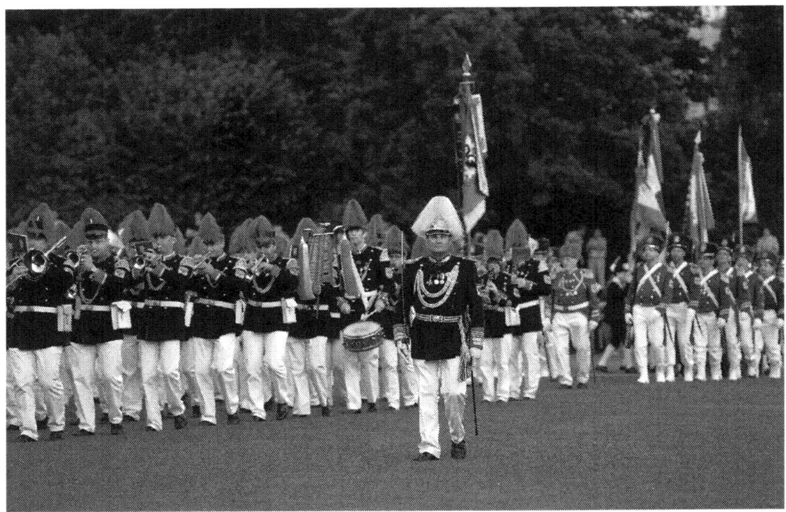

Preußens Gloria von Gottfried Piefke ist der Klassiker für den Ein- oder Ausmarsch der Bürgerwache Mengen, hier bei den Heimattagen 2013.
(Foto: Thomas Niedermüller)

📖 *Toeche-Mittler I, S. 31/32; Toeche-Mittler II, S. 34 ff.; Dean u.a., S. 37 ff.; Hofer in: Schramm (Hrsg.), Bd. 9, S. 83 ff., Brixel u. a., S. 195, Heidenreich, in: Wörrlein/Stabsmusikkorps der Bundeswehr, Booklet zur CD, Preußische Armeemärsche, Berlin 2009; Schneider, in: Bludowsky/Polizeiorchester Frankfurt (Oder), Booklet zur CD, Die Piefkes kommen, Bremen 1995.*

Carl Teike und seine »alten Kameraden« aus Ulm

Werner Probst: »Klarer Aufbau, Einfallsreichtum und eine Vielfalt von Tonfarben kennzeichnen seine Märsche und lassen sie zu etwas Neuem werden. Mit großen Melodiebögen und geraden filigranen Nebenmelodien zeichnen sie das ganze Etwas von Teike-Märschen aus.«

Der deutsche Marsch hat Weltgeltung. Dies gründet nicht nur auf den überlieferten Armeemärschen, sondern auch auf den großen Konzertmärschen. Carl Teike steht für den deutschen Konzertmarsch wie kein anderer. Teike-Märsche sind der Inbegriff für musikalische Qualität und Aussagekraft. Sein Lebenslauf ist ein Spiegelbild seiner Zeit.

Carl Teike wurde am 5. Februar des Jahres 1864 im pommerschen Altdamm als Sohn eines Schmiedemeisters geboren. Kurz nach seiner Geburt zogen seine Eltern nach Züllchow bei Stettin, wo sein Vater bei der dortigen Vulkan-Werft Arbeit fand. Mit 14 Jahren trat der junge Carl beim städtischen Stadtkapellmeister in Wollin seine musikalische Lehre an. Dem damaligen Brauch entsprechend lernte er verschiedene Blas- und Streichinstrumente sowie das Schlagwerk. Sein liebstes Instrument war das Waldhorn. Schon im zweiten Lehrjahr durfte der junge Musiker in der Kurkapelle in Bad Misdroy als Solist auftreten.

Nach Beendigung der fünfjährigen Lehrzeit ging Carl Teike als Hoboist nach Ulm zum Musikkorps des Grenadier-Regiments König Karl Nr. 123. Im Ulmer Stadttheater war er im Nebenamt Hornist. Bald offenbarte sich seine besondere Begabung: bereits mit 21 Jahren schrieb er seinen erster Marsch »Am Donaustrand«. Die Ulmer Zeit – Teike heiratete auch dort – fand jedoch ein unglückliches Ende. Der neue Musikdirektor stand dem begabten Musiker Teike missgünstig gegenüber und schikanierte ihn. »Märsche haben wir genug«, soll seine Antwort auf Teikes Kompositionen gewesen sein und gab ihm den Rat, einen unbezeichneten Marsch am besten gleich »in den Ofen zu stecken«. Es war der Marsch, der später seinen großen Siegeszug um die Welt antrat – der Marsch »Alte Kameraden«. Zu dessen Hintergrund: Als Carl Teike das Ende seiner Dienstzeit im Kreise seiner Kameraden feierte, entstand aus dieser Abschiedsstimmung heraus der Titel des Marsches, der seinen legendären Ruf begründet. 1939 wurde dieser Marsch in die Sammlung Deutscher Heeresmärsche aufgenommen (HM II, 150). Dieser Marsch kann auch gut mit Text unterlegt werden und wird häufig gesungen. Eine Variante des Textes ist folgende:

Alte Kameraden auf dem Marsch durchs Land,
schließen Freundschaft felsenfest und treu.
Ob in Not oder in Gefahr,
stets zusammen halten sie auf's neu.

Zur Attacke geht es Schlag auf Schlag,
Ruhm und Ehr soll bringen uns der Sieg,
Los, Kameraden, frisch wird geladen,
Das ist unsere Marschmusik.

Im Manöver so das ganze Regiment,
Ins Quartier zum nächsten Dorfhauselement.
Und beim Wirte, das Geflirte,
mit den Mädels und des Wirtes Töchterlein.

Lachen scherzen, lachen scherzen, heute ist ja heut',
morgen ist das ganze Regiment wer weiß wie weit.
Das, Kameraden, ist des Kriegers bitt'res Los,
darum nehmt das Glas zur Hand und wir rufen »Prost«.

Alter Wein gibt Mut und Kraft;
denn es schmeckt des Weines Lebenssaft.
Sind wir alt, das Herz bleibt jung
und gewaltig die Erinnerung.
Ob in Freude, ob in Not,
Bleiben wir getreu bis in den Tod.
Trinket aus und schenket ein
Und lasst uns »alte Kameraden« sein.

Nach einem kurzen Aufenthalt in Ravensburg nahm Teike Abschied vom Militär und trat 1889 in den Polizeidienst in Ulm ein. 1895 bewarb er sich bei der Königlichen Schutzmannschaft in Potsdam, zumal dort ein Musikkorps stationiert war, das zu den besten seiner Zeit gehörte. Teike ereilte der Ruf nach Potsdam. In dieser Zeit entstand auch eine Reihe von Märschen, beispielweise der Marsch »In Treue fest«. Im Winter 1907 zog sich Teike während eines Nachtdienstes eine Lungenentzündung zu, die nicht heilen wollte. Sein Gesuch auf Befreiung vom Nachtdienst wurde abgelehnt. Undankbar legten ihm seine Vorgesetzten vielmehr die Pensionierung nahe.

Teike quittierte schließlich seinen Dienst und zog 1909 nach Landsberg an der Warthe in der Neumark. Graf Clairon sponserte ihn, so dass sein Schaffen weitergehen konnte. Sein guter Ruf war international bekannt, so widmete ihm die New Yorker Polizei als Dank für seine schönen Märsche ein großes Bild mit Widmung. Teike revanchierte

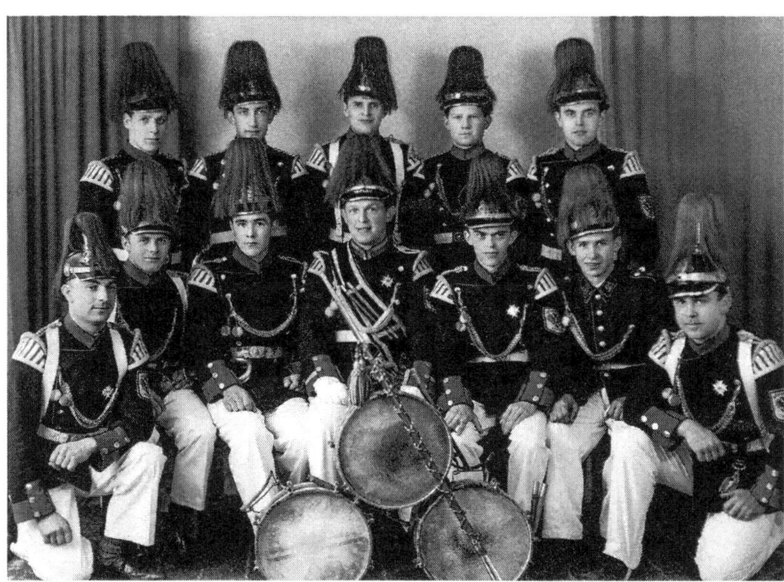

Bild des Spielmannszugs Mengen zum Abschied von Kamerad Willi Kiebler, der 1954 nach Südafrika ging.

sich 1914 mit dem Marsch »The Blue Police« auf seine Art. 1922 verschlechterte sich sein Gesundheitszustand, so dass er dem »brisanten und ehrvollen« Auftrag Frankreichs, einige Märsche für die französische Armee zu schreiben, nicht nachkommen konnte. Im Mai 1922 erlöste der Tod Carl Teike von seinem Lungenleiden.

Carl Teike war ein bescheidener Mann, der über alles redete, nur nicht über seine Musik. Er arbeitete konsequent und zielstrebig. Er notierte sich Melodien, wo und wie sie ihm in den Sinn kamen. Waren ausreichend viele Ideen angesammelt, komponiert er einen neuen Marsch ohne Zuhilfenahme eines Instruments durch und schrieb alle Stimmen für das große Blasorchester in makelloser Notenschrift.

Auch seine Großzügigkeit ist belegt. Er verschenkte seine Märsche an Freunde und Bekannte oder verkaufte seine Kompositionen einschließlich aller Rechte an Verlage. Für die verbleibenden Rechte an seinen Werken bedurfte es großer Überzeugungskunst, bis er sie bei der Verwertungsgesellschaft zur Anmeldung freigab. Insgesamt komponierte Carl Teike über 40 Märsche und viele Tänze. Seine bekanntesten Werke sind die Märsche »Alte Kameraden«, »In Treue fest« und der »Graf-Zeppelin-Marsch«.

🕮 *Toeche-Mittler I, S. 42/43; Toeche-Mittler III, S. 230; Probst, Text zur CD des Polizeiorchesters Potsdam, Carl Teikes Historische Märsche, Berlin 1992.*

Musikmeister Friedrich Ahlers

»Ahlers – und die Straße wird zum Konzertsaal«.

Friedrich Ahlers gehört in die Zeit vor 1945. Sein ganzes Berufsleben war er Soldat gewesen, 43 Jahre lang von 1901 bis 1944. Einst königlich preußischer Musikmeister, hat er dann »in der Republik« das Musikkorps der Wachtruppe geleitet und allen Staatsoberhäuptern regelmäßig aufgespielt. Er kannte ihre Bewegungen, ihren Blick, wenn sie vor ihm die Front abschritten. Zuallererst Kaiser Wilhelm II., dann Friedrich Ebert und Paul von Hindenburg und schließlich Adolf Hitler. Eine Stellung zu den Personen hatte er nicht bezogen: Er war Soldat und Soldaten hatten damals kein Wahlrecht. Sein Auftrag war zu musizieren und das stets gleich gut.

Friedrich Ahlers wurde am 9. Juni 1882 auf dem Lande bei Hannover geboren. Sein Vater war Stadtkapellmeister von Wunstorf und ließ seinen Sohn Klavier und Flöte lernen. 19-jährig wurde Ahlers Musiker im Infanterieregiment Nr. 74. Proben, Marschieren mit und ohne Spiel, Ständchen und Konzerte füllten die Tage, freie Sonnabende gab es nicht. Ständig war für die Truppe zu blasen, mit klingendem Marsch ging es fast täglich über die Landstraße durch die Stadt, und das Volk flankierte und marschierte mit. Beim Eintreffen in den Kasernenhof schwenkte die Musik aus und blies als Abschluss den Parademarsch des Regiments. Auf Königs Befehl war der Radetzkymarsch (AM II, 145) der Regimentsmarsch, sonntags war Platzkonzert.

Ahlers entwickelte sich gut und wurde zur Kapellmeisterausbildung vorgeschlagen, die er ab 1910 in der Hochschule für Musik in Charlottenburg erhielt. Im Juli 1914 wurde er zum Musikmeister der pommerschen Grenadiere in Stargard bestellt, einem der ältesten Regimenter der preußischen Armee. 14 Tage darauf erfolgte der Mobilmachungsbefehl, vier Wochen später begann der Erste Weltkrieg. Am 6. August fand in der Kaserne noch ein Gottesdienst statt, das Niederländische Dankgebet wurde gespielt, die Fahne geweiht. Anschließend marschierten 3.500 Mann – das ganze Regiment – mit aufgesteckten

Seitengewehren (Bajonetten) zur Parade. Am nächsten Morgen um fünf Uhr rollte der erste Zug in den Westen. Die Bahnfahrt durch die deutschen Lande blieb jedem Musiker unvergesslich. Doch schnell wurde alles anders: Starke englische und französische Angriffe führten zum Stellungskrieg, schwere Kämpfe begannen. Die Stimmung trübte sich ein, die Musiker waren jetzt als Sanitäter und Krankenträger pausenlos im Einsatz.

Ahlers Regiment wurde mehrmals verlegt: Im Winter 1914 an die Ostfront mit eisigem Wind und 30 Grad Kälte, im Sommer mit der Gefahr von Cholera. Im Dezember 1915 kam hoher Besuch an die Ostfront. Ahlers stand zum ersten Mal vor dem Kaiser, erstmalig gab er das Zeichen zum Übergang vom Präsentiermarsch in die Kaiserhymne. 1917 ging es zurück an die Westfront. Die Truppen wurden in einem 450 Kilometer langen Fußmarsch rückgeführt hinter den Rhein. Im Dezember 1918 war Ahlers in Berlin und blies unter den Linden am Denkmal Friedrich des Großen den Vorbeimarsch. Zum Jahreswechsel war der Krieg aus, die Alliierten diktieren die Bedingungen.

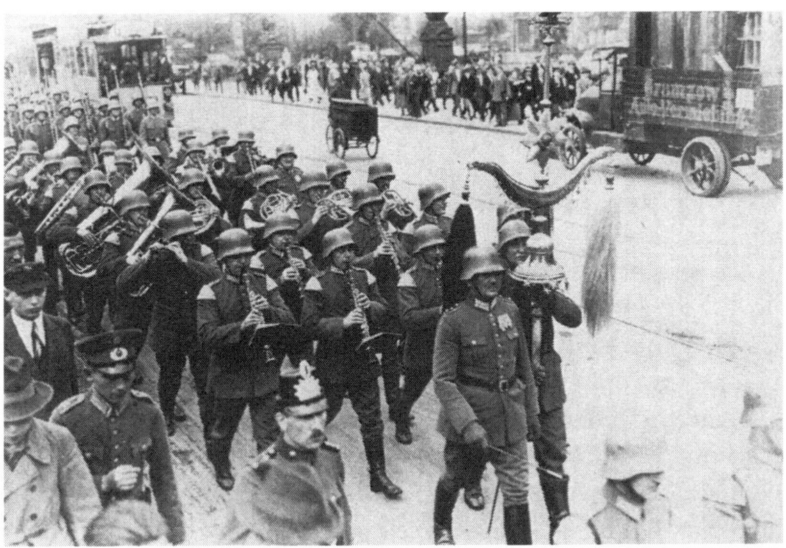

Aufmarsch der Ehrenkompanie zur Verfassungsfeier in Berlin 1925

Der Kaiser war fort, die Armee von 300.000 Mann auf 100.000 verkleinert. Ahlers durfte bleiben, er wurde in die Reichswehr übernommen.

Berlin als Hauptstadt brauchte für Wache, Posten und für das Zeremoniell eine Truppe. Weil der Feind protestierte, nannte man es »Wachtruppe«. Ahlers wurde mit drei Musikern beauftragt, ein Musikkorps in Berlin aufzustellen, tatsächlich wurde auch mit drei Mann begonnen. Am 11. August 1921 zog erstmalig wieder eine Wachkompanie als Ehrenkompanie mit Musik zum Reichstag, wo der sozialdemokratische Reichspräsident Friedrich Ebert die Front abschritt. Alle Wachsoldaten trugen die »9« auf den Schulterklappen. Die »9« war die Nummer des nächsten Infanterie-Regiments, dem sie jedoch in keinster Weise unterstanden.

Dienstags und donnerstags war Wachaufzug mit Musik. Er begann in Alt-Moabit und führte über die Moltke-Brücke, zum Königsplatz (heute Platz der Republik), über die Friedensallee wurde das Brandenburger Tor erreicht, über die Budapester-, Tiergarten- und Bendlerstraße ging es zum Reichswehrministerium (früher Reichs-Marine-Amt) in der Königin-Augusta-Straße. Wenn auch nur 22 Musiker bliesen, liefen hunderte Berliner mit.

Ahlers ging mit Eifer an die Arbeit – auf soldatischem wie musikalischem Gebiet. Mit hartem Beispiel ging er selbst voran. Ganz unten, beim Stiefelputz begann er. Instrumentenpflege wurde groß geschrieben. Stets glänzte das Messing, als sei es neu beschafft. Pünktlichkeit war Ahlers anerzogen, Warten ließ er niemanden. Mit dem Glockenschlag der Turmuhr erklang der erste Ton. Für den Straßenmarsch gliederte Ahlers nach altem preußischen Muster: vorn in den ersten Rotten die Klarinetten, ganz hinten die Posaunen. Seine hohen musikalischen Anforderungen setzte er mit unglaublicher Härte bis ins kleinste Detail durch. Das Holz spielte sehr sauber in der Intonation, haargenau wurden das Tempo, der Takt und die Dynamik eingehalten. Von seinen Musiker verlangte er tadelloses Auftreten und eiserne Disziplin. Bis in letzte wusste jeder, was er zu tun und wie er zu blasen hatte. Sogar der Nachbar wusste es und warnte bei Abweichungen. Der Klangkörper, voller Kameradschaft und Teamgeist, war wie aus einem

Guss und reagierte sofort. Ausgewählte Märsche wurden bei Dunkelheit auswendig geübt und exzellent vorgetragen. Marscherleichterung, etwa durch Rockausziehen bei Hitze, kannte Ahlers nicht.

Ahlers Talente und Disziplin hatten sich herumgesprochen. Fremde Musiker und Musikmeister bekamen kalte Füße, wenn sie aushelfen sollten oder bei großen Veranstaltungen Ahlers unterstellt wurden. Dem Gefreiten verlangte er gleich hohe Leistungen ab wie dem Feldwebel, aber stets nur das, was er auch selbst von sich forderte. Ungerecht war er nicht. Ging er zu weit, war er zu grob, so nahm er es mit einem Lächeln oder einem Witz zurück.

Eigene Kompositionen und Arrangements beschäftigten ihn nicht. »Wer keine Veranlagung dazu hat, soll die Finger davon lassen«, sagte er über sich selbst. Ahlers verlangte Haltung vom Musiker wie vom Instrument. So wurde das An- und Absetzen der Instrumente peinlich genau exerziert. Jedes Sechzehntel war genauestens zu blasen, erst recht waren lange Noten zu halten. Besonderes Augenmerk erfuhr die Dynamik: Von der Flöte verlangte er sie bis hin zur großen Trommel.

***»Schön leise spielen ist die Kunst«**: Die meisten Spielleute und Marschmusiker spielen zu laut – eintönig laut. Das gefällt nicht, ist auch unprofessionell. In der Dynamik kann man am schnellsten die Qualität eines Musikzuges erkennen. Kein Marsch ist exzellent, wenn es von Beginn an bis zum Ende »laut« schmettert. Die Abwechslung macht es! Ein »piano« heißt »leise«, nicht »schwach«, schon gar nicht »langsam«.*

Ahlers Sorge galt seinem Tambourmajor. Feldwebel Grczynski, eine mächtige Erscheinung, besaß die Eigentümlichkeit, stets gegen den Takt zu marschieren. Trotz eingängiger Marschrhythmen trat dieser dann auf, wenn alle anderen nicht auftraten. Das vollendete Schau- beziehungsweise Trauerspiel war sehenswert, für Ahlers aber zum

Verzweifeln, zumal die Stockzeichen auch zum falschen Moment kamen. Die Nachfolge wurde mehrmals gewechselt, bis Ahlers Feldwebel Winter und dessen Nachfolger Teubig als Tambourmajor gewinnen konnte. Beide waren zuverlässig, sicher in der Zeichengebung und machten einen überaus würdigen Eindruck. Ahlers wusste um die Verantwortung und Wirkung des Tambourmajors. Er galt den Zuschauern als Sinnbild des Militärs für Einsatzbereitschaft und Geradlinigkeit, wie ein Leitwolf steht er dem ganzen Regiment vor und sorgt so für den ersten Eindruck.

***Bürgerwache Mengen**: Die Bürgerwache Mengen hatte stets Glück mit ihren Stabführern. Die Nachkriegszeit prägte Ventur Gruber als erster Mann im Spielmannszug. Als Posaunist und Spielmann bei der Wehrmacht kannte er seine Verantwortung und Aufgabe und führte 30 Jahre die Geschicke als Tambourmajor. Von zehn Mann baute er den Zug auf vierzig Mann aus, in Wertungsspielen errang er beste Kritiken. Sein Nachfolger wurde sein Neffe Franz Gruber. Von der Statur her seinem Onkel noch überlegen, seine Zeichengebung, Ruhe und Konzentrationsfähigkeit waren beispielgebend. Heute führt Michael Feinäugle den Zug – gekonnt sowie äußerst kameradschaftlich.*

1925 stirbt Reichspräsident Ebert, Hindenburg trat dessen Nachfolge an. 1933 übernahm Hitler das Amt des Reichskanzlers. Sogleich änderte sich vieles. Die von ihm gebildete Regierung war sehr soldatenfreundlich. Ahlers war das recht: Die schwarz-weiß-rote Fahne wurde wieder gehisst, der Schellenbaum erhielt goldene Kronen auf dem Adler. Als 1934 Hindenburg starb, nutzte Hitler die Trauer, um sich selbst zum Nachfolger zu installieren. Nach der Trauerfeier schritt Hitler erstmalig als »Führer« die Front ab, Ahlers dirigierte. Auch marschierten jetzt die Posaunen vorne. Zwei Jahre lang hatte sich Ahlers mit wechselnden Aufstellungen beschäftigt. Der Anblick

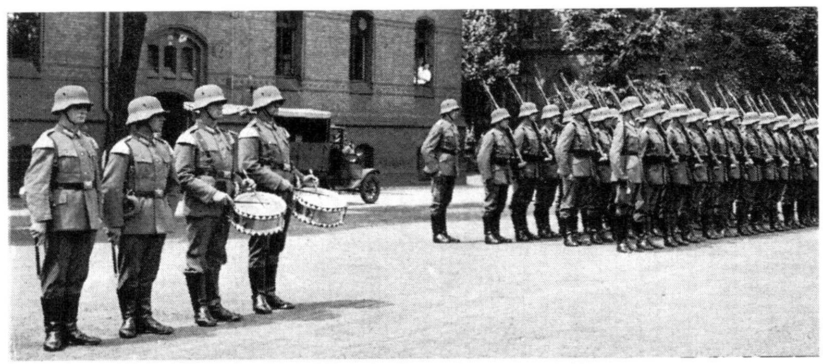

Wachtruppe, 1930

war besser, doch das stimmführende Holz war für den Musikmeister vorn nicht mehr zu hören. Hierüber schwieg Ahlers, denn reden war nicht sein Art.

1937 erhielten die Wachtruppen ein «W« auf den Schulterklappen, aus der Truppe wurde das Wachregiment Berlin, 1939 das »Infanterieregiment Großdeutschland«. Ein »GD« zierte jetzt die Schultern, später auch noch die Ärmel. Alle Regimenter erhielten ein Musik- oder Trompeterkorps. Insgesamt über 200 mal im neuen Reich!

Das Wachbataillon heute: *Das Wachbataillon wurde als einer der ersten Verbände der Bundeswehr 1957 aufgestellt. Obwohl es mit über tausend Soldaten eigentlich Regimentsstärke hat, wird es als Bataillon geführt. Stationiert ist das größte Bataillon der Bundeswehr in Bonn/Siegburg und in Berlin-Wedding. Unterstellt ist es der Streitkräftebasis, die Soldaten tragen Uniformen aller drei Teilstreitkräfte Heer, Marine und Luftwaffe. Das Wachbataillon ist für seine fordernde Ausbildung, seine strikte Disziplin und seinen hohen Korpsgeist bekannt. Der Ablauf von Großem Zapfenstreich, Gelöbnissen, Empfängen und Zeremonien wird intensiv geübt. »Semper Talis (immer gleich)« – oder noch besser – »im-*

mer vortrefflich« heißt das Motto, der Yorck'sche Marsch ist der Bataillonsmarsch.

Zugelassen werden nur Soldaten mit einer Körpergröße von 178 bis 195 Zentimetern und der Tauglichkeitsstufe »1«. Die Soldaten erhalten eine spezielle Grundausbildung im Marschieren und in der exakten Handhabung des Karabiners. Das Ausnahmebataillon führt seine Tradition auf das königlich-preußische 1. Garde-Regiment zu Fuß bis ins Jahr 1688 zurück, das das Motto »Semper Talis« im Helmzierat führte und ist eng mit dem Haus Hohenzollern, dem Semper-Talis-Bund, und dem Rohdich'schen Legatenfonds verbunden.

Zusammen mit dem Wachbataillon wird das Stabsmusikkorps der Bundeswehr für den protokollarischen Ehrendienst eingesetzt. Von 1996 bis Oktober 2012 leitete Oberstleutnant Volker Wörrlein das Stabsmusikkorps. Insgesamt machte er 43 Jahre Militärmusik. Mit über 300 aufgeführten Großen Zapfenstreichen ist er Rekordhalter für das höchste deutsche Militärzeremoniell. Heute wird das Stabsmusikkorps von Reinhard Kiauka geleitet.

Kurz vor Kriegsbeginn 1939 hatte das Wachregiment ein zweites Musikkorps aufgestellt. Wieder zog Ahlers in einen Weltkrieg – erst nach Paris, dann nach Wien und nach Belgrad, schließlich zum Russlandfeldzug. Im Sommer 1942 wurde der nunmehr 60jährige Stabsmusikmeister zurück nach Berlin befohlen. An den Fronten gab es Musikkorps nur noch bei den Divisionen, 1944 wurden auch diese aufgelöst. Im Oktober 1944 wurde Ahlers im Alter von 63 – nach 43 Dienstjahren, davon 30 Jahre als Musikmeister, in den Ruhestand versetzt. Peinlich genau übergab er Instrument, Noten und den Schriftverkehr an seinen jungen Nachfolger Borghoff. Der Kommandant arrangierte eine kleine Abschiedsfeier und Ahlers Lieblingsmärsche klangen auf: der Yorck'sche, der Radetzky, Bataillon Garde, der Regimentsgruß, der Fridericus Rex und schließlich Fausts Defiliermarsch.

Allen war klar: Es würde schwer sein, solch ein Musikkorps nochmals zu sehen und zu hören, weil es schwer sein würde, nochmals einen Musikmeister Ahlers zu finden. Sein Nachfolger Borghoff wusste um das schwere Erbe, das er angetreten hatte.

Immer näher rückte der Zusammenbruch des Reiches. Schließlich mussten auch die Musiker zur Waffe greifen, Borghoff wurde gefangen genommen. In russischer Gefangenschaft baute dieser Lagerchöre aus dem Nichts auf – ohne Noten, ohne Bleistift und Papier und ohne jegliche Instrumente. Würdig seines großen Vorgängers und aus der Pflicht des Berufs leitete er die Chöre in Russland, womit er unzählige Hoffnungslose aufrichtete und das Elend ertragen ließ. Die Heimatklänge des Borghoff-Chores im fernen Tscherepowetz haben sich einen Namen gemacht. Ahlers hätte keinen besseren Nachfolger bekommen können!

Ahlers fand zu Kriegsende Halt in seiner Familie. Mit seinen Töchtern – acht und zwölf Jahre alt – spielte und musizierte er. »Was wollen wir jetzt spielen«, fragte er rhetorisch seine Kinder. »So nimm denn meine Hände«, war sein Vorschlag und setzte sich ans Klavier. Ahlers war christlich erzogen.

Zu Kriegsende wurde Ahlers Haus gestürmt und in Brand gesteckt, als Stücke seiner Uniform gefunden wurden. Mittellos wurde er in eine neue Wohnung eingewiesen. In dieser Zeit machte jeder was er konnte. Für Ahlers war es die Musik, die er mit Zustimmung der Machthaber im zerstörten Berlin liefern konnte. Als Ahlers am 9. November 1945 das Funkhaus aufsuchte, brach er am Eingang tot zusammen.

Toeche-Mittler schreibt am Ende der Ahlers-Biografie: Ahlers hat uns hinterlassen, wie man Märsche spielt. Feinsinnig muss man sie einstudieren, gepflegt vortragen, das Orchester auf höchster Leistung halten. Dieser Mann, ganz Musiker und Soldat, hatte ein Gespür für Märsche. Und er hat aus ihnen herausgeholt, was drin war! So wie er sie spielte, sind sie gemeint. Machen wir es ihm nach!

🕮 *Toeche-Mittler, Musikmeister Ahlers, ein Zeitbild.*

Teil 3

CHRISTLICHER GLAUBE, MILITÄR UND MUSIK

Über Grundwerte christlichen Glaubens,
die Militärseelsorge
und die Rolle der Musik in der Religion

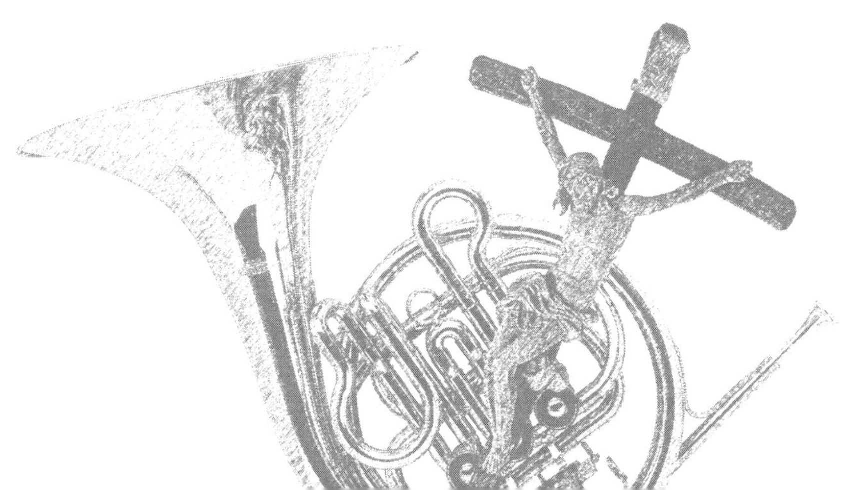

Soldaten als Diener des Friedens, Musik als Glaubensverstärker

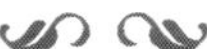

Carlo Martini: »Die Kirche befriedigt keine Erwartungen, sie feiert Geheimnisse.«

Karl Rahner: »Glauben heißt, die Unbegreiflichkeit Gottes ein Leben lang auszuhalten.«

»Spielt, singt und jubelt aus vollem Herzen zum Lob des Herrn!« (Eph 5, 19)

Martin Luther: »Musik ist eine Gabe und ein Geschenk Gottes, der den Teufel vertreibt und die Leute fröhlich macht.«

In der Antike wurden Götter und ihre Plätze zu Heiligtümern erkoren. Die Ägypter gingen selten auf Reise, obwohl sie Schiffe hatten. Sie sind in ihrem Nildelta geblieben und nur aufgebrochen, wenn ein Feldzug anstand. Die Reise war entsprechend schweißtreibend, denn die Götter wollte man auf keinen Fall daheim lassen. Sie mussten mit auf den Feldzug! Bei den Assyrern, Persern und Babyloniern war es ähnlich. Nur bei den Arabern und später bei den Griechen war es anders. Sie hatten eine neue Idee: Sie haben Gott auf dem Olymp gelassen und beschlossen, wo immer sie ankommen, bauen sie einen neuen Tempel. Damit hatten sie Gott stets bei sich.

Der christliche Glaube hat die Kirche – die Gemeinschaft von Gott mit den Menschen und der Tempel des Heiligen Geistes. Damit ist klar: Kirche ist mehr als das Gebäude, das Christentum ist nicht an einen bestimmten Ort gebunden. Der Glaube lebt im Geist Gottes. Dennoch: Im Alltag brauchen Menschen Orte, an dem sich die Gemeinde versammeln und Gottesdienste feiern kann. Kirchen und Sakralbauten sind Symbole für den Himmel, für die Allgegenwart Gottes und für den Geist des Glaubens.

***Locus iste, dieser Ort**: Kirchen stehen gewöhnlich im Zentrum einer Stadt oder Gemeinde, Klöster oft in landschaftlich exponierter Lage. In jeder Kultur gibt es besondere religiöse Orte, die etwas Göttliches an sich haben und Menschen anziehen. Anton Bruckner (1824 – 1896) schrieb 1869 »Locus iste«, eine Motette für einen vierstimmigen Chor in C-Dur. Traditionell wird »Locus iste« am Kirchweihfest gesungen. Im Kern geht es nicht so sehr um das Gebäude und um den jeweiligen Ort, sondern um die Nähe zu Gott. Der Text von »Locus iste« entspringt einem Stufengebet. Übersetzt heißt es: Dieser Ort ist von Gott geschaffen, ein unschätzbares Geheimnis, kein Fehl ist an ihm.*

Liebe kennt keine Gewalt und strebt nach Frieden

Kern des christlichen Glaubens ist die Liebe – die Liebe zu Gott, zu den Menschen und zu den Nächsten. Die Liebe selbst kennt keinen Hass, keine Gewalt, keinen Krieg. Sie strebt nach Frieden, nicht nach Auseinandersetzung. Jesus ruft in der Bergpredigt dazu auf, auch dem feindlich gesinnten Menschen Liebe zu erweisen (Mt 5, 9 und 38 ff.). Daraus wird ein Friedensauftrag abgeleitet. Das Friedensgebet von 1912 »Herr, mach mich zu einem Werkzeug des Friedens« greift diesen Auftrag auf und bezieht zur Kriegsbegeisterung eine klare Gegenposition.

Die Bergpredigt lässt keinen Zweifel daran, dass Jesus diejenigen Friedensstifter seligpreist, die keine Gewalt anwenden. Glaube und Gewalt passen nicht zueinander. Doch so einfach der Wunsch nach Frieden auch sein mag, so schwer ist dieser Wunsch umzusetzen.

Seit Menschengedenken sieht die Realität anders aus. Der Mensch ist ein soziales Wesen und sucht seine Rolle. Für manche Menschen sind Macht und Besitz besonders wichtig. Gewalt, Geiz, Neid, Zorn, Hochmut und Eitelkeiten sind urmenschliche Laster, die die Bibel an mehreren Stellen aufgreift. Im Alten Testament findet sich die Geschichte des Brudermordes von Kain an Abel. Aus Neid, Missgunst und Zorn erschlägt Kain seinen jüngeren Bruder Abel. Die Eltern der Brüder – Adam und Eva – fanden in Gott Trost und auch Gott ließ den gewalttätigen Kain nicht im Stich.

Kriege und Konflikte dominieren seit jeher die Geschichte und gehören zum menschlichen Alltag. Große Teile des Alten Testaments kennen keinen Pazifismus. So war das Volk Israel ständig Gewalt ausgesetzt – es wurde vertrieben. Auch das Neue Testament, ganz von »guten Botschaften« getragen, nimmt Kriegssituationen als gegenwärtige Präsenz des römischen Heeres hin. Im Markus-Evangelium heißt es: »Wenn ihr von Kriegen hört, lasst euch nicht erschrecken! Das muss geschehen. Es ist aber noch nicht das Ende. Es wird sich Nation gegen Nation und Königreich gegen Königreich erheben.« (Mk 13, 7 f).

***Der »Hauptmann« in der Bibel**: In der Bibel wird auch von Soldaten erzählt. Dabei stehen Offiziere – es sind stets Hauptleute – im Mittelpunkt der Erzählung. In der Apostelgeschichte beispielsweise bekehrt Petrus den ehrfürchtigen Hauptmann Kornelius (Ap 10, 22 ff.). Bei Matthäus (Mt 8, 5-13) bittet ein Hauptmann Jesus, nach seinem Diener zu schauen, der gelähmt zu Hause liegt und Schmerzen hat. Als Jesus sein Kommen ankündigt, entgegnet der ihm Hauptmann gottesfürchtig: »Ich bin es nicht wert, dass Du mein Haus betrittst. Sprich nur ein Wort, dann wird mein Diener gesund«. Und an einer ganz zentralen Stelle der Bibel – der Kreuzigung – fällt dem ausführenden Offizier, wiederum war es ein Hauptmann, eine Schlüsselrolle zu. Unter dem Eindruck der Ereignisse offenbart dieser Soldat: »Wahrlich, dieser Mensch ist Gottes Sohn gewesen« (Mk 15, 39/44).*

In den urchristlichen Gemeinden war die Soldatenfrage für Christen kein ernsthaftes Problem: Ein Christ konnte aufgrund seines Glaubens nicht Soldat werden und wer dennoch Soldat war und an Christus glaubte, der brauchte seinen Beruf nicht notwendiger Weise aufgeben. Viel schwieriger als die Gewaltfrage war für einen Soldaten das »kultische Argument«. Ein Soldat musste den »Kaiserkult« pflegen. Er musste seinen Kaiser besonders verehren, ihm Opfer bringen und ihn anbeten. Im christlichen Sinne war das ein Götzendienst. Eine Verweigerung des Kaiserkults hatte den Märtyrertod zur Folge. Ein vom christlichen Glauben überzeugter Soldat – wie zum Beispiel der Heilige Georg – lebte also in einem Dilemma: Im Falle einer Anzeige musste er den Götzendienst leisten und dem Kaiser huldigen oder die Strafe auf sich nehmen. Eine große Last und Prüfung für den Christen in Uniform!

Mit Kaiser Konstantin kam um 312 n. Chr. die Wende: Konstantin garantierte Religionsfreiheit, das Christentum wurde rechtlich anerkannt. Christen durften jetzt offen militärische Verantwortung tragen und diese auch zeigen. Mehr noch: Das Christentum wurde zur wichtigsten Religion im römischen Reich. Erstmals kam es zu einer engen Verbindung von Reich und Kirche. Konstantin berief 325 das erste ökumenische Konzil nach Nicäa (bei Byzanz/Istanbul) ein und wurde als Kaiser von Gottes Gnaden gefeiert. Der Soldatenberuf wurde für Christen jetzt deutlich einfacher. Freilich war klar, dass »Liebe« einerseits und »Gewalt« andererseits gegensätzlich sind und nicht zueinander passen. Die Frage nach der Legitimation militärischer Gewalt sowie das Verhalten und die Moral des Soldatentums wurden jetzt diskutiert.

Der heilige Martin und sein Abschied vom Kaiser: *Einer der beliebtesten Heiligen ist Martin von Tours. Er wurde um das Jahr 316 in Ungarn als Sohn eines römischen Offiziers geboren. Als 15-Jähriger wurde er in die römische Armee eingezogen. Er versah sei-*

nen Dienst in Gallien (Nordfrankreich) in einem römischen Reiterregiment.

Jedes Kind kennt die Legende von der Mantelteilung für einen frierenden Bettler im französischen Amiens und die anschließende Erscheinung des Engels mit dem Mantelstück. Nach dieser Erscheinung – der »Traum von Amiens« – haderte Martin sehr mit seinem Amt. In Worms war es dann soweit: Kaiser Julian hatte dort sein Heer zusammengezogen, um von dort aus gegen die in Gallien eingefallenen Barbaren vorzupreschen. Um den Mut der Soldaten zu steigern, verteilte der Kaiser Geld an seine Soldaten. Alle Soldaten standen in Reih und Glied und der Hauptmann rief jeden einzelnen Mann beim Namen. Der aufgerufene Soldat trat hervor, verbeugte sich vor dem Kaiser, streckte seine Hand aus und erhielt Geld. Als Martin aufgerufen war, blieb er in der Reihe stehen und wollte nicht mehr weiter als Soldat für den Kaiser kämpfen. Mutig offenbarte er dem Kaiser: »Bis heute habe ich Dir gedient. Erlaube mir, dass ich jetzt Gott als Soldat Christi diene.« Der Kaiser fühlte sich provoziert und warf ihm Feigheit vor dem Feind vor. Doch Martin war sich seiner Sache sicher und bot an, unbewaffnet, allein mit einem Kreuz in der ersten Reihe, gegen den Feind zu ziehen. Das imponierte dem Kaiser und er ließ ihn bis zur Schlacht am nächsten Tag einsperren. In der Nacht gab es eine Wendung: Zwischen den Fronten wurde vermittelt, die aufständischen Barbaren ergaben sich bedingungslos. Martin blieb die Probe erspart. Er wurde aus seinem Dienst entlassen und konnte von nun an Gott dienen. Er lebte als Einsiedler und Mönch und wurde im Jahr 371 Bischof von Tours und ist Patron der Diözese Rottenburg/Stuttgart.

Vom »gerechten Krieg« zum »gerechten Frieden«

Die Kirchenlehrer Ambrosius (339 bis 397) und sein Schüler Augustinus (354 bis 430) entwickelten Kriterien für die »Lehre vom gerechten Krieg«. Sie stützten sich auf Platons und Ciceros Erlaubnistheorie von Verteidigungs- und Beistandskriegen. Diese Art von Krieg war eine Art Lösung, ein zulässiger Rechtsakt zur Beseitigung des Unrechts. Der einzelne Soldat machte sich bei Anwendung von Gewalt nicht schuldig. Damit konnte ein Soldat im Krieg unbelastet mutig und tapfer kämpfen.

Der Übertritt der Franken zum christlichen Glauben begann unter König Chlodwig nach 500, bei den Alemannen etwa einhundert Jahre später. Für die Franken und Alemannen bedeutete die Übernahme des Christentums einen prägenden kulturellen Umbruch. Bräuche, Glaubens- und Jenseitsvorstellungen änderten sich. Im Mittelalter festigte sich die christliche Religion und deren Werte immer mehr, aus einer ehemals tolerierten Religion wurde jetzt eine privilegierte, für die man auch kämpfen konnte.

Thomas von Aquin (1225 – 1274) formulierte Bedingungen für einen »gerechten Krieg«, die bis heute ausstrahlen. Danach kann ein Krieg als gerecht gelten, wenn …

… er von einer legitimen Autorität erklärt wird,
… ein gerechter Grund vorliegt,
… eine rechte Absicht gegeben ist,
… alle friedlichen Möglichkeiten ausgeschöpft sind,
… die Verhältnismäßigkeit in der Reaktion vorhanden ist und
… eine Aussicht auf Erfolg besteht.

Als »Recht im Krieg« gelten die Angemessenheit der militärischen Mittel, die strikte Unterscheidung von Soldaten und Zivilisten und die Schonung der Zivilisten bei Kampfhandlungen. Lange Zeit war damit auch der Kirche klar: Staaten und ihr Militär gehören zur Ordnung der Welt. Ansonsten regiert das Faustrecht. Und das Recht des Stärkeren ist weder gerecht noch christlich. Es benachteiligt Schwache: Kinder, Kranke, Alte und Frauen.

»Wenn du Frieden willst, rüste zum Krieg« schreibt Augustinus und geht auf das römische Paradoxon »si vis pacem para bellum« zurück. Diese Erkenntnis wird heute noch zitiert. Friedrich Engels (1820 bis 1895) setzte 1890 eine zweite Erkenntnis hinzu: »Einen Krieg anzufangen ist kinderleicht. Aber was aus dem einmal angefangenen wird, das spottet jeder Berechnung«. Nach den Weltkriegen hat Deutschland diese zweite Erkenntnis bitter erfahren müssen, ebenso die USA in den letzten Jahrzehnten.

Die kirchlichen Bedingungen für einen »gerechten Krieg« sind eng. Einem Volk ist es nicht bedingungslos gestattet, sich militärisch zu verteidigen: So muss der Schaden, der einer Nation durch einen Aggressor zugefügt worden ist, sicher feststehen, schwerwiegend und von Dauer sein. Alle anderen Mittel, um den Konflikt zu lösen (Verhandlungen, Blockaden, Boykott ... bis hin zum Vermittlungsersuchen an die Vereinten Nationen) müssen undurchführbar oder wirkungslos sein und es muss eine ernsthafte Aussicht auf einen militärischen Erfolg bestehen. Schlussendlich darf der Gebrauch von Waffen nicht schlimmer sein, als das Übel und dessen Beseitigung selbst. Dabei ist sorgfältig auf die gewaltige Zerstörungskraft moderner Waffen zu achten. Von den Entscheidungsträgern – Regierungschefs beziehungsweise Volksvertretern – wird sowohl beim »ob« eines Verteidigungskrieges als auch bei der Umsetzung des Militäreinsatzes (»wie«) Zurückhaltung und ein kluges Ermessen verlangt.

Wer Gewalt als Instrument zur Konfliktlösung generell ablehnt, braucht andere Lösungen, um seine Ziele zu erhalten. Und da es stets Ungleichheiten gibt und die Ressourcen auf der Erde ungleich verteilt sind, unter Staaten häufig noch Rechnungen offen stehen und es Menschen mit ausgeprägtem Machtstreben gibt, wird es immer latente oder akute Krisenherde geben. Regierungen geraten damit unweigerlich in ein Dilemma. Jede Entscheidung im Konflikt zieht Folgen nach sich, die sich für den Staat und sein Volk nachteilig auswirken können: Die Anwendung von Gewalt ebenso wie deren Unterlassung.

Papst Johannes XXIII. (1888 bis 1963) richtete 1963 in seiner Enzyklika »Pacem in terris« den Appell an die Welt, Konflikte nicht durch Waffengewalt, sondern durch Verhandlungen und Verträge beizulegen. In einer Welt, in der Atomkraft Besitz ergreift, ist es vernunftwidrig, den Krieg noch als das geeignete Mittel zur Wiederherstellung verletzter Rechte zu betrachten. Papst Paul VI. bekräftigte diese Ansicht, Papst Johannes Paul II. wirkte geradezu als Visionär einer neuen grundlegenden Friedensordnung. Die christlichen Kirchen sprechen heute nicht mehr vom »gerechten Krieg«, sondern reflektieren, wie ein »gerechter Friede« herzustellen ist und garantiert werden kann. Die grundsätzliche Ächtung des Krieges und gerade der Einsatz von Massenvernichtungsmitteln sind weitgehend Konsens. Krieg, so die Erkenntnis der Kirchen, ist »immer einer Niederlage für die Menschheit« (Johannes Paul II.). Das Prinzip des Krieges ist nur der äußerste Grenzfall, das letzte oder äußerste Mittel (»ultima ratio«), der mit modernen Waffen (ABC-Waffen, Cyber- und Roboterwaffen etc.) nicht geführt werden darf, weil die Folgen – die völlige Zerstörung der Erde als Lebensgrundlage – nicht absehbar sind.

Lehre eines gerechten Friedens – Friedensschritte der Kirchen: *Die Kirchen versuchen die Diskussion über Gewalt anders anzugehen, das Ziel einer Auseinandersetzung wird positiv verfolgt: Statt Bedingungen für einen »gerechten Krieg« zu suchen, sucht man »Schritte auf dem Weg des Friedens« (EKD 1993/94), Soldaten sollen dabei zu »Dienern des Friedens« werden. Schlüsselbegriffe der katholischen Bischöfe sind »Gerechtigkeit schafft Frieden« (1983/91) sowie ein »gerechter Friede« (2000). Die Kirchen knüpfen damit an das biblisch-hebräische Wort »Schalom« an, das die urmenschliche Sehnsucht nach »Frieden, Zufriedenheit und Gerechtigkeit« und die damit verbundene eine Vision beschreibt (»Mögest Du heil sein«).*

Seit Jahrhunderten wird um den »Gewaltbegriff« gerungen. In der lateinischen Sprache gibt es für die Gewalt zwei Wörter: »potestas« und »vis«. Potestas ist die staatlich rechtmäßige Befugnis, also die durch die Verfassung und durch das Recht legitimierte Gewaltanwendung. Vis hingegen ist rohe, ungezügelte und unrechtmäßige Gewalt. Juristen, Theologen und Philosophen haben versucht, den Gewaltbegriff weiter zu konkretisieren und die Gewaltanwendung so zu ordnen, dass sie maßvoll ist und Achtung unter allen Völkern findet. Bis heute ist das ein bodenloses Unterfangen, die internationale Friedensbilanz ist ernüchternd.

In der modernen Staatenwelt beanspruchen die Staaten das alleinige Vorrecht, Gewalt anzuwenden. Sie haben nach innen und außen das Gewaltmonopol. Zum Zwecke der Eroberung ist Krieg heute weltweit geächtet. Jedoch gilt Krieg nach wie vor als legitimes Mittel der Politik zur Selbstverteidigung eines Landes oder im Friedensauftrag der Weltgemeinschaft. Im Detail sind aber nach wie vor viele Fragen offen und ungeklärt. Jedes Land – gerade die Supermächte – bestehen auf ihre Auslegungs- und Deutungshoheit. Alle internationalen Verträge und Regelwerke, Kriegs- und Friedensordnungen verfolgen das Ziel, Macht zu ordnen und Gewaltanwendung einzugrenzen. Richtig gelungen ist das nicht: Die Supermächte sind uneins: Militärische Auseinandersetzungen, Gewalt und Kriege gibt es bis heute!

»Christlicher Glaube« – Einsamkeit, Leid, Freude und Hoffnung

In jedem Menschen gibt es Einsamkeit, die keine menschliche Vertrautheit vollends ausfüllen kann. Nach Taizé-Gründer Rogér Schütz (1915 bis 2005) begegnet uns in dieser Leere Gott.

Soldaten werden in besonderer Weise mit Einsamkeit und Gewalt konfrontiert. Schnell geraten sie in schwierige Situationen mit Grenzerfahrungen. Der christliche Glaube kann sie dabei stützen, in erster Linie schenkt der Glaube Hoffnung (Hebr 11, 1). Christus hat das Leiden nicht getilgt, er hat es selbst auf sich genommen. Sein ganzes Leben zeigt eine harte Wirklichkeit. Gerade den schwierigen Weg der Kreuzigung geht er demütig und im Vertrauen auf ein ewiges Leben. Sein Glaube ist Hoffnung und strahlt aus. Die Osterbotschaft, und damit die Auferstehung ist das Geheimnis des Christentums, der Gipfel des christlichen Glaubens: Der Tod als letzter Feind des Menschen ist durch den Tod Jesu Christi besiegt.

__Der Toten gedenken__: Der Tod eines Menschen verursacht Leid. Unweigerlich schmerzt der Gedanke an den Verlust eines Menschen. Im Krieg hat der Tod viele Gesichter. Für Angehörige und Kameraden stellen sie Fragen nach dem »Warum« und nach dem »Wofür«.

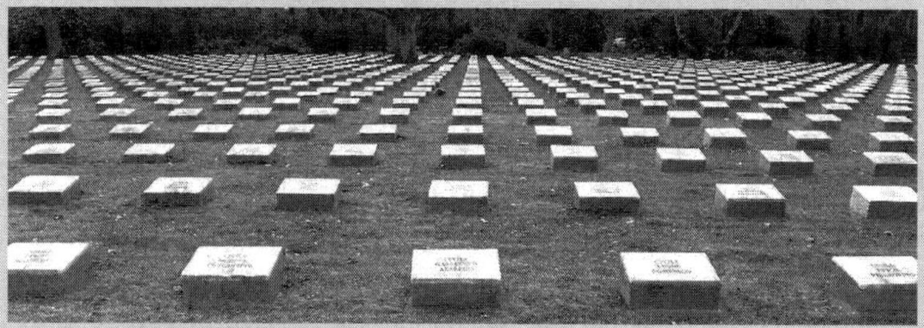

Der Historiker Reinhart Koselleck (1923 bis 2006) schreibt: »Der Toten zu gedenken, gehört zur politischen Kultur«. Autoritäre Systeme prägten einen »Opfer- oder Heldenmythos« als Antwort auf massenhafte Verluste im Volk. Jean-Claude Junckers Antwort auf den Nationalismus ist folgende. »Wer an Europa zweifelt, wer an Europa verzweifelt, der sollte Soldatenfriedhöfe besuchen! Nirgendwo bewegender ist zu spüren, was das europäische Gegeneinander an Schlimmstem bewirken kann«. Der Volksbund Deutscher Kriegsgräberfürsorge betreut die Gräber für die Opfer von Krieg und Gewaltherrschaft im Ausland. Die humanitäre Organisation gibt damit den gefallenen Soldaten eine Würde und versteht sich auch als Bildungsinstitution. Soldatengräber lehren auch, welche Folgen aggressiver Nationalismus und Großmachtstreben haben kann.

Alljährlich am Volkstrauertag erfolgt ein feierliches Gedenken an die gefallenen Soldaten und an Opfer von Gewalt und Krieg. Zentral ist auch der Wunsch nach Versöhnung unter den Menschen und Völkern. Versöhnung soll nicht vergessen! Versöhnung beginnt, indem eigenes und anderes Versagen erkannt und Schuld benannt wird sowie das Leid der anderen anerkannt wird. Diese Erkenntnis kann dauerhaften Frieden ermöglichen – mit sich selbst und dem Gegenüber.

Die Erkenntnis, keine Beweise zu haben, dass etwas existiert, ist noch lange kein Beweis, dass es nicht existiert. Das Leben besteht bis zum Schluss aus Gelegenheiten, dem christlichen Glauben zu begegnen. Wenn es um das Nachdenken um die »letzten Dinge« geht, kommt vielen die Erkenntnis, wie gut es ist, dass man glauben kann. Bischof Joannes Sproll (1870 bis 1949) erinnerte an deutsche Klassiker wie Kant, Hegel oder Heine und zitierte diese gerne in seinen Predigten. Er erinnerte daran, dass Hegel sich sterbend aus der Bibel vorlesen ließ, Kant empfahl Zweiflern das Neue Testament als bestes Vademecum. Heine, lange Zeit ein Spötter gegen die Kirche, schrieb bekehrt in sein Testament: »Ich sterbe glaubend an den ewigen Gott«. Heine bedauert darin ausdrücklich, von heiligen Dingen respektlos gesprochen zu haben und bittet Gott und die Menschen um Verzeihung.

Bischof Heinrich Bedford-Strohm (* 1960) schreibt, dass ihn die untrennbare Verbindung von Gottesliebe und Nächstenliebe fasziniert. Gott, Schöpfer von Himmel und Erde, wird in einem Menschen sichtbar, der die tiefsten Tiefen des Menschseins selbst durchleidet und dennoch glaubt. Sterbend sagt Jesus: »Vater, in deine Hände lege ich meinen Geist« (Lk 23, 46). Worte, die an Glaubwürdigkeit keinen Zweifel lassen.

Da Gott für Christen ein Gott des Lebens und der Freude ist, sind Schicksalsschläge schwierig. Wenn gläubige Menschen großes Leid erfahren, stellt sich für sie oft die Kernfrage nach dem »Warum?«. Eine Antwort hierauf fällt schwer. Bei kriegerischen Auseinandersetzungen stellen sich ähnliche Fragen, zum Beispiel »Wo, um Himmels willen, ist Gott bei so viel Unrecht?« oder: »Warum lässt Gott Gewalt und Kriege überhaupt zu?« Eine erste Antwort ist die, dass Gott den Christen nicht versprochen hat, dass Menschen leid- und sorglos leben können. Weiter hat Gott an seinem eigenen Sohn gezeigt, dass er alle Wege mitgeht.

Für Christen ist das Kreuz nicht nur Leid, sondern ein Zeichen der Barmherzigkeit und Hoffnung. Der Leidensweg Christi und der feste Glaube an die Auferstehung werden zur Quelle einer Hoffnung, dass das Leiden und Unrecht nicht das letzte Wort ist. Noch zentraler: Der Name, der Jesus bei der Verkündigung vom Engel gegeben wurde, bedeutet »Gott rettet«. Weil Gott Mensch geworden ist, versteht er uns. Er ist für seine Sendung von Gott gesandt. Wörtlich: »Er ist nicht gekommen, dass er sich dienen lasse, sondern dass er diene und sein Leben gebe als Lösegeld für viele.« (Mt 20, 28). Petrus sagt: »Durch seine Wunden sind wir geheilt« (Petr 2, 24; Jes 53, 5). Gott rechnet also anders: Er kann verzeihen und ist barmherzig auch zu den Feinden, Rache ist ihm fremd. Kardinal Walter Kasper (1933) hat in seinem Buch »Barmherzigkeit« herausgearbeitet, dass das unbedingte Vertrauen auf eine unermessliche Barmherzigkeit Gottes ein Schlüssel christlichen Glaubens sein kann.

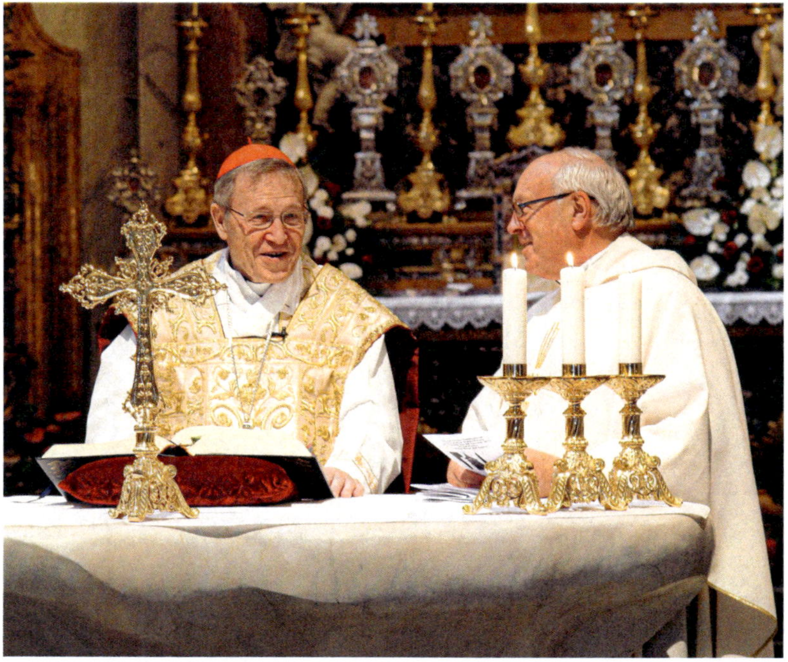

Messe für die Bürgerwache Mengen am 4. Oktober 2013 in der »Anima« in Rom. Zelebrant Walter Kardinal Kasper, Konzelebrant Dekan Heinz Leuze.

Foto: Reinhard Rapp

Barmherzigkeit heißt wörtlich: Sein Herz bei den Armen haben. Die Psalmen bringen Gottes Barmherzigkeit gut zum Ausdruck. Neben der Lobpreisung auf die Barmherzigkeit ertönt das »Erbarme dich meiner«. Am Ende wird der Bittruf durch den Dank- und Jubelruf überlagert. Das »Danket dem Herrn, denn er ist gut und seine Huld währt ewig« ist wohl die allerletzte Hoffnung, an die Christen glauben.

Der Mensch ist seiner Natur und Berufung nach nicht nur ein soziales, sondern auch ein religiöses Wesen. Nach christlicher Anschauung kommt der Mensch von Gott und kehrt wieder zu ihm zurück. Damit ist jeder Mensch Gottes Abbild und repräsentiert ihn. Deshalb hat jeder Mensch auch die gleiche Würde und den gleichen Wert. Das Grundgesetz hat diesen christlichen Gedanken als ersten Artikel aufgenommen. »Die Würde des Menschen ist unantastbar« steht da ganz zentral. Sie ist das höchste Gut und hat den allerhöchsten, einen göttlichen Wert.

Menschen sind nicht Gottes Marionetten. Sie stehen mit Gott in freiwilliger Verbindung, handeln also frei und unabhängig. Die Kirchen sagen, diese Freiheit hat Gott gewollt und sie den Menschen als Gabe geschenkt. Gott kann jeden einzelnen Menschen nur um einen Platz in seinem Herzen werben, den Menschen aber nicht bezwingen. Gläubig kann er dort sein Glück finden – muss es aber nicht. Der Mailänder Kardinal Carlo Martini (1927 bis 2012) sagte: »Die Kirche befriedigt keine Erwartungen, sie feiert Geheimnisse.«

***Herz, die Mitte des Menschen:** Das Herz bezeichnet biblisch nicht einfach das lebenswichtige Organ, das ununterbrochen arbeitet und ein Magnetfeld bildet. Das Herz bezeichnet die Mitte des Menschen, den Sitz der Gefühle und der Urteilskraft. Im übertragenen Sinn ist dort Raum für Freude und Leid sowie für das Recht. Und dort sitzt Gott. Und auch medizinisch gibt es eine neue Erkenntnis: Meditation und Gebete wirken heilend auf das Herz.*

Kameradschaft als ein konkreter Auftrag der Nächstenliebe

Eine zentrale Aussage der Christenheit lautet, dass man seinen Nächsten lieben soll wie sich selbst. Lieben heißt in diesem Sinn, dem anderen Gutes wollen und Gutes tun, für andere da sein, füreinander einstehen und helfen. Soldaten kennen das. Zwischen Soldaten beschreibt die Nächstenliebe auch die Kameradschaft – sie wirkt nach innen und außen. Kameradschaft ist ein tragendes militärisches Prinzip, das Vertrauen, gegenseitige Anerkennung und Respekt voraussetzt. Kameradschaft ist also ein Nehmen und Geben. In der Truppe hat sie einen besonderen Wert und gibt dem Soldaten eine einzigartige Würde.

Kameradschaft umschreibt damit auch eine ganz besondere Beistandspflicht. Konkret bedeutet es, dass ein jeder Soldat die Würde, Ehre und Rechte des anderen achten und ihm in Not und Gefahr beistehen muss. Die Beistandspflicht wirkt auch auf den Gebenden. Der Dichter Ludwig Uhland (1787 bis 1862) beschreibt es im Soldatenchoral »Der gute Kamerad« treffend mit der Zeile »als wär's ein Stück von mir«. Nach außen schützen Soldaten die Gesellschaft und unsere Werte. Verteidigungsministerin Ursula von der Leyen (1958) sagt hierzu: »Soldaten schützen andere Menschen, in der Demokratie das Recht und die Freiheit mit dem Wichtigsten was sie haben – auch mit ihrem Leben.«

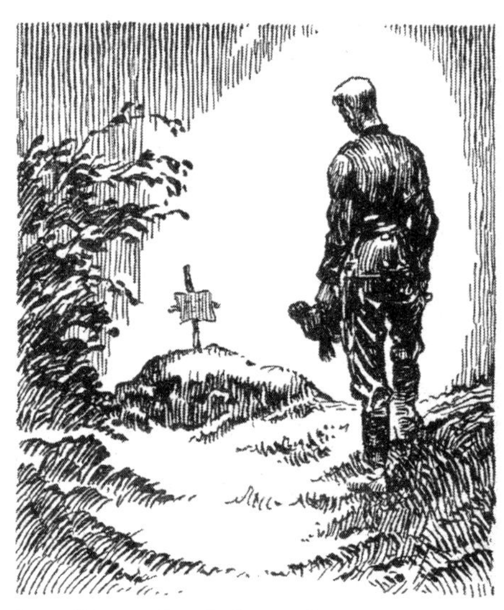

Dem Kameraden die letzte Ehre

Auch die Kirche schrie hurra!
Militärseelsorge ist Teil der Streitkraft

Das 19. Jahrhundert war geprägt von Aufklärung und Revolution. Kirche und Adel waren in die Ecke gedrängt. Und da die Versuchung groß war, nach den Revolutionsjahren wieder Einfluss zu gewinnen, ließ man sich von der Politik einspannen. Die Kirchen agierten vaterländisch und setzten in jedem Land ihre Mittel ein, um den Zielen der eigenen Nation zu dienen. Das Eintreten für das eigene Vaterland wurde zur Pflicht gegenüber Gott erklärt, ein Bündnis von Thron und Altar wurde geschmiedet. In den sonntäglichen Gottesdiensten dieser Zeit hörten die Menschen wenig Friedensappelle. Aufrufe zur Stärkung der eigenen Nation, ein Eintreten zum Krieg für Gott und Vaterland waren präsent.

Seit Karl dem Großen ist in Deutschland die Militärseelsorge geregelt. Der preußische Staat hatte im Jahr 1832 eine militärische Ordnung erlassen, bei der die Seelsorge nicht der Kirche, sondern dem Mi-

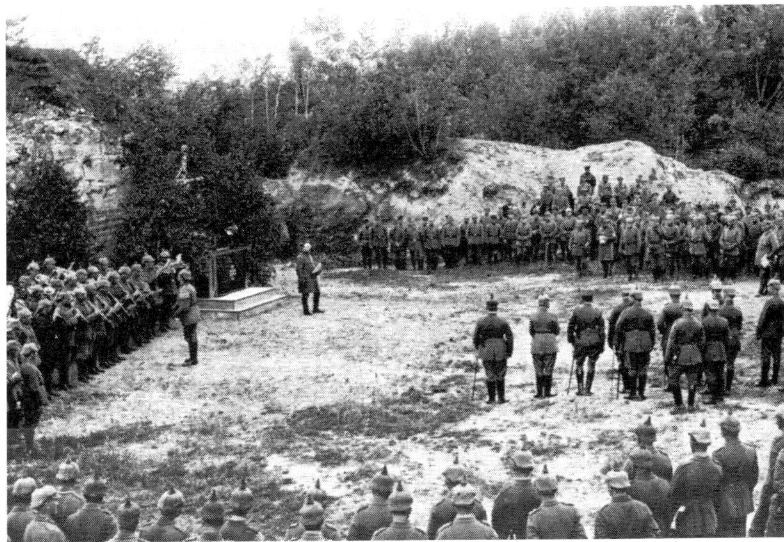

Feldgottesdienst 1916

litär unterstellt war. Die Feldgeistlichen galten damit als Militärbeamte und waren den Offizieren gleichgestellt. Die Gottesdienste – katholisch, evangelisch oder jüdisch – blieben getrennt, abgehalten wurden sie in den Garnisons- oder Gemeindekirchen, in Behelfsräumlichkeiten oder auch im Freien. Der Feldgottesdienst war ein Militärgottesdienst mitten im Kriegsgeschehen unter freiem Himmel. Die Truppe stellte sich in »U-Formation« oder im Rechteck um einen Altar auf, der sehr flexibel und provisorisch, etwa durch das Zusammenstellen von Trommeln gebildet wurde. Der Feldgeistliche leitete den Gottesdienst, Musiker oder Tamboure begleiteten ihn mit Musik und Signalen.

In Preußen und später im deutschen Kaiserreich war die evangelische Kirche faktisch deckungsgleich mit dem Staat. Der Landesherr (preußischer König und Deutscher Kaiser) war auch das Kirchenoberhaupt. Eine Gleichschaltung der staatlichen mit den kirchlichen Interessen war damit einfach. Die katholische Kirche passte sich an und war national ausgerichtet. In den Kasernen und auf dem Feld übernahmen Militärseelsorger die Deutungshoheit über moralische Fragen und schworen ihre Soldaten mit Gotteshilfe auf das Vaterland ein. Im ersten Weltkrieg lautete die Losung in etwa so: Weil Gott nicht auf der Seite der übermächtigen Feinde steht und Gott die deutsche Opferrolle erkennt, wird Deutschland den Krieg gewinnen. Das war nicht nur ein deutsches Phänomen. Jedes Land – England, Frankreich, Belgien, Italien oder Russland – hatte seine eigene vaterländische Gottesdeutung. Der Papst verhielt sich meist neutral. Der sogenannte Friedenspapst, Papst Benedikt XV. (1854 bis 1922), war eine Ausnahmeerscheinung und blieb mit seinen Friedensappellen ungehört.

Heute sind Militärseelsorger Bundesbeamte auf Zeit und in die Bundeswehr eingegliedert. Sie tragen keine Uniformen. Das evangelische Kirchenamt für die Bundeswehr ist die zentrale Verwaltungsbehörde für die evangelischen Militärseelsorger, die katholischen Seelsorger erhalten ihren kirchlichen Auftrag vom Militärbischof. Bei seelsorgerischen Tätigkeiten sind die Militärseelsorger von den staatlichen Weisungen unabhängig und unterliegen insoweit ihrer Kirche und deren Recht.

Bürgerwehren als Herrgottssoldaten: *Bürgerwehren waren nie aggressiv. Ihre ureigenste Aufgabe war das Wachehalten in der Stadt. Im Grunde war das sogar ein biblischer Auftrag. Im Alten Testament (Nehemia 7) heißt es: »Und es geschah, als die Mauer gebaut war, da setzte ich Türflügel ein: Und Torhüter wurden in den Dienst gestellt. Wachen wurden aus den Einwohnern Jerusalems aufgestellt, jeder soll eine bestimmte Zeit des Wachdienstes haben, jeder auf seinem Posten ...«.*

Im 19. Jahrhundert wurden aus den Stadtsoldaten immer mehr Paradesoldaten. Oft spielte der religiöse Gedanke die dominante Rolle. Die Begleitung des Allerheiligsten bei Prozessionen und der Ehrensalut bei der Wandlung ist der Höhepunkt vieler Ausrücktermine. Bürgerwehren verteidigen in der Prozession ihren Glauben. Teilweise spricht man hier auch von »Prozessions- oder Herrgottssoldaten«. Viele Fahnenmotive zeigen die Verbundenheit zur Kirche. Meist ist die Muttergottes auf der Fahne abgebildet. Auch die Kanonen werden oft mit einem Schutzheiligen der Soldaten be-

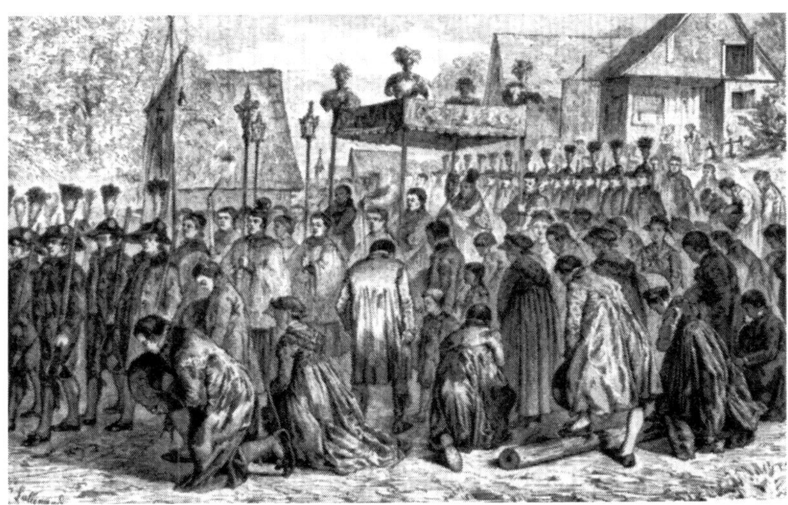

Fronleichnam in Bad Peterstal mit der Bürgermiliz (Holzstich).

zeichnet (Barbara, Georg, Michael, Sebastian etc.). Eine Segnung der Waffen erfolgt nicht. Das ginge zu weit und wäre ein Signal in die falsche Richtung. Die Nähe der Bürgerwehren zur Kirche und ihr starkes Bekenntnis zum Glauben war auch ein Grund, warum Bürgerwehren in der Nazizeit nicht für Propagandazwecke eingesetzt und gleichgeschaltet wurden. Ein Segen!

Verquickung von Staat und Kirche

Bei den Preußen spielte der Dualismus von Staat und Kirche eine besondere Rolle. Der Monarch Wilhelm II. (1859 bis 1941) war gleichzeitig Kaiser und das kirchliche Oberhaupt der evangelischen Kirche und stimmte sein Volk mit grotesken Reden und Appellen wie »Vorwärts mit Gott« auf den Krieg ein. Am Tag der Mobilmachung wurde nach des Kaisers Waffenaufruf vor dem Berliner Schloss »Nun danket alle Gott« von tausenden Menschen angestimmt. Der Kaiser hatte damit eine kollektive Inszenierung veranstaltet, so dass der Aufbruch in einen »gerechten Krieg« im Gedächtnis der Deutschen verbleiben sollte.

»Gott mit uns« – zentrales Motiv am Kopf oder Leib: *Das Koppel gibt dem Soldaten Halt, der Soldat hat am Koppel Wichtiges befestigt: Pistole, Munition, Karten, Wasserflasche etc. Verbindungselement ist das Koppelschloss, das bei den Preußen und den Truppen des Kaisers verziert mit der Königs- beziehungsweise Kaiserkrone die Aufschrift »Gott mit uns« trug. In Bayern stand dort »In Treue fest«. Auch auf dem Helm fand man eine entsprechende Losung.*

»Gott mit uns« war seit 1701 der Wahlspruch des preußischen Königshauses und knüpfte an den Schlachtruf des römischen beziehungsweise byzantinisches Reiches an. Gott mit uns war der Schlachtruf Judits (Jdt 13,11). Matthäus kündet mit dem Ausspruch

»nobiscum deo« (hebräisch »Immanuel«) den Messias an (Mt 1, 23). Es beschreibt das Geheimnis der Menschwerdung Gottes und berichtet vom Engel des Herrn, der Josef die Geburt Jesu verkündet.

Ein weiteres absurdes Beispiel der Verquickung von Patriotismus und christlichem Glauben jener Zeit war das »Kriegsvaterunser« von Pfarrer Dieter Vorwerk aus dem Kriegsliederheft »Hurra und Halleluja« von 1914. Der Text strotzt nur so von blasphemischen Einlassungen und nimmt eine nicht zu vertretende Anleihe am christlichen Grundgebet. Es beginnt mit »Vater unser, aus Himmelshöhn. Eile, den Deutschen beizustehen. Hilf uns im Heiligen Kriege ... führ uns zum herrlichsten Siege« und es endet mit einer Hybris: »Dein ist das Reich, das deutsche Land. Uns muss durch deine gepanzerte Hand Kraft und Herrlichkeit werden.«

***»Nun danket alle Gott« – Der Choral von Leuthen**: Der Pfarrer und Musiker Martin Rinckart (1586 bis 1649) schrieb 1630 den Choral »Nun danket alle Gott«. Das Lied ist von genialer Einfachheit und begann sogleich seinen Siegeszug. Im 18. Jahrhundert war der Choral fester Bestandteil des preußischen Zeremoniells und wurde bei der Krönung und bei der Huldigung des Volkes gespielt. 1733 wurde der Choral in das evangelische Garnisonsgesangbuch aufgenommen. Seinen Mythos erreichte der Choral 1757: Preußische Truppen (vielleicht 20.000 bis 30.000) standen bei Leuthen in Schlesien in aussichtsloser Lage gegen doppelt so viele Österreicher. Das Unglaubliche gelang: Die Preußen unter Friedrich dem Großen siegten. Ein Grenadier stimmte am Abend nach der Schlacht spontan den Choral »Nun danket alle Gott« an und die Feldmusik und mehr als 20.000 Mann stimmten ein und wie aus einem Munde folgten »Mit Herze, Mund und Händen.« Die Dunkelheit,* *die Stille der Nacht und der Schauer des Schlachtfeldes gaben dem Lied eine eigene Feierlichkeit. Seither ist vom »Choral von Leuthen« die Rede. Der Choral begleitete Deutschland in den Ersten Weltkrieg und auch am 21. März 1933, am »Tag von Potsdam«, ertönte »Nun danket alle Gott« in der Garnisonskirche. Hitler verlas seine Regierungserklärung, Raum und Lied gaben seinen Ideen eine religiös überhöhte Weihe. Als 1955 die letzten deutschen Kriegsgefangenen aus Russland heimkehrten, sang im Durchgangslager Friedland eine tausendköpfige Menge das Lied. Seit 1975 wird der Choral auch in katholischen Gottesdiensten eingesetzt und ist auch im Gotteslob abgedruckt.*

Musik als Verstärker

Religionen nutzen nicht nur das Wort, sondern haben besondere Zeremonien und Bräuche. Musik berührt dabei in besonderer Weise das Herz und die Seele. In der Langform des Osterlobes heißt es: »Frohlocket, ihr Chöre der Engel, frohlocket, ihr himmlischen Scharen, lasset die Posaune erschallen, preiset den Sieger.« Und im »Te Deum«, dem feierlichen Lobgesang treffen Prosa und Musik in genialer Weise aufeinander. Üblicherweise wird in der bekannten Version von »Großer Gott, wir loben dich« nach Kräften musiziert und mitgesungen. Wer das Loblied einmal stimmungsvoll erlebt hat, stellt unschwer fest, wie ein Choral oder Kirchenlied wirken kann.

»Quatuor pour la fin du temps« – ein Quartett von Oliver Messiaen für das Ende der Zeit: *Es war am 15. Januar 1941 im Kriegsgefangenenlager Görlitz, mitten im Winter bei Eiseskälte. 400 Kriegsgefangene – vor allem Franzosen – hörten zu. Das Cello hatte nur drei Saiten, die Tasten von Messiaens Klavier blieben stän-*

dig hängen, die Musiker trugen Lumpen und Holzpantoffeln. Und doch geschieht ein Wunder: Im Lager von Görlitz herrschte Stille: Draußen die Nacht, der Schnee und das Elend. Musik ertönt in der Baracke 27B. Das »Quartett für das Ende der Zeit« hob die gefangenen Soldaten für einen Moment aus ihrer entsetzlichen Welt heraus. Unvergesslich war das für alle, unendlich dankbar waren sie für dieses ernste Werk. Eine einmalige Erstaufführung!

Musik, die tief bewegt, hebt für einen Moment Zeit und Raum auf. Auch Gott ist außerhalb von Raum und Zeit, und daher verwundert es nicht, dass Musik und Glaube in einer besonderen Beziehung zueinander stehen. Musik kann ordnen, sie organisiert die Zeit. Und mit wenigen Tönen kann man eine Spiritualität, die Unendlichkeit und damit eine Nähe zu Gott erfahren – ein Gebet ohne Worte. Musik kann den Menschen vom Jetzt herausheben, man kann in eine andere Sphäre gelangen. Auch als Musiker spürt man dieses erhebende Gefühl. Man kann diese Momente nicht machen, nur erhoffen und die berührenden Momente selbst als Musiker nur zulassen. Auch das »Nichts«, die Pause, ist in der Musik wichtig und dort ein ganz besonderes Stilmittel. »Heiliges Schweigen« nennt der Komponist Arvo Pärt das.

Papst Benedikt XVI. hat in vielen Beiträgen auf die enge Verbindung von Liturgie und Musik hingewiesen. Er bekennt: »Musik selbst erscheint als eine Präsenz der Herrlichkeit, die Gott ist: Dieser Herrlichkeit respondierend nimmt sie selbst an ihr teil«. Und der Papst weist auf einen anderen wichtigen Aspekt beim Gottdienst hin: »Musik erweist sich als Kraft, die den Zusammenhalt der Gruppen bewirkt«.

Anders als bei den anderen Künsten finden sich im Gesang das Wort und die Musik in einer besonderen Abfolge. Das Singen in der christlichen Gemeinde hatte ursprünglich Bekenntnischarakter, das heißt, die Gemeinde singt, weil sie glaubt und sie singt, was sie glaubt. Martin Luther (1481 – 1546) erkannte, dass im Lied Text und Melodie gut ineinander greifen, sich verstärken und das Herz der Gemeinde ideal erreicht. Er formulierte es einmal so: »Christus steige mit unvergleichlicher Kraft in die Tiefe des singenden Herzes hinein und aus den Tiefen der singenden Herzen wieder empor«. Deshalb musste man seiner Ansicht nach auch in der Volkssprache singen. Vor fünfhundert Jahren war das revolutionär, denn im Mittelalter sang man Lateinisch. Kaum jemand verstand damals, was er sang. Die Reformationsbewegung erkannte das und Luthers Lieder feuerten die Reformation an.

»Wer singt, betet doppelt«, sagte einst Augustinus. Jetzt war es auch Luthers Losung! Es komme darauf an, dass ein Mensch nicht nur mit Worten, sondern mit Sinn und Verstand des Herzens singt. Dann prägt es mehr als jeder gesprochene Text. Ganz volksnah stellte Luther fest: »Musik ist eine Gabe und ein Geschenk Gottes. Musik vertreibt den Teufel und macht die Leute fröhlich.« Bemerkenswert dabei: Luther mochte das Lied – Pauken und Trompeten, Orgelpfeifen und Streichinstrumente waren nicht sein Ding!

***Bach und die Orgel**: Musik und Religion gehören untrennbar zusammen, sie verstärken sich sogar. Je nach Kultur waren es anfänglich nur Rhythmen oder Gesänge. In der katholischen wie in der evangelischen Kirche ist daraus ein eigenes Genre, eine wertvolle Tonkunst entstanden, die es – heute unstrittig – zu pflegen und zu mehren gilt. Mit der Kirchenmusik untrennbar verbunden sind viele musikalische Genies. An erster Stelle ist hier wohl Johann Sebastian Bach (1685 bis 1750) zu nennen. Buxtehude, Telemann, Händel, Haydn, Mozart, Silcher, Schubert, Mendelssohn Bartholdy, Bruckner, Brahms, Reger und viele andere Künstler widmeten ihre außerordentlichen Talente segensreich der Kirchenmusik und der geistlichen Musik. Im Mittelpunkt der Kirchenmusik steht die Königin der Instrumente – die Orgel. Der Bau der Orgel und deren Musik wurde von der UNESCO Ende 2017 zum immateriellen Weltkulturerbe ernannt.*

Auch für die katholische Kirche stellt die Musik einen ganz besonderen Wert dar. Im Zweiten Vatikanischen Konzil (1963) wurde die Bedeutung von Musik in der Liturgie besonders herausgearbeitet. In Artikel 112 des Konzils heißt es: »Die überlieferte Musik der Gesamtkirche stellt einen Reichtum von unschätzbarem Wert dar, ausgezeichnet unter allen übrigen künstlerischen Ausdrucksformen vor allem deshalb, weil sie als der mit dem Wort verbundene gottesdienstliche Gesang einen notwendigen und integrierenden Bestandteil der feierlichen Liturgie ausmacht. ... So wird denn die Kirchenmusik umso heiliger sein, je enger sie mit der liturgischen Handlung verbunden ist.« Gerade der Gesang kann mit dem Wort einen notwendigen und integrierenden Bestandteil der Liturgie ausmachen. Einschränkend gilt dabei, dass der Kirchengesang vornehmlich aus der Heiligen Schrift und den liturgischen Quellen geschöpft werden und die Feier ihren sakralen Charakter behält. Dabei sollte die Gemeinde einmütig beteiligt werden.

***Cäcilia, die Heilige der Musik**: Die heilige Cäcilia gilt als Schutzpatronin der Musik. Sie starb den Märtyrertod um 230 n. Chr. in Rom. Der Legende nach setzte der Vater für sie den Hochzeitstag fest. Und während die Instrumente spielten, sang sie in ihrem Herzen dem Herrn mit den Worten: »Möge mein Herz unbefleckt sein, damit ich nicht verderbe.« Im 17. Jahrhundert wurden Gedenkfeiern – ihr Namenstag ist der 22. November – mit Kompositionen begangen. Im 19. Jahrhundert gründete sich unter ihrem Namen eine kirchenmusikalische Restaurationsbewegung.*

Singen und Musizieren gehören zu den wertvollsten Kulturgütern der Menschheit. Beides kann gemeinsam und gleichzeitig geschehen. In der Musik kann man Gemeinschaft erleben, man kann sich selber einbringen und an der eigenen Stimme erfahren, wie man Teil eines Gesamten wird. Aufgrund der suggestiven Wirkung eines gemeinsamen Liedes kann die Wirkung einer Aussage viel höher sein und tiefer eindringen als der vorgetragene Text allein. Wenn bekannte Kirchenlieder wie »Lobet den Herren« ein Gotteshaus oder einen anderen Raum zum Klingen bringen, wenn »Psalter und Harfe aufwachen« oder »Holz und Blech sich liebevoll begegnen« beginnt die Seele zu schwingen.

Faszination Weihnachten: *Seit vielen Jahrhunderten hat die Weihnachtsgeschichte nichts von ihrer Faszination verloren. Bis heute erweckt sie bei Jung und Alt weltweit Erstaunen. Franz von Assisi (1181 bis 1226) hat seinerzeit angeregt, eine Weihnachtskrippe aufzustellen, um dadurch die Liebe Gottes und die Erlösung der Menschen sichtbar zu machen. Weihnachtslieder bringen das Unerdenkliche und Wunderbare in Melodien zum Ausdruck. »Es ist ein Ros entsprungen – mitten im kalten Winter, wohl zu der halben Nacht«, knüpft an die Erfüllung der Weissagung des Propheten Jesaja an (Jes 11, 1).*

Vor zweihundert Jahren, am 24. Dezember 1818 ist das weltweit bekannteste Weihnachtslied »Stille Nacht! Heilige Nacht« in Österreich vollendet worden. Der Lehrer Franz Gruber (1787 bis 1863) hat die Musik und der Hilfspfarrer Hans Mohr (1792 bis 1848) den Text für den Welthit geschrieben. Mit ihrem Lied haben sie die Herzen der Menschen anvisiert. Im Lied geht es um die Familie als Grundordnung. Es ist ein Lied mit der Botschaft eines liebenden Gottes, der den einfachen Menschen die Sehnsucht nach Größerem spüren lässt.

Militärmusik im Gottesdienst

Militärmusik war im Ursprung Funktionsmusik. Über die reine Funktion in der Schlacht hinaus, hatte Militärmusik seit jeher auch eine integrative und feierliche Funktion. Musik kann verstärken und auch integrieren. Musik kann Appellen, Triumphzügen, Prozessionen und Gottesdiensten ein feierliches Gepräge geben. Das haben klassische Heerführer und Fürsten, aber auch Revolutionäre und die Kirche erkannt. Sophie Scholl (1921 bis 1943) schrieb 1942: »Musik macht das Herz weich. Sie ordnet seine Verworrenheit und löst seine Verkrampftheit. Ganz still und ohne Gewalt macht sie die Tür zur Seele auf!«

Im Dreißigjährigen Krieg wurden Gottesdienste und Andachten üblicherweise vor dem Zelt des Heerführers gehalten. Tamboure begleiteten den Pfarrer bei der Liturgie. Als Altar dienten übereinander gestellte Trommeln. Bei konfessionell gemischten Kontingenten wurden die protestantischen Gottesdienste an dem einen, für die katholischen Soldaten an dem anderen Flügel des Lagers abgehalten. Die Frage, welche Konfession den ehrenvolleren Platz am rechten Flügel erhielt, hing von der Konfession des Landesherrn ab.

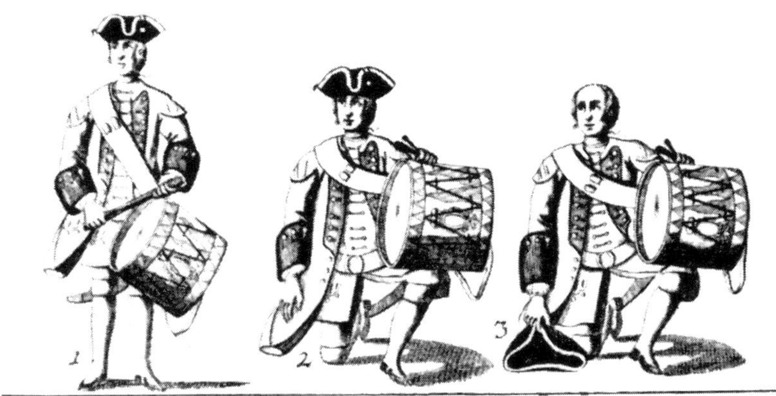

Anweisungen an Soldaten – hier Kniefall für den Tambour – bei Gottesdiensten

Die musikalische Begleitung durch die Tamboure entstammt einer Tradition, wo es noch nicht selbstverständlich war, beim Gottesdienst mitzusingen, diesen aber mit militärischen Signalen zu begleiten. Durch Präsentieren des Gewehrs wurde während der heiligen Wandlung Gott besonderen Respekt erweisen. Für die Streitkräfte im Bistum Würzburg gab es im 18. Jahrhundert folgendes Reglement: »Sobald der Tambour am Anfang der Meß den langen Wirbel schlaget, schultern die Fahnen … Alle bleiben grad stehen. Beim Evangelio schlaget der Tambour einen kurzen Wirbel, ein gleiches geschieht beim Sanctus und vor der Wandlung, auf welche sowohl die Parade niederkniet, als auch alle Wachten präsentieren und zum Gebet niederknien. Die Schildwachten aber präsentieren nur und fallen nicht nieder. … Der Tambour schlaget ferner unter der Wandlung nebst dem kurzen Wirbel auch drei einfache Streiche, alles auf das Zeichen, was mit dem Glöcklein gegeben wird. Wenn nach der Wandlung der kurze Wirbel wieder geschlagen worden, stehen die Wachten wieder auf und schultern …« Dieses Beispiel macht deutlich, welchen Raum der Gottesdienst im Militär eingeräumt wurde. In den Befreiungskriegen entstand sogar eine besondere Liedgattung. Synonym steht hierbei Theodors Körner Lied »Vater, ich rufe Dich«.

Bis heute wirkt Militärmusik in die Truppe hinein und repräsentiert sie in der Gesellschaft. An Wirkung – nach innen und außen – hat sie nichts verloren. Militärmusik kann als Schnittstelle des Gemeinwesens, des Militärs und des Glaubens dienen und die göttlichen Tugenden von »Liebe, Glaube und Hoffnung« unterstreichen oder sogar erhöhen. Eine besondere Gemeinschaft mit ganz besonderen Momenten kann daraus entstehen. Kirche und Musikdienst sind eingeladen, diese Momente zu fördern. Jedermann ist aufgerufen, sich darauf einzulassen. Jeder muss aber auch wachsam sein, dass es nicht um falsche Ziele geht. Es muss um Frieden gehen, nicht um Krieg oder nur um eigene Interessen. Besonders wünschenswert wäre es, wenn es um den Frieden und um den Nächsten ginge.

📖 *Katechismus der katholischen Kirche, München u. a. 2015; Kasper, Barmherzigkeit, Freiburg 2012; Rahner, Einführung in die christliche Eschatologie, Freiburg 2010; Mailänder, in: Gänswein/Lohmann, Katholisch – Wissen aus erster Hand, Freiburg 2010, S. 214- 217; Düsterberg, »Nun danket alle Gott«, in: Schramm (Hrsg.) Bd. 9, S. 221 ff; Retzmann, »Kanone und Gebetbuch«, in: Schramm (Hrsg.) Bd. 10, S. 136 ff; Retzmann, Militär und Militia – Spannungsfeld von christlichen Bekenntnis und militärischer Pflicht, in: Heidler (Hrsg.) Bd. 11, S. 88 ff; Findeisen, S. 56-58.*

Teil 4

DIE BÜRGERWACHE MENGEN

Entstehung, Untergliederungen und Besonderheiten

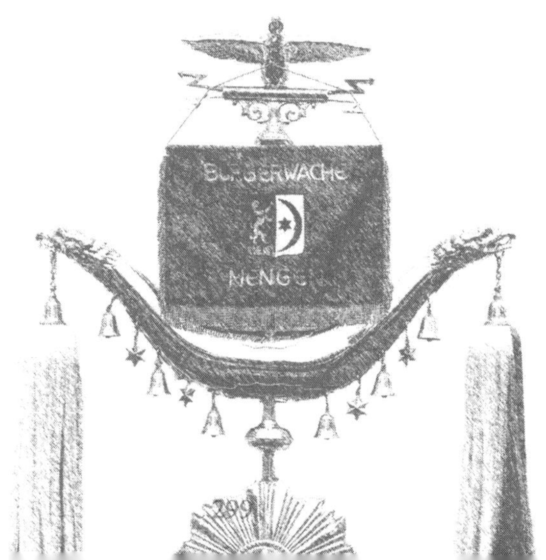

Die Bürgerwehr als konstitutionelles Element einer freien Stadt

Das Heilige Römische Reich war ein seltsames Gebilde. Genau genommen war es ein Flickenteppich von 300 Territorien. Klare Grenzen fehlten ebenso wie eine Hauptstadt, eine einheitliche Verfassung oder ein schlagkräftiges Heer. Im Norden war das Reich unterentwickelt. Nur eine Heerstraße führte vom Rhein zu den norddeutschen Sachsen. Besser sah es dagegen im Süden aus: Entlang von Rhein und Donau verbanden Wegenetze römische Siedlungen wie Trier, Mainz, Straßburg und Regensburg, Sitze von Fürsten und Bischöfen sowie Klöster.

Eine der größten Schöpfungen abendländischer Kultur ist die Stadt. Sie ist die Verwirklichung jener Idee des Zusammenlebens, die Heimat begründet hat. Städte entstanden im Mittelalter. Wenn es für nichtadelige Menschen Freiheiten gab, dann allenfalls in einer Stadt. In der Stadt gab es Handel und der fand auf dem Marktplatz statt, rings um die Stadt gab es eine Mauer. Die Mauer schützte die Bewohner wie eine Burg. Die Stadtbewohner nannte man Bürger, zur Verteidigung der Stadt gab es Bürgerwehren. Je nach Region, Aufgabe und Gründungszeit auch Bürgerwache oder Bürgermiliz genannt. Jeder wehrfähige Mann musste für seine Stadt eintreten und diese im Notfall auch verteidigen. Als Waffen dienten ein Harnisch und eine Sturmhaube, Spieße, das Schwert oder der Bogen. Die Waffen mussten die Bürger auf eigene Kosten anschaffen. Anfang des 17. Jahrhunderts gab es auch erste Gewehre. Mit dem Aufkommen der stehenden Heere erübrigte sich die städtische Wehrpflicht, Bürgerwehren wurden abgeschafft oder dienten nur noch Hilfsdiensten oder repräsentativen Zwecken, aus Bürgerwehren wurden Stadtgarden.

Bürgerwehren in Baden und Württemberg

In Südwestdeutschland war das Reich besonders zersplittert. Napoleon zerschlug das »Heilige Römische Reich Deutscher Nation« und wertete Baden und Württemberg deutlich auf. Das evangelische Württemberg wurde größer und wurde Königreich, Baden wurde Großherzogtum. Damit brachen schlechte Zeiten für Bürgerwehren an. Die neuen Fürsten sahen in der Volksbewaffnung eine Gefahr, eine allgemeine Entwaffnung wurde angeordnet. Die Angst der Obrigkeit legte sich aber nach und nach und das Waffendekret wurde wieder gelockert. So gab es in Württemberg im Jahr 1828 an 28 Orten wieder Bürgerwehren mit dem Charakter von Wach- oder Ehrengarden. Infolge der Revolution von 1848/49 wurden viele Bürgerwehren wieder aufgelöst. In Baden durften nur die Bürgerwehren weiter bestehen und Waffen tragen, die in der Badischen Revolution besondere Treue bewiesen hatten, etwa auf der Insel Reichenau, in Bad Peterstal, Harmersbach oder Sipplingen am Bodensee. Was heute in Baden an weiteren Bürgerwehren besteht, sind Wiedergründungen des 20. Jahrhunderts.

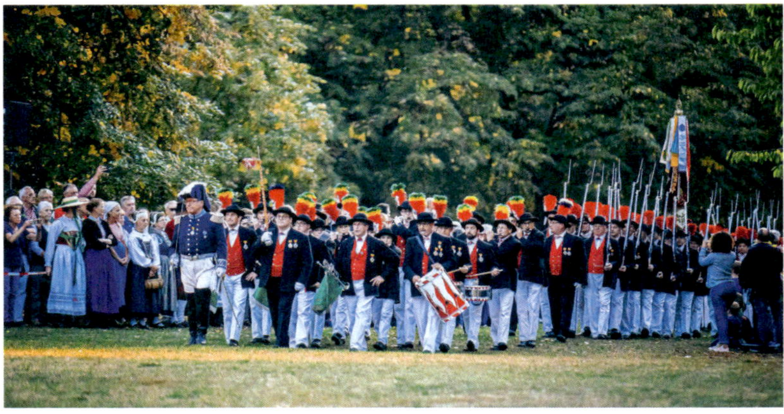

Die Bürgerwehr Oberharmersbach, angeführt vom Landeskommandanten Hajo Böhm, Cannstatt, 2018. (Foto: Thomas Niedermüller)

In der NS-Zeit und nach den verlorenen beiden Weltkriegen hatten die Bürgerwehren einen schweren Stand. Die Nazis versuchten die Bürgerwehren für ihre Sache zu gewinnen und sie durch ein Treuegelöbnis und eine Nationaltracht gleichzuschalten. Dieses Bestreben misslang: Die Bürgerwehren blieben standhaft und ihrer und der kirchlichen Sache treu. Nach den verlorenen und verlustreichen Weltkriegen war der Drang, in Uniform und Gewehr auszurücken, bei vielen Bürgern nicht sonderlich ausgeprägt und von den Siegermächten auch nicht gewünscht. Die Idee und Tradition des wehrhaften Bürgers im Bunten Rock setzte sich dennoch durch und Bürgerwehren gaben der Kirche an Fronleichnam und ihrer Stadt bei Stadtfesten ihr feierliches Geleit.

Heute gibt es in Baden und Württemberg noch 55 historische Bürgerwehren mit etwa 3.500 Soldaten. Die Hälfte davon sind Spielleute oder Musiker beziehungsweise Pauker und Trompeter der Berittenen. Überörtliche Zusammenschlüsse gab es weder in Württemberg noch in Baden.

Erstmals fand in Württemberg am 28. Juni 1914 ein Freundschaftstreffen der Bürgerwehren in Rottenburg statt, bei dem auch der württembergische König Wilhelm II. anwesend war. Am Nachmittag dieses Tages traf die Nachricht der Ermordung des Thronfolgers in Sarajevo ein, der Erste Weltkrieg begann. Erst 1934 wurde in Stuttgart der Verband der Bürgerwehren in Württemberg gegründet. Zuvor beschlossen die badischen Wehren anlässlich des »Heimattages der Badener aller Welt« am 13. Juli 1930, in Karlsruhe einen Badischen Landesverband zu gründen.

🕮 *Bacher in: Heidler (Hrsg), Bd. 14, S. 65-67; Landesverband Hist. Bürgerwehren, Bürger im Bunten Rock, Ehingen o. J.*

Entstehung und Aufgabe der Bürgerwache Mengen

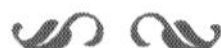

Regel der Donaustädte: »Mit der Aufnahme in die Bürgerschaft wurde der Neubürger wehrpflichtig und der musste sogleich huldigen und schwören!«

Aufgabe der Bürgerwehren im Mittelalter: Jeder wehrfähige Mann muss für seine Stadt eintreten und diese bei Not und Gefahrlage verteidigen.

Aus dem Protokoll der Stadt Mengen: »Jeder Bürger ist kriegsdienstpflichtig. Die Bürger sind in Stadtviertel geordnet und jedes Viertel der Stadt hat eine Rotte zu stellen, denen Rottenmeister vorstehen.«

Wann Mengen erstmals die Stadtrechte erhielt, ist nicht genau feststellbar. Kaiser Barbarossa hielt 1170 in Mengen einen Hoftag ab und ein Kaiser machte dies nur dort, wo er eine befestigte Pfalz, Burg oder Stadt vorfand. Also musste Mengen damals schon Befestigungen aufgewiesen haben. Eine archäologische baubegleitende Beobachtung anlässlich der Neugestaltung der Hauptstraße im Jahr 2012 bestätigte diese Vermutung. Hier konnte in unmittelbarer Nachbarschaft zur Martinskirche eine frühstädtische Befestigung – eine Art Herren- beziehungsweise Königshof – nachgewiesen werden.

1257 wurde Mengen in einer Urkunde als freie Stadt (»Vrie Mengen«) bezeichnet. »Frei« wies dabei auf eine gewisse Unabhängigkeit vom Adel und auf den Erwerb von Grundbesitz hin. Entscheidend für die Wehrbereitschaft der Bürger war die Identifizierung mit ihrer Hei-

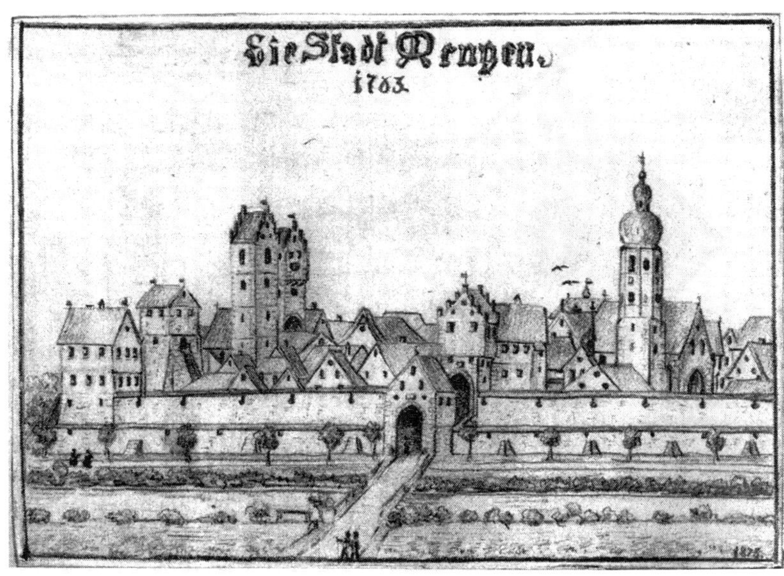

Skizze von Mengen und deren Befestigungsanlagen im späten Mittelalter

mat und den Schutz ihres Heimes. Der Leitgedanke war, dass wer einen wichtigen Wert besitzt (Haus, Grund und Boden), auch bereit ist, diesen tapfer zu verteidigen. Mengens ärgste Feinde waren damals die Grafen Veringen-Nellenburg, von deren Gebiet die Stadt umschlossen war. Die Stadt musste sich zur damaligen Zeit wohl wehren und verteidigen, da nach dem Aussterben der Staufer das Reich zersplitterte. In dieser »kaiserlosen Zeit« – dem Interregnum – herrschte vorwiegend das Faustrecht. Erst König Rudolf von Habsburg konnte die unsicheren Zeiten beenden. Rudolf von Habsburg war es auch, der Mengen Schutz und Hilfe bot und 1276 seine Stadtrechte verlieh und die Stadt seinem Sohn Albrecht und dessen Frau Elisabeth schenkte. Jetzt war Mengen habsburgisch.

Sehr wahrscheinlich bestand zur Zeit dieser erneuten Stadterhebung Mengens dort schon eine Befestigungsanlage samt Bürgerwehr. War es zunächst die Not und Gefahrenlage, die jeden wehrfähigen Mann zwang, für seine Stadt einzutreten und diese zu verteidigen, so entwickelte sich immer mehr eine geregelte Wachordnung. Die Form der Ausbildung und die Art der Bewaffnung wurden durch Beschlüsse des Rats geregelt. Wörtlich ist einem Protokoll zu entnehmen: »Jeder Bürger ist kriegsdienstpflichtig. Die Bürger sind in Stadtviertel geordnet und jedes Viertel der Stadt hat eine Rotte zu stellen, denen Rottenmeister vorstehen«. Wer ein Aufgebot nicht achtete, wurde hart bestraft. In der Stadtordnung von Freiburg, dessen Stadtrechte Vorbild für Mengen waren, galt folgende Regel: Wird ein Kriegszug beschlossen und ein Bürger, der es gehört hat, ist nicht mitgezogen, dessen Haus wird, falls er keinen triftigen Grund vorweisen kann, niedergerissen.«

Die Waffen der Wehrmänner waren ein Harnisch, bestehend aus einem Leibschutz und einer Sturmhaube, auch Blechhaube genannt, eine Hellebarde beziehungsweise der Langspieß und das Schwert. Als Fernwaffen dienten der Bogen und die Armbrust. Alle Waffen musste der Bürger auf eigene Kosten anschaffen. Üblich war, dass das Bogenschießen regelmäßig geübt wurde, wofür es in Mengen eine eigene Schützengesellschaft gab.

Die älteste Ansicht der Stadt (»Renlin'sche Karte«) stammt von 1589 und zeigt das typische Erscheinungsbild vom mittelalterlichen Mengen. Hinter der Stadt liegt das ungeschützte Dorf Ennetach. Die Stadt umgab eine etwa 1,2 Kilometer lange Stadtmauer, etwa sieben bis acht Meter hoch, teilweise mit Schießscharten und Wehrgängen versehen. Davor war eine äußere Mauer, eine Zwingermauer etwa 2,2 Meter hoch. Zwischen den Mauern sollte der Feind im Zwinger gefangen und dort geschlagen beziehungsweise bezwungen werden. Vor den Mauern bildete ein Wassergraben beziehungsweise Erdwall für den Feind das erste Hindernis. Die Ein- und Ausgänge der Stadt waren durch drei Stadttore mit ihren Türmen befestigt und geschützt – dem »oberen, mittleren und unteren Tor, auch »Riedlinger, Meßkircher und Scheerer Tor« genannt. Diese Tore mussten besonders bewacht werden. Hierzu wurde die Bürgerschaft zur allgemeinen »Torwache« eingeteilt. Insgesamt verlangte der Aufbau und Erhalt der Befestigungsanlage viel Aufwand von den Bürgern der Stadt.

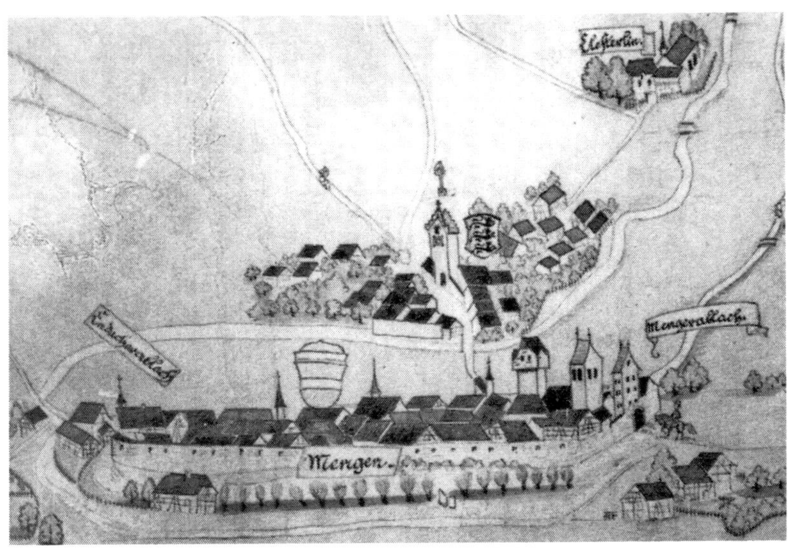

Stadt Mengen auf der Renlin'schen Karte um 1589

In der Stadt, im Schutze der Mauern entwickelte sich wirtschaftliches und gesellschaftliches Leben. Neben den Bauern (»Ackerbürger«) waren es vor allem Handwerker und Kaufleute, die in Zünften gegliedert, ihre Waren auf den Märkten anboten. Auch Angehörige des »niederen Adels« suchten in der Stadt Sicherheit, Schutz und Gesellschaft, namentlich waren in Mengen die »Herren von Stotzingen« in der Wasserstraße, die »Grafen von Freyberg« im Steinhaus (Gasthaus »Hecht«), die »Herren von Dietfurt zu Reischach« in der »Kazede« und die »Herren von Schwarzach« neben dem Gasthof »Drei König«.

Bedrohungen, Erstürmungen und Plünderungen

Die erste militärische Niederlage ereilte die Stadt im Jahr 1343 gegen das Heer des Grafen Eberhard den Greiner von Württemberg. Die Chronik berichtet, dass die bewaffnete Bürgerwehr von Mengen im Kampf stand und namhafte Verluste erlitten hatte. Als Folge dieser Niederlage wurde die Stadt von den Belagerern schließlich erstürmt und geplündert, die Liebfrauenkirche und das Scheerer Tor in Brand gesetzt und die Türme gebrochen.

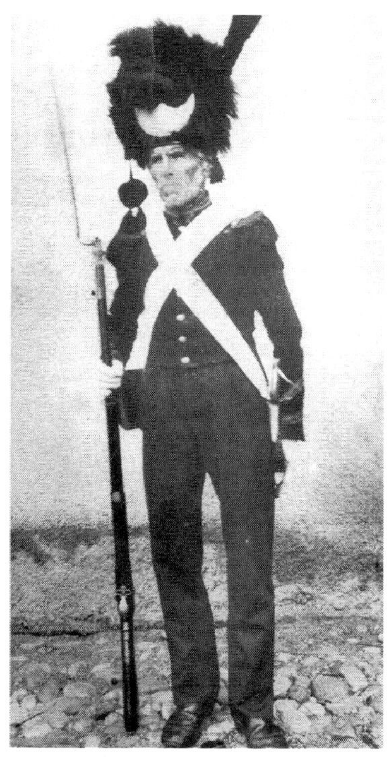

Mengener Grenadier in historischer Uniform um 1840 (Foto von 1896)

1607 wurde die Bürgerwehr erstmals mit Feuerwaffen – mit Musketen – ausgerüstet und ein Schießhaus eingerichtet. Die Soldaten wurden Musketiere genannt. Neben den Bürgerwehrsoldaten gab es noch eine Armbrustschützengilde. Alljährliche Schützenfeste wurden hoch gehalten, die für die Bürger dieselbe Bedeutung wie seinerzeit Ritterturniere hatten. In der gefahrvollen Zeit des Dreißigjährigen Krieges erhielt die Bürgerwehr großen Zulauf. Ein Grund dafür war, dass mit dem Eintritt in die Bürgerwehr auch das Bürgerrecht verbunden war.

Die Wehrtruppe musste eingeübt werden. Hierfür haben die fünf Donaustädte (Saulgau, Riedlingen, Munderkingen, Waldsee und Mengen) 1618 eigens »Drillmeister« eingestellt, 1622 wurden zusätzlich Stadttrommler und Pfeifer bestellt – die ersten Vorläufer des heutigen Spielmannszuges – und 1619 für jedes Stadttor drei Büchsen mit großem Kaliber angeschafft. Die Drillmeister haben die jeweiligen Bürgerwehren einheitlich ausgebildet, so dass sie in Notfällen gemeinsam kämpfen konnten. Für die Stadt brachte der Dreißigjährige Krieg viel Not und Elend. Die Bevölkerungszahl halbierte sich – sie sank von etwa 1.400 Einwohner auf 600.

Das Maiwunder von Mengen – Die Rettung der Stadt im Mai 1632

Sprichwort: »Not lehrt beten.«

Das denkwürdigste Ereignis jener Zeit war der Einfall der Schweden im Mai 1632. Die Schweden zogen von Ulm her donauaufwärts. Der kaiserlich-österreichische Oberbefehlshaber hatte die Städte und Dörfer aufgefordert, gegen die Schweden Widerstand zu leisten. So versammelten sich 6.000 Mann etwa 20 Kilometer donauaufwärts von Mengen bei Riedlingen. Leider gaben die Anführer und Adeligen damals kein gutes Vorbild: Sie zogen sich zurück und daraufhin lief auch die gemeine Heerschar auseinander. Infolgedessen begaben sich die Städte Riedlingen und Saulgau unter Schwedischen Schutz, »zu verhütung prands, genzlichen ruins und unschuldigen blutvergiessens« folgte auch Mengen. Die Stadt Mengen zahlte stattliche 500 Gulden und lieferte »Wöhr und Waffen« nach Ulm in das schwedische Hauptquartier und erhielt im Gegenzug einen »teuer« erkauften Schutzbrief.

Die Schweden wurden jedoch wortbrüchig und wollten den Schutzbrief zurück, sie verlangten zudem die Auslieferung des Stadtschreibers. Diesem Ansinnen widersetzte sich die Stadt, worauf etwa 40 schwedische Reiter den Stadtschreiber gewaltsam aus der Stadt holen wollten. Die Wache auf dem Stadtturm schoss als Antwort etliche Schweden von ihren Pferden. Am Tag darauf erschienen die Schweden erneut, diesmal jedoch mit verstärkter Mannschaft und wollten die Stadt erstürmen. Bevor dies jedoch gelang, kamen kaiserliche Truppen unter dem Befehl von General Ossa von Überlingen und Salem her und zwangen die Schweden zur Flucht. Mengen war gerettet!

Im amtlichen Bericht vom 24. Mai 1632 des Bürgermeisters an den Erzherzog ist festgehalten, dass durch die Wehr und durch das Gebet die Stadt gerettet worden sei.

__Das Maiwunder von Mengen__: Eine gefühlsbetonte Version der Rettung der Stadt liest sich so: Im Vertrauen auf die allerseligste Muttergottes Maria verweigerte die Stadt die Herausgabe von Mensch und Urkunde. Und tatsächlich blieb die Stadt auch verschont. Die Rettung in höchster Not schrieben die Bürger der Hilfe der verehrten Muttergottes vom Ölberg in der oberen Pfarrkirche zu, zu deren Bildnis während der bitteren Stunden etwa 300 Personen um Gottes Schutz und Beistand flehten. Der Wilhelmiterprior Johann Sood hielt die Vesper, in der das Wunder stattfand. Zuerst sah das Wunder Ursula Mannhart: Das Antlitz der Gottesmutter änderte sich, »bald hatte es eine rote, bald die weiße, bald eine bleiche Farbe, Tränen übergossen ihr Gesicht«. Es kam daraufhin dichter Nebel auf, so dass der Angriff der Schweden sich zunächst verzögerte und schließlich durch den Beistand der kaiserlichen Truppen vereitelt wurde.

Zur Erinnerung und zum Gedenken an diesen Vorgang feiert die Stadt Mengen jedes Jahr ihr Maifest. 1732 wurde – zum Hundertjährigen – das Fest erstmals in den Protokollen erwähnt. Die feierliche Begehung dieses Festes war den Mengenern immer eine Herzensangelegenheit. Bis zum Jahr 1790 war der 18. Mai in Mengen als Feiertag ausgewiesen. Danach verlegte die Stadt ihr »Schwedenfest« auf den folgenden Sonntag, Anfang des 19. Jahrhunderts auch auf den Pfingstmontag. Das Fest hat auch sein eigenes Kirchenlied – das sogenannte Ölberglied.

Das Maifest heute – Feiertag für Kirche, Stadt und Bürgerwehr

Das Maifest ist der Fest- und Feiertag der Stadt, der Liebfrauengemeinde und der Bürgerwache. Unter den Klängen von Prozessionsmärschen – sehr melodisch und breit getragen die »Absamer« Mär-

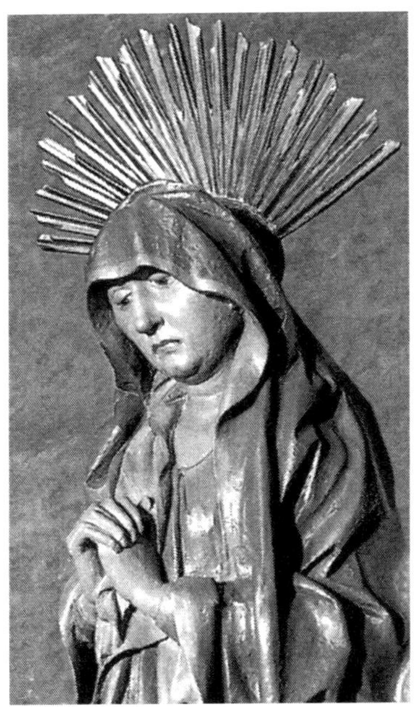

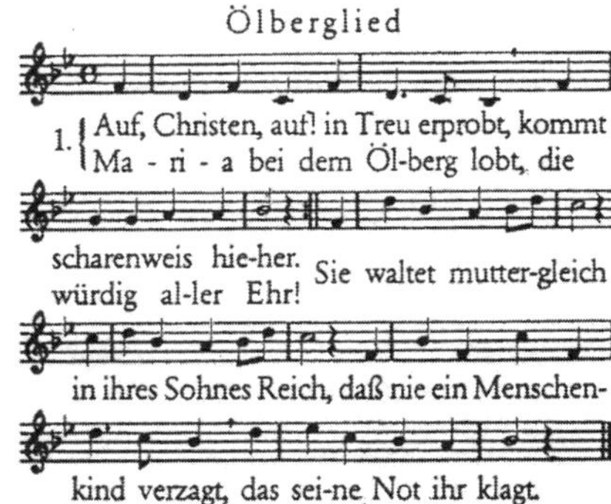

2. O Ölbergmutter! wunderbar grüßt tröstend uns dein Bild, das schon seit alten Zeiten war der Deinen Schirm und Schild. Hilf, wenn die Not aufschreit, schütz Mengen allezeit, mit dem du einst getragen hast der Sorgen schwere Last.

3. Das war in harter Schreckenszeit, der Feind zog vor das Tor. Dein heilig Bild schaut' tief im Leid der Deinen Beterchor. Du hast mit starker Hand den Feind von uns gebannt! : So bleib uns ewig hold und mild in Deinem Gnadenbild:

Gnadenbild von Mengen samt Ölberglied

sche – begleiten die Bürgerwache und die Gläubigen das Allerheiligste in einer Prozession durch die Stadt.

Das Fest beginnt bereits am Vorabend: In einer Sternwallfahrt ziehen die Gläubigen in die Liebfrauenkirche ein, in der feierlich eine Andacht erfolgt. Nach der Andacht meldet der Hauptmann der Bürgerwache dem Pfarrer die angetretene Kompanie und feierlich ertönen drei Strophen von »Sancta Maria«. Der Theologe und Domkapellmeister von Freiburg Johannes Joseph Schweitzer (1831 bis 1882) hat es genial verstanden, das Marienlied harmonisch einfach, aber sehr gefällig zu verfassen. Nach dem Choral marschiert die Bürgerwache ab und sammelt sich in der Unterstadt für den Aufmarsch zum Großen Zapfenstreich.

Bei Einbruch der Dunkelheit beginnt der Marsch der Bürgerwache unter den Klängen bekannter Märsche die Hauptstraße hinauf in

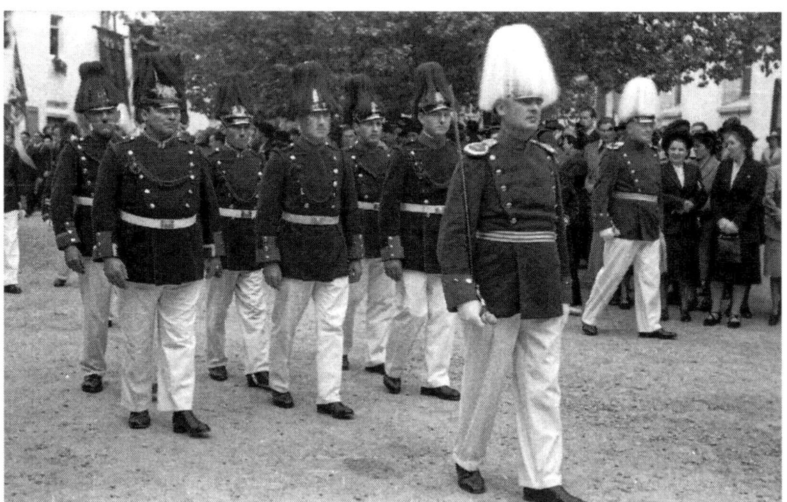

Neuanfang der Bürgerwache nach dem Zweiten Weltkrieg mit einem Ausrücken beim Maifest – noch ohne Gewehre.

Richtung Rathaus. Kurz vor der Kreuzung zur Mittleren Straße reißt der Tambourmajor ab, es ertönt das Locken und zusammen spielen Musik und Spielmannszug den »Regimentsgruß«. Nach dem Aufmarsch und der Ausrichtung meldet der Hauptmann dem Bürgermeister und Pfarrer die angetretene Kompanie.

Unter den Klängen des »Preußischen Präsentiermarsches« nimmt der Bürgermeister die Front ab. Danach erfolgt die Serenade mit dem »Yorck'schen Marsch« und zwei oder drei weiteren Märschen. Der Höhepunkt ist unter Fackelschein die Aufführung des Zapfenstreichs mit dem Dankgebet »Ich bete an die Macht der Liebe« und der Nationalhymne.

Der eigentliche Festtag beginnt frühmorgens um 6 Uhr durch Böllerschüsse der Kanoniere und durch ein feierliches Wecken des Spielmannszuges. In der Liebfrauenkirche wird das Hochamt gefeiert, das in eine imposante Prozession durch die festlich geschmückten Straßen der Altstadt mündet. Die Bürgerwache, Kinder und Jugendliche, Erstkommunikanten und Ministranten, Stadträte und Kirchen-

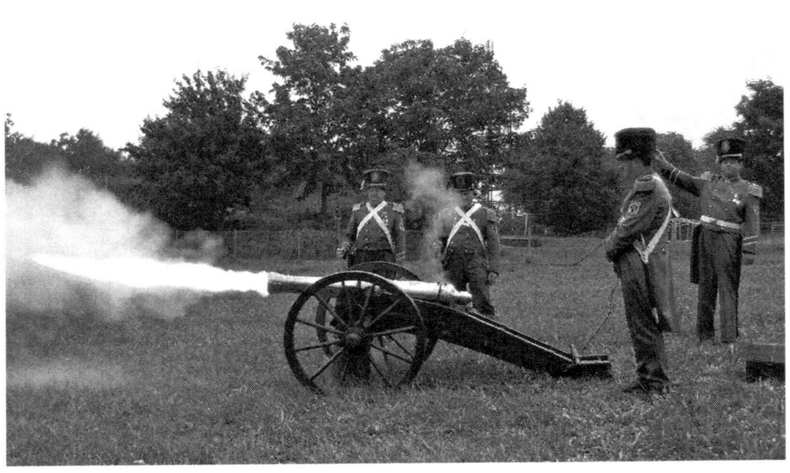

Wecken der Mengener Kanoniere *(Foto: Rüdiger Hartmann)*

gemeinderäte, Kirchenchor, Gesellenverein, Pfadfinder etc. und die Gemeinde ziehen feierlich durch die Stadt. Im Mittelpunkt steht unter dem »Himmel« der Pfarrer mit der Monstranz. Eine beeindruckende Dankprozession und Demonstration des christlichen Glaubens ist das. Die Prozession wiederholt sich wenige Wochen später am Feiertag Fronleichnam. Bis in die Siebziger-Jahre wurde am Nachmittag noch eine Dankandacht abgehalten, zu der die Bürgerwache auch wieder aufmarschierte.

Die Bürgerwache wird mehr und mehr zu einer Repräsentationstruppe

Mengen feiert mit dem Maifest die Rettung der Stadt im Dreißigjährigen Krieg. Letztlich waren es aber für die Stadt und das Umland damals sehr bittere Zeiten, denen viele Bürger zum Opfer fielen. So musste kurz nach der Rettung der Stadt – im Juli 1632 – die Bürgerwehr bei Herbertingen den vereinigten (evangelischen) Truppen aus Schweden und Württemberg entgegenziehen. Die Schlacht wurde verloren, 29 Stadtsoldaten opferten dafür ihr Leben. Wiederholt zeigte sich, dass kleine Städte gegen die gut organisierten und bewaffneten Heere von fremden Landesherren wenig ausrichten konnten. Die Befestigungsart der kleinen Städte reichte zu ihrem Schutz nicht mehr aus. Vielmehr waren List und Verrat, Hunger und Feuer sowie neue Feuerwaffen die herrschenden Mittel, in die Stadt unfreiwillig einzubrechen. Immer mehr übernahm jetzt der Erzherzog von Österreich, Landesherr der vorderösterreichischen Städte, die militärische Schutzpflicht. Hierfür musste die Stadt 1672 kriegserfahrene Männer abkommandieren, die in Riedlingen und Ehingen gemustert wurden.

Auch die Bürgerwehren wurden weiter professionalisiert. Erstmals wurden 1682 in der Bürgerwache Offiziere bestellt – ein Hauptmann und ein Leutnant. Hauptmann wurde Bürgermeister Frickh, Leutnant der Stadtamtmann Luib. Den Offizieren standen ein Wachtmeister, ein Feldwebel und vier Korporäle zur Seite.

Österreich formierte eine Landmiliz, Stadtsoldaten wurden Paradesoldaten

1684 musste die Stadt Mengen für neu gegründete Milizbezirke – die Landmiliz, eine Art »stehendes Heer« der Österreicher – zehn bis zwölf Mann stellen, die in ihrem Bezirk die militärische Hauptlast zu tragen hatten. Diese Soldaten waren einheitlich uniformiert, so dass man schnell erkennen konnte, welcher Truppe der einzelne Soldat angehörte. In den Napoleonischen Kriegen zählte die Landmiliz allein in Schwäbisch-Österreich etwa 6.000 Mann, die man aus den waffenfähigen Männern im Alter von 17 bis 50 durch Los bestimmte. So zog 1796 eine erste Rotte mit 56 Mann von Mengen in die Gegend von Spaichingen in den Krieg ab. Im Jahr 1800 hatte die Stadt Mengen 78 Männer zu stellen. Die Landmiliz hatte regional wenig Erfolg. Zweimal ließen sich die Franzosen nicht aufhalten, schlugen zurück und zogen in Mengen ein.

***Auswahl der Rekruten**: Es fiel der Stadt nie leicht, die von der Obrigkeit geforderten Rekruten zu stellen. Hatte sich in der Fremde ein Mengener für Kriegsdienste anwerben lassen, gab sich die Stadt alle Mühe, dass dieser für seine Heimatstadt gutgeschrieben wurde. Auch jeder willige Fremde war willkommen, für Mengen den Kriegsdienst zu leisten. Ein »ständiges Werbkommando« suchte in der Stadt Freiwillige, was oft gelang, zumal die Stadt den Freiwilligen ein gehöriges Handgeld zahlte.*

Reichten die Freiwilligen nicht oder hatten diese nicht das »rechte Maß« oder körperliche Gebrechen, musste man Männer amtlich rekrutieren. Befreit vom Dienst waren »Juden, Geistliche, Adelige, Beamte und Honoratioren, Fabrikanten, Studenten und Lehrlinge mit guten Zeugnissen, einzige Bürger- und Bauersöhne und Verheiratete, die sich gut führten«. Aus dem verbleibenden »Männerrest« wurden die Rekruten per Los oder durch Ausspielen bestimmt. Der Obrigkeit stand es zu, Spieler, Nachtschwärmer, Raufer, Vertuer, Wilderer etc. dem Soldatenstand zu übergeben, auch wenn diese die einzigen Söhne waren. Wer als Rekrut bestimmt wurde, konnte einen Ersatzmann bestellen, was »teuer« und »unsicher« war, da sie bei kommenden Ausspielungen verpflichtet waren, erneut mitzuspielen.

Durch die Erfindung von Schießpulver, Kanonen und Berufssoldaten nahm der militärische Wert der Bürgerwehr ab. Ab dem 18. Jahrhundert war die städtische Bürgerwehr nur noch eine Hilfstruppe, so dass der Rat erwog, die Bürgerwache einzuschränken oder ganz abzuschaffen. Die Bürger wehrten sich dagegen und standen nach wie vor zu ihrer Bürgerwehr. Immer mehr hatte sie jetzt Parade- und Repräsentationsaufgaben, die Stadtsoldaten wurden »Paradesoldateska«. Die Bürgerwache rückte zu Feierlichkeiten und zum Empfang von Persönlichkeiten aus. So wollte sie zum Beispiel 1714 zum Empfang von Prinz Eugen ausrücken, der leider dann doch nicht kam und nach Pfullendorf auswich.

Am 18. Mai 1732 feierte die Bürgerwehr den hundertsten Jahrestag zur Rettung der Stadt vor den Schweden und schoss mit (zwei!) Kanonen drei Salven. 1717 empfingen die »Mengener Paradesoldaten« den Fürsten von Fürstenberg, 1761 den Reichsprälaten von Petershausen. Am 2. Mai 1770 paradierten 90 Bürger mit »gewehrter Hand sowie Schulkinder mit Holzgewehren« der österreichischen Kaisertochter Marie Antoinette. Sie befand sich auf ihrem Brautzug von Wien nach Paris und hielt in Mengen in der Wasserstraße Einkehr. Ihr Brautzug umfasste 57 Wagen, 450 Pferde und über 250 Personen! 1803 wurde von Pater Ferdinand vom hiesigen Wilhemiterkloster eine städtische Musikgesellschaft gegründet und eine große Trommel aus Biberach angeschafft.

Ausrücktermine der Bürgerwache heute – Jahrestermine: *Jahrtag, Maifest, Fronleichnam, Landestreffen, Volkstrauertag, öffentliche Gelöbnisse des Luftwaffenausbildungsbataillons Mengen (bis 2012).*

Besondere Termine: Einsetzung des Bürgermeisters, Landrats, Pfarrers; Primiz von Pfarrer Heinz Leuze 1972, Besuch der Landesregierung 1982, Mitwirkung am Durban Tattoo in Südafrika 1986, Staatsbesuch des russischen Präsidenten Michail Gorbatschow in Stuttgart 1989 und alle zwei bis drei Jahre eine Reise ins Ausland oder in ein anderes Bundesland.

🕮 *Bacher in: Heidler (Hrsg), Bd. 14, S. 68-73; Stehle, Festschrift Landestreffen, Mengen 1997; Bicheler, Mengen in Krieg und Frieden, Mengen 1957, S. 87 ff, 141 ff und 149 ff; Laub, Geschichte der fünf Donaustädte, Mengen/Saulgau 1894, S. 89 ff, 192 ff.*

Die Bürgerwache wird württembergisch

Gesetz von 1809: »Alle Gewehre ins Rathaus!«

Adolph Kolping (1813 bis 1865): »Wer Mut zeigt, macht Mut«.

1806 wurde Mengen württembergisch. Der neue Landesherr König Friedrich von Württemberg, wegen seiner Leibesfülle der »dicke Friedrich« genannt, hob die Bürgerwache auf und zog deren Waffen ein. Die Stadt protestierte vergeblich gegen die »württembergische Occupation«. Friedrichs Nachfolger, König Wilhelm I. von Württemberg, war den Bürgerwehren wohlgesonnen, so dass ab 1819 wieder Bürgerwehren auflebten. Die Bürgerwehren in Ehingen und Rottenburg erhielten aus dem königlichen Arsenal leihweise Gewehre zur Verfügung gestellt. Auch in Mengen nutzte man die neuen Freiheiten rege. So sind im Ratsprotokoll von 1821 Ausgaben für die »türkische Musik« und für das »Militär« anlässlich des Fronleichnamsfestes festgehalten. Im Jahr darauf ist im Rat festgehalten, dass »60 gemeine Mann am hohen Fest paradieren wollen und hierfür Gewehre aus dem königlichen Arsenal erbitten, die im Rathaus deponiert werden«. Insgesamt finden sich in den städtischen Protokollen der damaligen Zeit viele Hinweise, dass die Bürgerwehr (60 Mann) mit ihrer »türkischen Musik« (24 Mann) regelmäßig paradierte und an Fronleichnam von der Stadt ihren Sold erhielt. 1826 wurde auch eine Fahne angeschafft. Das Corps bildete eine Kompanie aus regelmäßig 60 Mann, welche sich in vier Züge teilte. Die Wehr bestand aus einem Hauptmann und einem Oberleutnant, zwei Unterleutnants, einem Feldwebel und Fourier, sechs Obermännern und vier Tambours. Die Musik bestand aus einem Kapellmeister und etwa 20 Musikern. Der Kapellmeister hatte den Rang vor dem Feldwebel, die übrigen Musiker den gleichen Rang wie die Obermänner. Die Dienstgrade entsprachen dem Milizencorps von Stuttgart. Jedes Mitglied durfte außer Dienst die Uniform bei Kindstaufen, Hochzeiten und Begräbnissen tragen. Die Miliz war dem Innenministerium, dem Oberamt und dem städtischen Rat unterstellt.

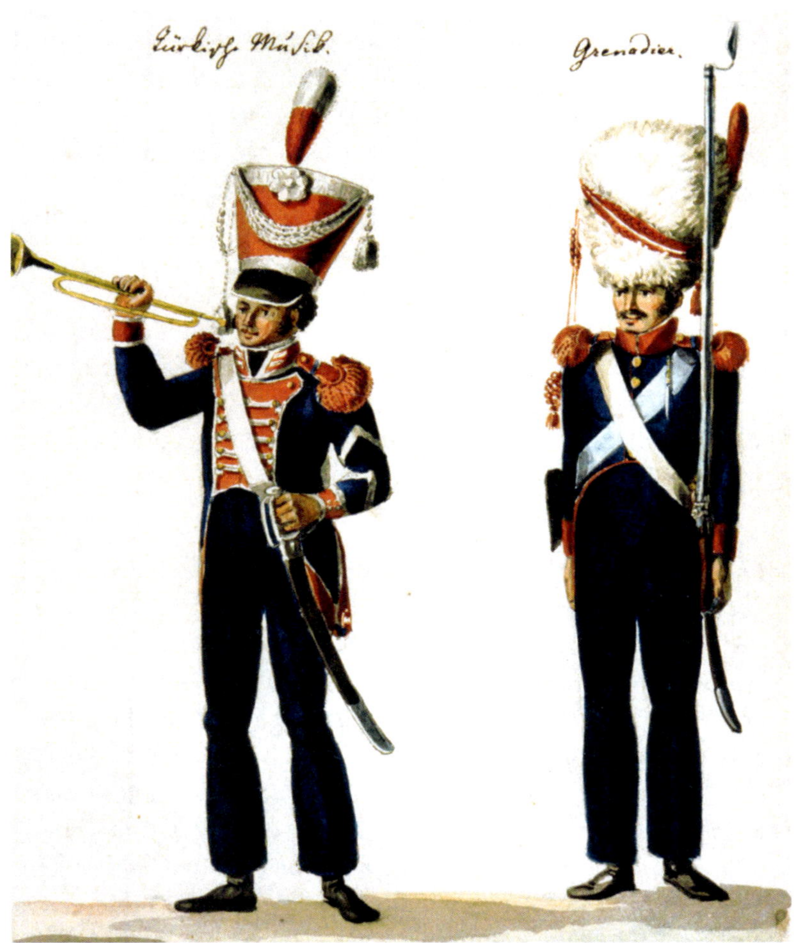

Türkischer Musiker und Grenadier von Mengen im Jahr 1829
(Quelle: Staatsarchiv Ludwigsburg E 178 II BÜ 1422)

Wehrsold: *Die aktiven Bürgerwachsoldaten erhalten von der Stadt seit jeher einen Sold – die »Löhnung«. Am 30. Mai 1823 wurde vom Stadtrat der Sold neu festgesetzt: Für alles erhält jeder Mann 20 Kreuzer, zahlbar am Corpus-Christi-Fest (Fronleichnam). Noch* *heute wird an Fronleichnam der Sold in bar ausbezahlt, allerdings wird seit einigen Jahren anders differenziert. Gemäß der militärischen Tradition, dass Spielleute und Musiker mehr »wert« sind als gemeine Soldaten, erhalten heute Musiker und Spielleute für ihren Dienst jedes Jahr sechs Euro, Wehrsoldaten drei Euro.*

Die Stadtsoldaten trugen damals dunkle Hosen, einen blauen Rock und weiße Kreuzbänder. Markant war die große Bärenfellmütze der Stadtsoldaten. Ursprünglich war sie weiß und aus Schafsfell, 1832 wurden vom Rat »schwarze Mützen« beantragt, da diese »haltbarer seyen«. Die »Bärenmützen« wurden aus Hundsfellen gefertigt und verliehen dem Soldaten ein »martialisches Aussehen«.

Fronleichnam (lat. Corpus Christi): *Der katholische Feiertag wird am zweiten Donnerstag nach Pfingsten gefeiert und ist das Hochfest des Leibes und des Blutes Christi«. Der Name »fron = Herr« und »leichnam = Leib« weist auf die Elemente der Eucharistie hin. Das Fest wurde zunächst bis 1246 nur in Lüttich gefeiert und erinnert an die Visionen der heiligen Juliana von Mont Cornillan. Sie hatte in einer Vision den Mond gesehen, der an einer Stelle verdunkelt war. Christus habe ihr erklärt, dass der Fleck auf das Fehlen eines Festes für das Altarsakrament hinweist. Der Donnerstag und das verehrte Sakrament stehen in engem Zusammenhang mit dem Gründonnerstag. Da die Fastenzeit einen stillen Charakter hat, wurde das Fest in die Pfingstzeit verlegt.*

Um den Glauben zu stärken, führte Papst Urban IV. im Jahr 1264 dieses Fest für die gesamte Kirche ein. Die Kirche gewährte Ablass für das andächtige Beten des »Tantum ergo«, der beiden letzten Strophen des Hymnus »Pange lingua« des Kirchenlehrers Thomas von Aquin.

In Mengen beginnt das Fronleichnamsfest mit Morgenmusik. Früh morgens spielt die Stadtmusik an mehreren Stellen das Sonntags-

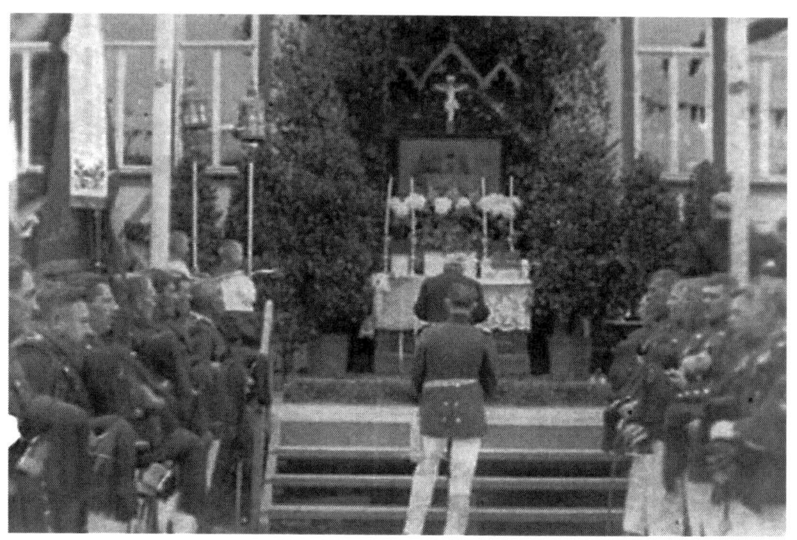

Jubelfeier des 650-jährigen Bestehens der Bürgerwache vom 5. bis 7. Juni 1926. Der Feldgottesdienst fand am 7. Juni vor der Alten Turnhalle auf dem Viehmarktplatz statt. Das obere Bild zeigt die Front zum Altar, das untere Bild zeigt vom Altar weg.

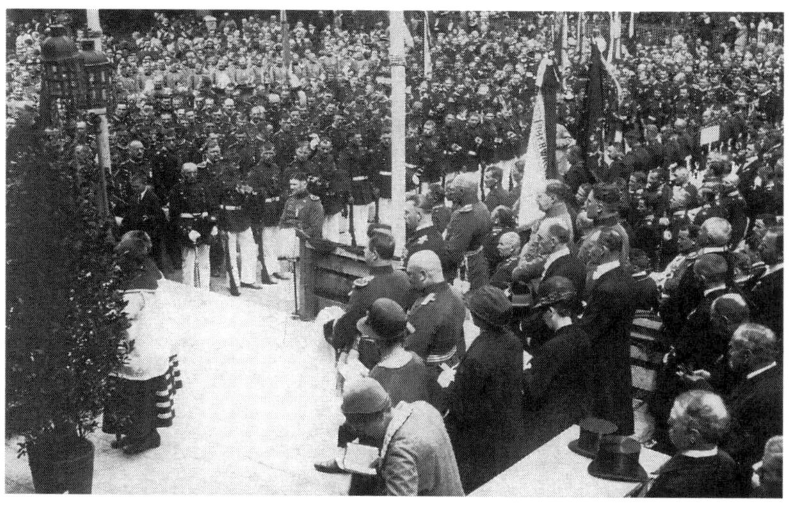

lied »Das ist der Tag des Herrn« von Conradin Kreutzer. Nach dem Gottesdienst erfolgt die feierliche Prozession durch die Stadt. An mehreren Altären, teilweise mit Blumenteppichen geschmückt, werden liturgische Texte aus dem Evangelium gelesen, Fürbitten gebetet und Choräle gesungen. Während der Priester seinen Segen gibt, schießt die Bürgerwache Salut. Die Prozession schließt in der Kirche mit dem »Te Deum«.

Der letzte kriegerische Einsatz am 25. März 1848 (»Franzosen-Samstag«)

Im Revolutionsjahr 1848 hatte die Bürgerwache ihren letzten kriegerischen Einsatz. Die revolutionäre Bewegung hatte die Bevölkerung sensibel aufgeschreckt. Mut gegen die Obrigkeit, aber auch Verunsicherung machte sich bei der Bevölkerung breit. Angst hatte man, dass man die erst kürzlich gewonnene Freiheit wieder verlieren könnte. Und der Feind konnte – da war man sich einig – nur vom Ausland her kommen.

Am Freitag, 24. März 1848, verbreiteten Handwerksburschen von Tuttlingen her kommend die Schreckensnachricht von Franzosen, die schon am Rhein und im Schwarzwald »sengen und brennen«. Am Samstag hieß es dann, man höre sie schon im benachbarten Meßkirch schießen. Meldereiter wurden nach Saulgau und Riedlingen geschickt. In Scheer wurde Sturm geläutet. Dort sollte zuerst geholfen werden. Die Bürgerwache wurde alarmiert und deren Hauptwache in den Gasthof »Hecht« verlegt. Gewehre wurden ausgegeben, schnell Pulver gefasst und Bleikugeln gegossen und die Sensen wurden gerade gestreckt. Unter dem Kommando von Oberleutnant Bolter rückten die Mannschaften ab.

Es regnete fast den ganzen Tag und die Stadtbevölkerung war in großer Sorge. Doch die Sorge war grundlos: Ganz Oberschwaben war einer Falschmeldung aufgesessen, die Mengener Stadtsoldaten waren keiner Gefahr ausgesetzt. Sie kamen auch nicht weit: Im drei Kilometer entfernten Scheer kehrte die Bürgerwache im dortigen Bräuhaus ein, weil kein einziger Franzose weit und breit zu hören oder zu sehen war. Gegen acht Uhr abends kamen alle Soldaten wohlbehalten und gut gelaunt wieder in die Stadt zurück. Die Bürger waren erleichtert, als sie ihre Soldaten unversehrt wieder hatten, freuten sich über die Nachricht des blinden Alarms und feierten innerhalb der Stadtmauern weiter. Auch in Saulgau hieß es schon am Samstag früh, Mengen stehe in Flammen. Die Bürgerwache aus Saulgau marschierte nach Mengen, hielt aber zuvor Einkehr in Herbertingen. Offensichtlich war der Durst drängender als die Nothilfe! Als sie wohlbehalten in Mengen ankam, war die Patenwehr aus Saulgau froh, nicht kämpfen zu müssen. Um Mitternacht wollten Bürger und Bauern von Altshausen her der Stadt zur Hilfe kommen. Auch ihnen wurde Einlass in die Stadt und zu den Wirtshäusern gewährt. Da bei Tagesanbruch nichts Neues gemeldet wurde, kehrten die Fremden wieder unverrichteter Dinge zurück. So schön können Feldzüge sein!

Im gleichen Jahr wurde noch eine Volksbewaffnung eingeführt. Neben der bisherigen Bürgerwache wurde eine »freiwillige Jägerkompanie« mit 70 Mann und einer Musikabteilung (Blechmusik) ins Leben gerufen. Diese Kompanie wurde wenige Jahre danach wieder aufgelöst. Die Bürgerwehr trug jetzt statt der Bärenmütze ein schwarzes Käppi mit Rossschweifen, ab 1864 aber Helme, die aus München angeschafft wurden.

***Neue Statuten 1830 und 1855**: Die Unterstellung der Stadt unter den württembergischen König und damit verbunden die neuen Aufgaben der Bürgerwache hatte auch Satzungsänderungen zur Folge. 1830 bestimmte die neue Satzung, dass die »Bürgermiliz bei Festlichkeiten und feierlichen Aufzügen in der Stadt zur Er-*

höhung der Feier mitzuwirken hat. Auch hat sie an Jahrmärkten so wie bei Feuerbrünsten in der Stadt Wachdienste zu versehen. Jedem hiesigen Bürger, der von unbescholtenem Rufe ist, steht das Recht zum Eintritt in das Corps zu. Wer eintreten will, hat seinen Entschluss durch den Corps-Commandanten dem Stadtrath anzuzeigen«. 1855 wurde der Zweck der Bürgerwache und der Eintritt ergänzt und konkretisiert. Hiernach musste die Miliz – jetzt Bürgerwache genannt – nach »Aufforderung der zuständigen Behörde bei der Aufrechterhaltung der öffentlichen Ordnung und Sicherheit im Gemeindebezirk mitwirken.« Auch durfte nur noch eintreten, wer »zum Besitze und Tragen von Schiesswaffen berechtigt ist … und auch im Stande ist, den hiermit verbundenen Aufwand ohne erheblichen Nachteil für seine ökonomischen Verhältnisse aus eigenen Mitteln zu bestreiten.«

Die Revolution ist zu Ende, die Bürgerwehren dürfen bleiben

Als die Revolution zu Ende ging, wurden militärische Einheiten verboten. Das »conservative Bürgermilitär« durfte aber weiterbestehen! Im Herbst 1850 forderte das Kriegsministerium jedoch die geliehenen Waffen zurück. Die Bürgerwache schaffte sich eigene Waffen an und bat den Rat für das Salutschießen um die Bereitstellung von Pulver sowie um die Löhnung. 1855 erhielt die Bürgerwache Mengen eine königliche Bestätigung für ihre Offiziere, die Statuten wurden revidiert und an die neuen Aufgaben angepasst.

Am 31. Januar 1884 fand der erste Bürgerwachjahrtag statt. Hauptmann Jung zeigte dem Bürgermeister an, dass um halb fünf Uhr »Tagwache« und um 8 ¼ Uhr herausgetrommelt werde. Am Abend fand eine gesellige Unterhaltung im Gasthaus »Goldener Adler« statt.

Bürgerwachjahrtag: *Am dritten Samstag im Jahr feiert die Bürgerwache ihren Jahrtag. Der Tag beginnt mit einem Wecken durch die Kanoniere und durch den Spielmannszug. Nach dem Antreten folgt der gemeinsame Marsch zur Messfeier in der Liebfrauenkirche. Begleitet von der Stadtmusik ertönt lautstark das »Lobet den Herren« oder »Meerstern, ich dich grüße«, der Bürgerwachchor singt Choräle, die Predigt des Pfarrers nimmt gewöhnlich Bezug zur Wehrhaftigkeit und Kameradschaft. Unter den Klängen des Silcher-Liedes vom »guten Kameraden« verliest der Hauptmann die Namen der verstorbenen Kameraden der letzten zehn Jahre. Weihrauch füllt den Raum, Schuberts Deutsches Messlied »Heilig, heilig, heilig« erreicht die Herzen der Soldaten. Der Festgottesdienst endet mit »Großer Gott wir loben Dich« und dem »Mengener Ölberglied«.*

Nach dem Gottesdienst werden vor der angetretenen Kompanie die Kameraden für 10, 20, 30 und mehr Jahre Treue geehrt. Im Januar spürt jeder Soldat schnell die Kälte und freut sich so umso mehr auf den Frühschoppen. Der Hauptmann begrüßt seine Gäste und bedankt sich mit kurzen Huldigungen humorvoll nochmals für die Treue der Geehrten. Nach den Grußworten essen die ersten »Rösche« zu Mittag. Marschmusik ertönt ebenso wie der Gesang der Soldaten. Man merkt: Oberschwaben kann feiern und mancher Frühschoppen endet erst nach dem Kaffee.

Auch die Uniformen wurden dem württembergischen Linienmilitär angeglichen, das selbst einem preußischen Muster folgte. Neu war, dass man an Festtagen in weißer anstelle der dunklen Hose marschierte. Am 28. Juni 1914 (Peter und Paul) feierte die Bürgerwache Rottenburg ihr 600-jähriges Jubiläum. Anwesend waren dort König Wilhelm II. und der Landesbischof Dr. Keppeler. An diesem Tag kam die Nachricht von der Ermordung des Thronfolgers Erzherzog Ferdinand von Österreich in Sarajewo. Das war das Signal zum Ausbruch des Ersten Weltkriegs.

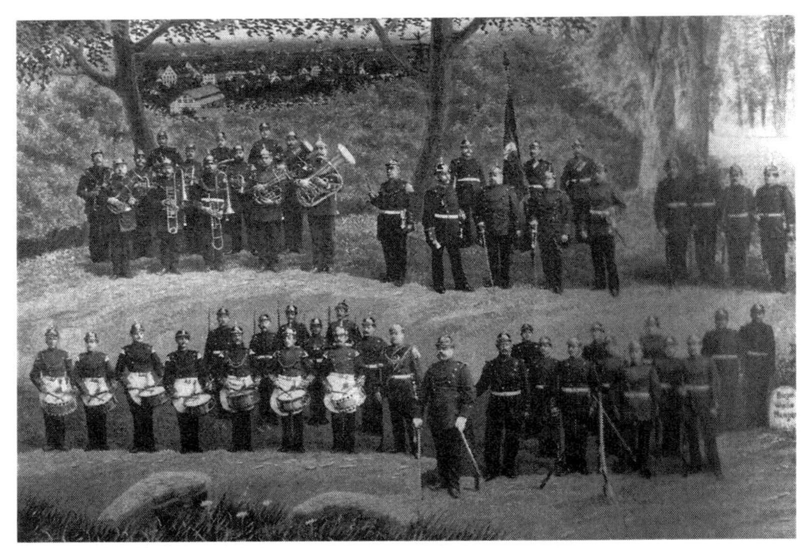

Historische Montagen des Mengener Fotografen Pius Bolter: Die Bürgerwache Mengen anno 1903 (oben) und am Jahrtag 1920 (unten).

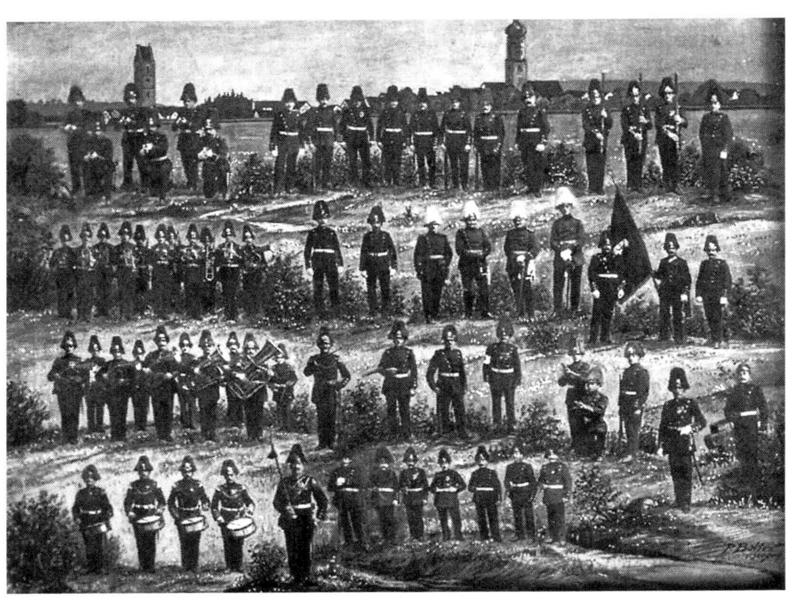

__1915 – Mengens Appell für den Frieden__: Als der Schrecken und das Elend des Ersten Weltkriegs absehbar waren, setzte das neue Deckenfresko von Jakob Baur (1861 bis 1932) in der Martinskirche 1915 einen Akzent für den Frieden (vgl. Bild). Im Zentrum der neuen Ausgestaltung der Kirche steht der Chorbogen mit einer beachtenswerten Darstellung: Die Gottesmutter Maria thront hier auf einem Wolkenhimmel umgeben von zwei Erzengeln mit Standarten und von drei Engeln getragen. Hinter Maria strahlt ein Regenbogen als Symbol für den Frieden. In vielen Kulturen galt der Regenbogen als göttliches Zeichen für Frieden, Toleranz und Hoffnung. Heute ist der Regenbogen

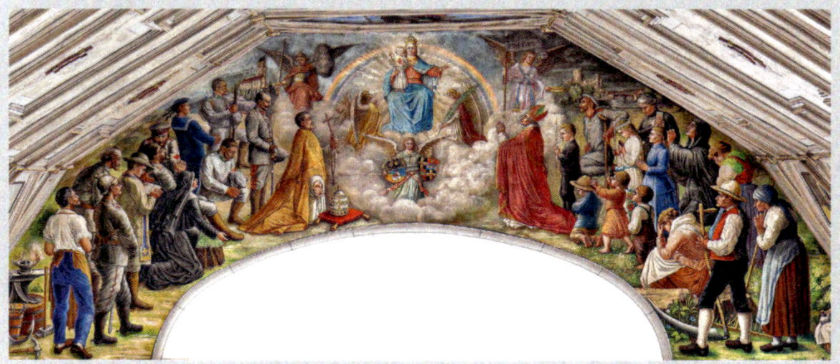

das Zeichen der Friedensbewegung. Vor der Gottesmutter knien links Papst Benedikt XV. und rechts der Bischof von Rottenburg, Paul W. von Keppler. Hinter dem Papst steht demütig der Kaiser, gefolgt von Soldaten, einem Sanitäter mit einem Verwundeten, einem Feldprediger, einer Nonne, abschließend das Brüderpaar Anton und Egon Bacher. Rechts hinter dem Bischof ist das einfache Volk von Mengen abgebildet: Kommunionkinder, Arme und Schwache, Kleinkinder, eine verzweifelte Witwe, abschließend das Bauernpaar Johann Haile mit seiner Frau Johanna, die Schwester des Malers.

Das Bild ist theologisch und politisch interessant. Bekanntlich hat der Kaiser den Krieg geschürt. In seinem Kriegsaufruf am 6. August 1914 rief er dem Deutschen Volk zu: »… So muss das Schwert entscheiden. Mitten im Frieden überfällt uns der Feind. Drum auf! Zu den Waffen! …« Der neue Papst Benedikt XV., dessen Bruder italie-

nischer Admiral war, verhielt sich stets neutral und friedensstiftend. Mit dieser Haltung grenzte er sich von allen Monarchen und Staatsführern der Zeit ab und erhielt hierfür den Namen »Friedenspapst«. Für den Papst war Maria mit ihrem Verzicht beim Tod Jesu auf mütterliche Rechte die »Miterlöserin« im Glauben. Eine Ansicht, die bei den Protestanten auf wenig Verständnis stößt.

Nach dem Debakel der »Marne-Schlacht« mit dem zuvor misslungenen (schnellen) Vorstoß der Deutschen nach Paris war klar, dass der Krieg lange und grauenvoll ausgetragen würde. Der zierliche Papst, erst seit September 1914 im Amt, versuchte stets zu vermitteln und initiierte ein internationales Friedensgebet. In seinem Schreiben in Form eines Exhortatio vom 28. Juli 1915 bezeichnete der Papst den Krieg als »grauenhafte Schlächterei«. Weiter heißt es im päpstlichen Schreiben: »Die schönsten Gegenden Europas, dieses Gartens der Welt, sind mit Leichen und Ruinen besät. Ihr tragt vor Gott und den Menschen die Verantwortung für Frieden und Krieg. Höret auf unsere Bitte … endlich ein Ziel zu setzen …«. Auch der Rottenburger Bischof Keppler schlug in die gleiche Kerbe. Für den Bischof war der Ausbruch des Ersten Weltkriegs der größte und tiefste Schmerz seines Lebens. Vehement trat er für die Förderung des Friedensgedankens ein. Die Kriegsparteien hörten wohl die Botschaft der Kirchenvertreter. Keiner wollte aber als erster einlenken. Für Kaiser Wilhelm II. kam eine Friedensverhandlung nicht in Frage: In seiner »Stahlrede« am 5. Januar 1917 feuerte er seine Soldaten mit den Worten an: »… Der Krieg nimmt seinen Fortgang … werdet Stahl«.

Die Doktrin des Friedenspapstes wurde fester Bestandteil des kirchlichen Lehramtes. Papst Benedikt XVI. stellte sich mit der Wahl des Papstnamens bewusst in die Tradition des Friedenspapstes und des Marienverehrers.

📖 *Heussler, Jakob Baur und sein Appell für den Frieden, in: Schwäbische Heimat 3/2015, S. 331-338.*

Die Bürgerwache trotzt zwei Weltkriegen und der NSDAP

Die Tradition der Bürgerwache hält sich im Ersten Weltkrieg. Sowohl während der Kriegsjahre als auch danach ist die Bürgerwache bei festlichen Anlässen in der bisherigen (württembergischen) Uniform ausgerückt. Analog zur Paradeuniform beim Militär wurden 1904 von der Bürgerwache weiße Hosen angeschafft. Neu war, dass man an Festtagen in weißer anstelle der dunklen Hose aufmarschiert ist.

650-Jahr-Feier der Bürgerwache 1926*: Vom 5. bis 7. Juni 1926 fand die 650-Jahr-Feier der Bürgerwache Mengen statt. Mit dabei waren Bürgerwehren aus Rotttenburg, Sipplingen, Dietenheim, Ehingen, Laimnau, Lauchheim, Mittelbiberach-Oberdorf, Saulgau, Stadtgarde zu Pferd Tübingen, Amtzell, Crailsheim, Stadtgarde zu Pferd Stuttgart sowie Waldburg.*

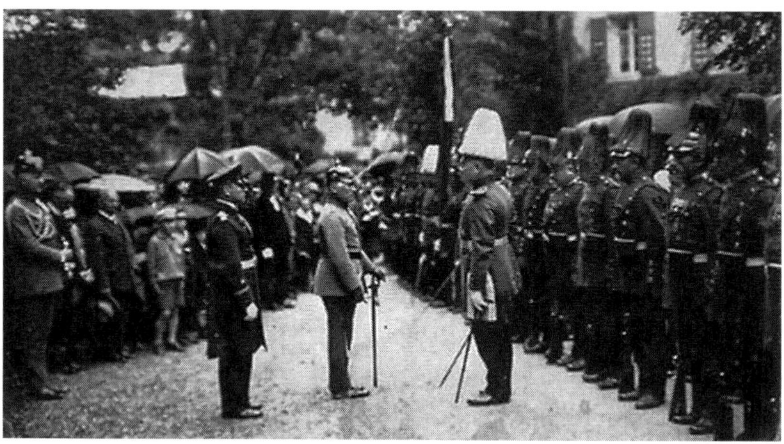

Meldung des Mengener Leutnants August Mayer an Fürst Friedrich von Hohenzollern in Sigmaringen am 22. Juni 1928. Hinter dem Fürsten dessen Zwillingsbruder, Prinz Franz-Josef von Hohenzollern-Emden.

Nach dem Machtwechsel durch die Nationalsozialisten nahm der Druck der Partei auf die Bürgerwache und ihr christliches Selbstverständnis zu. So wurde 1939 der Große Zapfenstreich am Vorabend von Fronleichnam untersagt, die Prozessionen am Maifest und an Fronleichnam wurden zuerst behindert, dann aus »seuchenpolizeilichen Gründen« verboten. Wehrmachtssoldaten, die auch bei der Bürgerwache ausrückten, wurden angeraten aus der Bürgerwache auszutreten. Der Ortgruppenleiter der NSDAP bezeichnete Bürgerwachoffiziere, die eine Prozession begleiteten, als »untragbar«. August Mannhart trat daraufhin aus Protest als Leutnant zurück.

***Weitere Rettung der Stadt 1945**: Während der Nazizeit wurde 1939/40 in Mengen für Versuchs- und Schulungszwecke ein Flugplatz geplant und gebaut. Zu Kriegsende wurden Flugplatz und Stadt mehrfach zum Angriffsziel der Alliierten. Zum Jahreswechsel 1945 grenzten erstmals feindliche Flugzeuge den Flugplatz mit »Christbäumchen« ein. Warum der Angriff ausblieb, ist bis heute ein Rätsel. Im Februar, März und im April 1945 wurde der Bahnhof mehrfach beschossen und bombardiert. Insgesamt ging der Feuersturm glimpflich aus. Die eigentliche Zerstörung Mengens war für den 21. April 1945 durch 45 US-Bomber und 67.500 Kilogramm Sprengbomben geplant. Die Bomber kreisten schon über dem Elsass. Jedoch konnte der Begleitschutz wegen schlechten Wetters nicht starten – der Angriff wurde abgeblasen. Wieder einmal war Mengen gerettet.*

Auch die Ergreifung der Stadt durch die Franzosen am 22. April 1945 ging glimpflich aus: Die Frage war, ob Mengen verteidigt werden sollte oder nicht. Die NS-Ortspartei sprach sich für die Verteidigung aus – was einem Himmelfahrtskommando gleichgekommen wäre. Der Stadtpfarrer Schmitt vertraute auf Gott, setzte dagegen und nahm das Heft selbst in die Hand. Er lief den Franzosen entgegen und begrüßte diese in französischer Sprache mit den Worten

»Gott sei Dank, dass ihr da seid«. Der französische Posten lächelte und unter wehenden weißen Tüchern wurde die Stadt ohne großen Schaden der Schutzmacht übergeben. Zuvor hatten die Parteifunktionäre die Flucht ergriffen. Auch das war für die Stadt ein Segen!

Bürgerwache setzt Tradition nach dem verlorenen Weltkrieg fort

Der Anfang nach dem Weltkrieg war schwer. Nach Kriegsende waren nur noch achtzehn Uniformen erhalten geblieben. Die Mengener hielten an ihrer Bürgerwachtradition fest, hatten tüchtige Offiziere und mit Stadtpfarrer Grimm und dem neuen Bürgermeister Alfons Irmler große Fürsprecher. Bürgermeister Irmler arbeitete mit Idealismus und großem Geschick am Aufbau der Wehr. Er sammelte Spenden, wovon Holzgewehre angeschafft und im Hüttenwerk Laucherthal Seitengewehre neu hergestellt werden konnten. Irmler stellte auch einen neuen Zug nach dem historischen Vorbild von 1829 auf. Für die Finanzierung der Uniformen und der Fahne wurden 12.000 DM

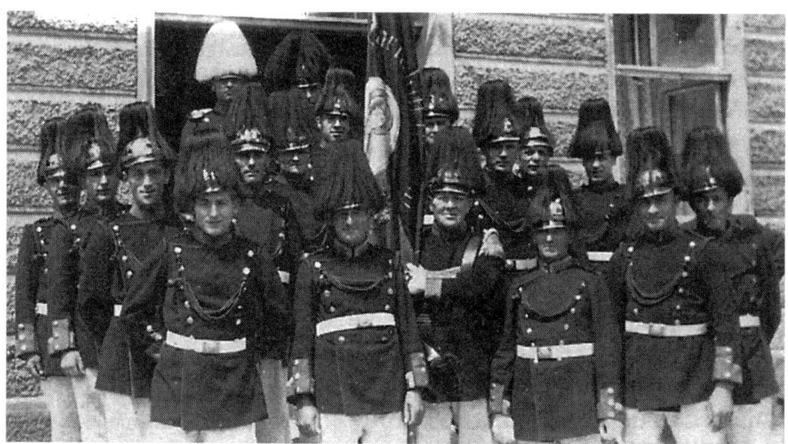

Bürgerwache Mengen beim 1. Landestreffen 1949 in Mittelbiberach

gebraucht. Irmler hatte das Geld nach drei Jahren 1952 zusammen. Die Mühe lohnte sich: Innerhalb von wenigen Jahren wuchs die Wehr von 18 auf 85 Mann – vier Offiziere, acht Spielleute, 30 Musiker und 43 Grenadiere aufgeteilt in zwei Züge. Zum Heimat- und Kinderfest 1952 wurde erstmals eine Kindergruppe aufgestellt, die »kleine Bürgerwache« war geboren.

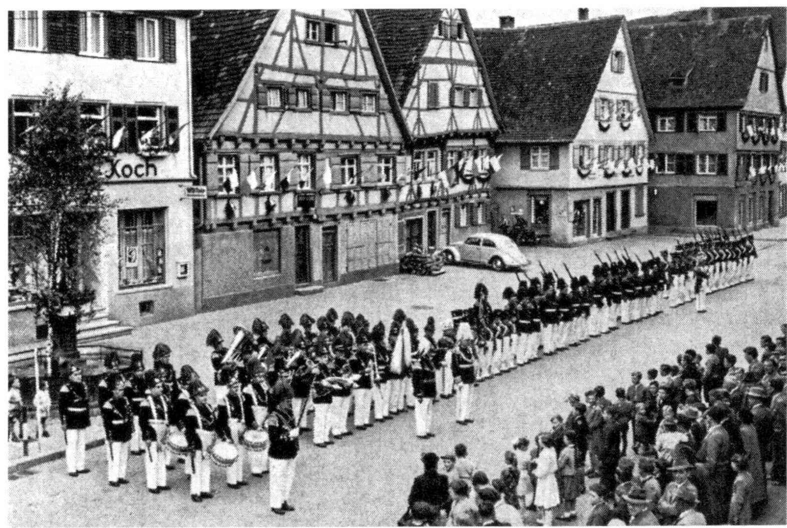

Die neu aufgestellte Bürgerwehr Mitte der Fünfziger-Jahre beim Antreten vor dem Rathaus.

Am 27. September 1952 ereilte die Stadt und die Bürgerwache eine Schreckensnachricht: Bürgermeister Irmler verstarb an den Spätfolgen des Krieges. Die Trauer war riesengroß. Hunderte fanden sich im Rathaus im Sitzungssaal ein, um von dem aufgebahrten Stadtoberhaupt Abschied zu nehmen. Die vier Offiziere der Bürgerwache stellten die erste Trauerwache, der Bischof der Diözese Rottenburg weilte zur Firmung in Mengen und spendete den Trauersegen. Auch das Begräbnis war beeindruckend. Mehrere tausend Menschen begleiteten den beliebten Bürgermeister bei einem Geleit von Mengen nach

Hohentengen, zum Friedhof seiner Heimatgemeinde. Bei der Trauerfeier war auch Benedikt Baur OSB, Erzabt des Klosters Beuron und Ehrenbürger der Stadt Mengen, anwesend.
Im Jahr 1978 schenkte die Stadt der Bürgerwache das alte Mesnerhaus. Daraus entstand in mehreren Bauabschnitten ein gemütliches Vereinsheim mit Waffen- und Kleiderkammer sowie einem Proberaum für den Spielmannszug und den Bürgerwachchor. In 2005 erwarb die Bürgerwache zusätzlich ein Nachbargebäude, das heute als Lager dient.

***Die Bürgerwache und die Bürgermeister von Mengen**: Die Bürgerwache unterstand über mehrere Jahrhunderte hinweg dem Rat der Stadt, der Bürgermeister war damit ihr oberster Befehlshaber. Die Stadt Mengen hatte immer wieder Bürgermeister, für die die Bürgerwache eine Herzensangelegenheit war. Bürgermeister Alfons Irmler legte im Jahr 1948 den Grundstein für den Neuanfang nach dem Weltkrieg, was sein Nachfolger Hermann Zepf erfolgreich fortführte. Die Verdienste beider Männer waren vielseitig und einzigartig: Die Ehrfurcht vor der Geschichte der Stadt führte zur Verschönerung der Altstadt, dem Aufbau der Fachwerkhäuser und des Stadtgrabens, dem Ausbau von Schulen und kulturellen Einrichtungen. Der Stolz dieser beiden Bürgermeister war auch die Bürgerwache. Hermann Zepf wurde daher im Jahr 1983 nach dreißigjähriger Amtszeit zum Ehrenbürger der Stadt und zum Ehrenoffizier der Bürgerwache ernannt. Der amtierende Bürgermeister Stefan Bubeck (Foto: Markus Haile) trat gleich nach seiner Wahl zum Bürgermeister am 8. Juli 2008 als aktives Mitglied in die Bürgerwache ein (»zbV-Offizier«). Seit 2018 ist Bubeck auch Vorstandsmitglied im Freundeskreis der Bürgerwehren in Baden-Württemberg.*

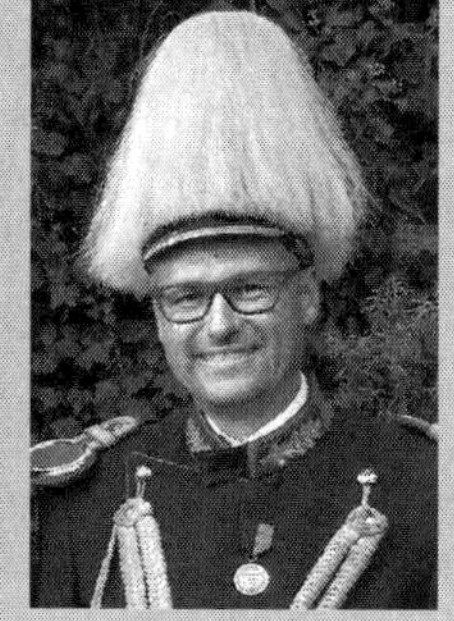

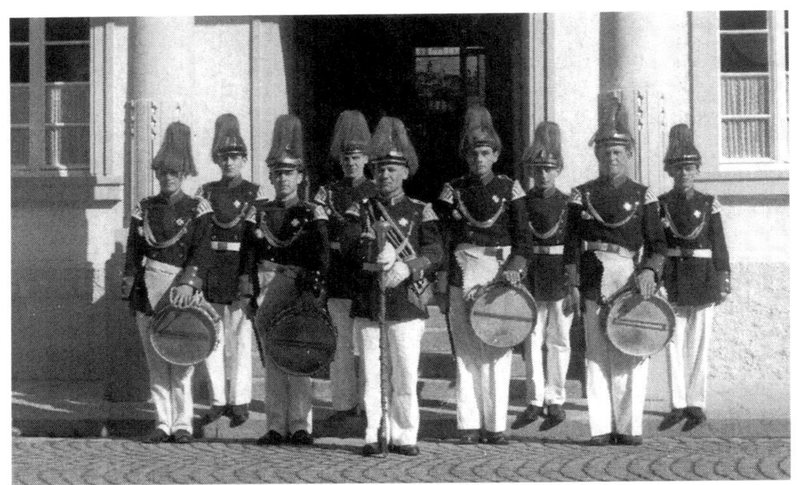

Der Spielmannszug der Bürgerwache Mengen im Jahr 1952

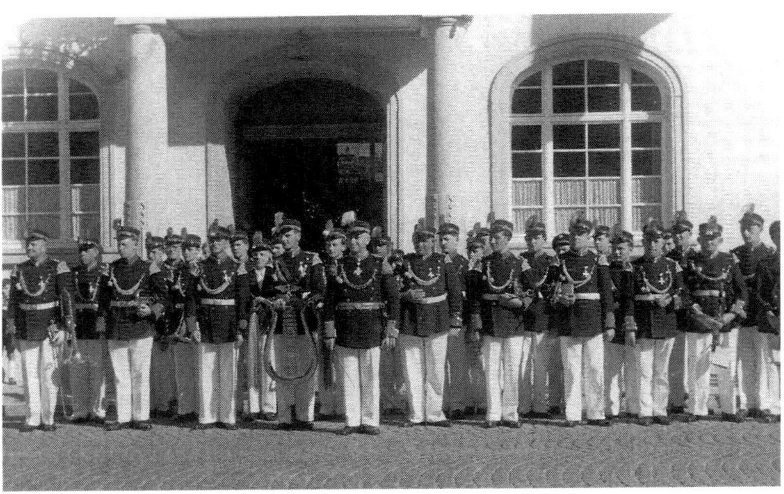

Der Musikzug der Bürgerwache Mengen 1952

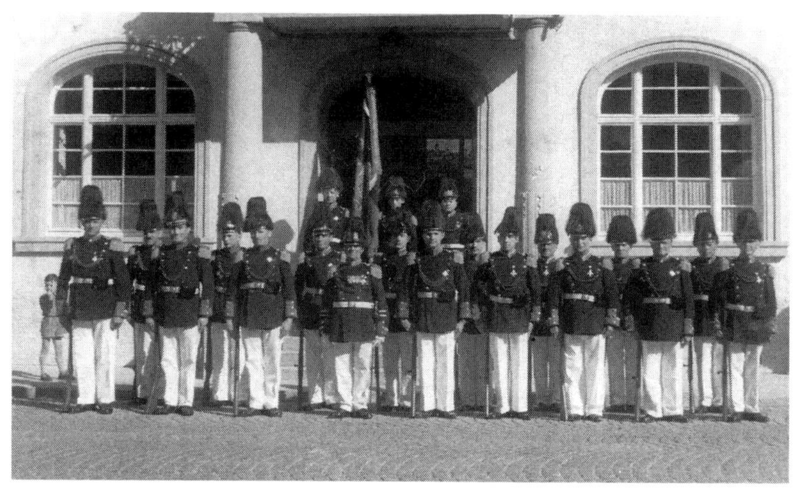

Erster Grenadierzug der Bürgerwache Mengen 1952

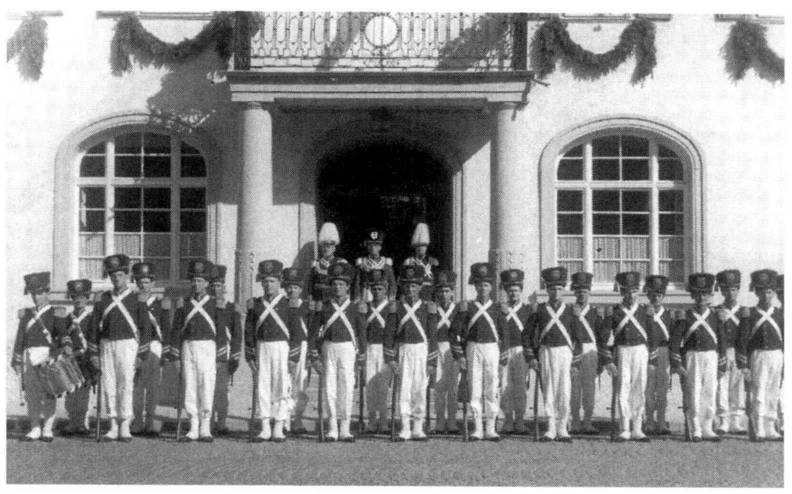

Zweiter Grenadierzug der Bürgerwache Mengen im Jahr 1952

Auftritte auf dem Capitol und vor dem Brandenburger Tor

Im Jahr 2013 begab sich die Bürgerwache auf eine Pilgerreise nach Rom. Auf der Piazza Navona gab es einen Appell für Kardinal Walter Kasper und für die Gesandte der Deutschen Botschaft Martina Nibbeling-Wrießnig. Auf dem Capitol bestritt der Musikzug der Bürgerwache ein Konzert mit der Fanfare der Carabinieri.

Programm des Gemeinschaftskonzertes
am 5. Oktober 2013 um 16.00 Uhr
der Bürgerwache Mengen (Stadtkapelle)
und der Fanfara dei Carabinieri
in Rom (Capitol, Piazza del Campidoglio)

Aufmarsch der Fanfara mit »La Fedelissima D'Ordinanza Dell'Arma Dei Carabinieri«,
Ausmarsch mit »Buco di Luigi Cirenei«.

Aufmarsch der Bürgerwache Mengen mit »Regimentsgruß« von Steinbeck, Ausmarsch mit »Preußens Gloria« von Piefke.

Platzkonzert des Musikzuges der Bürgerwache unter der Leitung von Erwin Welte: »Laridah Marsch« (Hempel), »Der Alte Dessauer«, Spielmannszug: »Coburger Marsch« (J. M. Haydn), »Tritsch-Tratsch-Polka« (Strauss)

Platzkonzert der Fanfara dei Carabinieri unter der Leitung von Danilo di Silvestro: »Vecchia Marcia« (Vessella), Ernani – marcia tratta dall´ Opera (Verdi), Fiamma – Marcia Militare (Fantini)

Hymnen von Italien »Fratelli d´Italia« (Stadtkapelle) und Deutschland »Lied der Deutschen« (Fanfara) –Europahymne »An die Freude« (gemeinsam)

Die Bürgerwache umrahmte Eucharistiefeiern in beiden deutschen Gemeinden in Rom, so mit Kardinal Walter Kasper einen Gottesdienst in der »Anima« und mit dem Rektor des Priesterkollegs Dr. Hans-Peter Fischer den Sonntagsgottesdienst auf dem Campo Santo Teutonico in »Santa Maria della Pietá«. Nach der Messe erfolgten ein Totengedenken mit dem »Lied vom Guten Kameraden« (Uhland/Silcher) auf dem deutschen Friedhof im Vatikan und ein fulminanter Aufmarsch auf dem Petersplatz zum Angelussegen von Papst Franziskus.

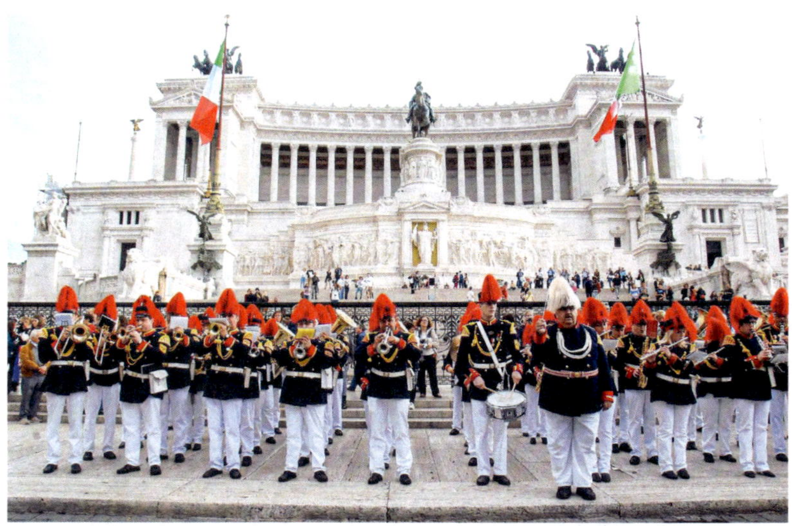

Appell in Rom 2013 vor dem »Altar des Vaterlands« , vorne Dirigent Erwin Welte.

Die Tore des Vatikans öffneten sich und vorbei an den salutierenden Soldaten der Schweizer Garde marschierte die Bürgerwache mit klingendem Spiel zum Obelisken des Petersplatzes. Tausende Pilger und Zuschauer waren begeistert.

Anlässlich der Bayerischen Landesausstellung »Napoleon in Bayern« war die Bürgerwache 2015 in der alten Garnisons- und Festungsstadt Ingolstadt zu Gast und führte dort auf dem Paradeplatz den Großen Zapfenstreich auf und gestaltete den Festgottesdienst im Marienmünster mit.

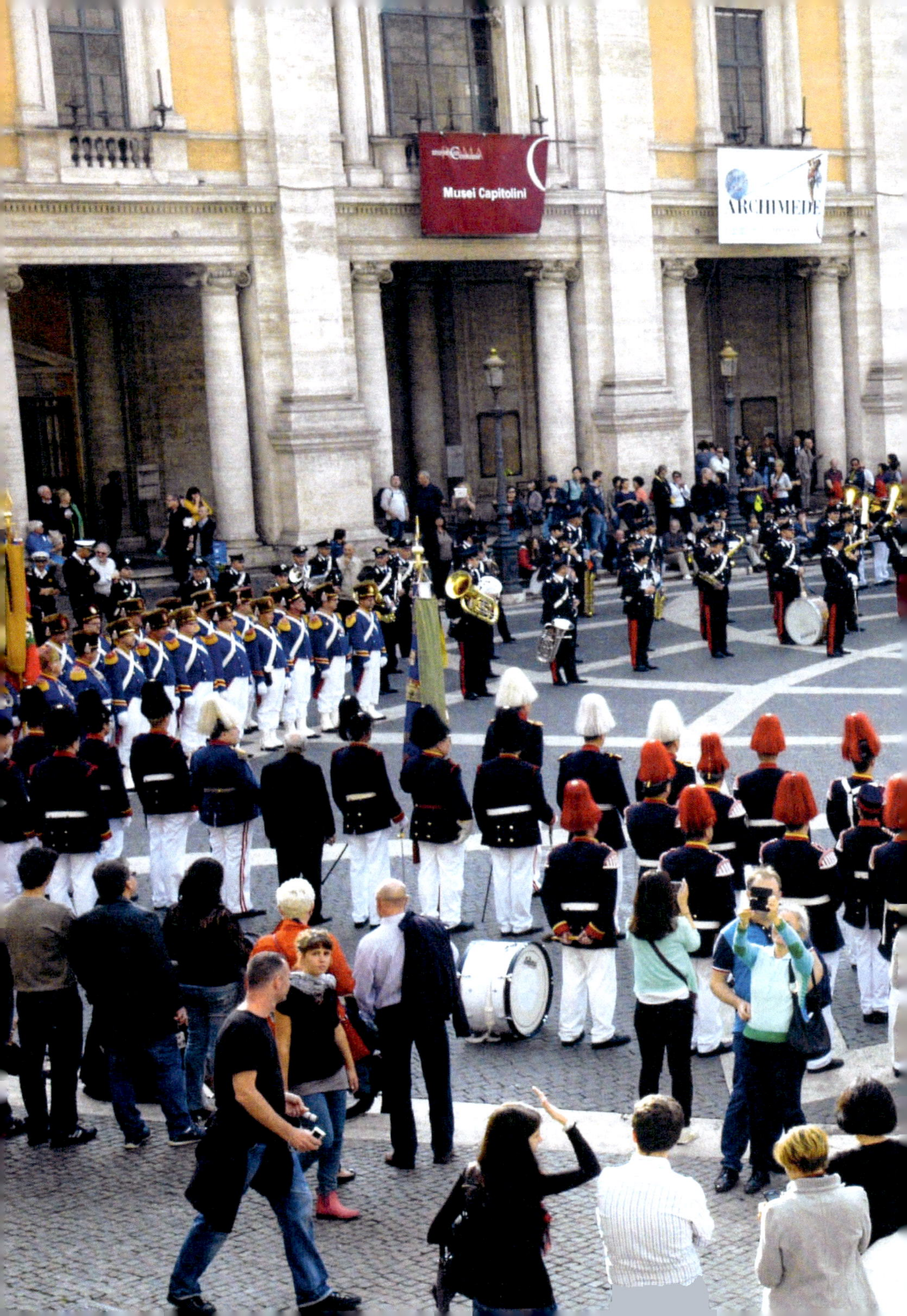
Musei Capitolini
ARCHIMEDE

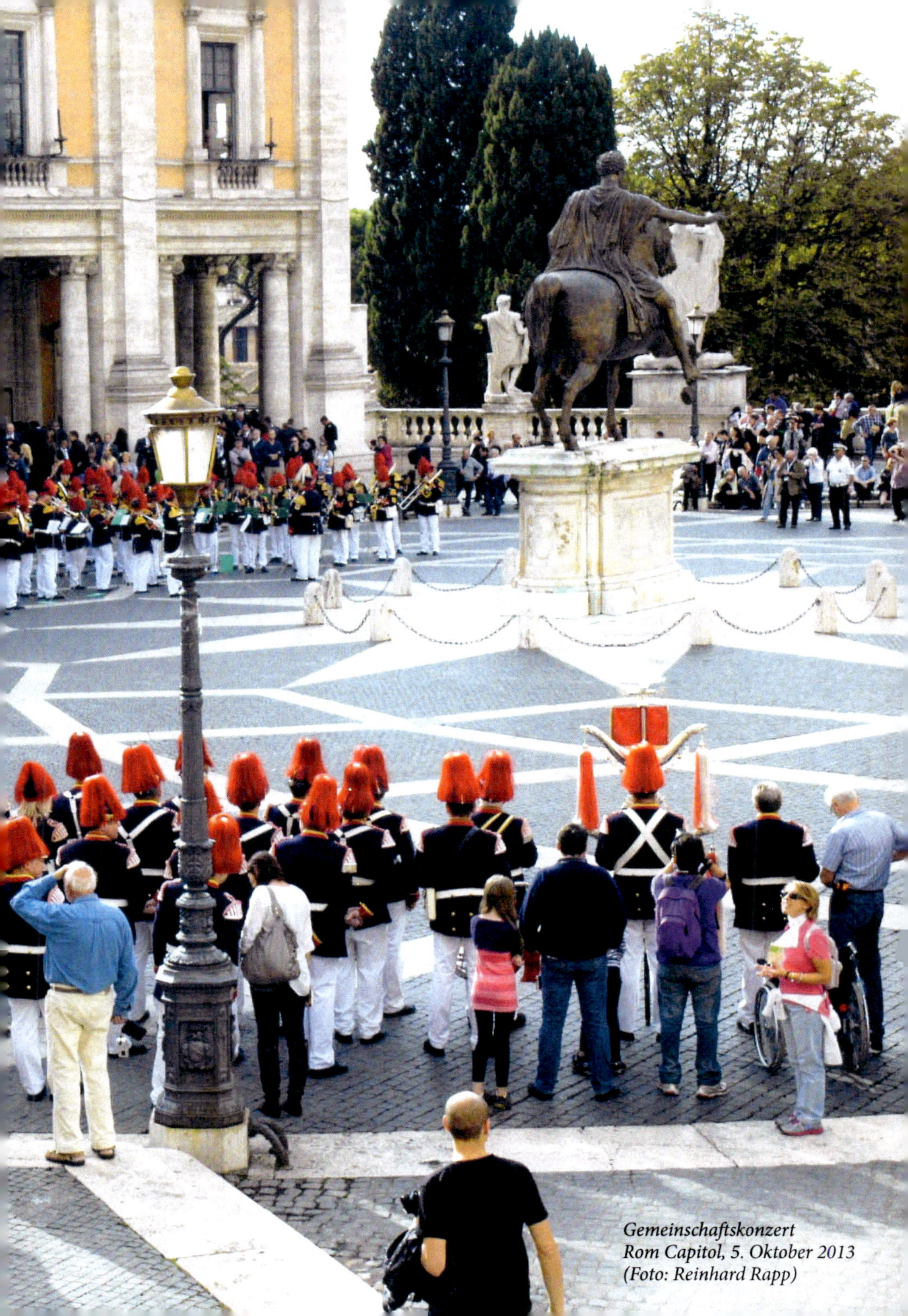

Gemeinschaftskonzert
Rom Capitol, 5. Oktober 2013
(Foto: Reinhard Rapp)

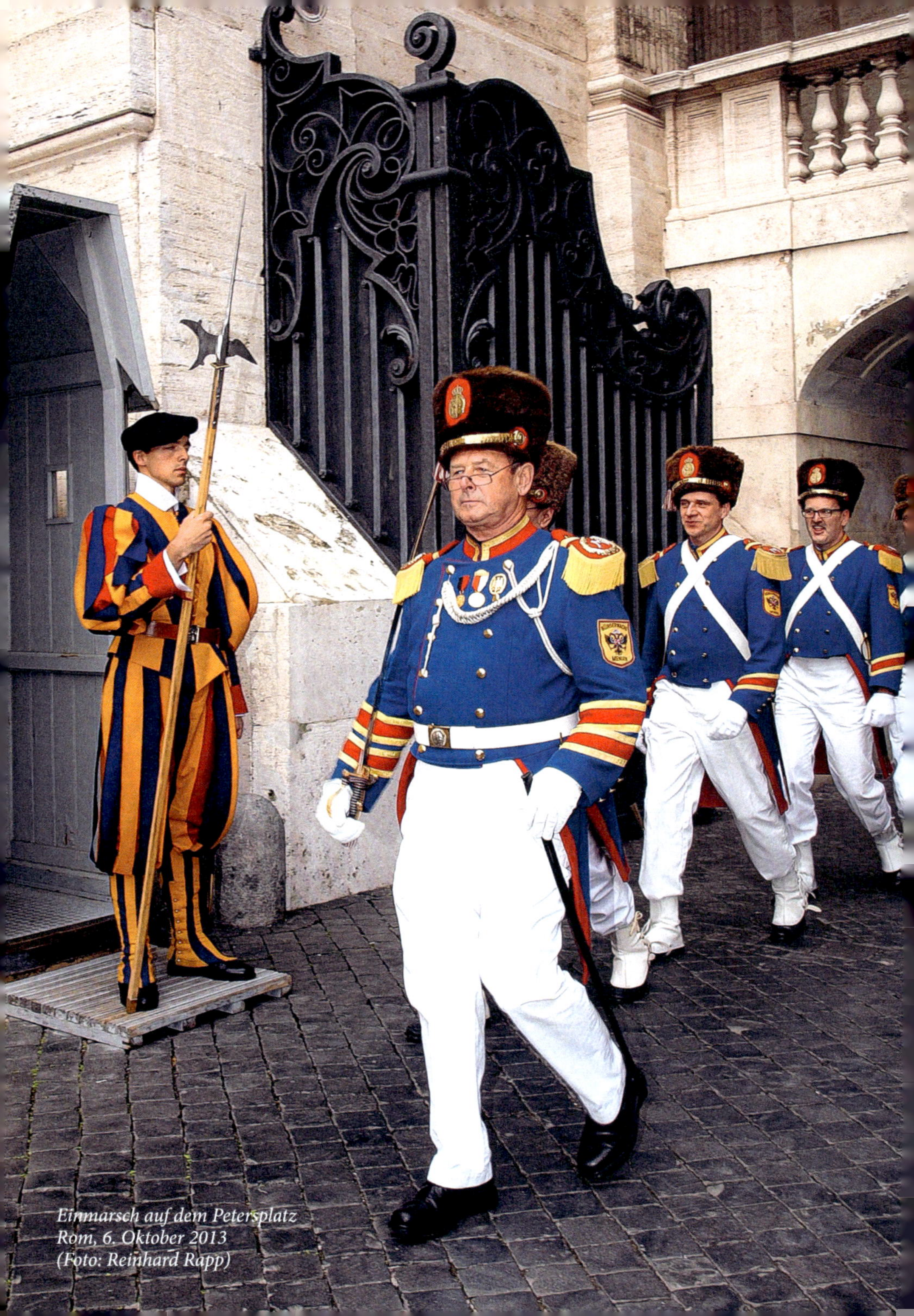

Einmarsch auf dem Petersplatz
Rom, 6. Oktober 2013
(Foto: Reinhard Rapp)

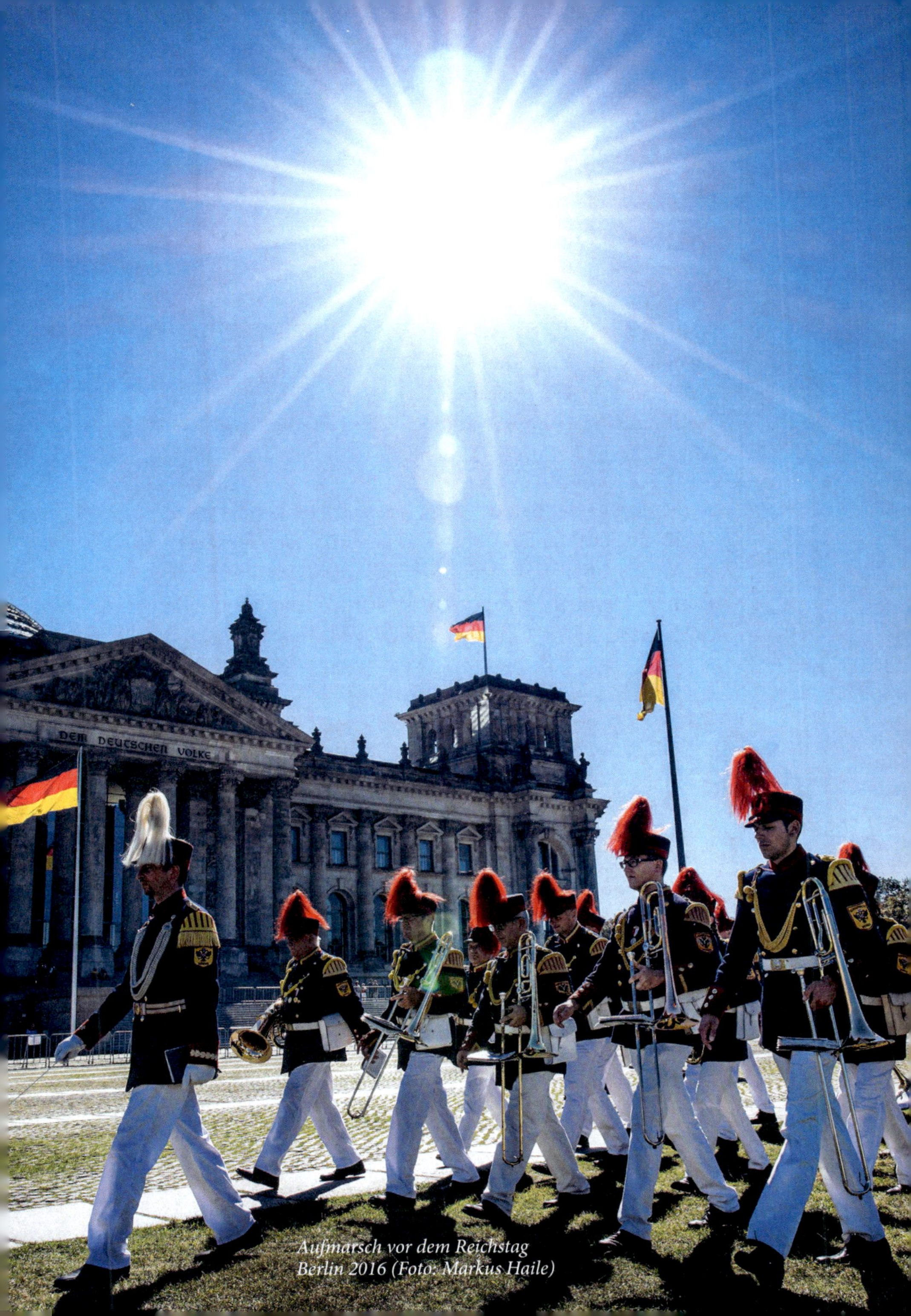

Aufmarsch vor dem Reichstag
Berlin 2016 (Foto: Markus Haile)

Festakt in der Befreiungshalle Kelheim am 12. Juni 2015 um 18.00 Uhr

Des großen Kurfürsten Reitermarsch AM III, 72 (Moltke)
Locus Iste (A. Bruckner)
The Glory of Love (G. Köthe)
Marsch des Yorck'schen Korps AM II, 37 (Beethoven)
Zwei Krönungsintraden (Jiri Ignác Linek)
Ave Maria (Fr. Schubert)
Nationalhymne und »An die Freude« (Beethoven)
Musikalische Leitung: Ralf Uhl

Redebeiträge der beiden Bürgermeister Horst Hartmann (Kelheim) und Stefan Bubeck (Mengen), Staatssekretär Markus Grübel MdB, Franz Schindler MdL, Major Georg Bacher (Mengen), Hauptmann Martin Wielander (Göflan/Schlanders) sowie Dekan Heinz Leuze (Mengen).

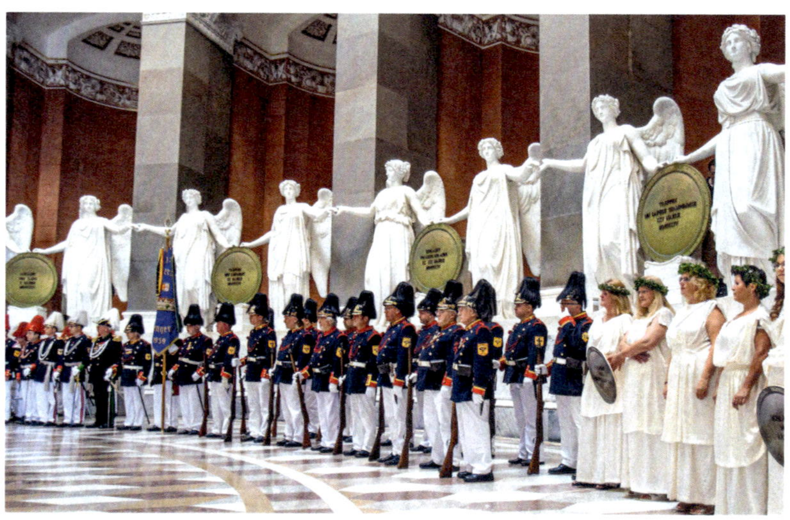

Festakt am 12. Juni 2015 in der Befreiungshalle Kelheim *(Foto: Markus Haile)*

Auf Einladung des Bundestagsabgeordneten Thomas Bareiß marschierte die Bürgerwache 2016 in Berlin auf. Bis zum Zweiten Weltkrieg erklang in den Straßen der Bundeshauptstadt jede Woche mehrmals Marschmusik im Rahmen eines großen Wachaufzugs. Für drei Tage hat die Bürgerwache Mengen diese Tradition in Berlin wieder aufleben lassen. Die Begrüßungsappelle fanden auf dem Potsdamer Platz und in der Landesvertretung Baden-Württembergs in der Tiergartenstraße statt. Am Tag darauf – zum 175. Jubiläum des Deutschlandlieds – marschierte die Kompanie morgens mit klingendem Spiel vom Bundespräsidialamt entlang des Spreeufers, vorbei am Kanzleramt zum Reichstagsgebäude und zum Pariser Platz im Schatten des Brandenburger Tors. Am 26. August 2016 erklang feierlich zu ihrem 175. Geburtstag dort zur Mittagszeit die Hymne der Deutschen.

Die Stadt Mengen hat enge Bande zu Frankreich. Nach schrecklichen Kriegen zwischen Frankreich und Deutschland hatte der da-

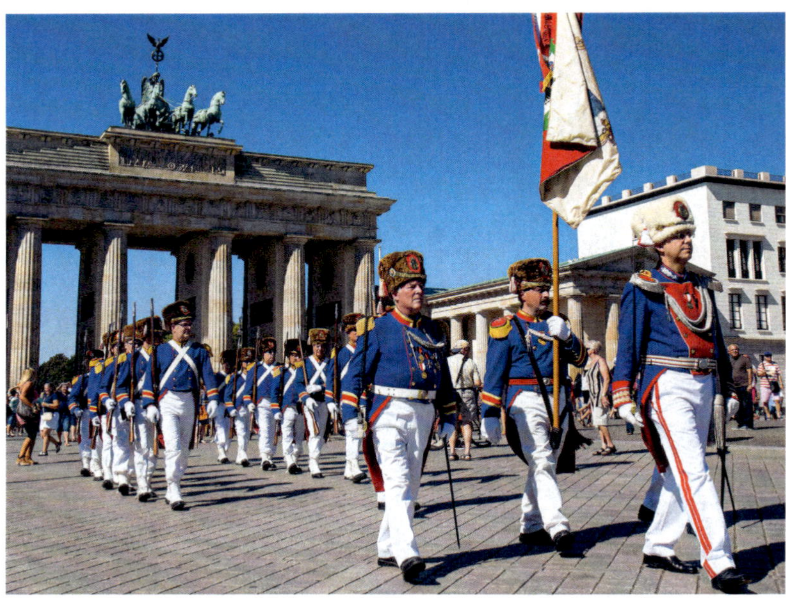

Aufmarsch der Bürgerwache auf dem Pariser Platz in Berlin 2016
(Foto: Markus Haile)

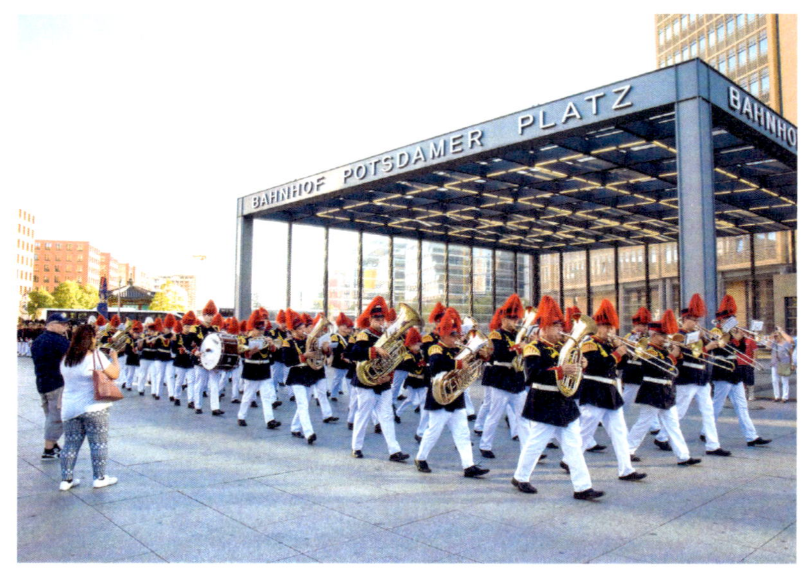

Der Musikzug beim Aufmarsch auf dem Potsdamer Platz, Berlin 2016
(Foto: Markus Haile)

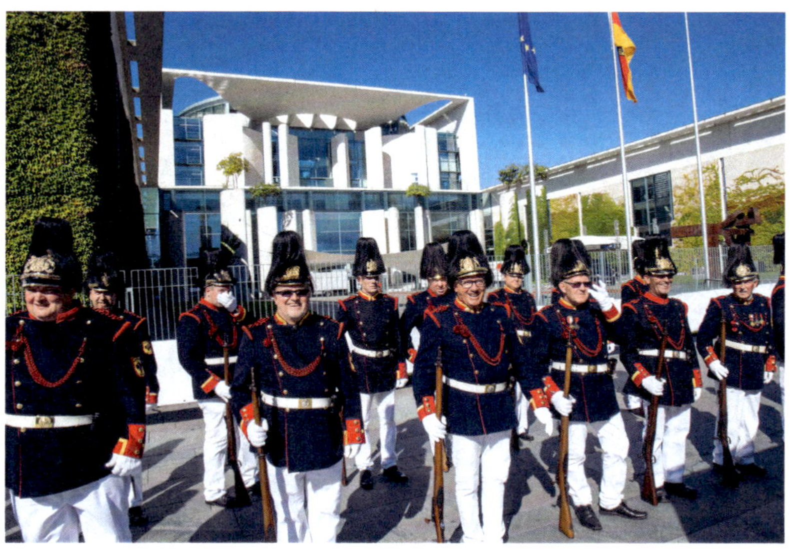

Der erste Zug vor dem Kanzleramt, Berlin 2016 *(Foto: Markus Haile)*

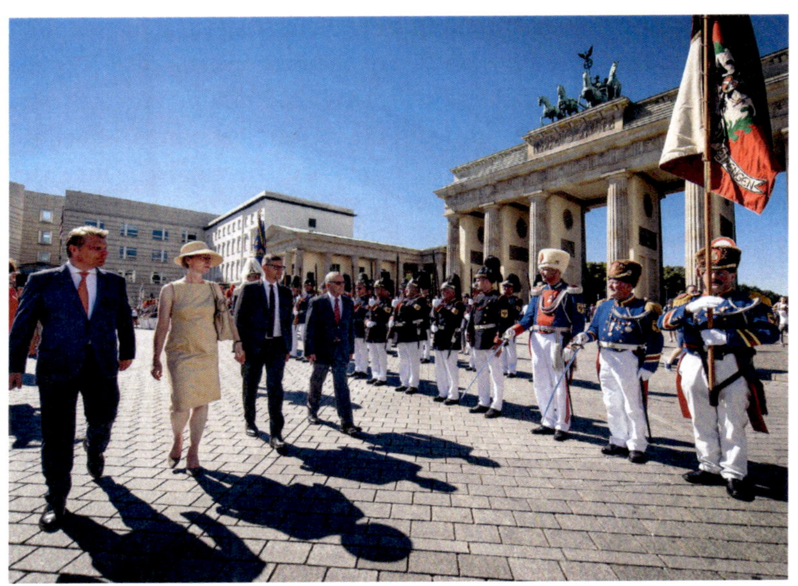

MdB Thomas Bareiß, Landrätin Stefanie Bürkle, Bürgermeister Stefan Bubeck und General Wolfgang Schneiderhan schreiten die Front vor dem Brandenburger Tor ab.
(Foto: Clemens Bilan)

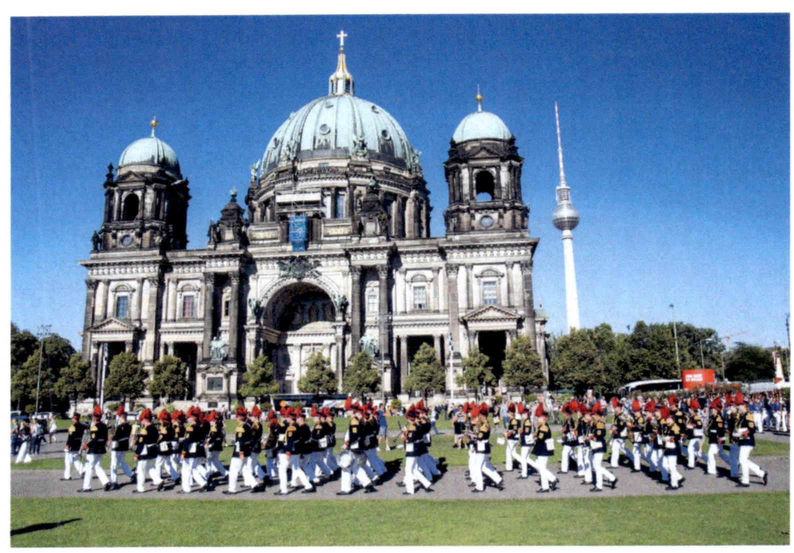

Vorbeimarsch am Berliner Dom, 2016 *(Foto: Markus Haile)*

malige Bürgermeister Hermann Zepf gleich nach Unterzeichnung des Élysée-Vertrages eine Städtepartnerschaft mit Boulay-Moselle angestrebt. Der Botschafter von Frankreich, Philippe Étienne, würdigt diese Partnerschaft auf dem Pariser Platz bei einem Appell im Schatten des Brandenburger Tores. Im Lustgarten empfing Innensenator Frank Henkel die Bürgerwache im Namen der Stadt. Auf dem Gendarmenmarkt gab die Stadtkapelle ein Stundenkonzert. Den Abschluss der Reise bildete ein Dankgottesdienst in der ehemaligen Soldaten- und Invalidenkirche St. Sebastian mit dem Generalvikar der Bundeswehr, Reinhold Bartmann, und den Dekanen Heinz Leuze und Bernd Schaller.

Die 50-jährige Städtepartnerschaft »Mengen-Boulay« wurde in Boulay/Moselle in Lothringen vom 26. bis 28. Mai 2017 gefeiert. Die Bürgerwache wurde zu den Feierlichkeiten eingeladen und machte auf dem Weg nach Boulay Halt in Straßburg und Metz. In Straßburg hießen die Europaabgeordneten Norbert Lins und Anne Sander die Bürgerwache herzlich willkommen. Eskortiert von der Polizei, marschierten die Stadtsoldaten mit klingendem Spiel durch die Altstadt von Straßburg vor das Liebfrauenmünster. Von dort aus ging es zum Empfang ins Rathaus. Am Nachmittag folgte eine Parade in Metz vor dem Rathaus im Schatten der Kathedrale Saint-Étienne. Von Freitag bis Sonntag umrahmte die Bürgerwache mit Musik und Spielmannszug die Feierlichkeiten in Boulay. Höhepunkt war die Aufführung des Großen Zapfenstreichs im Stadion und das anschließende Festbankett.

🕮 *Bacher in: Heidler (Hrsg), Bd. 14, S. 74-80.*

1719 feiert Dresden eine grandiose Fürstenhochzeit – Bürgerwache tritt zum 300. Jubiläum in Dresden auf

August der Starke war wohl die schillerndste Persönlichkeit seiner Zeit. Der Kurfürst wollte seine Macht vergrößern und griff nach der polnischen Krone. Um seinen Einfluss auf der politischen Bühne zu festigen, verheiratete er seinen Sohn Friedrich August II. mit der österreichischen Kaisertochter Maria Josepha. Die Hochzeit fand in Wien statt, die Nachfeier in Dresden ging als das größte Fest seiner Zeit in die Geschichtsbücher ein. 40 Tage lang wurde im September 1719 ausschweifend gefeiert. August der Starke ließ alles auffahren, was seinerzeit in Mode war: Bankette, Ritterspiele, Maskenbälle, Aufzüge, Aufmärsche, Parforcejagden, Konzerte, Opern, Wasserparaden, ja sogar eine Seeschlacht und ein Jupiterfest wurden im Zwinger geboten. In Dresden gab es einen Dankgottesdienst mit Pauken und Trompeten. Insgesamt summierten sich die Kosten der Feierlichkeiten auf über vier Millionen Taler – mehr als das Sozialprodukt Sachsens in einem Jahr. Nach dem Festmarathon stand das Land am Rande des Ruins.

Da Rudolf von Habsburg Mengen seinerzeit die Stadtrechte verliehen hatte, war schnell klar: Zum 300-jährigen Jubiläum reist die Bürgerwache Mengen nach Dresden und tritt dort als Botschafterin der Braut auf. Die Aufmärsche und das musikalische Repertoire der Bürgerwache passen gut nach Dresden. Sachsen hatte eine gut ausgestattete Armee, die in der größten Kaserne Europas, der »Albertstadt« eine besondere Heimstätte fand. Von der Albertstadt kommend, zog jeden Sonntag ein Wachaufzug zur Neustädter Wache, um am Denkmal August des Starken vor dem Blockhaus ein Mittagskonzert zu geben. Sachsen hat auch einen festen Platz in der Marschmusik: »Gruß an Kiel«, der »Torgauer« und der »Klingenthaler« (»Mit Spiel voran!«) sind Märsche, die bei der Bürgerwache Tradition haben. Im Repertoire hat der Galoppmarsch »Frei weg!« ebenso einen festen Platz wie der »Parademarsch der 18er-Husaren«, auch »Großenhainer« genannt.

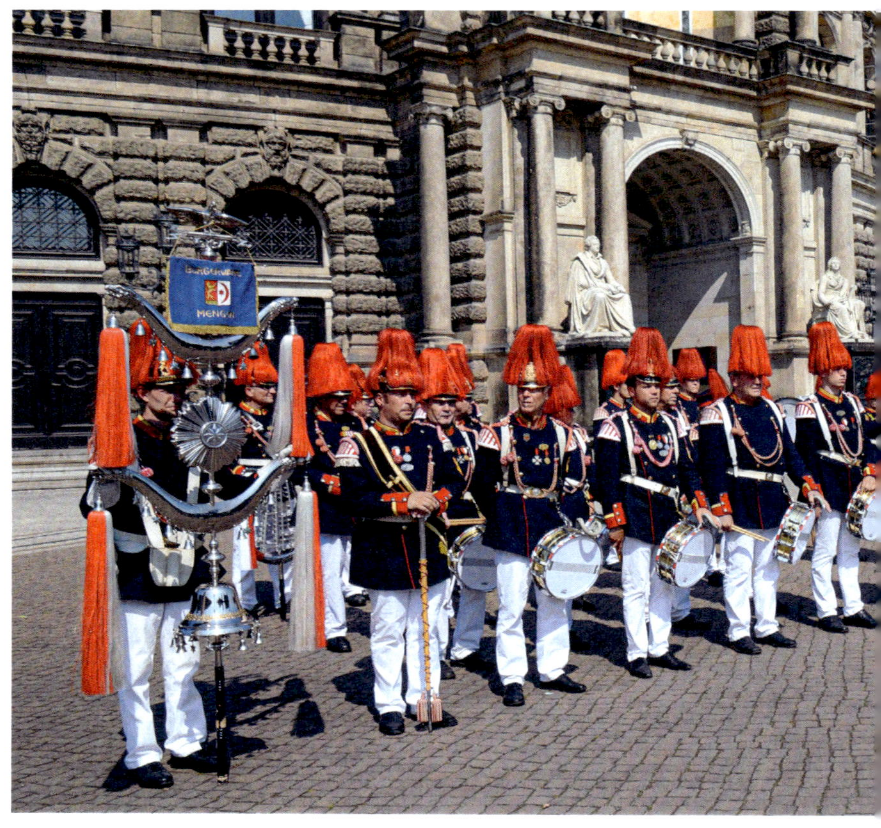

Die Reise der Bürgerwache dauerte vier Tage, vom Donnerstag, 29. August, bis zum Sonntag, 1. September 2019. Nach dem Begrüßungsappell vor dem Rathaus lud die Stadt zum Empfang und öffnete die Goldene Pforte. Abendkonzerte gab es auf der Brühlschen Terrasse, dem Altmarkt und vor der Semperoper. Mehrfach zog die Kompanie mit Klingendem Spiel durch die Altstadt, Stopps mit Hymnen gab es am Fürstenzug und vor der Frauenkirche. Am Theaterplatz vor der Semperoper begrüßte der sächsische Landtagspräsident Dr. Matthias Rößler die Bürgerwache und schritt gemeinsam mit Mengens Bürgermeister Stefan Bubeck die Front ab. Bei strahlendem Sonnenschein

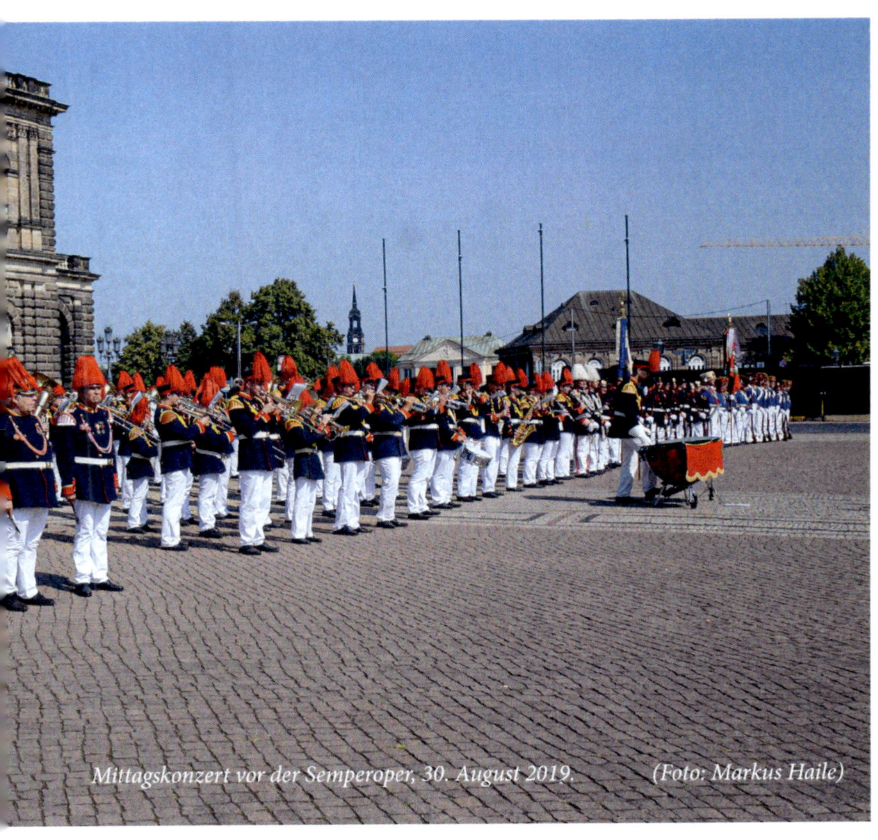
Mittagskonzert vor der Semperoper, 30. August 2019. *(Foto: Markus Haile)*

folgte ein Mittagskonzert. Im Zwinger wurde eine Abendserenade gespielt und der Große Zapfenstreich aufgeführt. Insgesamt wurde 15 Mal Salut geschossen. Den Jahrhundertschuss gab der Zweite Zug von der Brühlschen Terrasse Richtung Elbe ab.

Bis zur Schließung im Jahr 2014 trug die Kaserne Sigmaringen den Namen von Graf Stauffenberg. Heute trägt die Kaserne in Dresden diesen Namen. In Gedanken an Oberst Stauffenberg gab es einen Appell in der Offiziersschule des Heeres, den General Martin Hein abnahm. In beeindruckenden Worten würdigte der frühere Generalinspekteur Wolfgang Schneiderhan, heute Vorsitzender der Graf-Stauffenberg-

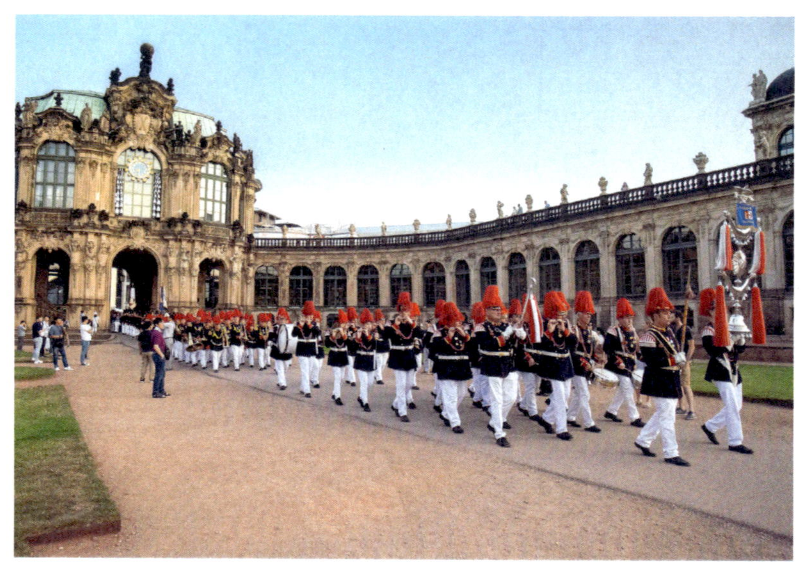

Einmarsch in den Zwinger …

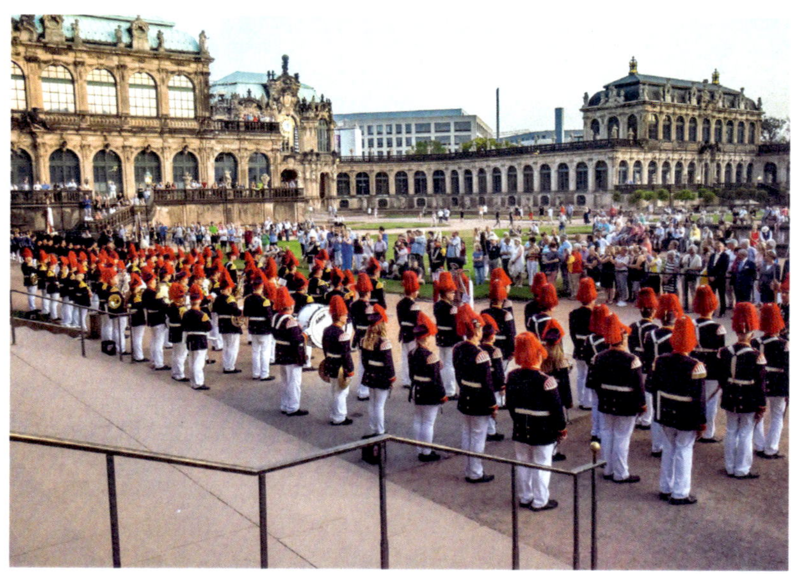

… und Aufführung des Großen Zapfenstreichs.

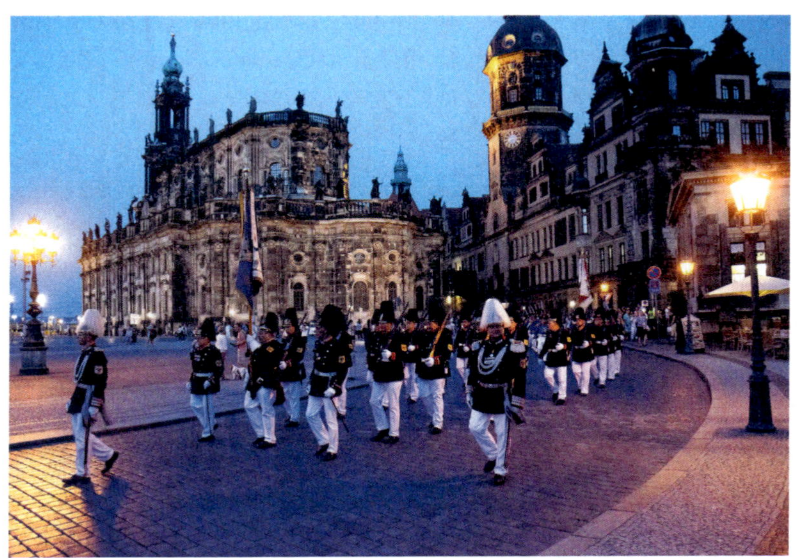

Nach dem Zapfenstreich Marsch zur Semperoper …

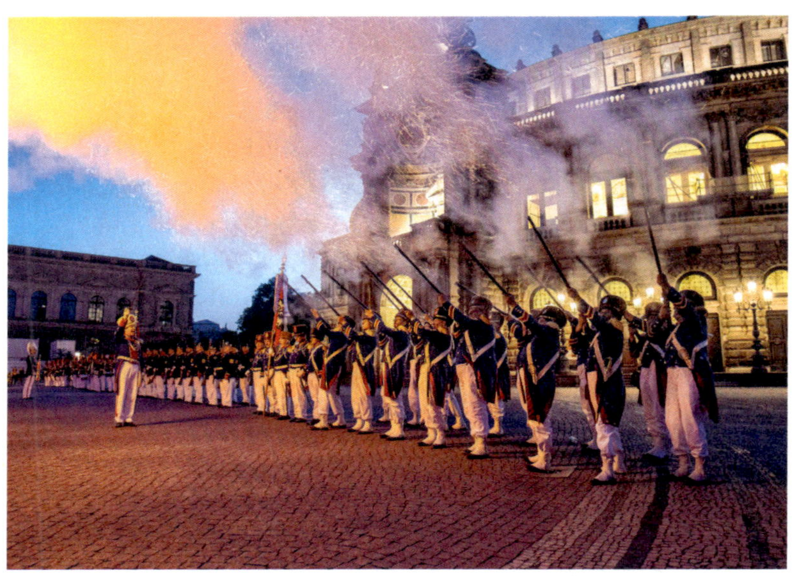

… mit abschließendem Salut. *(Fotos: Markus Haile)*

Gesellschaft, den Widerstandskämpfer. Frei nach Bertold Brecht sagte Schneiderhan: »Glücklich ist ein Land, in dem es Männer gibt, wie Claus von Stauffenberg. Noch viel glücklicher ist ein Land, das solche Helden gar nicht notwendig hat.«

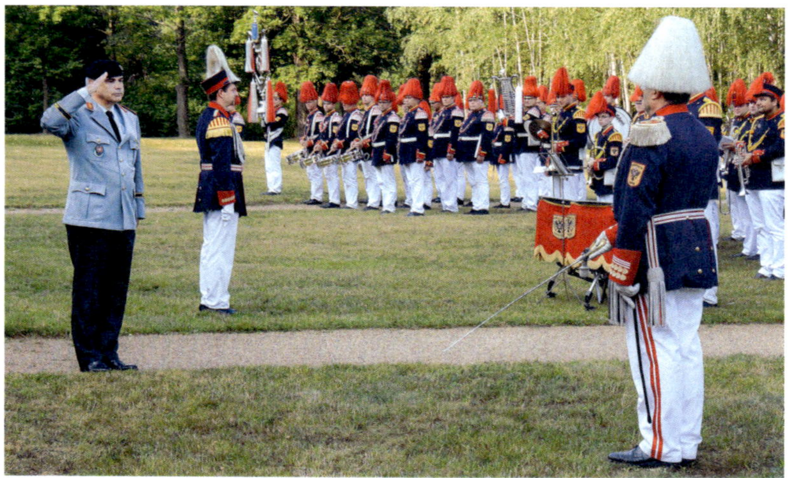

Appell in der Offiziersschule mit General Hein. *(Foto: Markus Haile)*

Fundament der Bürgerwache ist ein christliches Werteverständnis von Frieden und Freiheit, von Solidarität, Nächstenliebe und Gemeinschaft. In der Frauenkirche gab es für die Kompanie eine Exklusiv-Andacht, am Sonntag durfte die Bürgerwache das Kapitelsamt in der Hofkirche mitgestalten. Gemeinsam mit dem Domorganisten Johannes Trümpler umrahmte die Stadtkapelle den Gottesdienst, den Generalvikar Andreas Kutschke mit Dekan Leuze und Militärdekan Weber zelebrierte. Der Generalvikar erinnerte an die damalige Hochzeit und dass das Hochzeitspaar den Grundstein für die Hofkirche legte. Die Gewehrzüge zogen mit Fahnen und der Geistlichkeit unter den Klängen von Jureks »Königsintraden« und Händels »Feuerwerksmusik« ein und aus. Mit dem »Sancta Maria« von Johannes Schweizer und einem letzten Salut endete die eindrucksvolle Reise in die sächsische Landeshauptstadt.

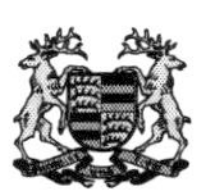

Die Württemberger – Adelsgeschlecht mit langer Tradition

Rund 700 Jahre regierten die Württemberger. 1918 dankte der König ab, das Herrschaftsgebiet ging 1952 als größte Region im Bundesland Baden-Württemberg namenstragend auf. Aus einer Grafschaft wurde 1495 ein Herzogtum, 1803 wurde es Kurfürstentum, kurz darauf, 1806, Königreich. 112 Jahre regierten vier Könige das Land – Friedrich, Wilhelm I., Karl und Wilhelm II., wobei König Wilhelm I. mit 48 Regentenjahren (1816 bis 1864) nicht nur von der Zeit her Maßstäbe setzte: Er reduzierte die Hofhaltung und suchte das Einvernehmen mit den Volksvertretern. Er reformierte die Landwirtschaft, gründete das Cannstatter Volksfest als landwirtschaftliche Leistungsschau, baute das Eisenbahnnetz aus und setzte auf Stuttgart als Residenzstadt. König Wilhelm I. ließ in Stuttgart eine Staatsgalerie, den Königsbau, das Wilhelmpalais und mit der »Wilhelma« einen zoologisch-botanischen Garten, bauen.

Seine Frau Katharina, geborene Großfürstin von Russland, kümmerte sich um die Schwachen. Sie gründete das Katharinenstift, das Katharinenspital, und eine Sparkasse für kleine Leute, eine Keimzelle der heutigen BW-Bank beziehungsweise der LBBW. Sie starb drei Jahre nach der Hochzeit mit Wilhelm I. und sowohl das Volk als auch der Ehemann trauerten. Der König ließ am Stammsitz der Württemberger auf dem Rotenberg bei Stuttgart eine Grabkapelle bauen. Die Ehe von Wilhelms Sohn Karl mit Olga, ebenfalls eine Großfürstin von Russland, blieb kinderlos, so dass sein Großneffe – Wilhelm II. – im Jahr 1891 König wurde.

Der republikanische Umsturz nach dem verlorenen Weltkrieg im November 1918 führte wie bei allen anderen deutschen Monarchen zur Abdankung des Königs. Enttäuscht verließ Wilhelm II. Stuttgart für immer und ging nach Bebenhausen bei Tübingen. Da der einzige Sohn Prinz Ulrich bereits mit fünf Monaten starb, wurde Herzog Albrecht, aus einer katholischen Seitenlinie, Chef des Hauses Württemberg. Sitz der herzoglichen Familie ist seither Altshausen in

Oberschwaben. Herzog Albrecht absolvierte eine militärische Laufbahn und kommandierte im Ersten Weltkrieg die Heeresgruppe an der Westfront. Albrecht war mit Margarete Sophie, geborene Erzherzogin von Österreich, verheiratet, der Schwester des in Sarajewo ermordeten österreichischen Thronfolgers Franz Ferdinand. 1939 wurde Herzog Philipp Chef des Hauses, der sich dem Druck des Nazi-Regimes nicht beugte und aus Stuttgart verbannt wurde. Seit 1975 ist Herzog Carl Chef des Hauses Württemberg, ein überzeugter Europäer, Förderer vieler gemeinnütziger und kultureller Einrichtungen. Die Bürgerwehren, deren Tradition und Musik liegen ihm sehr am Herzen. Er gründete 1971 einen Freundeskreis der historischen Bürgerwehren. Herzog Carl ist mit Herzogin Diane, geborene Prinzessin von Frankreich, verheiratet und hat sechs Kinder. Ihr ältester Sohn Herzog Friedrich führte die Hofkammer und verunglückte im Mai 2018 im Alter von 56 Jahren bei einem Verkehrsunfall tödlich.

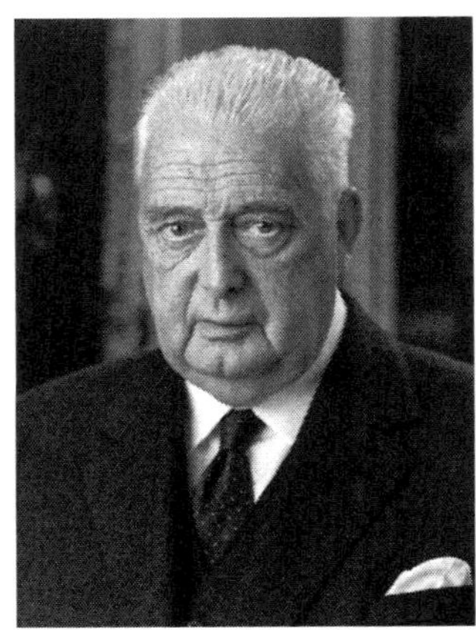

Carl Herzog von Württemberg

Als Besonderheit unter den Herrschern hatten die Württemberger neben dem Staatsbesitz ein beachtliches Privatvermögen aufgebaut, das getrennt verwaltet wurde. Mit der Niederlegung der Krone verblieb dieses Privatvermögen, konkret die Schlösser in Altshausen, Friedrichshafen und Monrepos/Ludwigsburg samt weiterem Grund- und Geldvermögen in der Familie.

Im Jahr 1983 feierten die Württemberger ihr 900-jähriges Bestehen. Das hohe Ansehen der Württemberger ist auch auf kluge und weitsichtige Regenten zurückzuführen. Auf dem Württemberg bei Stuttgart-Untertürkheim stand einst die Stammburg. Im 12. Jahrhundert sind die Württemberger in den Grafenstand aufgestiegen mit Streubesitz im Remstal, Kraichgau und im Pfinzgau, der durch Eheschließungen erweitert worden war. Viele württembergische Fürsten tragen die Namen »Ulrich, Eberhard, Ludwig und Friedrich«, unter ihnen waren auch viele Feldherren.

Graf Eberhard V. (1445 bis 1496) war ein kluger Reformer und treuer Verwalter. Sein Wahlspruch war »Attempto« (Ich wag's). Er gründete 1477 die Universität Tübingen und einigte 1482 die Familienzweige. Die Krönung seines Lebenswerkes erfuhr Eberhard – genannt der Graf im Bart – am 21. Juli 1495 auf dem Reichstag in Worms. Dort wurde er von König Maximilian I. zum Herzog erhoben.

Das Lied vom »reichsten Fürsten«: *Auf dem Wormser Reichstag soll sich eine Begebenheit zugetragen haben, die Justinus Kerner 1818 in eine Ballade in Versform kleidete (»Preisend mit viel schönen Reden«). Die Anekdote überlieferte Philipp Melanchthon, der durch seinen Großonkel Johannes Reuchlin aus erster Hand informiert wurde. Nach der Sage rühmten sich bei einem abendlichen Gelage die Fürsten ihrer Macht und Reichtümer. Der Neuling Württemberg konnte hierbei wenig vortragen. Aus seiner Not machte er eine Tugend und rühmte sich schlagfertig der Treue seiner Untertanen. Mit folgendem Argument ging Eberhard bei den Fürsten als Sieger hervor: »Sein Land sei zwar arm, aber seiner Bevölkerung könne er dennoch rückhaltlos vertrauen. Denn ohne etwas fürchten zu müssen, könne er selbst im tiefsten Wald seinen Kopf zum Schlafen jedem Untertan in den Schoß legen.« Die Vertonung des Gedichts nach der Melodie des Volksliedes »In des Waldes tiefsten Gründen« gilt als inoffizielle Landeshymne Württembergs. Die Nachbarn aus Baden setzen diesem Lied ihr »Badnerlied« entgegen (»Das schönste Land in Deutschland Gau'n«). Offiziell hat Baden-Württemberg bis heute keine Landeshymne.*

Im Dreißigjährigen Krieg mussten die evangelischen Württemberger viel Leid ertragen. Als lutherisches Territorium im katholischen Südwesten war Württemberg isoliert. Plünderungen, Gewalttaten und

Brandschatzungen folgten Hungersnöten und Seuchen. Herzog Eberhard III. regierte 40 Jahre in dieser bewegten Zeit und konnte nach den schrecklichen Kriegen sein Gebiet politisch, wirtschaftlich und kulturell festigen.

Bekannt ist auch der prachtliebende Herzog Carl Eugen (1728 bis 1793). Er wurde in Brüssel geboren und da sein Vater früh starb, wurde er 1741 zur Erziehung an den Hof Friedrichs des Großen geschickt. Mit 16 Jahren wurde er vorzeitig für mündig erklärt, 1748 heiratete er Markgräfin Elisabeth von Brandenburg-Bayreuth, die sich wegen seiner Liebesabenteuer aber schnell von ihm abwendete. Carl Eugen hatte viele Mätressen, allein 77 uneheliche Söhne hat er anerkannt. Carl Eugen agierte als absolutistischer Herrscher und frönte vielen Ideen und Phantasien: Lustjagd, Hof- und Seefeste, Feuerwerke, Theater, Konzerte. Carl Eugen baute das Schloss Solitude und das Neue Schloss in Stuttgart und lag in ständigem Streit mit den Volksvertretern. In einem »Kanzelmanifest von 1778« ließ er eine förmliche Bußerklärung von allen Pfarrern nach dem Gottesdienst verlesen. Er zeigte sich darin einsichtig und gab politische Verfehlungen zu. 1761 gründete er eine Akademie der schönen Künste. 1765 öffnete er seine Bibliothek für die Bevölkerung und gründete die Hohe Carlsschule, sie sich bald zur Universität Hohenheim entwickelte.

📖 *Kampelmann, Das Haus Württemberg, Dortmund 2010; Krins, Könige und Königinnen von Württemberg, Lindenberg 2016; Wunder, Kleine Geschichte des Herzogtums Württemberg, Echterdingen 2009.*

Die Untergliederungen der Bürgerwache

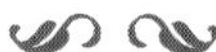

Landeskommandant Otto Leimer:
»Vom guten Alten das Beste erhalten, Kameradschaft pflegen, den Herrgott ehren, das ist das Ziel der Bürgerwehren«.

Wenn Soldaten unter Trommelwirbel durch die Stadt ziehen, oder wenn gar ein Zapfenstreich am Abend lockt, so freuen sich Jung und Alt von Mengen und dessen Umland über seine Stadtsoldaten. Mit klingendem Spiel kündigt sich die Bürgerwache mit ihren vier Zügen an: Unter hämmernden Trommelschlag marschieren Männer und Frauen in ihren schicken Uniformen mit leicht wehenden Helmen durch die alte Stadt. Abreißen – Locken – Musik! Und schon schmettern die Posaunen der ersten Rotte der Stadtkapelle den »Ruetz«, dahinter folgen wohl geordnet die Tenorhörner, das Bariton, das Flügelhorn und die Trompeten, dann die vielen Klarinetten, Flöten und Saxophone. In der Mitte findet sich das Schlagwerk mit der großen und kleinen Trommel, der Lyra und dem chinesischen Becken. Ganz vorn – neben dem Tambourmajor – thront der doppelstöckige Schellenbaum mit der Aufschrift »Bürgerwache Mengen«. Traditionell wird der Schellenbaum von der Truppe gestellt oder gestiftet. Bei der Bürgerwache folgen die Grenadiere – früher Musketiere genannt – dem Musikzug. Zuerst der Offizier, dann die Fahnenrotte, dann die Gewehrträger. All das gibt es in doppelter Stärke, dem Ersten und Zweiten Zug. Neben den Zügen marschiert der Hauptmann, der die Wehr befehligt.

In formalen Worten: Die Bürgerwache Mengen besteht aus vier Zügen: dem Spielmannszug, dem Musikzug, dem Ersten und dem

Zweiten Zug sowie aus der kleinen Bürgerwache. Daneben besteht ein Bürgerwachchor. Der Zweite Zug stellt zugleich die Kanoniere, dessen Uniform auch Vorbild für die »kleine Bürgerwache« ist. Der Bürgerwachchor rekrutiert sich aus allen vier Zügen.

Der Spielmannszug Mengen

Die Mengener Spielleute tragen nach dem Vorbild preußischer Muster die zweireihige dunkelblaue württembergische Uniform von 1864/1871. Der Kragen, die Vorstöße und Ärmelaufschläge sind rot, die »Affenschaukel« und die »Schwalbennester« rot/weiß. Für den Abendanzug werden schwarze Hosen getragen, in der Paradeform sind die Hosen weiß. Auch das Koppel ist weiß, dessen Schloss die Inschrift »Gott mit uns« oder »In Treue fest« trägt. Der Helm ist eine Pickelhaube mit einem roten Busch. Auf den alten Helmen glänzt ein goldenes »M« für Mengen, bei den neuen Helmen das württembergische Wappen (Hirschstangen flankiert von Hirschen und der Aufschrift »furchtlos und treu«).

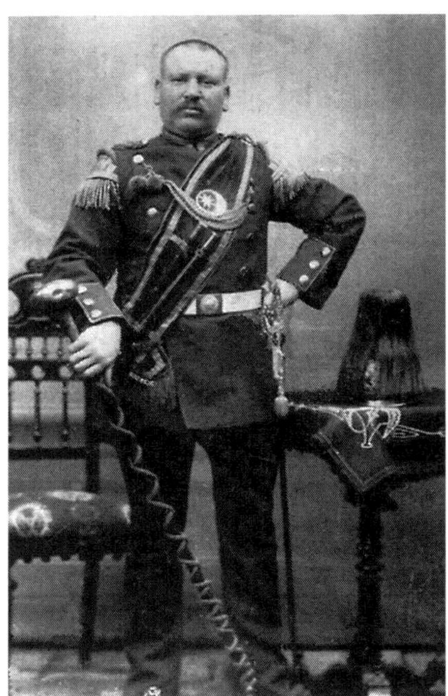

Tambourmajor Kessler um 1910

Der Spielmannszug hat in Mengen eine lange Tradition – 1622 sind erstmals Stadttrommler und Pfeifer urkundlich erwähnt – und spielt etwa 20 klassische Straßenmärsche und nimmt regelmäßig an Marschwertungsspielen teil.

Aktive Spielleute im Jahr 2019:

Michael Feinäugle, Tambourmajor
Urban Bacher
Jakob Bleicher
Anton Boos
Thorsten Bosch
Tobias Boßlet
Ansgar Bulander
Matthias Diesch
Richardt Enzenroß
Alexandra Feinäugle
Franz Feinäugle
Klaus Feinäugle
Thomas Feinäugle
Franz Gruber
Jochen Gruber
Siegfried Gruber
Volker Gschwind
Joachim Heitmar
Joachim Hierlemann
Alexander Koch
Elias Krezdorn
Nils Krezdorn
Hans-Peter Lasar
Hans-Jürgen Lehleiter
Marc Lehleiter
Karl-Heinz Metzler
Chiara Riekert
Anna Schwarz
Jana Stützle

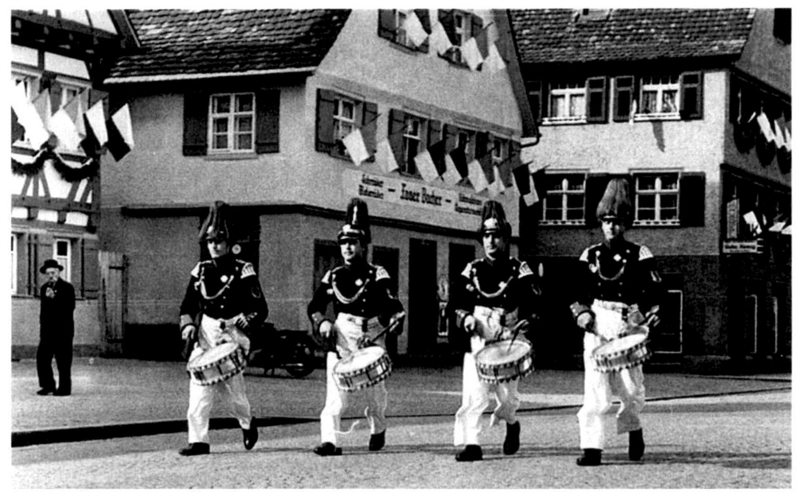

Raustrommeln der Spielleute vor dem Rathaus in den 60er Jahren

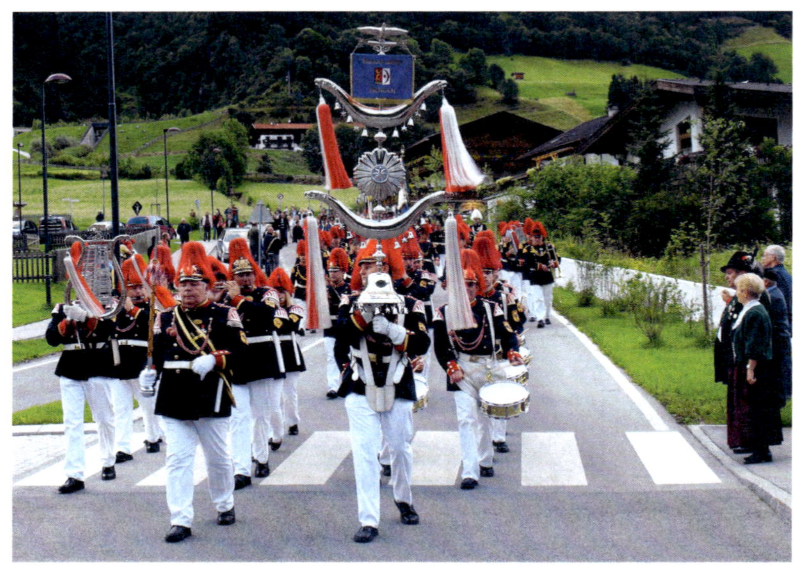

Der Spielmannszug im Jahr 2009 unter Tambourmajor Hans-Jürgen Lehleiter (Foto: Reinhard Rapp)

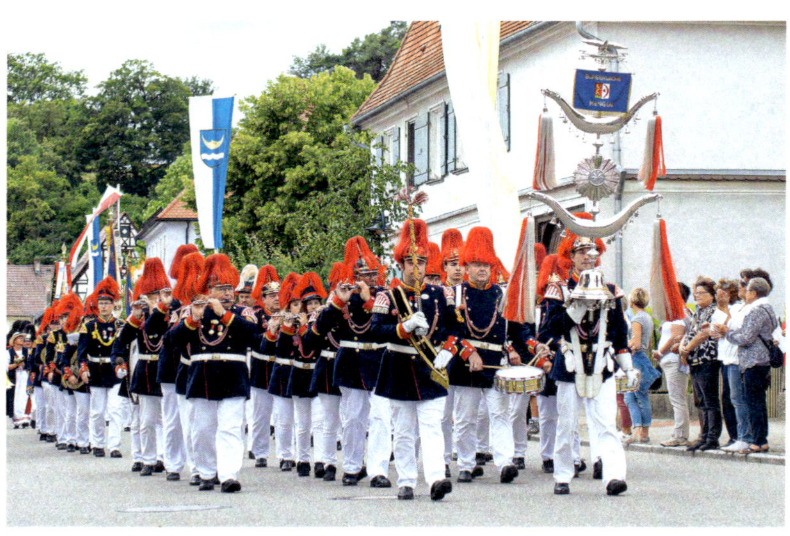

… und im Jahr 2019 beim Festumzug der 1200-Jahr-Feier im Mengener Teilort Ennetach mit dem neuen Tambourmajor Michael Feinäugle. (Foto: Markus Haile)

Der Musikzug, zugleich die Stadtkapelle Mengen

Bereits im Dreißigjährigen Krieg muss es eine Musik in Mengen gegeben haben. So wurde 1623 der Musik das Aufspielen zum Tanze wegen des herrschenden Kriegszustandes in der Stadt untersagt. Die Gründung einer Stadtkapelle fällt zwischen die Jahre 1800 und 1820. So berichtet das Ratsprotokoll von 1821 von der »türkischen Musik«, die zusammen mit dem Militär für das Ausrücken bezahlt wurde. Auch am 27. September 1822, dem Königstag, rückte die Bürgerwache mit den »Janitscharen« aus. Wie im ersten Teil dargestellt, war es im Reich seit etwa einhundert Jahre an den wichtigsten Höfen beliebt, das Musikensemble bestehend aus Oboen, Schalmeien, Fagott und Trompeten mit den türkischen Instrumenten (große und kleine Trommel, Becken und Triangel) zu ergänzen. Letzter Musikdirektor bis 1907 war Johann Georg Dinser, der weit im Umkreis bekannt war und auch komponierte.

Becken: *In der Marschmusik verwendete man anfänglich türkische Becken (»Tschinellen«). Schnell wurde auf chinesische Becken in der Marschmusik mit gebogenen Rändern von 40 bis 50 Zentimetern Durchmesser gewechselt. Die zum Umlegen um die Handgelenke bestimmten Lederriemen werden im Innern durch eine »türkische Verknotung« gekontert.*

Im Jahr 1913 gründete sich die »Musikgesellschaft Mengen«, die sich sogleich auch der Bürgerwache anschloss. Ein Musiker in Mengen hatte damit eine Doppelmitgliedschaft, zum einen in der Stadtkapelle, zum anderen in der Bürgerwehr – was bis heute noch so ist. Die Anschaffung der Instrumente stellte damals eine große Investition dar. Es mussten Darlehen hierfür aufgenommen werden, wofür der Vorstand und ausgewählte Mitglieder persönlich bürgten. Für das öffentliche Musizieren gab es Zuschüsse vom Staat, beispielsweise 1915 für das Spielen an Kaisers Geburtstag 36 Mark sowie an Königs Geburtstag 57 Mark. Bereits im ersten Jahr der Gründung bestand der Musikzug aus über zwanzig Musikern, alle gängigen Instrumente von der Flöte bis hin zum Bass waren besetzt. Dirigent war Gustav Dehm aus Herbertingen, der den Weg nach Mengen – etwa acht Kilometer weit – gewöhnlich zu Fuß zurücklegte. In seinen zwanzig Dirigentenjahren führte er die Kapelle mit großen Erfolg.

***Begriff Stadtkapelle**: Bis zur Einführung der Gewerbefreiheit durften Musiker in einer »Stadtkapelle« räumlich begrenzt ausgebildet werden. Bei Spielleuten redete man von einer »Stadtpfeiferei«. Aus diesen städtischen Musikgehilfen rekrutierte sich der Nachwuchs der Militärmusiker. Seit etwa einhundert Jahren wird der Begriff synonym für einen städtischen Musikverein verwendet.*

Die Machtübernahme Hitlers rief eine erste Krise in der Musikgesellschaft hervor. Dirigent Dehm musste sein Amt niederlegen, für kurze Zeit war die Kapelle sogar aufgelöst. In der Nachkriegszeit über-

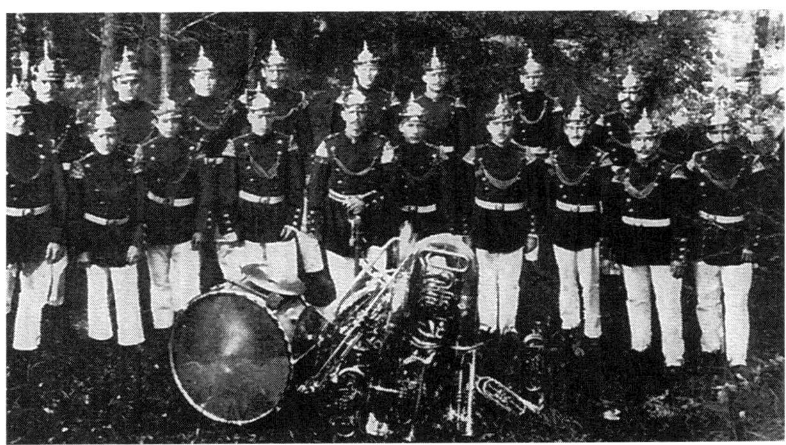

Die wiedergegründete Stadtkapelle als Musikzug der Bürgerwache 1913

nahm den Dirigentenstab Robert Ludley, 1957 Albrecht Maier. Die Kapelle spielte in der Oberstufe und errang bei Wertungsspielen erste Ränge, in der Kategorie »Marschmusik« sogar die höchstmögliche Punktzahl. 1974 wurde in Mengen eine Musikschule gegründet. In Personalunion übernahm Dieter Heine bis 1984 die Leitung der Musikschule und das Dirigentenamt der Stadtkapelle. Ihm folgten Werner Schollenberger (1985 bis 1993), Helmut Müller (1994 bis 2008) und Erwin Welte (2009 bis 2015). Seit 2015 ist Dr. Ralf Uhl musikalischer Leiter der Stadtkapelle.

***Dr. Ralf Uhl**: Ralf Uhl (Jahrgang 1977) leistete seinen Wehrdienst beim Heeresmusikkorps 10 in Ulm ab. Danach begann er das musikpädagogische Studium in Mannheim. Nach seinem Referendariat erhielt er eine Anstellung als Musiklehrer am Kreisgymnasium in Riedlingen. 2017 promovierte er mit einem Werk über »Bruckners Romantische« zum Dr. phil. Ralf Uhl komponiert für sinfonische Blasorchester und ist seit 2015 Dirigent der Stadtkapelle Mengen.*

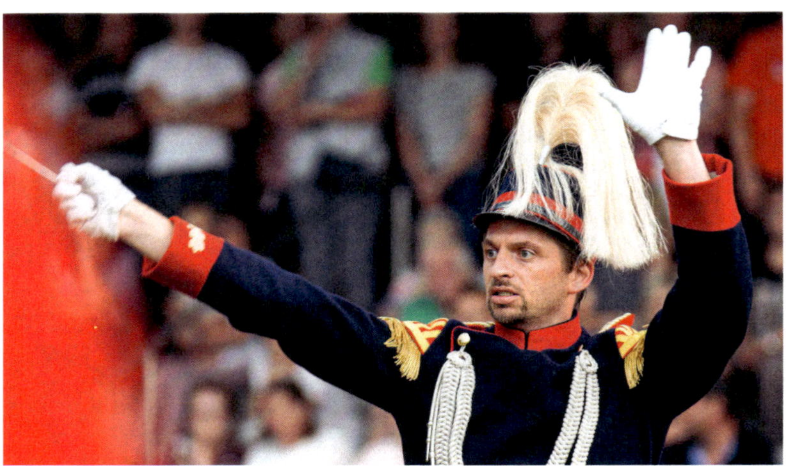

Dr. Ralf Uhl in Aktion: zackig, mit vollem Körpereinsatz und militärisch exakt (Foto: Markus Haile)

Die Musiker tragen wie der Spielmannszug den württembergischen Waffenrock, jedoch mit goldenen Schwalbennestern und Affenschaukeln. Anfänglich trugen die Musiker auch die Pickelhaube (Helm), nach dem Zweiten Weltkrieg ein »Käppi« mit rotem Rossschweif. Der Dirigent trägt – ohne selbst formell Offizier zu sein – eine Offiziersuniform mit weißem Schweif.

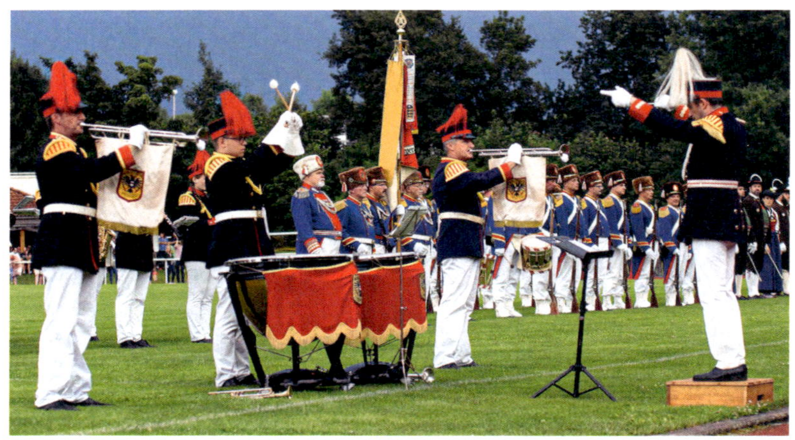

Der Musikzug 2017 beim Großen Zapfenstreich anlässlich der Heimattage in Mengen. *(Foto: Markus Haile)*

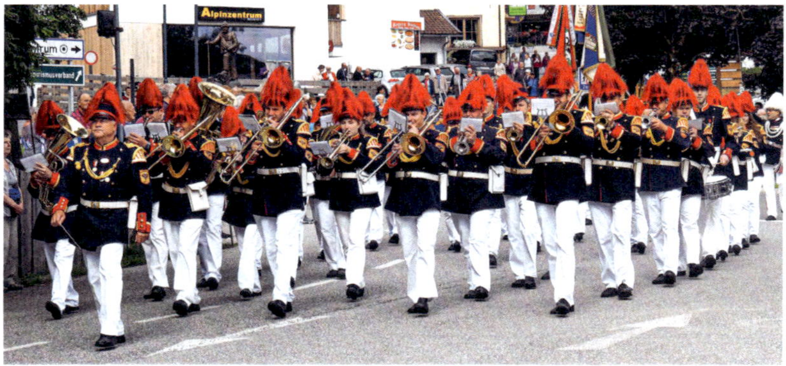

Der Musikzug der Bürgerwache mit Vizedirigent Hans-Peter Lang 2019 beim Bataillonsfest in Neustift/Tirol. *(Foto: Reinhard Rapp)*

Das musikalische Repertoire der Stadtkapelle ist breit gefächert: Unterhaltungsmusik, klassische Stücke, Filmmusik, konzertante Musik und für Zwecke der Bürgerwache die klassische Marschmusik – Straßenmärsche, Konzertmärsche und Choräle. Das junge Orchester umfasst derzeit 84 Musikerinnen und Musiker und absolviert etwa 25 Auftritte im Jahr, davon gut ein Drittel in der Bürgerwachuniform.

Aktive Musiker im Jahr 2019:

Dr. Ralf Uhl, Dirigent
Klaus Voggel, Vorsitzender
Anna Allmaier
Simon Allmaier
Michael Bacher
Hannah Barz
Susanne Blechner
Ida Bleicher
Dominik Boden
Marianne Bolz
Michael Boßlet
Paul Braaksma
Katrin Brotzer
Annika Bühler
Betül Cal
Stefanie Emhart
Werner Flaisch
Ingrid Frank
Marius Frank
Niklas Frank
Werner Frank
Maren Grauer
Kathrin Graus
Matthias Graus
Martina Haile
Jörg Heinzelmann
Philipp Hierlemann
Lukas Hoffmann
Sarah Hoffmann
Leon Hügle
Stefan Jäger
Lorenz Jaksche
Kathrin Kieferle
Alexander Köhler
Hans-Peter Lang
Larissa Locher
Dominik Lott
Fabian Lott
Sonja Löw
Tobias Löw
Alexander Lutz
Simone Lutz
Stefan Lutz
Volker Lutz
Wolfgang Mangold
Klaus Merk

Tobias Metzler
Timo Mohr
Ellen Müller
Jochen Müller
Maximilian Müller
Nadine Müller
Andreas Münz
Eric Nemitz
Raik Nemitz
Annika Nüske
Kara Orth
Jürgen Reiss
Thomas Reutter
Lukas Reutter-Feurer
Julia Rometsch
Nina Rometsch
Johanna Schaut
Daniela Schleifer
Peter Schleweck
Mareen Schmal
Leonie Schneider
Urs Schneider
Gregor Schräder
Vanessa Schuhmacher
Rebecca Schurer
Markus Schwarz
Lorenz Stökler
Manuel Vielberth
Doris Voggel
Emma Voggel
Pia Voggel
Jonas Welte
Jürgen Wetzel
Caroline Zimmerer

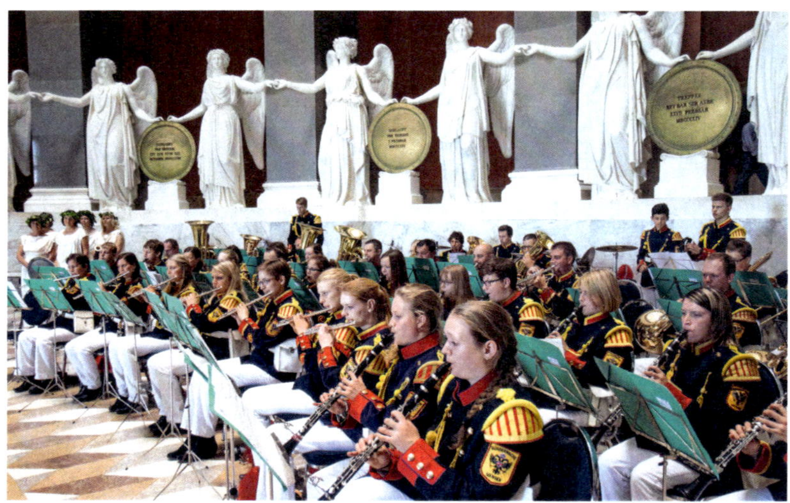

Der Musikzug im Jahr 2015 beim Festakt in der Befreiungshalle in Kelheim (Foto: Markus Haile)

Die Grenadiere des Ersten Zuges

Der Erste Zug trägt den dunkelblauen Waffenrock der Württemberger um 1864/1871 mit den zweireihigen Knopfleisten, roten Kragen, Vorstößen, Ärmelaufschlägen und Achselwülsten. Die Affenschaukel hat die Farben rot/schwarz. Der Helm ist eine Pickelhaube mit schwarzem Haarbusch. Die Grenadiere des Ersten Zuges tragen ein »Schweizer Hinterladergewehr, System Schmitt/Rubin Modell 1896/1871«, am weißen Koppel ein Seitengewehr (Bajonett), das am Gewehr aufgepflanzt werden kann. Vor dem Zug marschiert der Spieß oder der Ehrenoffizier, davor die Fahnenrotte. Die Fahnenrotte besteht aus zwei Fahnenbegleitern, mit Säbeln bewaffnet, sowie dem Fähnrich.

Die neue Fahne des Ersten Zuges wurde am Mengener Kirchenpatrozinium am 15. August 1959 feierlich geweiht. In kunstvoller Handarbeit von Benediktinerinnen des nahegelegenen Klosters Habsthal

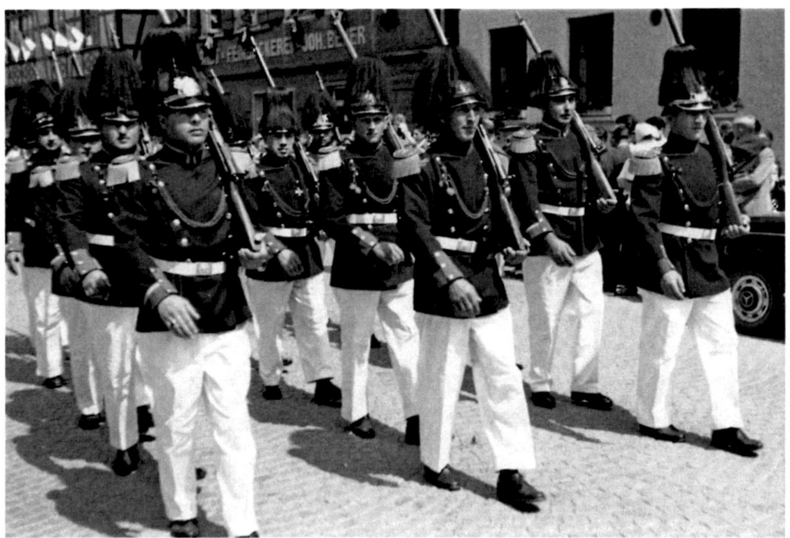

Grenadiere des Ersten Zuges im Jahr 1962

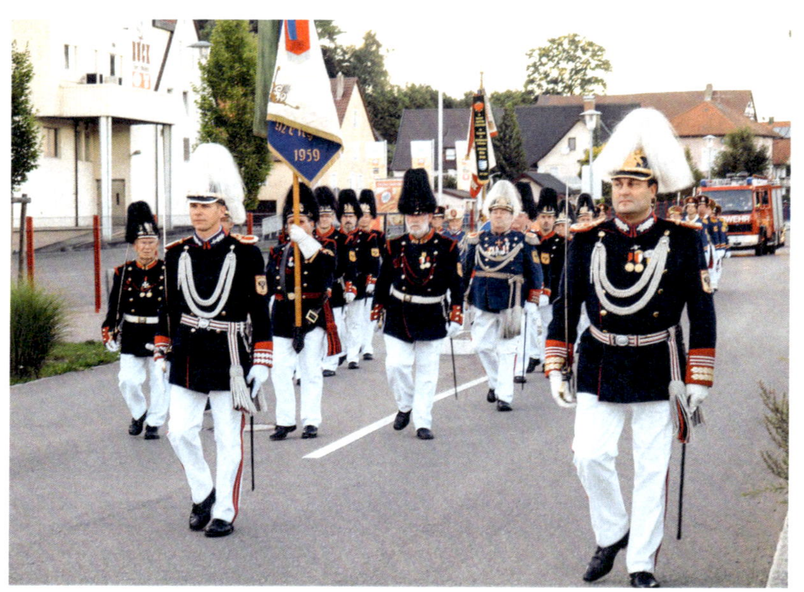

Der Erste Grenadierzug heute mit Oberleutnant Joachim Krezdorn (links im Bild), rechts vorne Major Georg Bacher.

(Fotos: oben Reinhard Rapp / unten Rüdiger Hartmann)

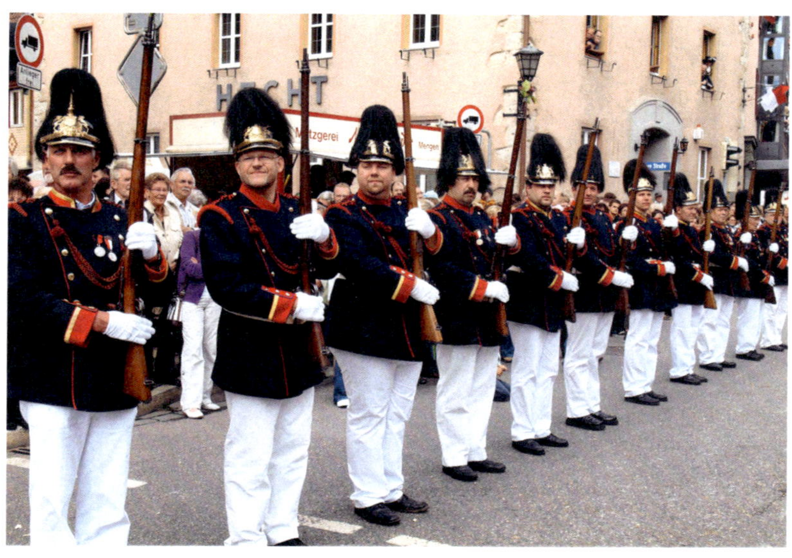

gefertigt, zeigt die blaue Flugseite eine Stadtansicht mit Türmen, Tor und Stadtmauer aus dem 16. Jahrhundert. Die weiße Paradeseite zeigt das »Mengener Gnadenbild« mit der Umschrift »Ölbergmutter schütze uns!«. Die ältere Fahne von 1896 in den württembergischen Landesfarben schwarz/rot ist nicht mehr im Gebrauch. Der Zug wird angeführt von einem Offizier – derzeit Oberleutnant Joachim Krezdorn. Der Offizier trägt den Rock aus einem Edelstoff, stilisiertem Eichenlaub im roten Ärmelvorstoß und im Kragen, kleine silberne Schärpe, Epauletten und goldenes Wappen. Der Säbel mit Portepee ist an einem silbernen Säbelriemen befestigt, den zwei Quasten an der Feldbinde verzieren.

Aktive Kameraden des Ersten Zuges im Jahr 2019:

Georg Bacher, Major
Joachim Krezdorn, Oberleutnant
Stefan Bubeck
Klaus Bauknecht
Alois Boßlet
Manfred Bühler
Jürgen Frommeld
Jörg Hagmann
Mario Hecht
Wolfgang Heinemann
Dietmar Hinderhofer
Christoph Kieferle
Mario Kloss
Bernd Köhler
Stefan A. König jun.
Robert Knaus
Joachim Kraft
Max Krezdorn
Hermann Lehleiter
Johannes Leis
Hans-Peter Mayer
Horst Niedermüller
Hans-Dieter Offner
Georg Offner
Franz Rebholz
Markus Renner
Helmut Riekert
Joachim Schwarz
Ernst Wagner
Anton Weinspach
Markus Wetzel

Der Hauptmann und seine besondere Verantwortung

Klassische Militärregel:
»Der Hauptmann ist der Anführer eines Verbandes.«

Kardinal Meisner: »Wir tragen die Mitra, damit wir in der Gefahr nicht den Kopf einziehen und klar unseren Standort zeigen.«

Von jeher war der Hauptmann der Anführer eines Verbandes, das »Haupt« einer Truppe. Er wurde gewählt oder hat als »Militär-Unternehmer« seine Truppe selbst aufgestellt. Der lateinische Begriff heißt »centurio« oder »capitaneus«. Capitaneus stammt vom »caput« (Kopf beziehungsweise Haupt) ab und bezeichnet den Mann an der Spitze. Heute noch wird im romanischen oder angelsächsischen Sprachraum für Hauptleute bei Landstreitkräften der Dienstgrad Kapitän verwendet. In der türkischen Armee heißt der Hauptmann Yuzbasi (Jüsbaschi), was so viel wie ein »Herr von Hundert« oder »Hundertschaftsführer« bedeutet. Bereits die Römer hatten mit dem »Centurio« eine ähnliche Bezeichnung. Bei der Kavallerie und bei der Artillerie heißt der entsprechende Dienstgrad Rittmeister.

Der Hauptmann hat eine besondere Verantwortung. Er ist der Vordenker, der »Kopf« seiner Mannschaft, der Kommandant und unmittelbare Vorgesetzte einer Kompanie beziehungsweise Hundertschaft. In einer Bürgerwache ist er der höchste Offizier, er trägt die Befehlsgewalt. In vielen Wehren – traditionell auch in der Bürgerwache Mengen – ist er auch in Personalunion Vorsitzender des Vorstandes und insofern auch Chef der Verwaltung. Eine verantwortungsvolle und zeitaufwändige Aufgabe!

Sichtbares äußeres Zeichen seiner Macht ist sein weißer Helmbusch, sein Dienstabzeichen auf den Epauletten und am Ärmel, seine Feldbinde und sein stets gezogener Säbel. Beim Antreten der Kompanie übergibt der Spieß oder Zugführer die Kompanie im »Stillgestanden« an den Hauptmann, der seine Kameraden offiziell begrüßt und dann befehligt. Er läuft vor der Fahne, besser noch neben den Zügen, um stets den notwendigen Überblick zu behalten.

Hauptleute der Bürgerwache Mengen seit 1828:

1828	Alois Bolter	1980	Willi Schröter
1837	Lorenz Jutz	1990	Josef Kieferle
1848	Ph. Jacob Sigrist	1999	Georg Bacher
1876	Martin Jung		(seit 2015 stellv.
1901	Raymund Keßler		Landeskommandant
1911	Karl Blank		im Range eines
1951	Karl Bosch		Majors)
1954	August Mannhart	2019	Ehrenhauptmann
1962	Erwin Keßler		Stefan König

Persönlich ist der Hauptmann der verkörperte Stolz der ganzen Wehr. Das schwäbische Sprichwort »Wie der Herr, so 's G'scherr« pointiert die Aufgabe treffend. Im Gedicht von Detlev von Liliencron »Die Musik kommt«, etwa um 1900, vertont von Oscar Straus (Opus 54), wird der Paradezug des Militärs gut beschrieben und musikalisch nach heutigen Verhältnissen etwas kitschig karikiert. Das Gedicht beginnt mit »Klingling, bumbum und tschingdada«, stellt dann den Schellenbaum und die einzelnen Instrumente vor. Am Ende der zweiten Strophe kommt dann die Überleitung zum »Herre Hauptmann«. Die dritte Strophe wörtlich:

»Der Hauptmann naht mit stolzem Sinn,
die Schuppenkette unterm Kinn.
Die Schärpe schnürt den schlanken Leib.
Beim Zeus! Das ist kein Zeitvertreib«.

Helmbusch: *Bis zum Beginn des Ersten Weltkrieges trugen Infanteriesoldaten Helme mit Büschen. Neben den Schwalbennestern waren die roten Büsche das Wahrzeichen für Spielleute und Musiker, manche Garderegimenter hatten weiße Büsche. Der Hauptmann hatte gewöhnlich einen besonders verzierten Helm, sein Busch ist aus besonders feinem Haar und weiß. Während der Helm schützt, hat der Busch eine weitere Funktion. Er vergrößert den Soldaten und das sollte beim Feind Eindruck erwecken. Ähnliche Funktion hat bei der katholischen Kirche die Kopfbedeckung. Wörtlich hierzu der Kölner Kardinal Meisner: »Wir tragen die Mitra, damit wir in der Gefahr nicht den Kopf einziehen, sondern damit wir den Kopf hinhalten und klar unseren Standort zeigen.«*

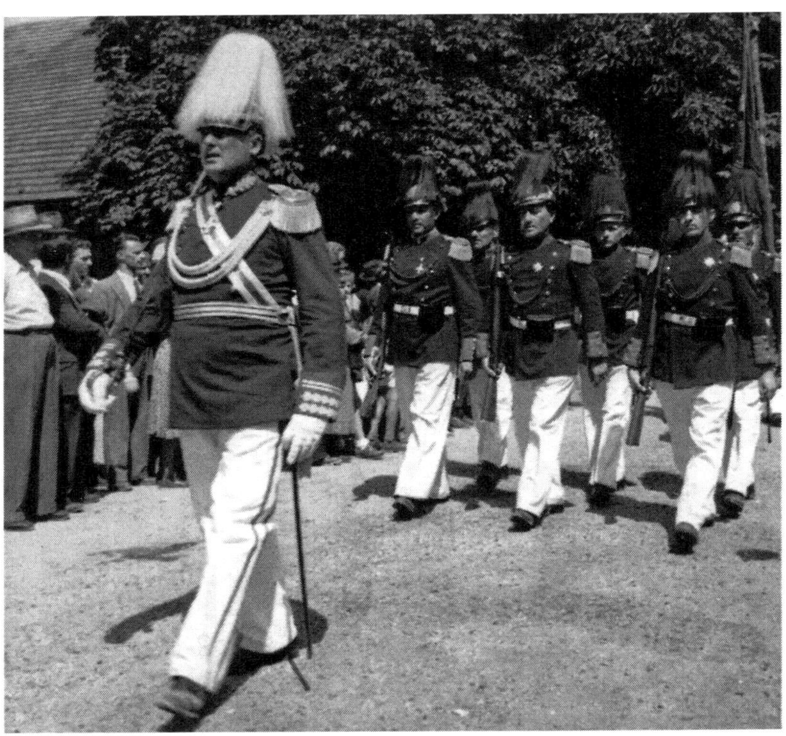

Oberleutnant Mannhart im Jahr 1952 (späterer Hauptmann)

Die Grenadiere des Zweiten Zuges

Nach dem Zweiten Weltkrieg wurde die Bürgerwache schnell wieder aufgestellt. Diese beachtliche Aufbauleistung wird gekrönt durch die Neuformierung eines zweiten Zuges nach dem historischen Vorbild von 1820/1848. Der hellblaue Kolettrock hat zwei Knopfreihen, rote Schoßumschläge – eine Art Schwalbenschwänze – und rote Ärmelbänder sowie goldfarbene Epauletten. Die schrägen Streifen an den Ärmeln sind eigentlich Rangabzeichen eines Feldwebels. Aus Versehen hat der Schneider bei der Neuaufstellung jeder Uniform dieses Rangabzeichen verpasst.

Der Tradition entsprechend trägt der Soldat im Zweiten Zug keinen Helm, sondern eine braune Pelzmütze. Die Hose ist generell weiß mit kurzen weißen Gamaschen. Anstelle eines Koppels trägt der Grenadier zwei gekreuzte Riemen, einen für die Patronentasche, den anderen für den kurzen Säbel. Ohne historischen Hintergrund verleihen die Schoßumschläge und die weißen Hosen mit Gamaschen der Uniform einen französischen Charakter. Als Bewaffnung tragen die Grenadiere ein Perkussionsvorderladergewehr Modell 1777 mit Kaliber 0,69 (Replika).

Vor den Grenadieren läuft ein Tambour mit einer halbhohen Landsknechttrommel aus Messing. Davor läuft der Spieß, wiederum davor die Fahnenrotte. Analog dem Ersten Zug besteht die Fahnenrotte aus dem Fähnrich und zwei Fahnenbegleitern mit Säbeln.

Die Fahne zeigt auf der roten Paradeseite einen schwarzen österreichischen Doppeladler, umkränzt von grünem Laubwerk. Unten im Laubkranz befindet sich das Mengener Stadtwappen. Die weiße Flugseite zeigt – ebenso wie die Fahne des Ersten Zuges – die schmerzhafte Gottesmutter vom Ölberg. Das Bild wird von einer goldenen Kartusche umgeben, der Zwischenraum von Bildnis und Ornament ist mit waagrechten Goldfäden unterlegt, so dass das Ganze die Anmutung eines Medaillons hat. An den Spitzen beider Fahnenstangen glänzt ein goldenes »M«, Symbol für die Stadt, Symbol aber auch für

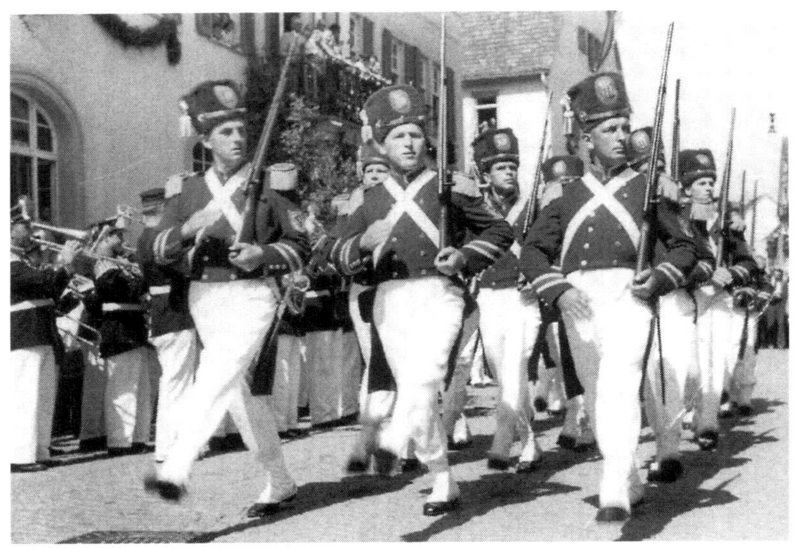

Grenadiere des Zweiten Zuges beim Vorbeimarsch vor dem Mengener Rathaus anlässlich der Heimattage 1952

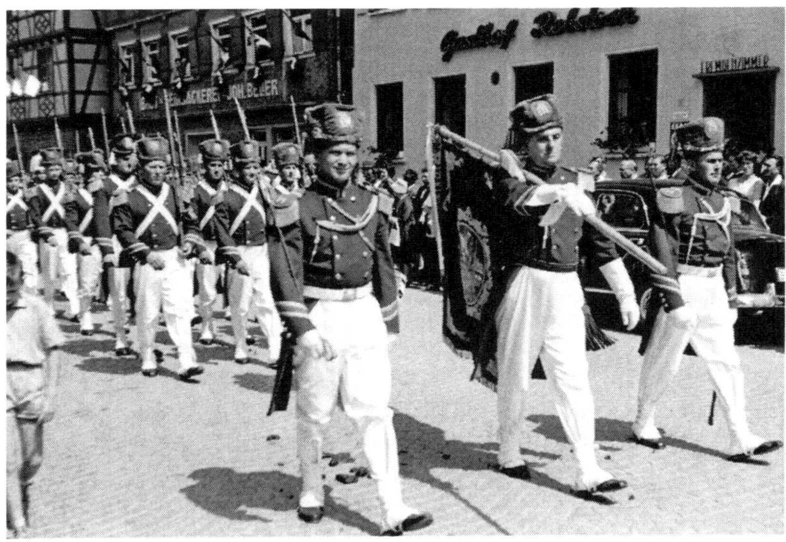

Die Fahnenrotte des Zweiten Grenadierzuges im Jahr 1952

das alte Mützenschild der historischen Montur. Angeführt wird der Zweite Zug von einem Offizier – derzeit ist das Leutnant Manfred Müller. Die Offiziersuniform entspricht vom Aufbau her der seines Zuges, ist aber von edlerem Stoff und mit silbernem Eichenlaub im Kragen und im Ärmelumschlag sowie mit einem goldenen Wappen versehen. Äußeres Zeichen des Offizierranges ist auch die weiße Bärenfellmütze.

Bereits 1732 hatte die Bürgerwache ein Groß- und ein Kleingeschütz zum Salutschießen. Die historische Hinterladerkanone wurde restauriert, 1990 erhielt die Bürgerwache zudem eine Vorderladerkanone. Durch die mühevolle Arbeit von Fourier Günther Giner konnte die Bürgerwache bald mit einem Kanonengespann ausrücken. Zu ausgewählten Terminen – beispielsweise alle vier Jahre bei den »Mengener Heimattagen« und bei Landestreffen – ist das Kanonengespann mit zwei Rappen des Kutschers Karl Scheb samt seinen vier Kanonieren vom Zweiten Zug, die hierbei dunkelblaue Hosen ohne Gamaschen tragen, eine weitere Attraktion der Bürgerwache.

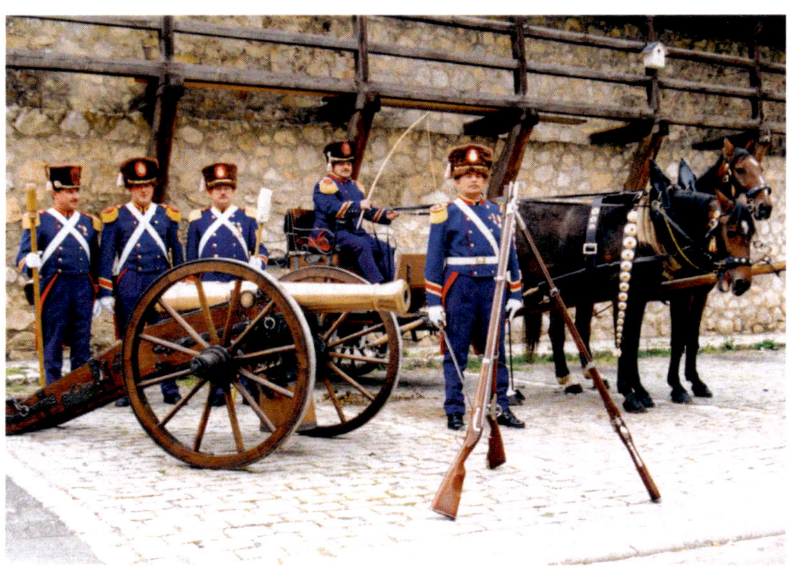

Kanoniere der Bürgerwache 1996 *Foto: Walther Paape*

Aktive Kameraden des Zweiten Zuges im Jahr 2019:

Manfred Müller (Leutnant)
Manfred Bender
Herbert Beutel (Spieß)
Bernhard Bolter
Josef Bosch
Roland Buzengeiger
Berthold Eichelmann
Herbert Feinäugle
Martin Fischer
André Lorch
Hubert Muffler
Manfred Paul Müller
Markus Rädle
Volker Reutter
Niklas Rebholz
Ernst Rumpel
Heinz Sautter
Thomas Schmal
Lars Schmidt
Jürgen Schuler
Richard Stöckler
Max Stöhr
Volker Stuwe
Manfred Waldraff
Bernd Widmann
Karl Scheb (Kutscher)

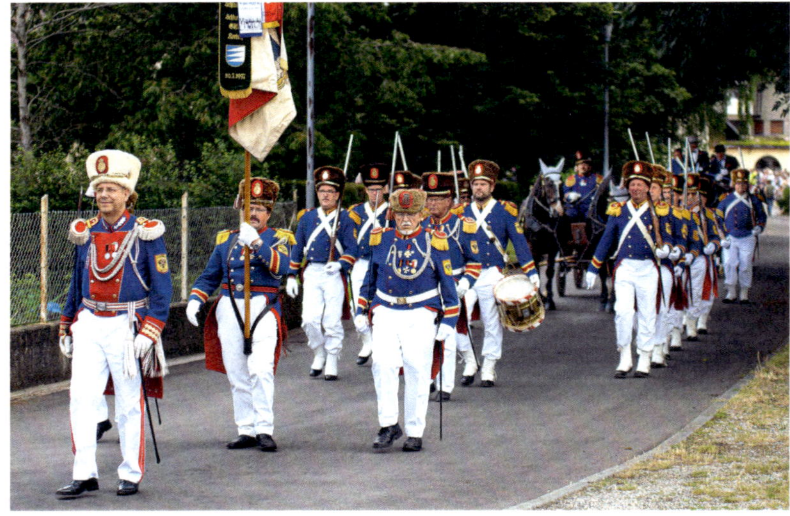

Die Grenadiere des Zweiten Zuges heute unter Leutnant Manfred Müller.
(Foto: Markus Haile)

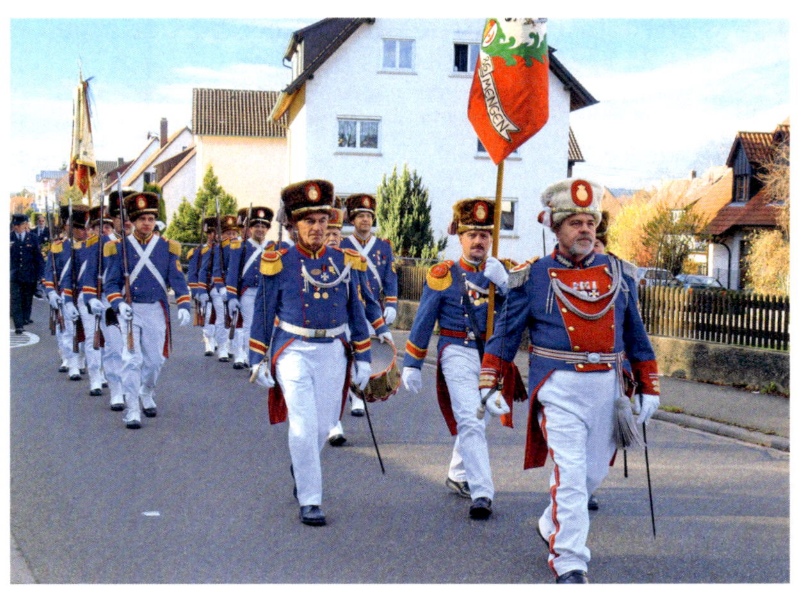

Der Zweite Grenadierzug heute mit Ehrenhauptmann Stefan König (oben) und Ehrenhauptmann Josef Kieferle (unten). *(Fotos: Rüdiger Hartmann)*

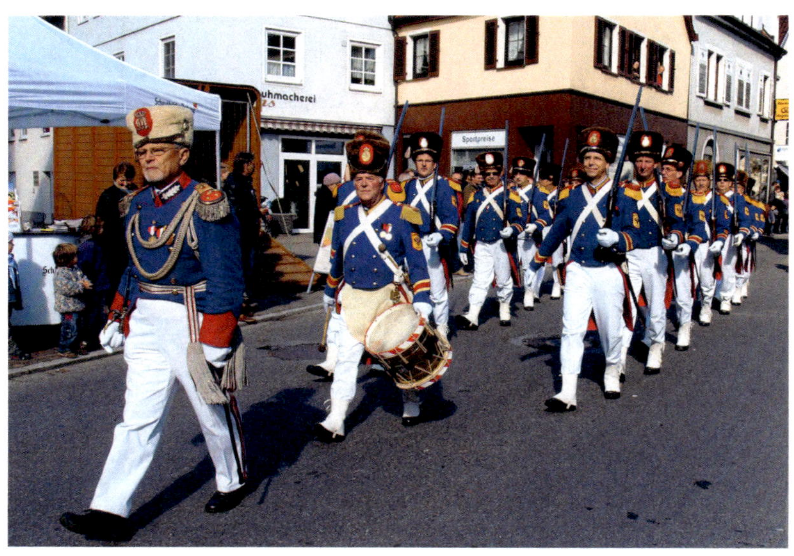

Die »Kleine Bürgerwache« als weitere Besonderheit

In Mengen feiert man alle vier Jahre ein Heimat- und Kinderfest, seit den 50er Jahren »Mengener Heimattage« genannt. 1952 hatte Dr. Zirn, Lehrer im Progymnasium die Idee, mit seiner Klasse eine »kleine Bürgerwache« nachzustellen – relativ einfach mit Mützen aus runden Pappschachteln, Kinderfrack und langen weißen Unterhosen. Pia Euchenhofer, Mutter eines Schülers, zugleich Schneiderin in der Nachbarstadt Scheer, war begeistert von der Idee, weniger jedoch von deren Umsetzung. »So wie Dr. Zirn sich das vorstellt, so kommst Du mir nicht aus dem Haus«, war die resolute Antwort an ihren Sohn. Sie besorgte sich eine Uniformvorlage und schneiderte eine Kinderuniform nach dem Vorbild des historischen Zuges. Ihr Mann war Schuster, er stellte die Riemen her und schneiderte eine Mütze. Das Modell war damit geboren, Lehrer und Offiziere der Bürgerwache waren begeis-

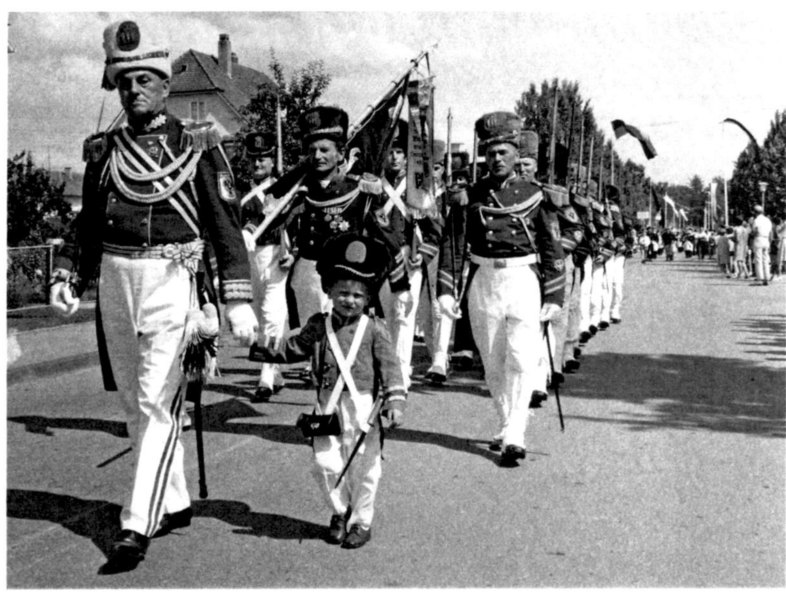

Urban Bacher an der Hand von Leutnant Mutscheller im Jahr 1967
(Foto: Rupert Leser)

tert. Die Uniform wurde für die Mitschüler kopiert, die jetzt nur noch fleißig das Marschieren und Exerzieren üben mussten.

Die »kleine Bürgerwache« war der Star des Kinderfestes und rückt heute bei ausgewählten Festen mit aus. Mehr noch: Die kleine Bürgerwache ist der Einstieg für Kinder in die Gemeinschaft und ein Rekrutierungsinstrument für die Wehr. Der derzeitige Major Georg Bacher begann seine Laufzeit mit fünf Jahren dort. Auf dem Landestreffen 1967 war aber nicht er, sondern sein jüngerer Bruder Urban die Attraktion. Der Vierjährige wollte nicht mehr laufen, so dass er kurzerhand von Leutnant Karl Mutscheller an der Hand geführt wurde. Das brachte besonderen Beifall ein, ebenso die erste Erwähnung der jungen Stadtsoldaten in der Zeitung.

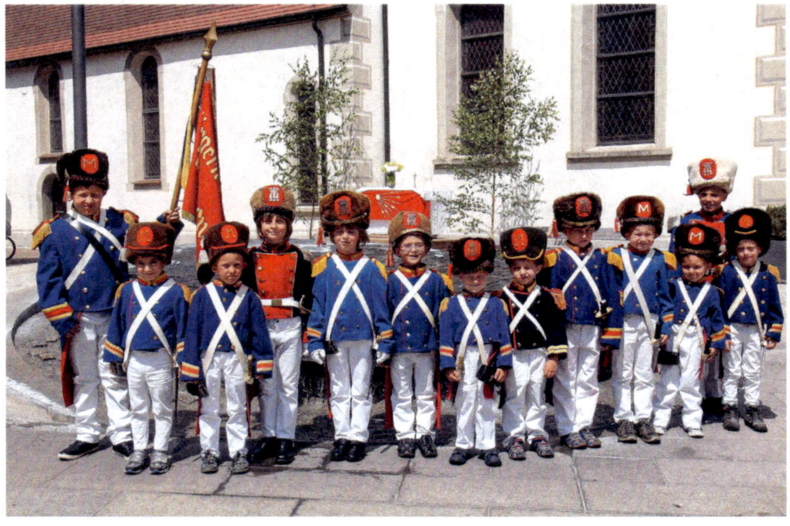

Die Kleine Bürgerwache im Jahr 2014. *(Foto: Reinhard Rapp)*

Die Bürgerwache und die Bundeswehr

Seit dem Zweiten Weltkrieg besitzt Mengen einen Flugplatz und nach Gründung der Bunderwehr wurde 1963 in der Oberschwabenkaserne ein Luftwaffenausbildungsbataillon stationiert. Über 100.000 Rekruten verbrachten dort ihre Ausbildungszeit. Die Kaserne wurde leider im Jahr 2012 aufgelöst.

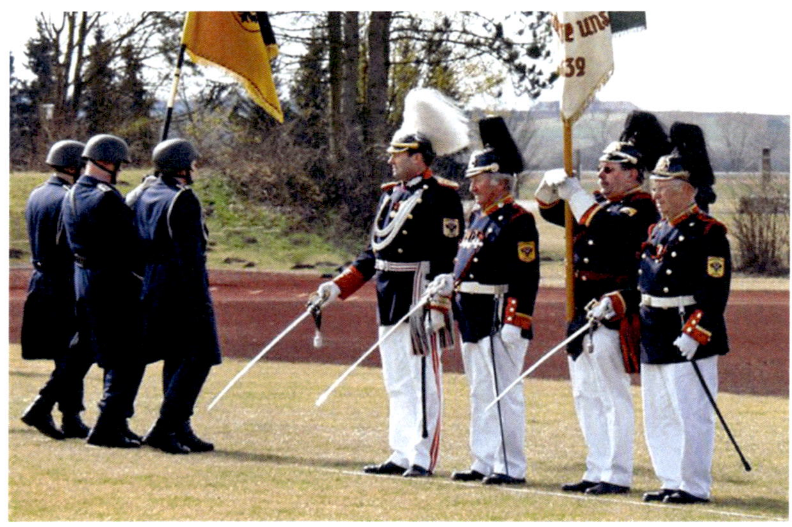

Mitwirkung der Bürgerwache bei einem Feierlichen Gelöbnis 2008

Der Bürgerwachchor

Jedes Jahr aufs Neue bestand das Problem darin, für den Kameradschaftsabend zum »Jahrtag« ein Programm aufzustellen. 1989 hatte Leutnant Otto Bacher die Idee, einen Bürgerwachchor zusammenzustellen, um so das Abendprogramm zu umrahmen. Aus allen vier Zügen der Wehr trafen sich Sänger und legten so den Grundstein für den Chor.

Unter der Leitung von Winfried Spinnler hatte der Bürgerwachchor einige spektakuläre Auftritte, so gastierte er in Südafrika beim Roodepoort-Musikalfestival in Durban, in Südtirol und im Verteidigungsministerium auf der Bonner Hardthöhe. Der Chor singt Volks- und Soldatenlieder und begleitet Gottesdienste mit Chorälen. Im Jahr 2012 wirkte der Bürgerwachchor an der »Kaisermesse« in Bad Ischl mit. Heute wird der Bürgerwachchor musikalisch von Josef Grüner geleitet.

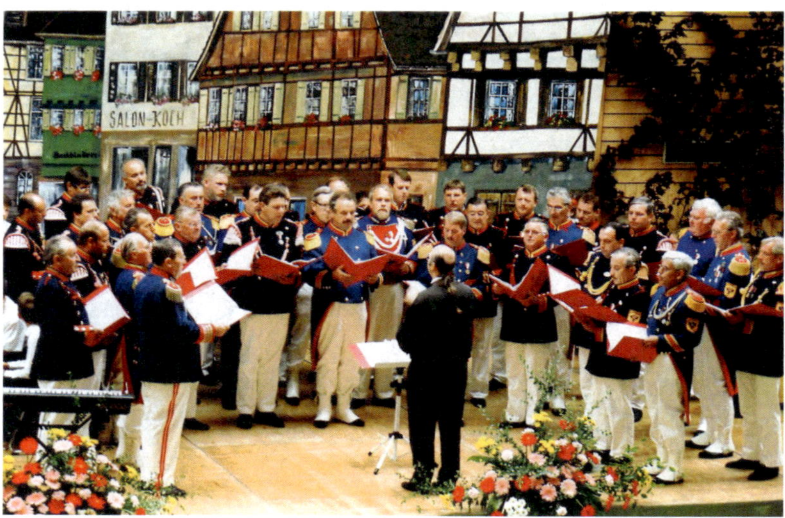

Auftritt des Bürgerwachchors an den Heimmattagen 1993

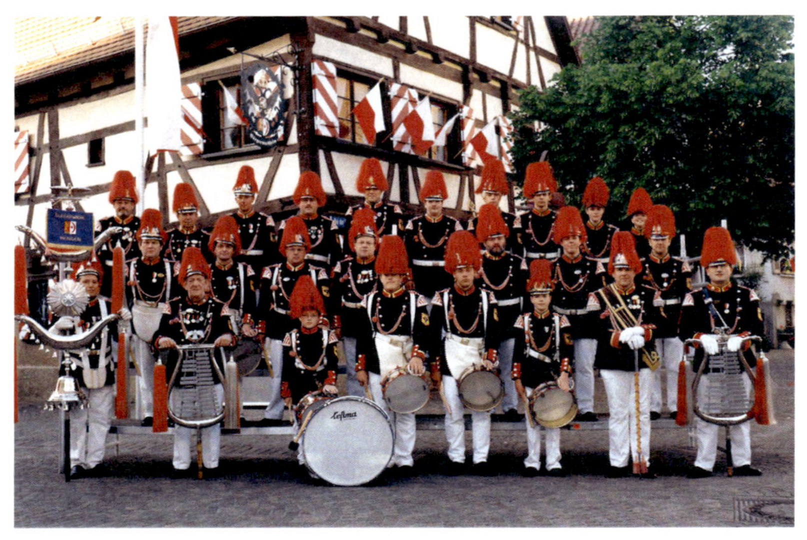

Der Spielmannszug und der Musikzug zur Jahrtausendwende

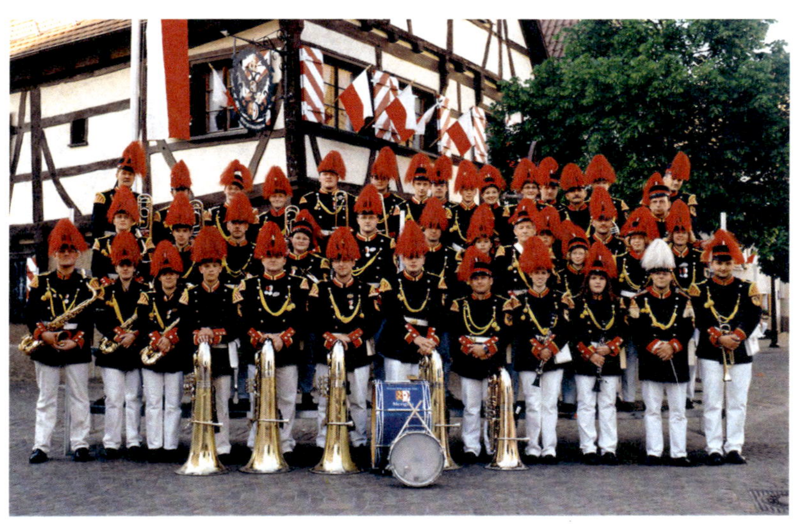

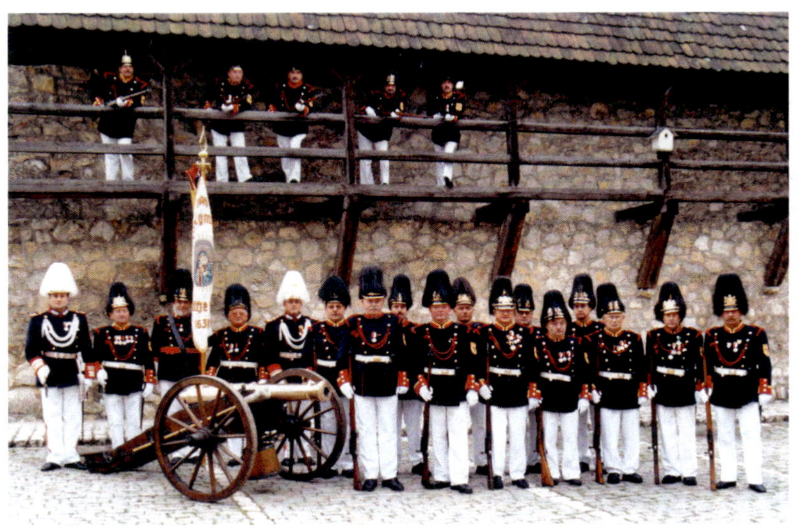

Die Bürgerwache Mengen zur Jahrtausendwende *(Fotos: Walther Paape)*

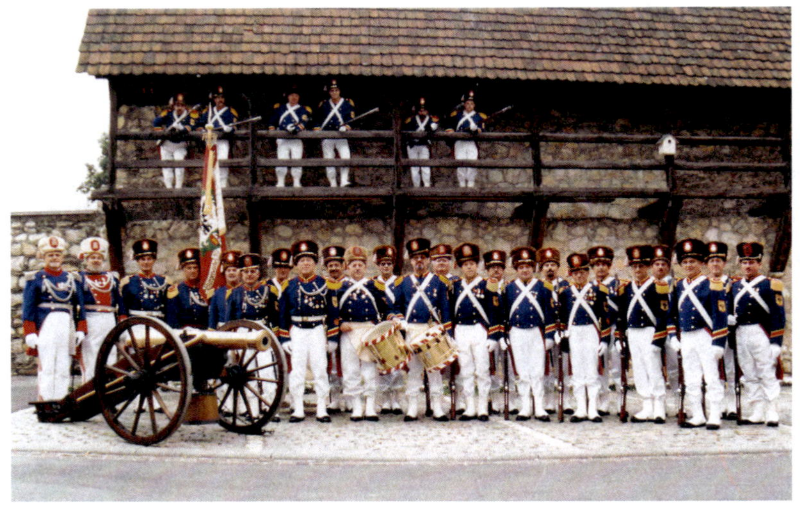

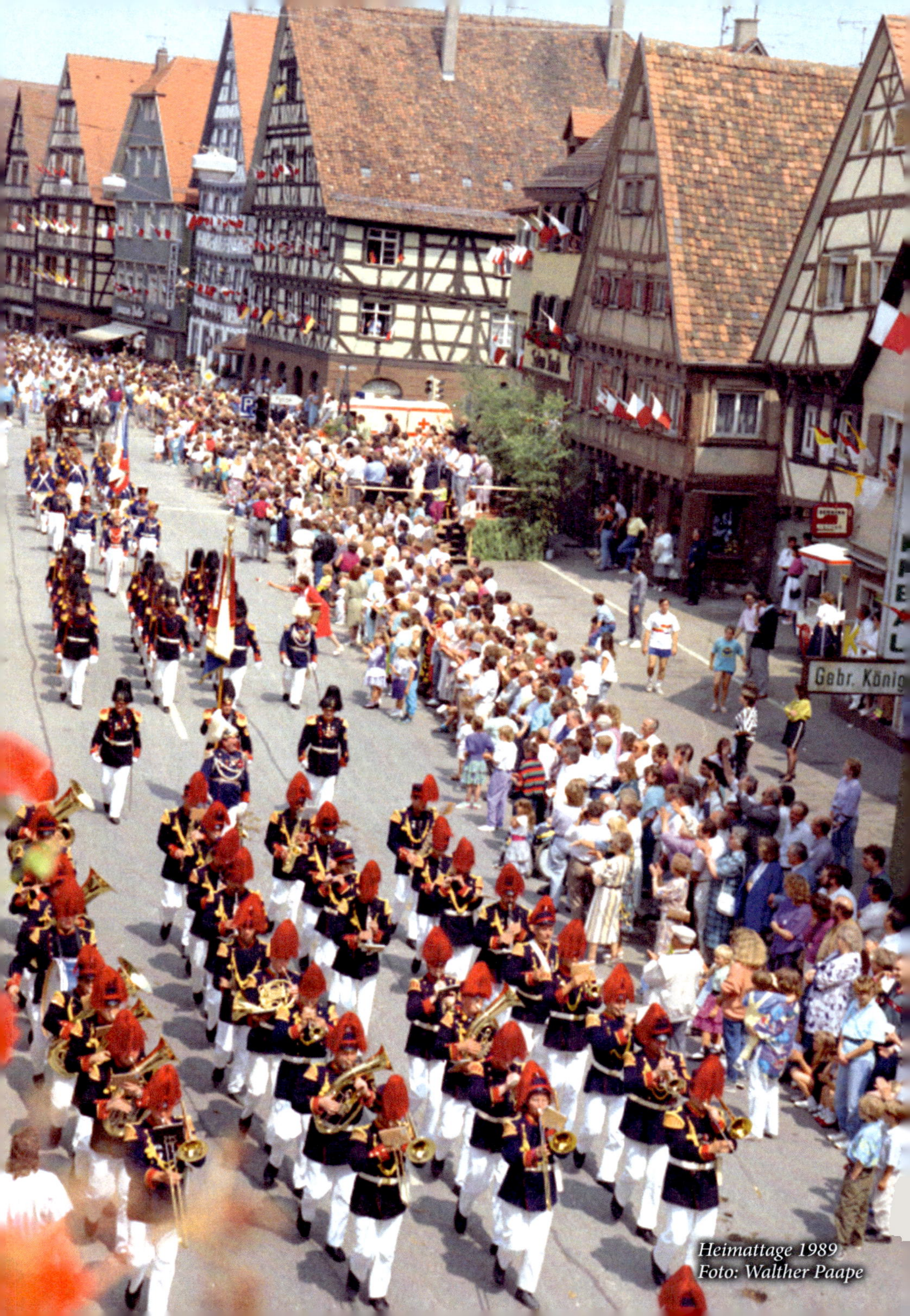

Heimattage 1989
Foto: Walther Paape

Teil 5

ZU GUTER LETZT: ÜBEN, ÜBEN, ÜBEN

Erfahrungssätze und Aspekte
zum regelmäßigen Üben

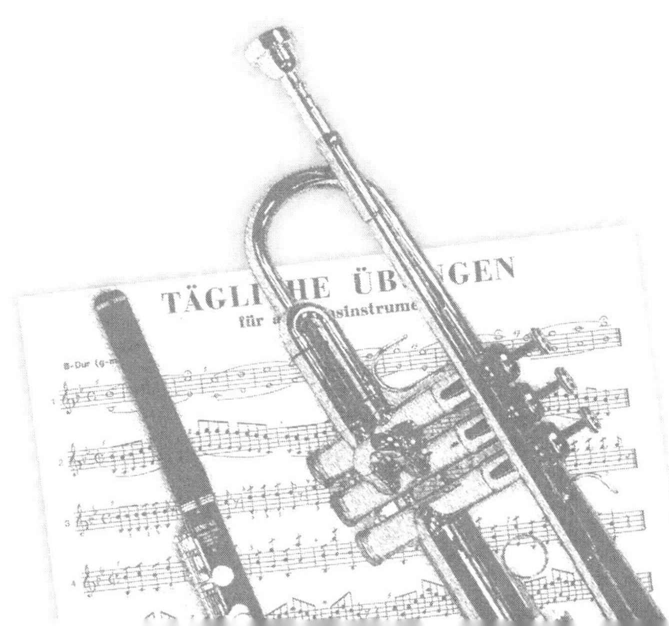

Erfahrungssätze und Aspekte zum regelmäßigen Üben

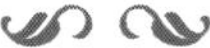

Beschwerde eines Kasernenanwohners: »Mögen die Musiker doch lieber ihre Suppe blasen als Flöte und Trompete!«

Mitsuko Uchida, Pianistin: »Stücke, die ich in meiner Jugend intensiv studiert habe, sind fest in meinem Kopf und Körper«.

Der Ludwigsburger Stadthistoriker Christian Belschner schreibt: »Wenn die Soldaten unter Trommelwirbel mit Musik und Gesang durch die Stadt zogen – oder – wenn gar ein abendlicher Zapfenstreich zum Schloss lockte, dann freute sich jung und alt über die Soldaten.« Doch bis es schön klang, dauerte es seine Zeit. In Ludwigsburg liegen viele Protestschreiben in den Archiven. Eines liest sich wie folgt: »Es ist eine schwere Geduldsprobe für die Nachbarschaft, wenn in den Kasernen Anfänger Tag für Tag und stundenlang bei offenem Fenster Übungen mit Horn und Pfeife vornehmen und dabei ihren Instrumenten Töne abquälen, als ob man sieben Katzen auf einmal auf den Schwanz träte. Mögen doch diese guten Leute und schlechten Musikanten ihre musikalischen Triebe draußen vor dem Tor befriedigen und in der Kaserne lieber ihre Suppen blasen als Flöte und Trompete«.

Die Redensart »kein Meister ist vom Himmel gefallen« zeigt den Weg des Musikanten. Sowohl beim privaten Üben als auch beim Proben im Orchester kann man nur durch das stete hörbare Tun etwas erreichen. Das Motto lautet seit jeher: »Repetitio est mater studiorem – die Wiederholung ist die Mutter aller Studien.« Am Üben führt kein Weg vorbei, auch nicht für Genies. Motivation hilft, ein günstiges Umfeld hilft auch, doch das Fundament jedes Musikers ist das Üben. Der Pianist Artur Rubenstein gestand: »Ich habe nie gerne geübt – ich war faul. Ich hatte Talent, aber es gab vieles in meinem Leben, das mir wichtiger war als Üben: Gutes Essen, Zigarren, große Weine, Frauen …«. Später behauptete er: »Wenn ich einen Tag nicht übe, höre ich es, bei zwei Tagen hört es meine Frau und nach drei Tagen hört es das Publikum.«

Profis üben jeden Tag stundenlang. Klavierstudenten hat man drei Jahre wissenschaftlich beobachtet und untersucht, wie sich ihre Präzision entwickelt. Die Studenten, die am besten abschnitten, haben sich pro Tag drei Stunden 45 Minuten mit ihrem Instrument befasst. Allgemein gilt die Regel: Musikprofi wird man an einer Musikhochschule dann, wenn man etwa 10.000 Stunden am Instrument war. Bei vier Stunden Musizieren am Tag, sind das 2.500 Tage oder sieben Jahre Vorlauf, bei zwei Stunden Übung täglich verdoppelt sich der Vorlauf!

Am besten beginnt der Musiker frühzeitig mit dem Musizieren. Das Gehirn erstellt Steuerprogramme, die sehr tief im Handlungsgedächtnis eingeprägt sind. Stücke und Techniken, die man als Kind lernt, verlernt man nie. Sie sind fest im Kopf und im Körper verankert. Es ist auch nicht egal, welchen Lehrer ein Kind hat – es braucht von Anfang an den besten! Grund: Werden die Bewegungssteuerprogramme, Ansatz- und Atemtechniken und die Haltung falsch angelernt, ist eine Korrektur schwer.

Damit ein Kind bei der Stange bleibt, müssen drei Bedingungen erfüllt sein: Erstens braucht das Kind Erfolgserlebnisse, es muss Freude mit seinem Instrument verspüren. Von Anfang an muss es das Gefühl haben, dass es besser wird. Das motiviert. Zweitens muss das Kind von seiner Familie unterstützt werden. Damit ist weniger das Anhalten zum Üben gemeint, sondern das ehrliche Interesse der Familie am musikalischen Fortschritt des Kindes. Drittens zählt das emotionale Verhältnis zum Lehrer – die »Chemie« muss stimmen. Wenn dann noch ein gutes Gehör und ein gutes sensomotorisches Gedächtnis hinzukommen, das komplizierte Bewegungsabläufe schnell speichern und der Körper das umsetzen kann, ist der perfekte Musiker geboren. Wer zusätzlich mit Phantasie, Kreativität und Persönlichkeit gesegnet ist und »Rückenwind« hat, wird ein »Star«, vielleicht ist dieser junge Musiker sogar ein »Wunderkind« oder ein »Jahrhundertgenie«.

Gute Tonarten je nach Sternzeichen: *Eine philosophische Frage ist die, wovon Musik eigentlich abhängt. Die Antwort ist nicht trivial: Je nach Blickwinkel kann die Musik von Zahlen und deren Verhältnis (Oktave, Quinte etc.) oder von Schwingungen abhängen, letztlich von der Metaphysik. Für den Virtuosen und Musikwissenschaftler Stefan Mickisch (1962) hängt die Musik auch in Korrelation zum Jahreskreis und zum Sternenhimmel. Die Zahl zwölf hat für die Musik eine zentrale Rolle. Es gibt 12 chromatische Halbtöne und damit 12 Dur- und 12 Moll-Tonarten im abendländischen Tonsystem. Da es auch 12 Tierkreiszeichen, 12 Monate und zwei mal 12 Stunden am Tag gibt, sieht Mickisch einen Zusammenhang und belegt ihn an vielen Musikbeispielen. Nach Mickisch haben Werke eine stimmungsmäßige Entsprechung. Je nach Stimmung und Tierkreiszeichen gibt es gute Tonarten, die ein Musiker besser beherrscht als andere und bei der er sich wohlfühlt. Zwillinge sollen sich zum Beispiel bei Werken in D-Dur besonders wohl fühlen, Stiere in der G-Dur. Jeder Musiker kann es ja selber ausprobieren, ob Mickischs Zuordnung zutrifft. Hier seine passende Zuordnung: Steinbock (Es-Dur/c-Moll), Wassermann (B-Dur/g-Moll), Fische (F-Dur/d-Moll), Widder (C-Dur/a-Moll), Stier (G-Dur/e-Moll), Zwillinge (D-Dur/h-Moll), Krebs (A-Dur/fis-Moll), Löwe (E-Dur/cis-Moll), Jungfrau (H-Dur/gis-Moll), Waage (Fis-Dur/es-Moll), Skorpion (Des-Dur/b-Moll), Schütze (As-Dur/f-Moll).*

Zurück zum Üben: Jeder Mensch muss seinen eigenen Weg zum Können finden. Allgemein gilt: Zu viel am Anfang kann schaden. Kurzes, regelmäßiges und bewusstes Üben – etwa 20 bis 30 Minuten am Tag – reicht. Robert Schumann sagte: »Klimpere nie! Wenn Du etwas machst, dann richtig«. Je besser man sein Instrument spielen kann, desto mehr macht es Freude und desto weniger verspürt man es als Üben. Irgendwann kommt der Moment, dass der Zwang zum Üben (»Ich muss üben«) umschlägt in ein Glücksgefühl. Das Kind verspürt in diesem Stadium einen Drang zum Instrument und zur Musik. Es sagt: »Ich übe gern« – oder – »Ich will spielen«, zumal das Gehirn Glückshormone ausschüttet, wenn es etwas als schön empfindet. Erlebt ein Kind dieses Empfinden, wird es immer wieder gern spielen. Dieser Drang, vielleicht sogar ein rauschhaftes Flow-Gefühl, ist der innere Wert des Musikers. Ein »Flow« tritt dann ein, wenn man seine »Komfortzone« verlässt und schwierige Aufgaben beziehungsweise Herausforderungen mit Anstrengung meistert. »Erschöpft und mit wunden Fingern den Gipfel erreicht!«, nennt der Kletterprofi dieses Gefühl.

Der Lehrer muss dem Kind helfen – egal auf welchem Niveau es spielt – das Schöne im Spiel und in der Musik zu finden. Spielt man

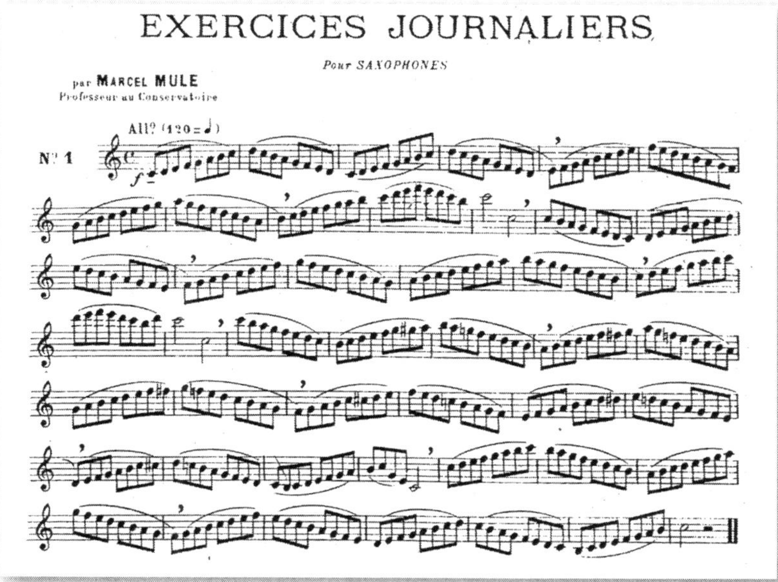

Beispielübung für Saxophon

passabel, wird es für den Musiker noch schwerer. Es gilt die 20-zu-80-Regel: Um 20 Prozent besser zu werden, muss man 80 Prozent mehr üben – da verliert man schnell die Geduld. Hat man nicht die richtige Anleitung oder keinen eisernen Willen oder setzt man andere Prioritäten, ist das Ende der musikalischen Karriere schnell erreicht.

Wie man genau richtig übt, weiß keiner. Es gibt gute Allgemeinsätze, Patentrezepte gibt es jedoch nicht: »Taktweise üben«, sagt der strenge Musiklehrer, wenn er bemerkt, wie sein Schüler sich über schwere Stellen hinwegmogelt. »Übato«, also »übend« spielen, dann erst »animato«, also »angeregt«, ist eine andere Weisheit. Bei Blasinstrumenten zählen Tonleitern und Dreiklänge zur täglichen Übung, ebenso rhythmische Muster sowie das »Töne halten«. Das Halten der Töne fördert das Gehör und den Ansatz. Letzterer bildet den Grundstock für eine gute Dynamik.

Franz Liszt lernte bei dem pedantischen Klavierpädagogen Carl Czerncy aus Wien. Stundenlang musste der kleine Franz gebrochene Dreiklänge und Terzenläufe üben, fast verlor er die Lust an der Musik. Als er Czerny schluchzend gestand, Musik mache ihm keinen Spaß mehr, lächelte der »alte Fuchs« und forderte das Kind auf, ein paar Laufetüden doch mit aller Kraft hinzulegen. Über das Ergebnis staunte das Kind am meisten. Der kleine Franz donnerte die Passagen mit größter Freude atemberaubend gleichmäßig und aggressiv in die Tasten. Selbstquälerisches Üben war für den Schüler die Voraussetzung für eine unübertroffene Klavierkarriere. »Per aspera ad astra« – vom Keller ging es für Franz Liszt schnell hinauf in den Himmel, ganz zu den Sternen!

Da jeder Mensch seine spezifische Hand und seine ureigene Motorik hat – das Zusammenspiel von Gedächtnis und Körper – und die Talente unterschiedlich verteilt sind, gibt es keine eiserne Regel für den Erfolg. Vertrackte Stellen nur oft genug zu wiederholen, bis sie sitzen, ist nicht die allerbeste Regel. Besser ist es, das Tempo rauszunehmen und genau zu prüfen, wo das Problem liegt. Man sollte jedes Problem aktiv angehen: manchmal über Umwege, manchmal spielerisch, manchmal mechanisch stur. Ansonsten prägt sich das Problem

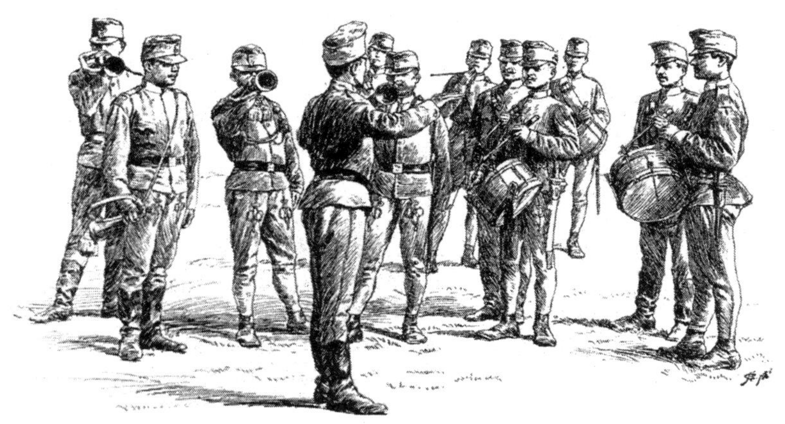

»Schule der Spielleute«, Zeichnung von Myrbach um 1889

tiefer ein, man bekommt Angst, ist genau auf diese Stelle fixiert, wird nervös und verhaut sie.

Untersuchungen zeigen eine erstaunliche Wahrheit: Das Gehirn sendet bereits Millisekunden vor dem Fehler das Signal aus, der nächste Ton wird falsch. Das Gehirn versucht noch dagegen zu steuern, der Ton wird leiser oder verzerrt, trotzdem kann der falsche Ton nicht verhindert werden.

Richtig gut ist man, wenn man »angstfrei« vorträgt. Wenn der Musiker das Stück aus dem Herzen spielt, merkt dies der Zuhörer. Die Freude am Instrument und am vorgetragenen Stück überträgt sich hörbar in den Raum. In anderen Worten: Gut ist ein Stück dann, wenn der Kopf nicht mehr mitspielt, es muss blind sitzen. Allein schon, wenn man nachdenkt, wie es gehen könnte, ist es vorbei: Man verkrampft und macht Fehler. Gute Musik sitzt im ganzen Körper, in der Seele und im Geist.

Die russische Musikausbildung gilt seit jeher als besonders streng. Dort ist es bei Sängern üblich, dass man nur zwei Mal mit Noten singen darf, beim dritten Mal muss man die Arien auswendig beherrschen. Für sehr gute Marschmusiker gilt wohl die gleiche Regel: Solange man nur an den Noten klebt, kann man musikalisch nicht die Herzen der Zuhörer berühren. Wie ein Befehl tönt der russische Lehrer: »Geh üben und komme erst wieder, wenn Du das Stück auswendig kannst«. Noch eine wichtige Weisheit haben Sänger parat: »Wer viel übt, muss auch Pausen machen dürfen«. Treffend hierzu der Leitspruch der Mezzosopranistin Marina Prudenskaja: »Wenn ich die ganze Woche übe, muss ich an einem Tag der Woche auch mal die Klappe halten«.

Besonders angenehm ist für jedermann das »Lernen im Schlaf«. Heute weiß man, dass das Gehirn im Schlaf hochproduktiv ist. Leistungen können gerade nach einer entspannten Nacht gut abgerufen werden. Es ist so, als hätte das Gehirn im Schlaf weiter geübt. Ein Lied, eine Sequenz, Gedanken und Vokabeln werden im so genannten deklaratorischen Gedächtnis abgelegt und im Tiefschlaf gefestigt. Tests zeigen, dass es besonders gut ist, das Gedächtnis spät abends zu üben und dann mit dem Geübten ins Bett zu gehen. Der Rest besorgt der Tiefschlaf. Gerade für das Merkvermögen gilt das. Sensorische und motorische Fähigkeiten wie das technische Abspielen von Läufen und die Mustererkennung werden in den Traumzeiten verarbeitet. Auch die Kreativität wird im Schlaf angesprochen. Johann Sebastian Bach nutzte die kreativfördernde Zeit zwischen dem Wachen und Träumen. Er fasste das Komponieren wie folgt in Worte: »Es ist gar nicht so schwierig, musikalische Ideen zu finden, schwierig ist es vielmehr morgens beim Aufstehen nicht auf sie zu treten.«

Für Marschmusiker gilt, dass sie oft im Freien spielen und das stellt besondere Anforderungen an die Akustik und an den Körper. Treffend ist die alte Kapellmeisterweisheit: »Auf Sand und Kies klingt's mies«. Die geschönte Akustik eines geschlossenen Raumes findet draußen nicht statt.

Auch das Exerzieren muss gelernt werden. Der Gleichschritt liegt zwar vielen Musikern im Blut, doch das gleichförmige Marschieren geht nicht von allein. Schwieriger als das Laufen ist das »gemeinsame Halten«, noch schwieriger das »Abreißen« und die exakte Schwenkung im Zug. Die Richtung zum Vordermann und zur Seite – im Militär kurz »Vordermann« beziehungsweise »Seitenrichtung« genannt, verlangt Übung und Erfahrung, gerade während des Spiels. Auch langes Stillstehen und Warten im Freien kann körperlich anstrengend sein. Aber auch das kann man lernen. Der Trick dabei ist, die Muskeln an Beinen und Po ganz leicht zu bewegen. Ein kleiner Wechsel zwischen Kontraktion und Entspannung wirkt dabei Wunder.

Ein weiterer Feind des Marschmusikers ist die Kälte. Bei etwa minus fünf Grad ist für die Musik Schluss, bei entsprechendem Wind reicht schon »ein« Grad unter Null. Der Zug der Posaune friert ein, ebenso die Ventile von Bass, Horn und Trompete. Anfällig sind auch die Holzinstrumente: Die Polster der Klappen können anfrieren, Beschädigungen des Instruments sind damit vorprogrammiert. Bei dieser Kälte können nur die Spielleute musizieren. So konnten anlässlich der Feierlichkeiten »50 Jahre Élysée-Vertrag« im Januar 2013 die Blechbläser und das Holz nicht zum Einsatz kommen. Die militärischen Ehren konnten allein die Spielleute des Wachbataillons bestreiten.

Haltung der Instrumente: *Musikinstrumente werden auf Kommando an- und abgesetzt. Auf das Ankündigungskommando werden die Klarinetten in der rechten Hand senkrecht zum Körper, Trompeten, Posaunen etc. mit der linken Hand vor die Brust genommen, das Schallstück etwas unterhalb des Koppelschlosses. Hörner und Bässe werden mit beiden Händen angefasst. Aus dieser Haltung kann das gleichmäßige Ansetzen der Instrumente zum Spiel erfolgen. Pfeifer tragen die Pfeife in der rechten Hand nach unten, rechter Zeigefinger auf dem vierten Loch. Auf das Kommando »Das Spiel über« nehmen die Pfeifer das Instrument an die Lippen. Der Trommler fasst mit der linken Hand bei »über« seine Flachtrommel und dreht die Trommel in Spielhaltung. Hernach werden die Stöcke in möglichst einheitlicher Bewegung in Richtung Schlagfell gebracht. Die Ausführung auf das Kommando »Spiel ab« erfolgt in umgekehrter Reihenfolge«.*

Mancher Profi übt mental – virtuell ganz ohne Instrument. Im Auto, Zug, Flugzeug, im Sessel, Bett etc. übt er das innere Hören und Spielen. Dabei denkt er an sein Stück, an schöne und schwierige Läufe und Phrasierungen, also an innere Bilder, Bewegungsabläufe, an den dazugehörigen Atem und an den Ansatz. In Gedanken ist er bildhaft bei den Noten und was davon rauskommt. Mehr noch: er ist mitten im Raum, in seinem Element, denkt an die Musik und an das gute Gefühl. Gerade für Dirigenten ist diese Begabung segensreich. Der Dirigent und Komponist Otto Klemperer sagte einmal, das Dirigieren ist in wenigen Minuten erlernt. Wichtig ist zunächst das Begreifen, dann die Interaktion mit den Menschen. Der Körper darf dabei dem Taktstock nicht entgegenlaufen. Der Dirigent muss Antworten auf folgende Fragen finden: Erkenne ich, ob die Musiker mich verstehen und auf meine Zeichen reagieren? Bin ich in der Lage, symbolisch auszudrücken, was ich will? Wie erreiche ich meine Musiker? Erreiche ich sie überhaupt?

Schlechte Musiker spielen ihr Ding und vernachlässigen das Orchester und den Dirigenten. Vorbildlich und treffend hierzu die Pianistin Mitsuko Uchida: Nur zu spielen, allein, das ist Spaß. Aber ein Konzert mit einem Orchester zu spielen, ist eine Verantwortung dem Komponisten und der Gemeinschaft gegenüber. Was für die Klassik gilt, gilt im besonderen für die Marschmusik – sie ist in erster Linie für andere gemacht.

Zu allerletzt: Musik trainiert das Gehirn. *Der Musikphysiologe und Musikmediziner Professor Eckart Altenmüller von der Hochschule Hannover weist nach, dass Musik das Gehirn und dessen Leistung fördern kann. Je nach Instrument werden etwas andere Hirnregionen angesprochen. Wer musiziert, aktiviert nicht nur die Verbindung der Hirnhälften, sondern bildet sie auch weiter aus. Weiterer Effekt: Musik fördert das Sprachverständnis und fördert Kinder mit Sprachentwicklungsstörungen.*

Quellenverzeichnis

Bayrischer Rundfunk (Hrsg.): Üben, Üben, Üben! Ein ganzes Heft über einen wichtigen und quälenden Aspekt des Musikmachens, in: BR klassik Musikmagazin 1/2011.

Bicheler, D.: Mengen in Krieg und Frieden, Geschichte einer Kleinstadt im Spiegel der Heimatliteratur zu ihrem 700jährigen Bestehen 1257 bis 1957, Mengen 1957.

Blasius, R.: Das Lied für Deutschland – von Ebert über Heuss bis Weizsäcker: Der lange Streit über die Nationalhymne, in: Frankfurter Allgemeine Zeitung FAZ Nr. 99 vom 29. April 2002, Seite 8.

Brixel, E., Martin, G. und Pils, G.: Das ist Österreichs Militärmusik – von der Türkischen Musik zu den Philharmonikern in Uniform, Graz 1982.

Bronisch, G. u. a.: Unter dem Takt- und Tambourstock – Militärmusik in Württemberg im Wandel der Zeit, Dokumentation der gleichnamigen Ausstellung, Ludwigsburg 2012.

Bürgerwehr Mengen: Mengen und seine Bürgerwache, in: Landesverband Historischer Bürgerwehren und Stadtgarden Württemberg-Hohenzollern (Hrsg.), Bürger im bunten Rock, Ehingen o. J.

Busch, H.: Vom Armeemarsch zum Großen Zapfenstreich – ein Lexikon zur Geschichte, Bonn 2005.

Dean, A. u. a.: Tunes of Blood & Iron, German Regimental and Parade Marches - Infantry, Volumne 1, Solihull/GBm 2013. Duffy, Ch.: Friedrich der Große – Ein Soldatenleben, Zürich/Köln 1986.

Deisenroth, Friedrich: Deutsche Militärmusik in fünf Jahrhunderten, Wiesbaden 1961. Franz, C. u. a.: Deutsche Geschichte, Köln o. J.

Ehlert, H.: (Hrsg.): Militärisches Zeremoniell in Deutschland, Potsdamer Schriften zur Militärgeschichte, Bd. 6, Potsdam 2008.

Findeisen, K. A.: Wir zogen in das Feld – Bilder aus der Geschichte des deutschen Soldatenliedes und der deutschen Marschmusik, Reutlingen 1939.

Haile, M.: Chronik der Stadtkapelle Mengen von 1913 bis 2012, Mengen 2012.

Höfele, B.: Die deutsche Militärmusik – Ein Beitrag zu ihrer Geschichte, 2. Auflage, Bonn 2004.

Karasek, H.: Briefe bewegen die Welt, Kempen 2010.

Kasper, W.: Barmherzigkeit – Schlüssel christlichen Lebens, Freiburg 2012.

Katechismus der Katholischen Kirche, München u. a. 2015.

Keubke, K.-U.: Militärmusik und Militärmusiker in Mecklenburg um 1900, Schwerin 2014.

Kieferle, J.: Die historische Uniform der Bürgerwache Mengen von 1820 bis 1848 und die Fahnen, Mengen 1986.

Klawitter, N. / Pieper, D. (Hrsg.): Das Reich der Deutschen – wie wir eine Nation wurden, München 2016.

Kredel, F.: Wer will unter die Soldaten – Deutsche Soldatenlieder mit farbigen Bildern von Fritz Kredek, Leipzig 1938.

Laub, J.: Geschichte der vormaligen fünf Donaustädte in Schwaben, Mengen 1894.

Müller, R. / Lachmann, M.: Spielmann-Trompeter-Hoboist, Berlin 1988.

Niemeyer, J. / Rehm, C. (Hrsg.): Das Wehrgeschichtliche Museum Rastatt, Rastatt 2009.

Pieken, G. / Rogg, M.: Das Militärhistorische Museum der Bundeswehr, Ausstellungs¬führer, Dresden 2011.

Rahner, J.: Einführung in die christliche Eschatologie, Freiburg 2010.

Ramböck, E.: Die Musik des Rainer Regiments 1682-1918, Salzburg 2007.

Schramm, M. bzw. Heidler, M. (Hrsg.): Militärmusik im Diskurs – Eine Schriftenreihe des Militärmusikdienstes der Bundeswehr, zugleich Dokumentationsbände zum gleichnamigen Symposium, Köln/Bonn.

- Band 1 (2004/Schramm): Hans Felix Husadel – Werk/Wirken/Wirkung
- Band 2 (2006/Schramm): Musik und Krise
- Band 3 (2007/Schramm): Funktionalisierung und Idealisierung der Musik
- Band 4 (2008/Schramm): Musik in Fremdwahrnehmung und Eigenbild
- Band 5 (2009/Schramm): Musik und Staat – Militärmusik der DDR
- Band 6 (2010/Schramm): Militärmusik zwischen Nutzen und Missbrauch
- Band 7 (2011/Schramm): Popularisierung und Artifizialisierung in der Militärmusik
- Band 8 (2012/Schramm): Symbole, Zeremonielle, Rituale
- Band 9 (2013/Schramm): Zeitgeschichte im Spiegel von Militärmusik
- Band 10 (2014/Schramm): Militärmusik und Erster Weltkrieg
- Band 11 (2015/Heidler): Der Militärmusikdienst der Bundeswehr 1955 bis 2015
- Band 12 (2016/Heidler): Die Militärmusik der Bundeswehr und ihr Repertoire
- Band 13 (2017/Heidler): Neukonzeptionen und Innovationen in der Militärmusik
- Band 14 (2018/Heidler): Militärmusik und bürgerliche Musikkultur

Seidel, L. u. a.: Preussen 1701-1871, Geo Epoche Nr. 23, Hamburg 2006.

Stehle, A.: Bürgerwache Mengen (Hrsg.), Festschrift anlässlich des Landestreffens der Bürgerwehren und Stadtgarden von Württemberg und Hohenzollern 1997, Mengen 1997.

Toeche-Mittler, J.: Armeemärsche – Teil I: eine historische Plauderei, Neckargemünd 1966.

Toeche-Mittler, J.: Armeemärsche – Teil II: Sammlung und Dokumentation, Neckargemünd 1971.

Toeche-Mittler, J.: Armeemärsche – Teil III: Die Geschichte unserer Marschmusik, Neckargemünd 1975.

Toeche-Mittler, J.: Musikmeister Ahlers – Ein Zeitbild unserer Militärmusik 1901-1945, Stuttgart 1981.

Weller, Manfred: Instrumentenkunde für Spielleute, Busecker Schule, o. J.

Internetquellen:

www.buergerwache-mengen.de
www.dgfmm.de
www.stadtkapelle-mengen.de

Abbildungsnachweis

Seite 18: aus Höfele, Die deutsche Militärmusik, 2. Auflage, Bonn 2004, S. 24.

Seite 19: Foto des Autors (8/2019), Pergamonmuseum Berlin.

Seite 30: aus Findeisen, Wir zogen in das Feld, Reutlingen 1939, S. 30.

Seite 31: aus Keubke, Militärmusik, Schwerin 2014, S. 8, Kupferstich 1559 von Franz Brun.

Seite 32: aus Toeche-Mittler, Armeemärsche, III. Teil, Neckargemünd 1975, S. 30.

Seite 33 (oben): aus Toeche-Mittler, Armeemärsche, III. Teil, Neckargemünd 1975, S. 24.

Seite 33 (unten): Kunstfertigkeit nach Lorenz Strauch aus Ramböck, Die Musik des Rainer Regiments, Salzburg 2007, S. 23.

Seite 35: Niemeyer/Rehm, Militärgeschichte in BW, Ausstellungsband, Rastatt 2009, S. 138.

Seite 36: aus Toeche-Mittler, Armeemärsche, Neckargemünd 1966, S. 14.

Seite 38: gezeichnet von W. Friedrich und D. Garscha-Friedrich aus Müller/Lachmann/Friedrich, Spielmann, Trompeter, Hoboist, Berlin 1988, S. 53.

Seite 39: aus Brixel et al, Österreichs Militärmusik, Graz 1982, S. 30.

Seite 40: aus Brixel et al, Österreichs Militärmusik, Graz 1982, S. 33.

Seite 41: aus Niemeyer/Rehm, Militärgeschichte in BW, Ausstellungsband, Rastatt 2009, S. 65.

Seite 44 (oben): Martin Luther, aus der Bilddatenbank Shutterstock (Georgis Kollidas).

Seite 44 (unten): aus Niemeyer/Rehm, Militärgeschichte in BW, Ausstellungsband, Rastatt 2009, S. 63.

Seite 50: aus Findeisen, Wir zogen in das Feld, Reutlingen 1939, S. 33.

Seite 51: General Suworow aus wikipedia nach einem Portrait von George Dawe um 1830.

Seite 52: aus Brixel et al, Österreichs Militärmusik, Graz 1982, S. 28.

Seite 56: aus Toeche-Mittler, Armeemärsche, III. Teil, Neckargemünd 1975, S. 67.

Seite 58: aus Keubke, Militärmusik, Schwerin 2014, S. 9.

Seite 60: aus Keubke, Militärmusik, Schwerin 2014, S. 31.

Seite 62: aus Findeisen, Wir zogen in das Feld, Reutlingen 1939, S. 43.

Seite 63: aus Ramböck, Die Musik des Rainer Regiments, Salzburg 2007, S. 44. Vgl. auch Toeche-Mittler, Armeemärsche, III. Teil, Neckargemünd 1975, S. 62 (Stich von Ch. Weigel).

Seite 64: aus Brixel et al, Österreichs Militärmusik, Graz 1982, S. 59 (Bildausschnitt rechts).

Seite 66: Friedrich der Große aus der Bilddatenbank Shutterstock.

Seite 72: BF-Grafik aus Polizeiorchester Frankfurt/Oder, CD Beilage, Die Piefkes kommen.

Seite 73: aus Keubke, Militärmusik, Schwerin 2014, S. 88 (Zeichnung von Ludwig Scharf)

Seite 75: aus Toeche-Mittler, Armeemärsche, III. Teil, Neckargemünd 1975, S. 23.

Seite 77: Napoleon aus der Bilddatenbank Shutterstock (Georgis Kollidas).

Seite 79: aus Bildpostkartenarchiv Giesbrecht, Universität Osnabrück (Stichwort »Andreas Hofer“ 1913)

Seite 88: Prinz Wilhelm mit Sohn, später Kaiser Wilhelm I. aus der Bilddatenbank Shutterstock.

Seite 91: aus Findeisen, Wir zogen in das Feld, Reutlingen 1939, S. 75.

Seite 92: aus Toeche-Mittler, Armeemärsche, III. Teil, Neckargemünd 1975, S. 66.

Seite 93: aus Mikuska, in: Mit Klingendem Spiel 3-4/2015, S. 13.

Seite 95: aus Toeche-Mittler, Armeemärsche, III. Teil, Neckargemünd 1975, S. 121.

Seite 96: aus Brixel et al, Österreichs Militärmusik, Graz 1982, S. 218.

Seite 98: Kaiserstandarte 1871 bis 1888 aus wikipedia, Zeichnung von David Liuzzo.

Seite 99 (oben): aus Niemeyer/Rehm, Militärgeschichte in BW, Ausstellungsband, Rastatt 2009, S. 243 (Skizze von A. von Werner 1882).

Seite 99 (unten): aus Toeche-Mittler, Armeemärsche, III. Teil, Neckargemünd 1975, S. 193.

Seite 102: aus Niemeyer/Rehm, Militärgeschichte in BW, Ausstellungsband, Rastatt 2009, S. 248.

Seite 103: Kaiser Wilhelm II aus Wikipedia (Gummerus/Finnland ‚75 Itsenäisen Suomen Historia).

Seite 104: aus Toeche-Mittler, Armeemärsche, II. Teil, Neckargemünd 1971, S. 38.

Seite 106: aus Bildpostkartenarchiv Giesbrecht, Universität Osnabrück (Stichwort „Deutschland über alles“ 1918).

Seite 108: aus Niemeyer/Rehm, Militärgeschichte in BW, Ausstellungsband, Rastatt 2009, S. 108.

Seite 110: aus Findeisen, Wir zogen in das Feld, Reutlingen 1939, S. 110.

Seite 111 (oben): aus Toeche-Mittler, Armeemärsche, II. Teil, Neckargemünd 1971, S. 10.

Seite 111 (unten): aus Toeche-Mittler, Armeemärsche, III. Teil, Neckargemünd 1975, S. 202.

Seite 112: aus Keubke, Militärmusik, Schwerin 2014, S. 127.

Seite 113: Cáceres in Schramm, Band 6, S. 160 (Zeichnung von Ivo Fuhrneg ?).

Seite 115: aus Toeche-Mittler, Armeemärsche, Neckargemünd 1966, S. 38.

Seite 116: aus Toeche-Mittler, Armeemärsche, III. Teil, Neckargemünd 1975, S. 228.

Seite 125: aus Findeisen, Wir zogen in das Feld, Reutlingen 1939, S. 155.

Seite 126: aus Toeche-Mittler, Musikmeister Ahlers, Stuttgart 1981, S. 105.

Seite 129: aus Hartmann, in: Mit Klingendem Spiel 3-4/2015, S. 15.

Seite 132: Stabsmusikkorps der Bundeswehr vor dem Reichstag (Foto Militärmusikdienst).

Seite 137: aus Busch, in: Der Kurier, 2005 S. 179 mit Verweis auf Eckert/Monten, Würzburg 1836.

Seite 138: aus Bildpostkartenarchiv Giesbrecht, Universität Osnabrück (Stichwort „Trommler“ 1909).

Seite 140: aus Toeche-Mittler, Armeemärsche, Neckargemünd 1966, S. 36.

Seite 141: aus Bildpostkartenarchiv Giesbrecht, Universität Osnabrück (Stichwort „Abschied“ 1905).

Seite 143: aus Toeche-Mittler, Armeemärsche, III. Teil, Neckargemünd 1975, S. 202.

Seite 144: aus Toeche-Mittler, Armeemärsche, Neckargemünd 1966, S. 49.

Seite 145: Noten aus Toeche-Mittler, Armeemärsche, III. Teil, Neckargemünd 1975, S. 49.

Seite 145 (unten): aus Toeche-Mittler, Armeemärsche, III. Teil, Neckargemünd 1975, S. 43.

Seite 147: aus Toeche-Mittler, Armeemärsche, Neckargemünd 1966, S. 155.

Seite 150: aus Toeche-Mittler, Armeemärsche, Neckargemünd 1966, S. 36.

Seite 152: aus Toeche-Mittler, Armeemärsche, II. Teil, Neckargemünd 1971, S. 19.

Seite 154: aus Toeche-Mittler, Armeemärsche, Neckargemünd 1966, S. 10.

Seite 158: König Friedrich Wilhelm III aus der Bilddatenbank Shutterstock.

Seite 160 (oben): aus Rehm, Als das Volk der Hörner Schall hörte, Studiensammlung, Raststatt 2011, S. 16.

Seite 160 (unten): aus Toeche-Mittler, Armeemärsche, Neckargemünd 1966, S. 134.

Seite 162: aus Toeche-Mittler, Armeemärsche, Neckargemünd 1966, S. 23.

Seite 163: aus Brixel et al, Österreichs Militärmusik, Graz 1982, S. 112 (Zeichnung 1823 von J. N. Hoechle, Ausschnitt links).

Seite 164: aus Toeche-Mittler, Armeemärsche, II. Teil, Neckargemünd 1971, S. 162.

Seite 165: aus Brixel et al, Österreichs Militärmusik, Graz 1982, S. 155 (Ausschnitt der bemalten Lithographie rechts).

Seite 166: aus Brixel et al, Österreichs Militärmusik, Graz 1982, S. 353 (vor 1914 nach einem Ölbild von A. Pock).

Seite 168: aus Brixel et al, Österreichs Militärmusik, Graz 1982, S. 211 – oben und unten.

Seite 169: aus Kredel, Wer will unter die Soldaten, Leipzig 1934, S. 36 (Original in Farbe).

Seite 170: Notenausschnitt aus Toeche-Mittler, Armeemärsche, III. Teil, Neckargemünd 1975, S. 20.

Seite 171: aus Brixel et al, Österreichs Militärmusik, Graz 1982, S. 171.

Seite 173: aus Toeche-Mittler, Armeemärsche, III. Teil, Neckargemünd 1975, S. 92.

Seite 176: aus Toeche-Mittler, Armeemärsche, III. Teil, Neckargemünd 1975, S. 128.

Seite 177: aus Rehm, Als das Volk der Hörner Schall hörte, Studiensammlung, Raststatt 2011, S. 46.

Seite 179: aus Toeche-Mittler, Armeemärsche, Neckargemünd 1966, S. 150.

Seite 181: aus Toeche-Mittler, Armeemärsche, Neckargemünd 1966, S. 21.

Seite 183: aus Toeche-Mittler, Armeemärsche, III. Teil, Neckargemünd 1975, S. 161.

Seite 186: aus Toeche-Mittler, Armeemärsche, Neckargemünd 1966, S. 94.

Seite 188: aus Niemeyer/Rehm, Militärgeschichte in BW, Ausstellungsband, Rastatt 2009, S. 162.

Seite 190: Militärgeschichtliche Gesellschaft Ludwigsburg, Ausstellungsdokumentation 2010/2012, S. 27.

Seite 191: aus Kredel, Wer will unter die Soldaten, Leipzig 1934, S. 8.

Seite 198: aus Brixel et al, Österreichs Militärmusik, Graz 1982, S. 9.

Seite 199: aus Toeche-Mittler, Armeemärsche, III. Teil, Neckargemünd 1975, S. 100.

Seite 200: aus Brixel et al, Österreichs Militärmusik, Graz 1982, S. 88 (Lithographie von J. Kiehuber nach einer Zeichnung von J. N. Hoechle).

Seite 202: aus Brixel et al, Österreichs Militärmusik, Graz 1982, S. 73 (Kupferstich).

Seite 205: aus Brixel et al, Österreichs Militärmusik, Graz 1982, S. 3.

Seite 207: aus Brixel et al, Österreichs Militärmusik, Graz 1982, S. 119.

Seite 208: aus Brixel et al, Österreichs Militärmusik, Graz 1982, S. 227.

Seite 210: aus Brixel et al, Österreichs Militärmusik, Graz 1982, S. 143 (Bildausschnitt).

Seite 213: Fotografie des Autors 8/2017 aus dem Militärhistorischen Museums Dresden.

Seite 220: aus Toeche-Mittler, Armeemärsche, Neckargemünd 1966, S. 10.

Seite 221: aus Toeche-Mittler, Armeemärsche, Neckargemünd 1966, S. 134.

Seite 222: aus Toeche-Mittler, Armeemärsche, Neckargemünd 1966, S. 63.

Seite 223: aus Toeche-Mittler, Armeemärsche, Neckargemünd 1966, S. 169.

Seite 223: aus Toeche-Mittler, Armeemärsche, Neckargemünd 1966, S. 63.

Seite 227: Johann Strauß Vater aus der Bilddatenbank Shutterstock.

Seite 228: Zeichnung von Hans Schließmann (1852-1920) aus wikipedia.

Seite 234: aus Toeche-Mittler, Armeemärsche, Neckargemünd 1966, S. 76.

Seite 243: aus Bildpostkartenarchiv Giesbrecht, Universität Osnabrück, Stichwort („Deutschland über alles" 1918).

Seite 248: Heidler, in: Schramm, 2013, Bd. 9, S. 69.

Seite 251: aus Toeche-Mittler, Armeemärsche, Neckargemünd 1966, S. 66.

Seite 253: aus Polizeiorchester Frankfurt/Oder, CD-Beilage, Die Piefke´s kommen. Vgl. auch Toeche-Mittler, Armeemärsche II. Teil, Neckargemünd 1971, S. 37.

Seite 257: aus Toeche-Mittler, Armeemärsche, Neckargemünd 1966, S. 75.

Seite 264: aus Toeche-Mittler, Musikmeister Ahlers, Stuttgart 1981, S. 57.

Seite 268: aus Toeche-Mittler, Armeemärsche, Neckargemünd 1966, S. 23.

Seite 282: Soldatengräber aus der Bilddatenbank Shutterstock.

Seite 285: aus Findeisen, Wir zogen in das Feld, Reutlingen 1939, S. 137.

Seite 286: aus Toeche-Mittler, Armeemärsche, Neckargemünd 1966, S. 158.

Seite 288: Huber, in: Der Lichtgang, 64. Jg., 2-2014, S. 21 (Zeichnung von Karl Rentchhof ?).

Seite 296: Brixel, S. 31.

Seite 304: aus Stehle, Festschrift des Landestreffens, Mengen 1997, S. 16.

Seite 306: aus Stehle, Festschrift des Landestreffens, Mengen 1997, S. 12.

Seite 307: Mathäus Lander, Aufnahme von Josef König 1896, aus Stehle, Festschrift, Mengen 1997, S. 20.

Seite 325: aus Heussler, in: Schwäbische Heimat 3/2015, S. 331.

Seite 389: Brixel, S. 239 (Zeichnung von Myrbach um 1889)

Bilder der Bürgerwache sind dem Archiv der Bürgerwache entnommen. Verlag und Autor danken den Fotografen Markus Haile, Rüdiger Hartmann, Walther Paape, Reinhard Rapp, Markus Haile, Thomas Niedermüller, Clemens Bilan und Vera Romeu für die Überlassung ihrer Werke.

Index

J

K

L

M

N

O

P

Q

R

S

T

U

V

W

Y

Z

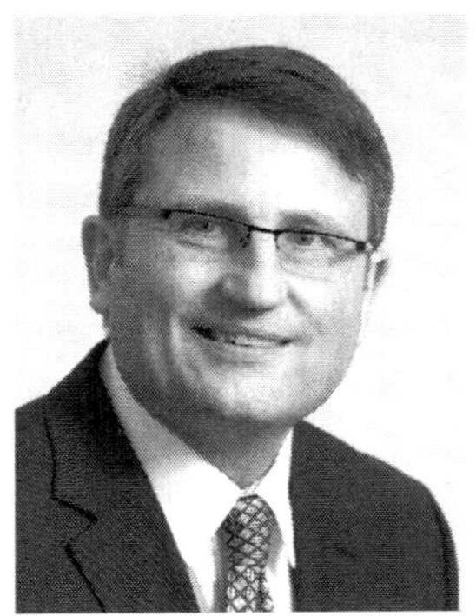

Dr. Urban Bacher

ist Professor für allgemeine Betriebswirtschaftslehre und Bankmanagement. Seit Kindheit ist er Mitglied der Bürgerwache Mengen im Musik- beziehungsweise im Spielmannszug (Pfeife, Saxophon, Lyra). Er ist Autor zahlreicher Veröffentlichungen und Mitglied in mehreren Aufsichtsräten.